2023中国经济预测与展望

中国科学院预测科学研究中心

China Economic Forecast and Outlook for 2023

科学出版社

北京

内 容 简 介

　　本书是中国科学院预测科学研究中心推出的系列年度经济预测报告。本书根据 2022 年的各种数据，运用计量经济模型、经济景气分析、投入产出技术等对 2022 年我国经济的不同层面进行全面系统的总结和回顾，对 2023 年我国经济发展趋势和主要经济变量进行预测，并提出相应的政策建议。全书由宏观经济形势分析与预测、行业经济景气分析与预测和热点问题分析三个部分组成，共收录了 18 个报告。内容涉及经济增长、固定资产投资、进出口、最终消费、物价、财政形势、货币政策、国际收支等我国宏观经济指标和政策的分析和预测，以及农业、工业、房地产市场、物流业、国际大宗商品价格、农村居民收入、粮食消费形势、行业用水及需水量等经济发展的重要行业和重点指标的走势分析与预测，并对俄乌冲突和全球产业布局演变两大热点问题展开分析。本书期望对 2023 年我国经济进行一个立体透视，以帮助读者全面地了解 2023 年我国经济及其未来走向，并对未来若干年我国经济增长的态势有一个初步的认识。

　　本书适合国家各级政府部门，特别是中央级政府部门的分析与决策人员，国内外企业的经营管理人员，宏观经济和行业经济的研究人员，关注中国和世界经济形势的各界人士及广大中小投资者参阅。

图书在版编目（CIP）数据

中国经济预测与展望. 2023 / 中国科学院预测科学研究中心编. —北京: 科学出版社, 2023.1
ISBN 978-7-03-073959-9

Ⅰ. ①中… Ⅱ. ①中… Ⅲ. ①中国经济–经济预测–2023 Ⅳ. ①F123.2

中国版本图书馆 CIP 数据核字（2022）第 223671 号

责任编辑：王丹妮 / 责任校对：陶　璇
责任印制：张　伟 / 封面设计：有道设计

科学出版社 出版
北京东黄城根北街 16 号
邮政编码：100717
http://www.sciencep.com

北京中科印刷有限公司 印刷
科学出版社发行　各地新华书店经销

*

2023 年 1 月第 一 版　开本：787×1092　1/16
2023 年 1 月第一次印刷　印张：16 1/2
字数：386 000

定价：128.00 元
（如有印装质量问题，我社负责调换）

撰稿人名单

主编

汪寿阳	中国科学院预测科学研究中心
杨翠红	中国科学院预测科学研究中心

编委

包皓文	中国科学院预测科学研究中心
鲍 勤	中国科学院预测科学研究中心
曹 雷	中国科学院预测科学研究中心
曹悦男	天津大学管理与经济学部
陈 枫	中国科学院预测科学研究中心
陈 磊	东北财经大学经济学院、 东北财经大学经济计量分析与预测研究中心
陈全润	对外经济贸易大学统计学院
陈 彤	中国科学院预测科学研究中心
陈锡康	中国科学院预测科学研究中心
成 晟	中国科学院预测科学研究中心
承子杰	中国科学院预测科学研究中心
董 志	中国科学院大学经济与管理学院
董纪昌	中国科学院大学经济与管理学院
窦羽星	中国科学院预测科学研究中心
冯耕中	西安交通大学管理学院
高 翔	中国科学院预测科学研究中心
庚 辰	中国科学院大学经济与管理学院
郭 琨	中国科学院大学经济与管理学院
黄艳娇	天津大学管理与经济学部
季 煦	中国科学院大学经济与管理学院
兰 蕊	天津大学管理与经济学部

雷雨佳	中国科学院大学经济与管理学院
李鑫茹	首都经济贸易大学经济学院
李秀婷	中国科学院大学经济与管理学院
林　康	中国科学院预测科学研究中心
林　卓	中国科学院预测科学研究中心
林文灿	中国科学院预测科学研究中心
刘水寒	中国科学院预测科学研究中心
刘伟华	天津大学管理与经济学部
刘秀丽	中国科学院预测科学研究中心
骆晓强	财政部综合司
孟勇刚	东北财经大学经济学院、 东北财经大学经济计量分析与预测研究中心
乔柯南	中国科学院预测科学研究中心
秦明慧	中国科学院预测科学研究中心
邱靖程	天津大学管理与经济学部
孙玉莹	中国科学院预测科学研究中心
尚　维	中国科学院预测科学研究中心
田开兰	中国科学院预测科学研究中心
汪正中	中国科学院预测科学研究中心
王会娟	中央财经大学统计与数学学院
王　珏	中国科学院预测科学研究中心
王修臻子	中国科学院预测科学研究中心
魏云捷	中国科学院预测科学研究中心
相　鑫	中国科学院预测科学研究中心
邰松桦	中国科学院预测科学研究中心
杨　昆	中国科学院预测科学研究中心
杨继钧	中央财经大学统计与数学学院
尹　杰	中国科学院预测科学研究中心
于　嫣	西安电子科技大学数学与统计学院
张楚晗	中国科学院大学经济与管理学院
张明威	中国科学院大学经济与管理学院

张　晓　　中国科学院预测科学研究中心
张　珣　　中国科学院预测科学研究中心
郑　力　　中国科学院预测科学研究中心
郑阳阳　　中国科学院预测科学研究中心
朱文洁　　东北财经大学经济学院
祝坤福　　中国人民大学经济学院

序 一

路甬祥

经济和社会发展方面的预测研究在经济和社会的重大问题决策中占有重要的战略地位。当前，不论是中国还是世界的经济发展速度都很快，特别是 20 世纪 80 年代以后，由于 IT 技术的发展，特别是信息网络、交通网络及航空运输业的发展，全球连接成为一个整体。人流、物流、信息流从未有过如此海量，经济进入了全球化时代。我国现在正处在一个高速发展的时期。成功应对国际金融危机之后，我国的经济总量已经上升到世界第 2 位，并且正在向更高的目标发展。然而，我国有 13 亿人口，虽然经济发展的总量已经到了一定的水平，但是从人均质量和标准来看还不尽如人意，从经济增长的方式和质量来看也存在着不少问题，面临着很多挑战。我国的经济能否得到稳定、健康的发展，就一些重大问题进行科学准确的预测显得特别重要，要依靠科学的决策、民主的决策来保证我国经济在发展过程中不受到内部或者外界因素太大的干扰。如果我们能够预先看到或估计到可能出现的各种问题，就有可能采取一定的防范措施减少波动，使不利因素始终控制在可以承受的范围之内，保证经济健康、稳定地发展。

中国科学院预测科学研究中心是由中国科学院数支在预测科学领域屡创佳绩的研究队伍组成的研究单元，他们在发展预测科学、服务国民经济宏观决策方面取得了一批可喜的成果，为中央领导和政府决策部门进行重大决策提供了有科学依据的建议和资料，同时在解决这些实际的重要预测问题中发展出了新的预测科学理论、方法和技术，做出了原创性的重要成果。2006 年以来，预测科学研究中心每年岁末出版一本下年度的中国经济预测报告，迄今为止已经出版了五部年度预测报告。这些年的实际情况证明，预测科学研究中心这几年的预测报告，能够较为准确地把握我国经济发展趋势，对国民经济重要指标给出相当接近的预测值，能够发现下一年度经济发展中的潜在问题并给出相应对策建议。这些报告对政府有关部门和企业贯彻落实科学发展观，加强和改善政府对经济工作的指导，引导各经济部门配合政府实现宏观经济目标，有着重要的参考价值。这些报告也在国内外形成了广泛的影响。2010 年预测报告的发布就受到国际新闻媒体的强烈关注，其中，路透社、法新社等都发布了相关消息。

预测科学研究中心是中国科学院在体制创新方面的一次尝试。它打破体制上的壁垒，打破学科间的壁垒，是一个为了共同的目标组建成的跨学科的中心。我希望中心的体制与管理要有所突破，有所创新，通过优势互补，在服务国家战略决策方面，在攻克预测科学科技难关方面成为一个先行者，为院内外、国内外科学界树立一个榜样，创造一个典范。同时，我也希望这个年度预测报告系列越办越好，以更好的质量服务于政府、企业和社会公众，服务于我国按照科学发展观建设社会主义的光辉事业。

2010 年 12 月

序 二

成思危

（2006 年 4 月 26 日下午在中国科学院预测科学研究中心第一次学术委员会会议上的讲话）

我作为中心的学术委员会主任，想从学术观点和运行机制两个方面来谈谈我的意见。

预测、评价、优化是系统工程的三大支柱。因为未来世界的不确定性和人们认知能力的有限，预测不可能做到绝对准确，只能达到相对准确或近似准确，但预测是必不可少的。没有预测，人们将无法确定未来的行动和方向，所以预测的重要性显而易见。

简单地说，预测方法分为两类：一类是根据现有数据去推测，另一类是根据专家已有的经验去推测。从现有的数据去推测，最简单的办法就是外推，前提是客观世界没有太大变化。这种方法只适用于短期预测。在此之上的方法就是把外界可变因素按照一定的规律加入进来，如投入产出方法、马尔可夫链、数据挖掘等。再高级一点的方法就是从数据中发现知识，即所谓数据库中的知识发现（knowledge discovery in database，KDD）、统计推断等。这是目前在预测技术中比较占主流的方法，即由过去的数据去推断未来。当然，数据的数量和质量保障是使用这种方法的前提。根据专家的知识和经验去推测，实际上就是根据经验预测未来，如 Delphi 法等群决策方法。我把群决策方法分为协调型决策和协同型决策，前者是指参加决策的人们有利益冲突，但又都希望达成一个妥协的结果；后者则是指参加决策的人们没有利益冲突。虽然后者已经达到了很高的协同性，但是专家的意见还是会有分歧，专家的知识背景还是会有差异，当然也难免存在权威的干涉。

要想把预测工作做好，就要把主观的专家经验和客观的数据结合起来。一般有两种方法：一种是数学方法，另一种是仿真的方法。数学方法是建立以数学为基础的模型，由专家检审后反馈意见，再进行修改与计算，再返回到专家，也就是人机系统集成方法。这种方法的缺点是设备复杂、变量多、回路多，因而在计算上操作困难较大。仿真的方法，即以智能体为基础（agent-based）的仿真技术。我在国家自然科学基金委员会兼任管理科学部主任的时候曾支持过戴汝为、于景元、顾基发三人牵头的支持宏观经济决策的人机交互综合集成系统研究，投入了 500 多万元，但效果还是与理想有些差距。所以，预测科学研究中心也不能期望自己能够解决所有的预测问题，问题的解决要一步一步地去做，如中心现在的农业产量预测和外贸预测就做得比较好，预测的精度较高。

从实际情况来看，中心目前只能以任务为主，以完成任务为考核的主要指标。在任务完成的同时，去进行理论、方法的提炼和升华，逐步地归纳、总结，以提高学术水平。实际情况决定了预测科学研究中心有大量的工作要去做，而且大多数的工作都是属于中短期的。造成这样的原因有两点：一点是中国科学院需要中心出一批有影响的预测报告，另一点就是经费的压力。经费全靠"化缘"是不行的，中国科学院支持中心 40% 的经费，另外的 60% 要用两种办法取得：一种是四处申请课题，另一种是找几个主要的用户给予固定支持，如商务部等。如果没有一个成型的机制，既不稳定，也会牵扯太多的精力。对于经费的来源，我建议采用 4∶3∶3 机制，即 40% 由中国科学院支持，30% 由固定用户支持，30% 机动。这样的话，就有 70% 的经费是稳定的，其余 30% 的波动对中心的影响可能不太大。

还有一点，目前预测科学研究中心由 4 个研究部组成，但事实上有 6 家单位参与，还是像一个"拼盘"。中心要想真正发挥优势，必须要加强集成。从理想状态来说，我认为要由中心确定课题，并从各单位抽出人员与中心招聘的人员共同组成课题组，一起完成课题，待课题结束后抽调人员再返回原单位，这样能达到统一组织、集成优势的目的。

最后一点，是激励机制的设立。对于在中心工作的科研人员，中心应当给予一定的补贴，这样才能使科研人员精力更加集中。目前，中国科学院总体来说还是处于所、院相对独立的状态，不进行制度上的创新，就很难出现真正意义上的学术创新。

我到这里来担任学术委员会的主任，就是希望能够推动预测科学的发展。发展预测科学一定要不断创新。建立中国的预测学派可能需要十年、二十年的努力，所以，现在提这个目标还为时过早，但可以作为一个远期目标。我希望大家一同来支持这个中心，三五年之后，预测科学有可能更受重视，我们要努力争取做出最好的成果。

前 言

自改革开放以来，经过四十余年的快速增长，我国经济发展的要素和约束条件均发生了很大变化。资本系数快速增大、投资率波动下降，人口老龄化速度加快、资源红利逐渐减弱，传统要素驱动的经济增长模式遇到瓶颈，结构性问题凸显。2012 年以来，我国经济进入了"新常态"，经济增长由高速转向中高速，经济发展方式也从粗放型增长转向高质量全面协同发展。2020 年以来，受新冠疫情影响，我国和全球经济都受到重创，但我国在党和政府的坚强领导下，充分发挥了经济韧性，在 2020 年实现了 2.3%的经济增长，为全球经济稳定发挥了压舱石作用。值得一提的是，2020 年我国完成了脱贫攻坚、全面建成小康社会的历史任务，实现了第一个百年奋斗目标。

2022 年，全球疫情形势发生重大变化，由于奥密克戎变异毒株具有极高的传染性和减弱的致病性，多国持续放松疫情管控并逐步放开经济，跨境人员流动逐步恢复。第 1 季度，受外需拉动影响，我国经济呈现良好的恢复态势，但第 2 季度以来，受本土疫情多地散发影响，我国经济社会发展受到疫情防控政策的制约，经济信心和预期受到明显冲击，线下服务业和消费增长均不及预期，叠加房地产市场冲击，我国经济增速放缓。11 月以来，我国疫情防控政策持续调整优化，随着管控措施的放松，疫情防控对我国经济的掣肘将有所好转。回顾 2022 年，外部形势风起云涌，俄乌冲突持续加大欧洲变局，欧美通胀率高企，美联储持续快速加息收紧全球美元流动性，我国经济整体保持平稳发展，尽管受疫情影响，经济增速低于预期，但经济结构持续优化调整，高新技术产业如新能源、新材料、生物医药、信息技术、高端设备制造和高技术服务业等快速发展；财政政策积极有为，特别是大规模留抵退税政策，为经济主体缓解了资金压力；货币政策稳健，整体流动性宽裕；政府主导多项投资政策，有效拉动了经济需求。

展望 2023 年，我国经济发展仍将面临很大的不确定性。国际上，全球经济衰退风险加大，一方面，俄乌冲突的持续加大了欧洲经济面临的不确定性，欧洲多国经济将面临衰退；另一方面，美联储何时停止加息甚至转为降息具有不确定性，但这关系到美国经济能否实现软着陆。从中美经贸关系来看，总体上美国政府遏制中国的战略不会改变，美国对中国的策略正从显性的贸易战向隐性的人才战、科技战、金融战等发展，未来中美关系走向仍存在着较大的变数；中美关系是我国最重要的双边关系之一，其走向将对我国经济社会发展产生重要影响。外部经济的不确定将加大我国外需面临的压力。在国内，随着疫情防控政策的实质性调整，预计我国经济将有望在 2023 年从疫情中走出来，居民消费预期和信心将明显恢复，线下经济将显著复苏，消费和投资都有望持续好转。

综上分析，2023 年我国既面临着严峻的挑战，也存在多种积极因素。2023 年经济我国经济的总体走势如何？面临着哪些值得重点关注的风险？这是中央及地方各级政府和全国人民都非常关心的议题。中国科学院预测科学研究中心对我国的经济走势和主要指标进行了分析与预测。考虑到 2023 年我国经济运行、国际经济形势，以及我国的外需增长都有很大不确定性，在进行经济增长速度的预测时，有如下三个前提条件：①在以习近平同志为核心的党中央坚强领导和二十大精神的指引下，中国政府将继续贯彻"稳中求进"的总基调，深入贯彻新发展理念，加快构建新发展格局，推动中国经济高质量发展；②2023 年中美在政治、经济、军事和科技上不发生全面对抗和冲突；③2023 年我国周边地区和边境地区不发生不可抗力造成的伤害，如战争等。在上述前提条件以及疫情防控的基准情景下，预测 2023 年中国 GDP 增速为 6.0% 左右，全年经济走势呈现为倒"U"形态势。预计我国第 1 季度经济增速为 4.2%，第 2 季度为 9.3%，第 3 季度为 5.5%，第 4 季度为 5.4%。

除了对中国经济增速的分析和预测外，本报告还对中国经济的十余个重要指标进行了分析和预测。报告共分为三部分，由 18 个分报告组成。第一部分为宏观经济形势分析与预测，包括 8 个分报告，即 2023 年中国 GDP 增长速度分析与预测、2023 年中国固定资产投资态势分析与展望、2023 年我国进出口形势分析与预测、2023 年中国最终消费形势分析与预测、2023 年中国物价形势分析与预测、2022 年中国财政形势回顾与 2023 年展望、2022 年中国货币政策回顾与 2023 年展望、2023 年中国国际收支形势展望；第二部分为行业经济景气分析与预测，共有 8 个分报告，包括 2023 年中国农业生产形势分析与展望、2022 年中国工业行业分析与 2023 年展望、2023 年中国房地产市场形势分析与预测、2022 年中国物流业发展回顾与 2023 年展望、2023 年国际大宗商品价格走势分析与预测、2022 年中国农村居民收入分析与 2023 年预测、2022 年我国粮食消费形势分析与 2023 年预测、中国行业用水分析及 2023 年需水总量预测；第三部分是热点问题分析，即俄乌冲突对粮食、能源市场的冲击及其经济影响分析，以及变局中的调整：2022 年度重要事件对全球产业布局演变的影响分析。

本报告是中国科学院预测科学研究中心自 2005 年以来开始的一项持续性工作，至今已经有 18 个年头。18 年来，这个系列的报告较好地把握了中国经济的发展趋势，对当年度经济发展中可能遇到的重大问题进行了系统深入的讨论。这一工作为中国各级政府的宏观决策，以及对企业、投资人及民众的经济形势判断和决策提供了前瞻性的信息与依据，得到了政府部门、企业界及新闻媒体的广泛关注和赞誉。

本报告的撰写人员主要是中国科学院预测科学研究中心的部分成员及与中国科学院预测科学中心有密切合作的部分同行。报告的研究和撰写耗费了所有作者大量的心血和精力。作为本报告的主编，我们对所有作者表示最衷心的感谢！本报告的出版也得到了科学出版社的领导和编辑同志的大力支持与帮助，我们对他们也表示最诚挚的感谢！

汪寿阳　杨翠红

2022 年 12 月

目　录

宏观经济形势分析与预测

行业经济景气分析与预测

热点问题分析

宏观经济形势分析与预测

2023 年中国 GDP 增长速度分析与预测

陈锡康　杨翠红　祝坤福　王会娟　李鑫茹　尹 杰

报告摘要：本章内容分为四个部分。

第一部分对中国中长期经济增长的若干特点和变化规律进行探讨，并对中国中长期经济增速进行预测。本章认为中国中长期经济增速将继续高于同等发展水平国家的平均水平。随着人均 GDP（gross domestic product，国内生产总值）或人均 GNI（gross national income，国民总收入）的提高，经济增速将继续呈波浪形缓慢下降，但经济总量将逐年上升。本章预计 2021~2030 年中国 GDP 年平均增速为 5.3%左右，在 2030 年前，按现行汇率法计算的中国经济总量可能达到美国水平。2021~2035 年，中国经济规模或将翻一番，并在 2035 年基本实现社会主义现代化。预计 2031~2040 年中国经济增速将进入 "4 时代"，GDP 年平均增速为 4.4%左右；预计 2041~2050 年中国经济增速将开始进入 "3 时代"，GDP 年均增速为 3.8%左右。预计到 2050 年中国将建成富强、民主、文明、和谐、美丽的社会主义现代化强国，实现党的十八大提出的第二个百年奋斗目标，实现中华民族的伟大复兴。

第二部分对 2022 年中国经济增长进行简要回顾与分析。受新冠疫情及防疫措施、房地产行业不景气、外部环境复杂多变等因素影响，2022 年中国经济增速回落。第 1 季度经济增速为 4.8%；第 2 季度增速大幅下降至 0.4%；第 3 季度经济发展出现企稳回升态势，增速为 3.9%；预计第 4 季度经济同比增速为 3.5%。本章预测 2022 年全年中国经济增速为 3.1%左右。

第三部分对 2023 年中国经济增长进行预测。基准情景下，即新冠疫情得到有效控制，中国重要地区不暴发大范围严重疫情，预计 2023 年经济将平稳运行，增速为 6.0%左右，全年呈现前后低中间高的倒 "U" 形态势。分季度看，2023 年第 1 季度经济增速为 4.2%，第 2 季度受 2022 年低基数影响，增速将达到 9.3%，第 3 季度增速为 5.5%，第 4 季度增速为 5.4%。分产业看，预计 2023 年第一产业增加值增速为 4.3%，比 2022 年提高 0.2 个百分点；第二产业增加值增速为 5.6%，较 2022 年提高 1.5 个百分点；第三产业增加值增速为 6.4%，比 2022 年提高 4.1 个百分点。

第四部分对当前的经济发展提出若干建议。

一、中国中长期经济增长的若干特点与规律探讨

（一）中国中长期经济增速快于同等发展水平国家的平均增速

改革开放以来，中国经济快速发展，按照不变价格计算，2022 年中国经济总量为改革开放之初的 45 倍左右。1978~2022 年 GDP 年均增速约为 9.0%，远高于世界主要国家和同等发展水平国家。本章认为，从 2022 年至 21 世纪中叶，中国中长期经济平均增速将继续高于世界同等发展水平的绝大多数国家，主要原因如下：

第一，坚持党的领导是中国经济建设取得伟大成就的根本保证。理论和实践均证明，一个具有强大凝聚力、全心全意从事经济建设的政府是一个国家保持长期快速增长的重要条件之一。

第二，中国人民的优秀品质为经济发展提供了强大的人力资源保障。劳动投入是推动经济增长的核心要素之一，中国人民具有勤劳、刻苦、节俭、朴素、重视教育、善于创新、遵纪守法等优秀品质。在同等报酬条件下，中国人民往往比其他国家人民具有更高的工作热情和干劲，在合理的生产管理制度和收入分配制度下能释放出更大的能量。中国人民的节俭、刻苦和勤劳精神使得中国的储蓄率与投资率可能长期保持较高的水平。

从历史上看，中国曾经是一个经济和文化很发达的国家。一百多年前因受到帝国主义列强的长期侵略，中国在经济、文化、科技和教育等方面落后了。中国领导人、广大干部、知识分子、工人和农民具有强烈的发展经济和科技教育、改变中国落后面貌、振兴中华的愿望，能自觉地在不同岗位上努力工作，为中华民族振兴奋斗。

第三，改革开放以来，中国已在全国各地区、各部门和各企业建立起发展生产与群众个人利益相结合的经济制度，如在农村建立联产承包责任制等，使大部分中国人民发展生产的积极性和创造性得到很好发挥。

第四，中国有较高的储蓄率和投资率。2020 年中国的储蓄率为 45.7%，而美国为 18.2%，英国为 16.4%，日本为 25.7%，德国为 26.9%，印度为 28.3%，越南为 24.8%，印度尼西亚为 31.7%[①]，中国的储蓄率远高于世界平均水平。

第五，中国自 1979 年以来没有卷入战争，相对有利的外部环境使其可以把主要精力集中于发展国内经济。特别是 2001 年加入世界贸易组织（World Trade Organization，WTO）后，中国对外贸易快速增长。2001~2010 年中国经济增长 1.7 倍，年平均增速达到 10.6%，其重要原因之一是这十年间出口总额增加了 4.9 倍，年平均增速达到 21.9%[②]。

---

① 美国、英国、日本、德国、印度、越南、印度尼西亚储蓄率资料来源于世界银行，其中日本的储蓄率为 2019 年数据。

② 2001 年中国货物出口额为 2 660.98 亿美元，2010 年为 15 777.54 亿美元（资料来源：2002 年和 2011 年《中国统计年鉴》）。

（二）中国经济增速将继续呈波浪形下降趋势

1. 世界各国经济发展规律表明，当经济发展到达一定阶段以后，随着人均 GDP（或人均 GNI）的提高，经济增速呈现下降趋势

2021 年全球经济呈现复苏态势，主要经济体几乎全部转为正增长。本章根据国际货币基金组织（International Monetary Fund，IMF）公开数据绘制了图 1，其中，横坐标表示各经济体 2021 年人均 GDP，纵坐标表示 2017~2021 年各经济体 GDP 增长率。由此可以看出，随着人均 GDP 提高，经济增速呈现下降趋势。

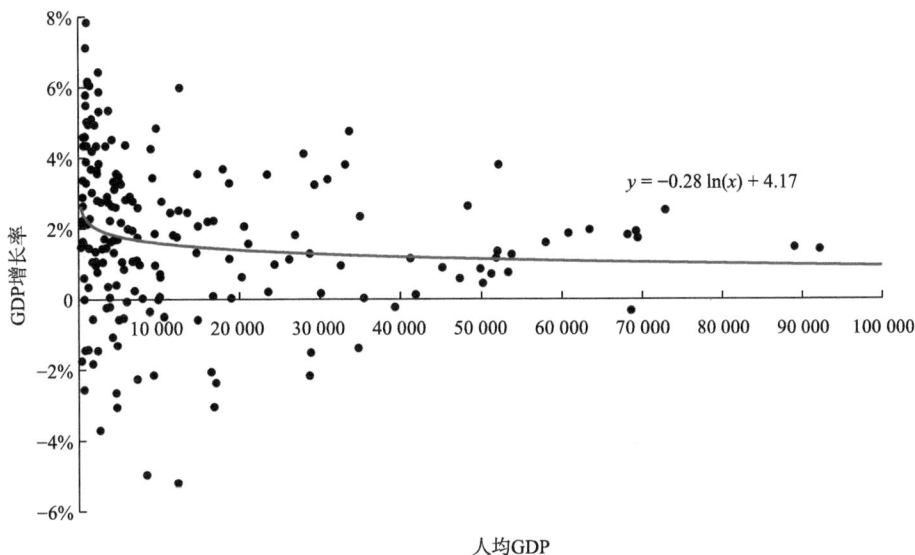

$$y = -0.28\ln(x) + 4.17$$

图 1　世界各国人均 GDP 与 GDP 增长率的关系
资料来源：IMF 公布的 193 个经济体的数据[①]

世界银行从 1987 年开始把所有国家按人均 GNI 高低分为四大类，即低收入国家、中下等收入国家、中上等收入国家和高收入国家，对应到现行界定标准分别是人均 GNI 少于或等于 1 085 美元、1 086~4 255 美元、4 256~13 205 美元和高于 13 205 美元。图 2 展示了 2017~2021 年世界四大类经济体 GDP 平均增长率，其中，低收入国家的经济增速最大，中下等收入国家的 GDP 增长率比中上等收入国家高 0.44 个百分点，比高收入国家高 0.82 个百分点。

2. 中国经济增速呈波浪形下降的主要依据

根据发展经济学中哈罗德-多马有保证的经济增长率模型（Harrod-Domar model，哈

---

① 国际货币基金组织公布了 193 个经济体 2017~2021 年 GDP 增长率及人均 GDP，其中卢森堡（Luxembourg）、爱尔兰（Ireland）的人均 GDP 超过 10 万美元，委内瑞拉（Venezuela）、中国澳门特区（Macao SAR China）的 GDP 增长率分别低至-19%和-9%，圭亚那（Guyana）的 GDP 增长率高达 15%。考虑作图美观性，图 1 未展示上述 5 个经济体。

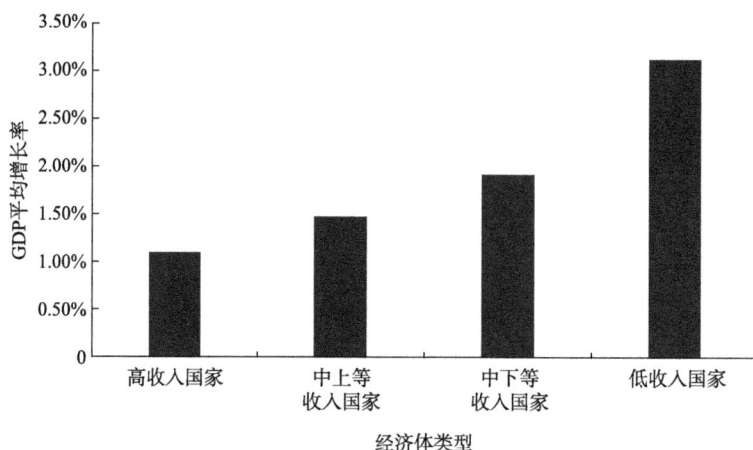

图 2　2017~2021 年世界四大类经济体 GDP 平均增长率

资料来源：IMF 公布的 193 个经济体的数据，以及世界银行公布的收入划分标准

罗德-多马模型），经济增长率的计算公式如下：

$$GDP\ 增长率 = 投资率/资本产出率$$

若净出口率为零，则储蓄率等于投资率，有

$$GDP\ 增长率 = 储蓄率/资本产出率$$

由此可见，经济增速的高低与投资率或储蓄率成正比，而与资本产出率成反比。

1）中国的储蓄率和投资率呈下降趋势

由表 1 可见，中国 2010~2021 年的储蓄率和投资率呈波动下降趋势。2010 年储蓄率为 50.7%，投资率为 47.0%，2011~2021 年基本呈下降趋势，2021 年储蓄率为 45.5%，投资率为 43.0%（图 3）。

表 1　中国 2010~2021 年的储蓄率和投资率

年份	支出法 GDP/亿元	资本形成总额/亿元	净出口/亿元	储蓄率	投资率
2010	408 505	191 867	15 057	50.7%	47.0%
2011	484 109	227 673	11 688	49.4%	47.0%
2012	539 040	248 960	14 636	48.9%	46.2%
2013	596 344	275 129	14 552	48.6%	46.1%
2014	646 548	294 906	13 611	47.7%	45.6%
2015	692 094	297 827	22 346	46.3%	43.0%
2016	745 981	318 198	16 976	44.9%	42.7%
2017	828 983	357 886	14 578	44.9%	43.2%
2018	915 774	402 585	7 054	44.7%	44.0%
2019	990 708	426 679	11 398	44.2%	43.1%
2020	1 025 628	439 550	25 267	45.3%	42.9%
2021	1 140 340	489 897	29 522	45.5%	43.0%

资料来源：国家统计局. 中国统计年鉴 2022. 北京：中国统计出版社，2022

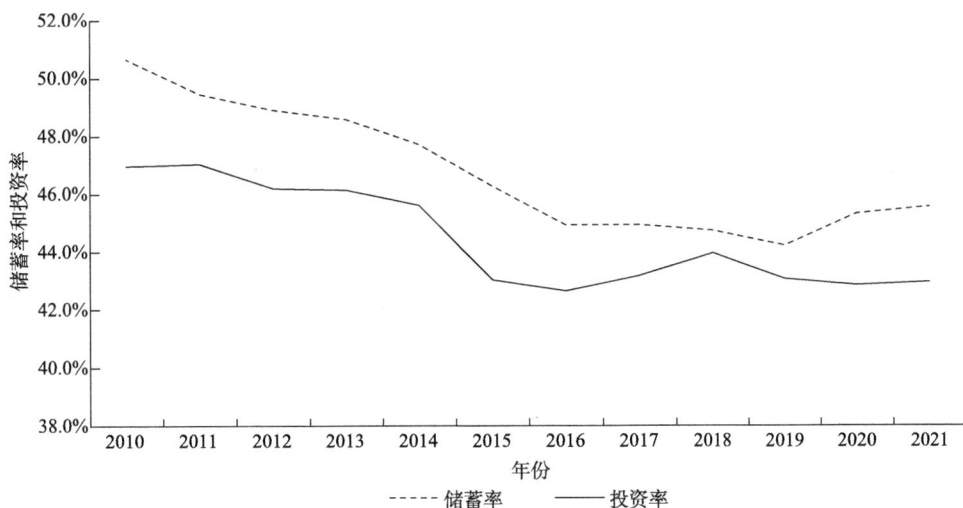

图 3　中国 2010~2021 年储蓄率和投资率变化趋势

2）资本系数快速增大，促使经济增速下降

将资本系数定义为新增单位产出所需要增加的资本①。在其他条件不变的情况下，资本系数越高，经济增速越低。以 ΔGDP 表示新增 GDP，ΔI 表示新增资本。本章通过资本形成总额占 GDP 比重与 GDP 增长率之比来近似地计算资本系数，即

资本系数=新增单位产出所需要增加的资本

=新增资本/新增 GDP

$$= \frac{\Delta I}{\Delta \text{GDP}} = \frac{\Delta I / \text{GDP}}{\Delta \text{GDP} / \text{GDP}}$$

=资本形成总额占 GDP 比重/GDP 增长率

由表 2 可知，中国资本系数总体呈较快增涨趋势。2010 年资本系数为 4.43，2012 年为 5.85，2014 年为 6.16，2016 年为 6.27，2019 年为 7.06（图 4）。2020 年受新冠疫情的影响，GDP 增长率较低，资本系数失常。由于技术进步及投资效率降低，增加单位产出所需新增资本数额增加，从而经济增速趋缓。

表 2　中国 2010~2021 年的资本系数

年份	资本形成总额/亿元	支出法 GDP/亿元	资本形成总额占 GDP 比重	GDP 增长率	资本系数（资本产出率）
2010	191 867	408 505	47.0%	10.6%	4.43
2011	227 673	484 109	47.0%	9.6%	4.90
2012	248 960	539 040	46.2%	7.9%	5.85
2013	275 129	596 344	46.1%	7.8%	5.91
2014	294 906	646 548	45.6%	7.4%	6.16
2015	297 827	692 094	43.0%	7.0%	6.15
2016	318 198	745 981	42.7%	6.8%	6.27
2017	357 886	828 983	43.2%	6.9%	6.26

① 本章的资本系数和资本产出率均定义为增量资本系数和增量资本产出率，而非平均资本系数和平均资本产出率。

年份	资本形成总额/亿元	支出法 GDP/亿元	资本形成总额占 GDP 比重	GDP 增长率	资本系数（资本产出率）
2018	402 585	915 774	44.0%	6.7%	6.56
2019	426 679	990 708	43.1%	6.1%	7.06
2020	439 550	1 025 628	42.9%	2.3%	18.75
2021	489 897	1 140 340	43.0%	8.4%	5.31

资料来源：资本形成总额、支出法 GDP、GDP 增长率来自《中国统计年鉴 2022》

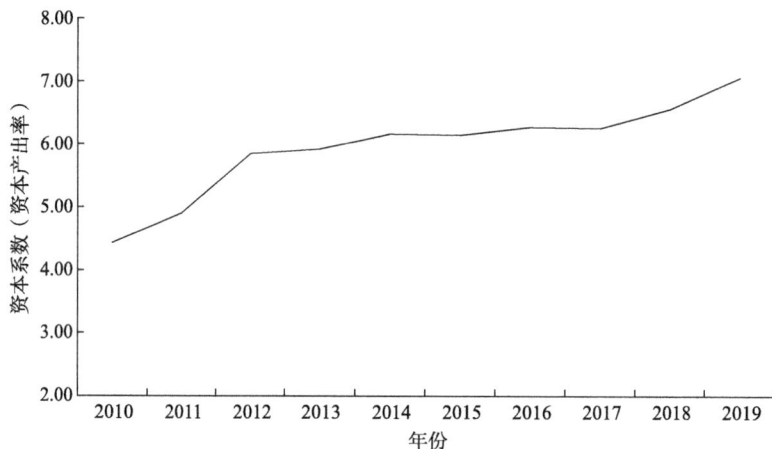

图 4　中国 2010~2019 年的资本系数变化趋势

3）人口增长率快速下降和人口老龄化，促使经济增速趋缓

由图 5 可见，中国人口自然增长率呈现快速下降趋势。1978 年中国人口自然增长率为 12.00‰，2000 年为 7.58‰，2010 年为 4.79‰，2020 年为 1.45‰。部分国家经验表明，人口与经济增速有密切关系，经济增速较快的国家，由于对劳动力需求较大，人口往往呈现增长的趋势，而人口下降的国家经济增速往往较低。日本自 1990 年以来经济发展停滞，以及欧盟经济发展速度长期低于美国均与人口增速有密切关系。本章认为，中国人口增速快速下降是经济增速下降的重要因素之一。

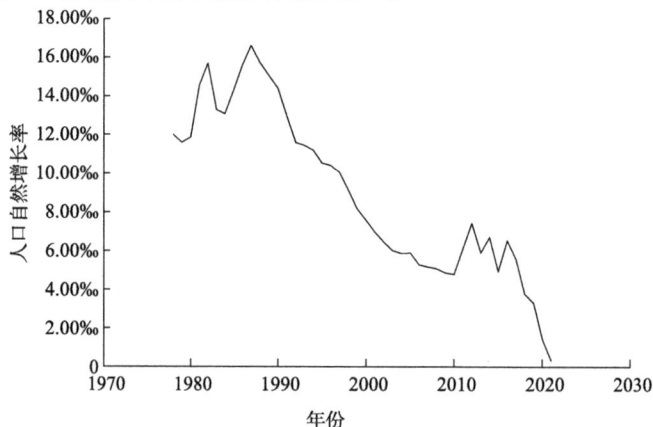

图 5　1978~2021 年中国人口自然增长率

资料来源：国家统计局. 中国统计年鉴 2022. 北京：中国统计出版社，2022

中国人口结构的重要特点是老年人口比重大，增速快。根据世界卫生组织（World Health Organization，WHO）标准，当一个国家或地区 60 岁以上老年人口占总人口的 10%，或 65 岁以上老年人口占总人口的 7%，即意味着这个国家或地区处于老龄化社会。2000 年中国 60 岁以上人口占总人口比例为 10%，65 岁以上人口占总人口比例为 7%，表明中国已开始进入老龄化社会。中国人口的特点之一是老龄化速度快。2000 年中国 65 岁以上人口为 8 821 万人，占总人口比例为 7.0%，2021 年为 20 056 万人，占总人口比例为 14.2%，2000~2021 年中国 65 岁以上老年人口增加了 11 235 万人，增长了 127.4%，即 22 年翻了一番多，而发展中国家老年人口数量翻一番平均需要 40 年①。

预计 21 世纪 20 年代开始，生育率过低和老龄化将日益严重地制约中国经济发展，如图 6 所示，中国劳动年龄人口数自 2014 年开始下降，劳动年龄人口占总人口比例自 2010 年开始下降。特别是随着人口快速老龄化，退休金等社会福利支出将挤占储蓄额和投资额空间，使得储蓄率和投资率出现进一步下降趋势。

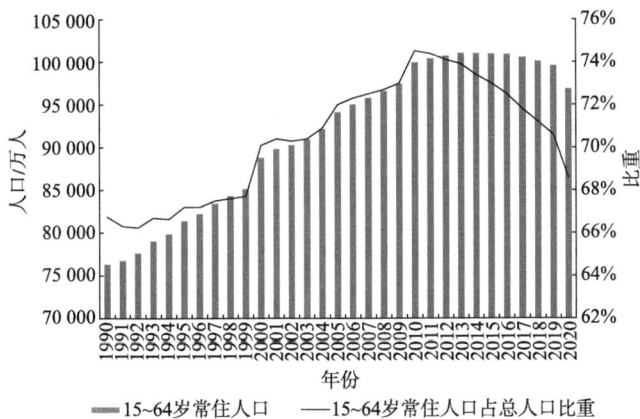

图 6　1990~2020 年中国劳动年龄人口数及其比重

3. 中国经济增长走势研讨——既非"U"形、"V"形和"W"形，又非"L"形、倒"U"形和雁形，而是波浪形下降模式

在已有经济文献中，关于经济增长的走势有"U"形、"V"形、"W"形、"L"形、倒"U"形和雁形等。前几年国内有部分学者认为中国经济增长的模式为"L"形，即认为中国经济增速在降至一定水平后就会长期企稳。这几年实践表明，中国经济"L"形触底没有到来，2010 年经济增速为 10.6%，2013 年为 7.8%，2015 年为 6.9%，2019 年继续降为 6.1%。本章认为从中长期角度看，中国经济增长速度既非"U"形、"V"形和"W"形，又非"L"形、倒"U"形和雁形，而是呈波浪形缓慢下降，即波浪形下降模式。相应地，经济总量呈波浪形逐步上升。从中长期来看，不能认为中国经济增速由 10% 左右降到 7% 左右或 6% 左右就到底了，以后就不再下降了。在 2050 年以前，中国经济增速将呈波浪形逐步下降。至少在 21 世纪中叶以前中国经济增速不会触底。

---

① 资料来源：国家统计局. http://data.stats.gov.cn/easyquery.htm?cn=C01。

（三）中国经济增速的中长期预测

在对中国经济增速进行中长期预测之前，应对中国经济发展现状有清晰的认识。中国经济发展现状如下：

第一，从经济总量看，中国目前仅次于美国，居世界第二位。根据 IMF 公布的资料（表3），按现行汇率计算，2021 年中国 GDP 约为 16.64 万亿美元，美国 GDP 约为 22.68 万亿美元，中国约为美国的 73.4%。按购买力平价计算，中国排名居世界第一位。2021 年中国 PPP 约为 26.66 万亿国际元，美国 PPP 约为 22.68 万亿国际元，中国是美国的 1.18 倍。

表3　2021 年按现行汇率和按购买力平价计算的世界主要国家经济规模及其经济增长率

国家	2021 年 GDP		2021 年 PPP		2021 年人均 GDP		GDP 增速
	亿美元	排名	亿国际元	排名	美元	排名	
美国	226 753	1	226 753	2	68 309	5	6.4%
中国	166 423	2	266 568	1	11 819	61	8.4%
日本	53 781	3	55 858	4	42 928	25	3.3%
德国	43 193	4	47 437	5	51 860	16	3.6%
英国	31 247	5	31 749	10	46 344	23	5.3%
印度	30 497	6	102 073	3	2 191	144	12.5%
法国	29 383	7	32 319	9	44 995	24	5.8%
意大利	21 063	8	26 106	13	34 997	27	4.2%
加拿大	18 835	9	19 788	15	49 222	19	5.0%
韩国	18 067	10	24 369	14	34 866	28	3.6%
俄罗斯	17 107	11	43 281	6	11 654	64	3.8%
澳大利亚	16 175	12	14 156	18	62 724	9	4.5%

资料来源：IMF 数据库，https://www.statisticstimes.com/economy/gdp-indicators-2021.php

第二，从经济增速看，2021 年中国 GDP 增速为 8.4%，美国为 6.4%，中国 GDP 增速高于美国。在世界 12 个主要经济体中，中国经济增速位居第二，仅次于印度。

第三，从人均 GDP 看，2021 年中国人均 GDP 为 11 819 美元，美国为 68 309 美元，美国人均 GDP 约为中国的 6 倍。中国人均 GDP 在世界上排 61 位。

第四，中国经济韧性强、潜力大、活力足，长期向好的基本面将不会改变。

基于前文结论，如果不发生不可抗力造成的伤害，如战争等，本章对 21 世纪上半期中国经济规模和经济增速做如下预测。

1. 预计 21 世纪 20 年代，即 2021~2030 年中国经济增速将进入"5 时代"

2021~2030 年，中国经济年平均增速有可能为 5.3% 左右，增速较 21 世纪前十年，即 2011~2020 年的年平均增速（6.85%）降低约 1.55 个百分点，其中个别年份经济增速有可能进入"4 时代"或更低些。

预计 2021~2030 年，中国的经济实力、科技实力、综合国力将跃上新台阶，经济将迈上更高质量、更有效率、更加公平、更可持续、更为安全的发展之路。

2. 预计在 2030 年前，按现行汇率法计算的中国经济总量可能达到美国水平

这主要有两个原因：一是中国经济增速快于美国；二是汇率变动。预计在此期间除少数年份外，人民币相对于美元将呈升值趋势。鉴于中国人口为美国人口的 4 倍左右，按经济发展水平衡量，2030 年中国的人均 GDP 仍只有美国的 1/4 左右。

3. 预计 2021~2035 年中国经济规模有可能翻一番，预计 2035 年中国将基本实现社会主义现代化

由于 2020 年经济发展基数较低，2021 年经济增速达到 8.4%，预计"十四五"期间（2021~2025 年）经济平均增速将达到 5.3%左右。"十五五"期间（2026~2030 年）经济平均增速将达到 5.1%左右。"十六五"期间（2031~2035 年）经济平均增速将低于 5%，达到 4.6%左右。根据本章测算，2021~2035 年的 15 年间中国经济年均增速有望达到 5.0%左右。预计 2021~2035 年中国经济规模有可能翻一番。预计 2035 年中国将基本实现社会主义现代化。

4. 预计 21 世纪 30 年代，即 2031~2040 年中国经济增速将进入"4 时代"

预计 21 世纪 30 年代，中国经济平均增速将为 4.4%左右，增速较 21 世纪 20 年代，即 2021~2030 年的年平均增速（5.3%）降低 0.9 个百分点，其中个别年份经济增速有可能小于 4%。

5. 预计 21 世纪 40 年代，即 2041~2050 年中国经济增速将开始进入"3 时代"

预计 21 世纪 40 年代，中国经济年平均增速将为 3.8%左右，增速较 21 世纪 30 年代年平均增速（4.4%）降低 0.6 个百分点。部分年度增速可能等于或大于 4%，个别年份可能小于 3%。

6. 预计到 2050 年中国将建成富强、民主、文明、和谐、美丽的社会主义现代化强国，实现党的十八大提出的第二个百年奋斗目标，实现中华民族的伟大复兴

预计在 21 世纪中叶，即 2050 年前后，按现行汇率法计算的中国经济总量有可能为美国的两倍左右，但按人均 GDP 计算，中国与美国相比仍有将近一倍的差距。预计到 21 世纪中叶，在科技创新能力和一系列人文指标上中国与美国相比差距仍较大，中国要达到世界发达国家水平尚需进行长期努力。

中国的崛起和经济总量超过美国，并不意味着美国衰落。美国的科技创新、国防军事、文化教育、医疗卫生等在很长时期中仍居领先地位，其中很多方面值得中国学习和借鉴。由于人口出生率持续下降，人口总量不断减少和老龄化将严重影响中国经济增速，如果不能采取有效措施，如及时全面放开生育限制和采取大力鼓励生育政策，特别是把科技创新和发展高新技术作为基本国策等,美国经济总量有可能在 21 世纪下半期再次超过中国,印度也可能在经济总量上超过中国。

二、2022 年中国经济增长的简要回顾与分析

新冠疫情给人民生命健康和社会经济发展带来前所未有的冲击,2020 年第 1 季度,中国 GDP 同比下降 6.9%(表 4)。在党中央、国务院统一部署、统筹推进疫情防控和经济社会发展下,中国率先控制住疫情,实现复工复产和全年经济正增长,充分彰显了经济的强大韧性和巨大潜能。在 2020 年全球 GDP 1 万亿美元以上的主要经济体中,中国唯一实现了经济正增长。

表 4 2020~2022 年各季度中国经济增速

项目	第 1 季度	第 2 季度	第 3 季度	第 4 季度
2020 年当季增速	−6.9%	3.1%	4.8%	6.4%
累计增速	−6.9%	−1.7%	0.6%	2.2%
2021 年当季增速	18.3%	7.9%	4.9%	4.0%
累计增速	18.3%	12.7%	9.8%	8.4%
2022 年当季增速	4.8%	0.4%	3.9%	3.5%
累计增速	4.8%	2.5%	3.0%	3.1%

资料来源:除 2022 年第 4 季度当季增速和累计增速外,本表所有数据来自国家统计局网站,2022 年第 4 季度当季增速和累计增速由本章项目组测算

2021 年中国经济保持了恢复性发展的态势,由于 2020 年基数低,2021 年第 1 季度 GDP 同比上升 18.3%,上半年 GDP 比 2020 年同期上升 12.7%。进入第 3 季度以后,国内外风险挑战增多,经济增速快速回落,全年增速为 8.1%(表 4)。

由表 4 可以看出,2022 年中国经济增速回落。第 1 季度 GDP 增速为 4.8%,第 2 季度增速大幅度下降至 0.4%,不仅低于 2021 年同期的 7.9%,而且比 2022 年第 1 季度低 4.4 个百分点。2022 年第 3 季度经济发展仍处于低迷状态,增速为 3.9%。预计第 4 季度,增速为 3.5%。预计 2022 年全年增速为 3.1%左右(表 4),比 2021 年全年增速低 5.3 个百分点。

2022 年中国经济增速回落的原因如下:

第一,新冠疫情及采取的对应措施的影响。2022 年中国部分地区受到新冠疫情的严重冲击,如上海市由于受感染人数较多,4 月初至 5 月底曾一度处于封闭状态,严重程度不亚于 2020 年初的武汉。受疫情影响,上海市 2022 年第 1 季度和第 2 季度的经济发展,特别是第三产业如旅游、餐饮消费、商业、客运、公共服务业等受极大冲击。

由表 5 可见,疫情对上海市工业的影响很大。2022 年 3~5 月,上海市工业同比增速

为负值，3 月工业同比增速为-10.9%，4 月工业增速为-62.6%，5 月工业增速为-30.9%。国家统计局数据显示，受疫情影响，2022 年第 2 季度上海市经济增速为-13.7%，上半年累计增速为-5.7%。由于上海经济在全国占有重要地位，上海及部分省份增速大幅度下降对全国影响非常大。

表 5   2022 年 1 月至 9 月上海市工业增速

项目	2022 年 1~2 月	2022 年 3 月	2022 年 4 月	2022 年 5 月	2022 年 6 月	2022 年 7 月	2022 年 8 月	2022 年 9 月
同比增长	11.9%	-10.9%	-62.6%	-30.9%	13.9%	18.6%	16.1%	10.6%
累计增长	11.9%	3.9%	-12.9%	-16.6%	-11.3%	-7.1%	-4.0%	-2.2%

资料来源：国家统计局网站

第二，房地产业不景气对经济的影响。房地产业是国民经济发展的重要支柱产业，其特点不但在于上下游涉及的部门极为众多，而且是地方财政的主要来源。中国经济发展的实践表明，房地产业对经济增速有重大影响，房地产业不景气的年份经济增速往往较低。

2022 年 1~10 月全国商品房销售面积 111 179 万平方米，同比下降 22.3%[①]，其中住宅销售面积下降 25.5%。商品房销售额为 108 832 亿元，下降 26.1%，其中住宅销售额下降 28.2%。全国房地产开发投资为 113 945 亿元，同比下降 8.8%。

由表 6 可见，2021 年第 1 季度中国房地产业增加值的增速为 21.4%，以后逐步下降。2021 年第 4 季度中国房地产业增加值当季增速为-2.9%，累计增速为 5.2%。2022 年第 1 季度、第 2 季度和第 3 季度中国房地产业增加值当季增速分别为-2.0%、-7.0%和-4.2%。前三季度房地产业增加值增速为-4.4%。

表 6   2021 年第 1 季度至 2022 年第 3 季度中国房地产业增加值增速

项目	2021 年第 1 季度	2021 年第 2 季度	2021 年第 3 季度	2021 年第 4 季度	2022 年第 1 季度	2022 年第 2 季度	2022 年第 3 季度
当季同比增长	21.4%	13.7%	-1.6%	-2.9%	-2.0%	-7.0%	-4.2%
累计增长	21.4%	19.5%	8.2%	5.2%	-2.0%	-4.6%	-4.4%

资料来源：国家统计局网站

第三，外部影响。从国际看，全球疫情持续蔓延，产业链供应链不畅，国际能源、粮食供给比较紧张，大宗商品价格高位运行。主要发达经济体通胀高企，为了应对通胀压力，欧美等国加快收紧货币政策，大幅度提高利率。例如，美联储 2022 年 1 月至 11 月已 6 次加息，总共加了 375 个基点。大规模加息对控制通胀有作用，但会演化成一场全球性的需求衰退，对世界经济产生很大的下行压力，也对中国经济增长产生严重影响。主要国际组织已经多次下调 2022 年和 2023 年全球经济增长预期。随着全球滞胀风险上升，不稳定不确定因素明显增多。

预计 2022 年中国经济增速为 3.1%，四个季度增速分别为 4.8%、0.4%、3.9%和 3.5%。2020 年和 2022 年是改革开放以来中国经济增速最低的两个年份。

---

① 资料来源：国家统计局. https://data.stats.gov.cn/easyquery.htm?cn=A01&zb=A0608&sj=202211.

（一）生产法维度下 2022 年度三大产业增加值增速回顾与分析

2022 年全年 GDP 年增长率为 3.1%，较 2020 年、2021 年的平均增速下降了 2.2 个百分点，仅高于 2020 年 GDP 增速 0.9 个百分点，是近些年来的 GDP 增速的低谷值。分三大产业来看，第一产业增加值增长率为 4.1%；第二产业增加值增长率为 4.1%；第三产业增加值增长率为 2.3%（表 7）。

表 7　2022 年中国三大产业增加值增长率

项目	2021 年增长率	2022 年第 1 季度增长率	2022 年第 2 季度增长率	2022 年第 3 季度增长率	2022 年第 4 季度增长率	2022 年增长率
GDP 增速	8.4%	4.8%	0.4%	3.9%	3.5%	3.1%
第一产业	7.1%	6.0%	4.4%	3.4%	4.0%	4.1%
第二产业	8.7%	5.8%	0.9%	5.2%	4.6%	4.1%
第三产业	8.5%	4.0%	−0.4%	3.2%	2.5%	2.3%

资料来源：2021 年及 2022 年前三季度为国家统计局公布数据，2022 年第 4 季度及 2022 年全年为项目组预测数据

2022 年，面对更加复杂严峻的国内外环境，中国三大产业保持了总体平稳的发展基调，形成了需求持续恢复、结构稳向调整、新动能助力起航的基本特征，使得 2022 年的三大产业延续恢复发展的态势，巩固了经济发展基础。

1. 粮食生产有望再获丰收，畜牧业发展平稳

2022 年中国粮食生产总体稳定，有望再获丰收。据国家统计局信息，2022 年夏粮早稻产量合计为 3 511 亿斤（1 斤=0.5 千克），较 2021 年增产 39 亿斤。秋粮生产总体稳定，播种面积稳中有增。

畜牧业方面，前三季度猪牛羊禽肉产量为 6 711 万吨，比 2021 年同期增长 4.4%。其中，猪肉产量为 4 150 万吨，增长 5.9%；牛肉产量为 485 万吨，增长 3.6%；羊肉产量为 346 万吨，增长 1.5%；禽肉产量为 1 730 万吨，增长 1.7%。禽蛋产量为 2 499 万吨，增长 2.7%。牛奶产量为 2 709 万吨，增长 7.7%。前三季度，生猪存栏 44 394 万头，比 2021 年末增长 1.4%，生猪出栏 52 030 万头，比 2021 年增长 5.8%。整体来看，农产品市场供给充足，农业发展形势较好。

2. 工业生产显著回升，建筑业的经济拉动作用加强

总体来看，前三季度中国第二产业增加值增速为 3.9%，其中工业增加值增速为 3.7%，建筑业为 4.8%，工业拉动 GDP 增长 1.2 个百分点，建筑业拉动 GDP 增长 0.3 个百分点。

中国工业生产持续增长，保持了良好的恢复发展态势。2022 年 1~10 月，全国规模以上工业增加值增速同比增长 4.0%，较 1~9 月提高 0.1 个百分点，5 月以来的增速逐月提高，工业生产逐步恢复的态势明显。尤其注意到高技术制造业增加值同比增速远高于其他工业，1~10 月，高技术制造业增加值同比增长 8.7%，较制造业高出 5.3 个百分点，较规模以上工业高出 4.7 个百分点，体现出了较强的引领性和结构转型特征。

受 2021 年建筑业增速较低的影响，2022 年建筑业增加值增速将会达到 6% 左右，恢

复至 2019 年之前的发展水平，较 2020 年、2021 年的平均增速高出 4 个百分点，较工业增加值增速高 2 个百分点，对经济的拉动作用明显加强。

3. 服务业恢复力度仍需加强，新动能支撑发展

2022 年，中国第三产业仍有较强的恢复潜力，尤其是 12 月国务院联防联控机制出台了优化疫情防控工作的"新十条"措施，中国第三产业增加值增速有望进一步提升。2022 年前三季度，中国第三产业增加值同比增速为 2.3%，增加值绝对量占比为 53.5%，高出第二产业 13.3 个百分点，拉动 GDP 增长 1.3 个百分点，拉动效应较第二产业低了0.2 个百分点。

第三产业发展中，新动能引领作用不断增强，产业结构持续优化。2022 年前三季度信息传输、软件和信息技术服务业，金融业增加值分别增长 8.8% 及 5.5%，合计拉动服务业增加值增长 1.5 个百分点，有效带动了第三产业增加值增速的提高。互联网和相关服务、软件和信息技术服务业的规模以上企业营业收入同比分别增长了 9.7% 和 7.7%，分别快于全部规模以上服务业企业 4.6 个和 2.6 个百分点。现代服务业的发展有效支撑了第三产业增加值增速的恢复。

高效统筹疫情防控及经济社会稳定发展的各项政策措施的落地见效，将有效巩固、促进第三产业经济发展，助力第三产业增加值稳步回升。

（二）支出法维度下 2022 年度三大最终需求增速回顾与分析

面对更趋复杂严峻的国际形势和国内疫情新发多发等多重超预期因素冲击，2022 年前三季度中国经济增速出现较大幅度下滑，GDP 增速仅为 3.0%，第 2 季度增速更是降至 0.4%，远低于 2021 年全年 GDP 增速（8.4%）。从三大最终需求来看，中国经济增速下滑主要是消费因疫情受限导致的。随着稳经济各项举措加力落实、政策效能积极释放，三季度以来消费市场需求恢复向好，经济企稳回升。特别地，随着世界各国放松疫情管控，居民消费需求得到释放，中国外需得到稳定增长。总体看来，中国经济持续恢复态势不会改变。

1. 消费受疫情反复冲击，保持企稳恢复态势

2022 年 3 月开始，受上海、北京等地疫情大规模反复多发影响，消费增长乏力。2022 年 3~5 月社会消费品零售总额出现同比负增长，极大影响了经济恢复增长的进程。2022 年上半年，最终消费支出仅拉动 GDP 增长 0.8 个百分点，贡献率为 32.1%，第 2 季度最终消费支出更是出现负增长，拉低 GDP 增长 0.8 个百分点。第 3 季度开始消费出现恢复性增长态势，基本生活类商品消费增长形势好于升级类商品消费，线上消费占比持续提升，线下实体消费开始恢复增长。2022 年前三季度，最终消费支出拉动 GDP 增长 1.2 个百分点，贡献率为 41.3%，消费的恢复性增长对经济增长的推动作用逐步显现。当前全国多地疫情突发，第 4 季度消费增长将受到一定影响。预计 2022 年全年社会消费品零售总额增速在 0.4% 左右，最终消费支出对 GDP 增长的贡献率为 40% 左右，拉动经济

增长 1.2 个百分点。

2. 投资平稳增长，投资结构进一步优化

2022 年投资需求平稳增长，成为内需增长的主要动力。为积极应对疫情冲击，中央政府将扩大有效投资作为稳经济的关键举措，加快新建项目的开工建设，加大项目要素保障力度，促进投资平稳增长。2022 年 1~10 月全国固定资产投资同比增长 5.8%，远高于同期消费增长。高技术产业投资较快增长，2022 年 1~10 月累计增速高达 20.2%，其中高技术制造业和高技术服务业投资累计增速分别为 23.4% 和 13.4%，远高于其他行业投资增长。2022 年前三季度资本形成总额拉动 GDP 增长 0.8 个百分点，贡献率为 26.7%。受房地产行业政策收紧影响，2022 年 1~10 月房地产开发投资下降 8.8%，拉低了投资的总体增速。随着 11 月初以来房地产政策逐步放松，房地产开发投资形势可望有所好转。预计 2022 年全年全国固定资产投资增速在 5.9% 左右，资本形成总额对 GDP 增长的贡献率为 28% 左右，拉动经济增长 0.9 个百分点。

3. 进出口保持较快增长，对经济拉动作用明显

2022 年以来，全球主要经济体相继放开了疫情管控措施，同时前期为应对疫情冲击相继出台的经济刺激政策效果逐步显现，外需形势逐步好转，这给中国的出口增长提供了契机。2022 年 1~10 月货物进出口总额同比增长 9.5%，其中出口增长 13.0%，进口增长 5.2%。进出口相抵，贸易顺差为 48 060 亿元，已经超过 2021 年全年贸易顺差。2022 年前三季度，货物和服务净出口拉动 GDP 增长 1.0 个百分点，贡献率为 32%。短时间内，全球范围的市场需求将进一步提升，进出口保持持续快速增长态势。预计 2022 年全年货物和服务净出口对 GDP 增长的贡献率为 32% 左右，拉动经济增长 1.0 个百分点。

三、2023 年中国经济增长初步预测

（一）预测 2023 年中国经济将呈现恢复性增长，预计全年增速为 6.0% 左右；全年经济走势为倒"U"形，增速前后低中间高

2023 年新冠疫情的流行情况和发展趋势，中国经济运行、国际经济形势发展、外需增长都有很大的不确定性。本章在以下三个基本前提下，对中国 2023 年经济增长进行初步的分析和预测：

第一，在以习近平同志为核心的党中央坚强领导和党的二十大精神的指引下，中国政府将继续贯彻"稳中求进"的总基调，深入贯彻新发展理念，加快构建新发展格局，推动中国经济高质量发展。

第二，2023 年中美在政治、经济、军事和科技上不发生全面对抗和冲突。

第三，2023 年中国周边地区和边境地区不发生不可抗力造成的伤害，如战争等。

鉴于新冠疫情是 2019 年以后影响中国和世界各国经济增长的重要因素,我们分三种情景对 2023 年中国经济增长进行预测:

(1)基准情景(预期概率 50%)。随着新冠病毒感染调整为"乙类乙管",在党和政府的领导下,中国消费和生产活动逐渐恢复,疫情影响持续减弱,经济逐渐复苏,预计在短时期内疫情将有明显好转。

(2)悲观情景(预期概率 25%)。2023 年中国很长时期内疫情未得到很有效控制,严重影响经济增长和人民生活。

(3)乐观情景(预期概率 25%)。疫情在很短时期内得到有效的控制,经济发展和社会生活较快恢复正常,且全球范围内大多数国家的疫情形势也明显好转。可能出现能够高度有效地克服新冠病毒的疫苗、特效药等。古人有言:"大疫不过三",现代社会中病毒的变异能力和传播性能加强,疫情可能超过三年,但不会长期存在,预计最迟到 2024 年底,人类将能有效控制疫情。

在基准情景下,预测 2023 年中国经济将基本恢复正常发展。考虑到当前中国经济潜在增长率、2022 年低基数及未来疫情和外部环境影响等,预计 2023 年中国 GDP 增速将达到 6.0%左右,全年经济稳中有进,经济走势为前后低中间高的倒"U"形态势。

受新冠疫情影响,2020 年、2021 年和 2022 年各季度增速相差极大,如 2020 年各季度增速波动为-6.9%~6.4%,极差为 13.3 个百分点;2021 年为 4.0%~18.3%,极差为 14.3 个百分点;2022 年为 0.4%~4.8%,极差为 4.4 个百分点。预计 2023 年新冠疫情将得到有效控制,经济发展和社会生活将基本回归正常,各季度经济增速的波动将较小。预计 2023 年第 1 季度经济增速可能为 4.2%,第 2 季度受 2022 年低基数影响可能达到 9.3%,第 3 季度可能为 5.5%,第 4 季度可能为 5.4%。预计 2023 年各季度增速的极差为 5.1 个百分点左右(表 8)。

表 8　2020~2023 年各季度中国经济增速

项目	第 1 季度	第 2 季度	第 3 季度	第 4 季度	各季极差	全年增速
2020 年当季增速	−6.9%	3.1%	4.8%	6.4%	13.3%	2.2%
2021 年当季增速	18.3%	7.9%	4.9%	4.0%	14.3%	8.4%
2022 年当季增速	4.8%	0.4%	3.9%	3.5%	4.4%	3.1%
2023 年当季增速(预测值)	4.2%	9.3%	5.5%	5.4%	5.1%	6.0%

资料来源:除 2022 年第 4 季度当季增速、2023 年全年增速和各季极差外,本表所有数据来自国家统计局网站,2022 年第 4 季度当季增速、2023 年全年增速和各季极差由本章项目组测算

在悲观情景下,预测 2023 年全年中国经济增速将达到 4.5%左右。

在乐观情景下,预测 2023 年全年中国经济增速将达到 7.5%左右。

本章以下部分均为在基准情景下进行的预测和分析。

(二)2023 年三大产业增加值增速预测

2023 年三大产业增加值增速将有所恢复性提高。从三大产业来看,预测 2023 年第

一产业增加值增速约为 4.3%，比 2022 年提高 0.2 个百分点；预测第二产业增加值增速为 5.6%，比 2022 年提高 1.5 个百分点；预测第三产业增加值增速为 6.4%，比 2022 年提高 4.1 个百分点，预测结果见表 9。

表 9　2021~2023 年中国 GDP 增速及三大产业增加值增速

项目	2021 年	2022 年（预测）	2023 年（预测）	2023 年较 2022 年提高百分点（预测）
GDP 增速	8.4%	3.1%	6.0%	2.9%
第一产业	7.1%	4.1%	4.3%	0.2%
第二产业	8.7%	4.1%	5.6%	1.5%
第三产业	8.5%	2.3%	6.4%	4.1%

资料来源：国家统计局公布数据及本章项目组测算

（三）2023 年三大需求增速预测

从三大需求来看，随着疫情防控"新十条"措施的实施，疫情防控对消费市场影响进一步降低，同时居民人均可支配收入的较快增长，预期中国消费将持续复苏，成为拉动经济增长的主要力量。随着高技术产业投资持续增长，房地产开发投资企稳回升，投资对经济增长的作用将进一步巩固。随着全球主要国家疫情防控放开，生产供应能力进一步恢复，出口增速将有所下降。预测 2023 年最终消费对 GDP 贡献率为 58.0%，拉动 GDP 增长 3.5 个百分点；资本形成总额对 GDP 贡献率为 26.0%，拉动 GDP 增长 1.5 个百分点；净出口对 GDP 贡献率为 16.0%，拉动 GDP 增长 1 个百分点（表 10）。

表 10　2020~2022 年中国 GDP 增长率及三大需求对 GDP 贡献率和拉动

年份	GDP 增长率	贡献率			拉动 GDP 增长		
		最终消费	资本形成总额	净出口	最终消费	资本形成总额	净出口
2020	2.3%	−22.0%	94.1%	28.0%	−0.5%	2.2%	0.7%
2021	8.4%	65.4%	13.7%	20.9%	5.3%	1.1%	1.7%
2022（预测）	3.1%	40.0%	28.0%	32.0%	1.2%	0.9%	1.0%
2023（预测）	6.0%	58.0%	26.0%	16.0%	3.5%	1.5%	1.0%

资料来源：国家统计局公布数据及本章项目组测算

四、建　议

1. 加大宏观政策的调节力度，继续实施积极的财政政策和稳健的货币政策

财政政策方面，继续实施积极的财政政策，可适当提高赤字率。2022 年中国财政赤字率为 2.8%左右，建议 2023 年可调整至 3%左右。货币政策方面，继续保持稳健的货币政策，发挥货币政策工具的总量和结构双重功能。适时调整结构性货币政策工具，引导银行等金融机构精准支持小微企业、科技创新、区域协同发展等重点领域和薄弱环节。

2. 充分释放政策效能，扩消费增就业促投资，建立长效机制释放消费潜力，持续扩大有效需求；加大助企纾困力度，着力稳定宏观经济大盘

2022 年以来国内疫情形势总体好转，在当前的疫后复苏阶段，经济工作的重点是快速扩展有效需求。2023 年，在科学防控疫情的同时，应从需求侧扩张政策发力，多措并举进一步扩大有效需求。加固脱贫攻坚成果，完善初次分配制度，提高低收入群体的收入水平，积极扩大中等收入群体规模；履行政府再分配职能，可实施重大消费项目的补贴或奖励政策，提升民众消费意愿，进一步提高社会保障能力，积极解决就业、养老、医疗问题，切实消除民众现实生活中的后顾之忧，让民众敢消费、能消费和愿意消费。

拓宽政府投资空间，撬动和引领民间投资，优化投资结构，加强重大基础设施建设、制造业设备更新和技术改造等项目的资金保障，以投资推进供给侧结构优化，推动产业转型升级，增强实体经济的增长潜力。加大对实体企业及小微企业支持力度，特别是对餐饮、零售、旅游、民航、公路水路铁路运输等特困行业、受疫情影响严重地区企业精准帮扶，建议加快落实退税减税政策，阶段性社保费缓缴延期，政府采购精准发力提供重点资金、专项资金扶持和融资担保等。

3. 强化危机意识，防范化解重大领域风险

新冠疫情、国际供应链扰动和俄乌冲突严重扰乱了相互关联的粮食、燃料和化肥市场，为中国的经济稳定带来巨大挑战，面对疫情发展和国际局势的高度不确定性，要警惕未来两年可能发生的极端情形，防范重大领域风险。强化危机意识，坚持底线思维，从失败中总结经验、吸取教训，不断提高风险预见预判能力，做好应对更为复杂困难局面的准备，根据形势需要适时适度灵活调整各项应对预案。关注社保基金缺口风险，落实城乡居民养老保险待遇确定和基础养老金正常调整机制，规范发展第三支柱养老保险。有效防控金融领域风险。例如，针对杠杆率较高、营利能力较弱的国有企业，跟踪监测流动性风险和债券违约风险，建立沟通和干预机制，预防资金链断裂引发的连锁反应；加快推动地方政府发行专项债补充中小银行资本金，引入新股东改善公司治理、提升银行价值等。

4. 充分发挥中国在全球产业链中的优势，稳定外资外贸

受俄乌冲突加剧影响，欧洲等地区经济增长严重放缓、通胀飙升，叠加主要发达经济体政策不确定性影响，2022 年全球经济形势暗淡，海外经济形势的下滑及外需减弱将为中国的外资吸收和外贸发展带来显著的负面影响，再加上受中国疫情防控政策等多重因素影响，外资企业在华的生产经营面临挑战，稳外贸、稳外资压力显著增加，需进一步推进高水平的对外开放、改善外资企业的营商环境。具体措施包括：在外资方面，加快培育跨境电商等外贸新业态、新模式，推动贸易高质量发展；加大稳外资工作力度，推动稳外资政策落实落地，提高对外资吸引力，发挥政策引导作用，引导外资投向制造业、生产性服务业等重点领域，以及中西部和东北地区。在外贸方面，发挥外贸大省"挑大梁"的作用，为外贸持续稳定发展提供强劲动力，推动国内经济回升向好、持续发展；在保证疫情科学防控前提下，加速推进生产，维护全球产业链、供应链的稳定，为全球市场提供更多产品。

2023 年中国固定资产投资态势分析与展望[①]

孟勇刚　朱文洁　陈　磊

报告摘要：2022 年以来，我国固定资产投资稳定增长。截至 2022 年 10 月，累计固定资产投资（不含农户）为 471 459 亿元，同比名义增长 5.8%。

本章首先分析了 2022 年我国固定资产投资的运行特征，主要包含以下三个方面：①固定资产投资稳定增长，投资结构持续优化。短板领域和民生领域投资的持续加力成为基建投资增长（不含电力）的重要推动力。以高技术和技术改造为主要特征的新动能投资成为推动制造业转型升级的重要力量。②三大产业内部投资分化特征明显，第二产业整体增速最高。③民间投资增速逐月走低，占全社会固定资产比重不断下滑。

本章采用美国国家经济研究局（National Bureau of Economic Research，NBER）方法构建了我国固定资产投资的先行合成指数，对我国固定资产投资的景气波动特征及未来走势进行了具体分析。结果表明，我国固定资产投资已经历了 7 次完整的景气循环，目前正处于新一轮的景气收缩期。按照固定资产投资先行合成指数走势的判断，固定资产投资增速有望在 2022 年四季度保持小幅回升态势，随后转入新一轮的景气收缩期。

本章预测 2022 年和 2023 年固定资产投资（不含农户）全年名义增速分别为 6%左右和 5.5%左右。投资结构将继续改善，高新技术产业和技改投资有望保持高位运行，过剩行业投资减少，结构不断升级，符合结构转型的要求。具体预测包括：①基础设施建设投资（不含电力）增速有望保持高速增长，2022 年和 2023 年基础设施建设投资（不含电力）分别增长 10%左右和 7%左右；②制造业投资增长动力趋弱，增速或将放缓，2022 年和 2023 年全年增速分别约为 9%和 7%；③房地产开发投资增速或将筑底回升，2022 年和 2023 年全年增速分别约为-8%和-1%。

"稳投资"依然是政府的工作重点，面对我国投资当前的发展态势，本章提出以下政策建议：①精准扩大有效投资，夯实"稳增长"底盘。②提振民间投资信心，激发投资活力。

本章对 2022 年我国固定资产投资的运行态势及 2023 年走势进行分析和预测，具体结构如下：第一部分分析了 2022 年我国固定资产投资的运行特征；第二部分通过构建固定资产投资先行景气指数，对我国固定资产投资的增长率周期波动特征及发展态势进行分析；第三部分对固定资产投资的主要相关指标进行预测；第四部分是政策建议。

① 本章得到辽宁省社会科学规划基金项目（项目编号：L21BJY011）的资助。

一、2022 年固定资产投资形势分析

（一）固定资产投资增长，投资结构持续优化

2020 年新冠疫情对投资造成严重冲击，在 1~2 月的固定资产投资（不含农户）完成额累计同比增速（图 1）下降至有统计数据以来的最低水平-24.5%后，3 月以后累计投资降幅逐渐收窄，9 月末恢复正增长，全年累计固定资产投资同比增长 2.9%，增速较 2019 年下降 2.5 个百分点，创造了 1992 年以来的年度最低水平。受 2020 年疫情冲击导致的超低基数影响，2021 年 1~2 月的累计投资实现了 35%的超高速增长，创造了 2015 年以来的最高水平，其后，累计增速呈快速下降态势。2021 年全年固定资产投资（不含农户）增速为 4.9%，以 2019 年为基期，两年平均增长 3.9%，远低于疫情前的正常水平。2022 年以来，各地区各部门把扩大有效投资作为"稳经济"的关键举措，推动项目尽快开工建设，加快设备更新改造贷款投放，积极发挥重大项目牵引和政府投资撬动作用，促进固定资产投资稳定增长。2022 年 1~10 月，全国固定资产投资(不含农户)同比增长 5.8%，增速较前三季度下降 0.1 个百分点，较上半年下降 0.3 个百分点。

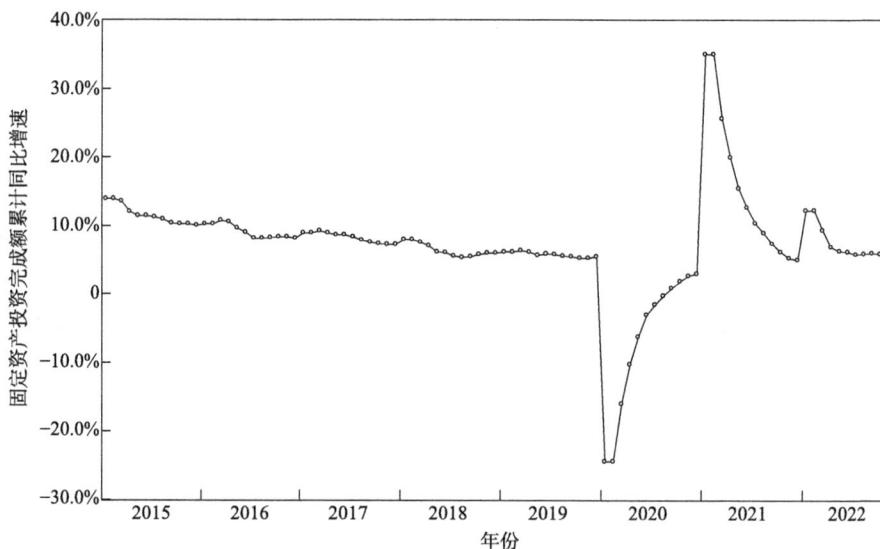

图 1 固定资产投资完成额累计同比增速

分区域来看，四大区域投资增速全部放缓。2022 年 1~10 月，东部地区固定资产投资累计同比增速为 4.2%，较 1~9 月放缓 0.1 个百分点；中部地区固定资产投资增长 10%，涨幅较 1~9 月下降 0.2 个百分点；西部和东北地区 1~10 月固定资产投资分别增长 6.1% 和 0.3%，增速分别较 1~9 月下降 0.6 个百分点和上升 0.1 个百分点。

从投资的行业结构来看，制造业投资、房地产开发投资和基础设施建设投资（不含

电力）是支撑全社会固定资产投资的三大板块，三者合计占固定资产投资的比例在 70%
左右。2022 年 1~10 月，基础设施建设投资（不含电力）累计同比增速为 8.7%，较 1~9 月
加快 0.1 个百分点，其中，10 月当月同比增速为 9.4%，较 9 月同比增速回落 1.1 个百分
点；1~10 月制造业投资累计同比增速为 9.7%，较 1~9 月增速下滑 0.4 个百分点，其中，
10 月当月同比增速 6.9%，较 9 月同比增速下滑 3.8 个百分点；1~10 月房地产开发投资
累计同比增长-8.8%，较 1~9 月增速下滑 0.8 个百分点，其中，10 月当月同比增速为
-16.0%，较 9 月大幅下降 3.9 个百分点。基础设施建设投资（不含电力）保持较快增长
和制造业投资的较强韧性，在很大程度上对冲了房地产开发投资低迷带来的投资增长压
力，是 2022 年以来固定资产投资保持稳定增长的主要原因。

图 2 显示，自 2018 年第 3 季度开始，随着"六稳"政策尤其是"稳投资"政策力度
的陆续加码，基础设施建设投资（不含电力）增速触底企稳。进入 2020 年，新冠疫情的
暴发对基建项目施工进度造成严重干扰，导致 2020 年第 1 季度基础设施建设投资（不含
电力）增速大幅跳水，增速为-19.7%。其后，在较大力度的财政政策支持下，基础设施
建设投资（不含电力）增速稳步快速回升，2020 年全年增速为 0.9%，较 2019 年大幅下
滑 2.9 个百分点。2021 年基础设施建设投资（不含电力）表现不及预期，增长势头呈逐
渐放缓态势，全年增长 0.4%，较 2020 年增速下降 0.5 个百分点，两年平均增速仅为 0.65%，
远低于 2018 年和 2019 年均 3.8%的增长水平。2022 年以来，基础设施建设投资（不含
电力）保持高速增长态势，截至 10 月，累计增速已实现连续 6 个月回升。1~10 月累计
同比增速为 8.7%，增速比前三季度加快 0.1 个百分点，比上半年加快 1.6 个百分点。2022
年 10 月基础设施建设投资（不含电力）当月同比增速为 9.4%，虽较 9 月同比增速下滑
1.1 个百分点，但 2022 年 4 月以来的当月同比增速均保持在 7%以上，远高于 2019 年的
同期水平。从具体领域来看，信息传输业投资增长 12.7%，增速比前三季度加快 0.5 个
百分点；生态保护和环境治理业投资增长 8.5%，增速比前三季度加快 0.8 个百分点；道
路运输业投资增长 3.0%，增速比前三季度加快 0.5 个百分点；铁路运输业投资下降 1.3%，
增速比前三季度收窄 1.8 个百分点。短板领域和民生领域投资的持续加力成为基建投资
增长（不含电力）的重要推动力。

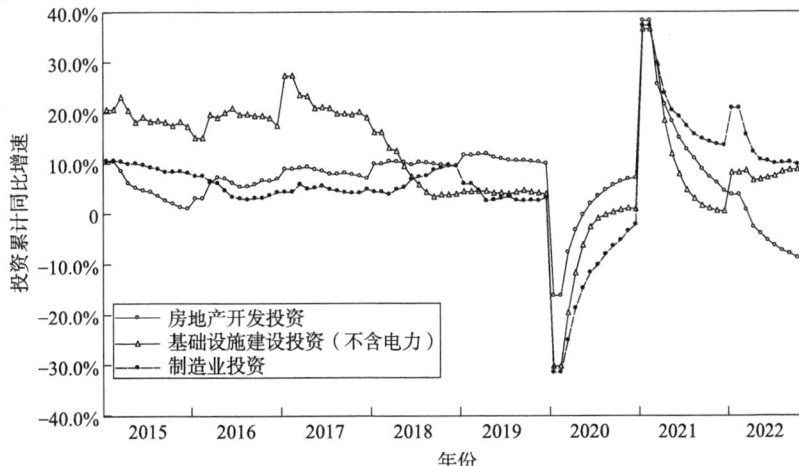

图 2　基础设施建设、制造业和房地产开发投资累计同比增速

较高的投资意愿以及资金端和项目端的良好保证是 2022 年 1~10 月基础设施建设投资（不含电力）增速保持高速增长的主要原因。基建投资作为托底经济的重要手段之一，具有明显的逆周期性，是实现"稳投资"及"稳增长"的重要途径。2021 年 12 月，中央经济工作会议明确提出"适度超前开展基础设施投资"；2022 年 4 月 26 日，中央财经委员会第十一次会议提出"全面加强基础设施建设、构建现代化基础设施建设体系"。较高的投资意愿充分体现了党中央着力稳定宏观经济大盘的决心和信心，是基础设施建设投资（不含电力）增速高速增长的重要保证。从资金端看，3.65 万亿元地方专项债券在 2022 年 8 月已基本发行完毕；2022 年 7 月底，国务院部署通过政策性开发性金融工具，加大重大项目融资支持；2022 年 9 月 7 日，国务院常务会议提出 10 月底前发行盘活 5 000 多亿专项债地方结存限额，优先支持在建项目。从项目端看，2022 年 1~10 月，计划总投资亿元及以上大项目完成投资同比增长 12.2%，增速比前三季度加快 0.4 个百分点，比全部投资高 6.4 个百分点。

2020 年以来，受新冠疫情的严重冲击，第 1 季度制造业投资累计同比增速为-25.2%（图 2），为有统计数据以来的历史最低水平，第 2、第 3、第 4 季度降幅逐季收窄，全年增速为-2.2%。随着经济整体恢复的推进、企业效益的好转及企业投资信心的增强，制造业累计投资逐渐回暖，降幅逐渐收窄，2021 年 5 月末已实现两年平均增速 0.6% 的正增长。随后，制造业投资呈高速增长态势，2021 年全年制造业累计投资同比增长 13.5%，高于全部投资增速 7.6 个百分点，两年平均增速为 4.8%，较 2019 年全年制造业投资增速加快 1.7 个百分点。2022 年 1~10 月制造业投资累计同比增速为 9.7%，增速较前三季度下滑 0.4 个百分点，较上半年下滑 0.7 个百分点，整体呈缓慢下降态势，但制造业内部投资结构趋于平衡。从制造业的细分行业来看，2021 年上游原材料制造业和下游消费品制造业投资增速分别为 14.6%、12.0%，总体呈"上游强、下游弱"的特征。具体来看，上游化学纤维制造业、化学原料制造业全年增速分别为 31.8% 和 15.7%，下游纺织服装制造业、皮毛加工制造业投资增速仅为 4.1% 和 2.0%。2022 年以来，大宗商品价格特别是原材料价格高位回落，上游原材料制造业企业的利润高企局面难以持续，下游消费品制造业企业的经营成本得以减轻，制造业内部投资呈现"上游走弱、下游修复"的特征，投资结构进一步优化。2022 年 1~10 月，黑色金属冶炼及压延加工业、化学纤维制造业以及橡胶和塑料制品业投资增速分别较 2021 年同期水平下降 14.7 个、4.3 个和 8.4 个百分点，呈走弱态势；纺织服装制造业、皮毛加工制造业和家具制造业投资水平较 2021 年同期水平分别提升 26.2 个、30.1 个和 14.7 个百分点，已出现非常明显的边际修复倾向。值得注意的是，2022 年 1~10 月高技术制造业投资累计同比增长比 23.6%，增速高于全部投资 17.8 个百分点，比 1~9 月增速加快 0.2 个百分点；技改投资占全部制造业投资的比重为 40.9%，比 2021 年同期提高 0.2 个百分点。以高技术和技术改造为主要特征的新动能投资成为推动制造业转型升级的重要力量。

2022 年 1~10 月制造业投资维持高位增长主要得益于"助企纾困"政策的落地生效。2022 年以来，工业企业利润总额累计同比增速呈缓慢下降态势，1~10 月累计增速为-3%，制造业企业经营面临一定的现金流收紧压力。2022 年 4 月实施的留抵退税政策对制造业企业扩大资本开支起到了重要的支撑作用。截至 2022 年 11 月 10 日，已退至纳税人账户的增值税留抵税款合计已达 23 097 亿元，其中制造业退税 6 176 亿元，占全部退税金额的 26.7%，是受益最明显的行业。此外，受全球经济复苏、海外疫情蔓延引致的国外生产订单回流等多因素影响，出口超预期的高速增长也极大地带动了设备制造业的快速增长。

2022 年以来，房地产开发投资累计同比增速持续低迷，累计增速由 1~2 月的 3.7% 快速回落至 1~10 月的-8.8%，较 1~9 月增速下滑 0.8 个百分点，较 1~6 月增速下滑 3.4 个百分点。在"房住不炒"的政策调控基调下，叠加"三道红线"分类监管政策的推进，房地产企业面临较大的现金流压力。2021 年，房地产销售额和房地产开发企业资金来源累计同比增速呈快速下降态势，全年分别增长 4.8%和 4.2%，远低于 2019 年和 2020 年的增长水平。2022 年 1~2 月房地产销售额和房地产开发企业资金来源累计同比增速由正转负，增速分别为-19.3%和-17.7%，其后，累计同比增速快速下滑，1~10 月增速分别为-26.1%和-24.7%。在销售回款速度放缓及外源性融资渠道偏紧的资金压力下，房地产企业整体施工进度放缓。2022 年以来，房地产开发企业施工、新开工面积均呈现回落态势，1~10 月的累计同比增速分别为-5.7%和-37.8%，分别较上半年累计同比增速下滑 2.9 个和 3.4 个百分点。

（二）三大产业内部投资分化特征明显，第二产业整体增速最高

从三大产业固定资产投资累计同比增速（图 3）来看，2022 年各产业累计增速已回归到正常水平，但整体走势趋缓。在"稳增长"和 2021 年同期低基数（以两年平均增速衡量）的背景下，各产业于 2022 年 2 月分别出现了 8.8%、19.6%和 9.5%的年内最高累计增速水平，后续受疫情散发等多方面影响，累计增速水平均出现了一定程度的回落，且行业内投资结构分化明显。

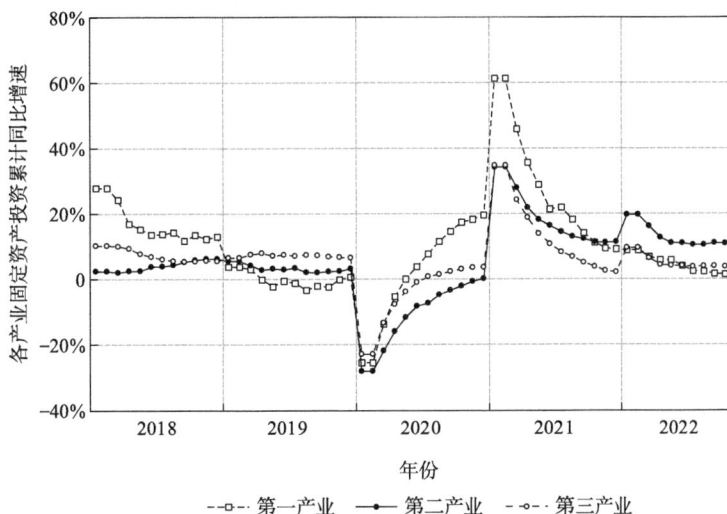

图 3　三大产业固定资产投资累计同比增速

第一产业中，畜牧业成投资拖累。截至 2022 年 10 月，第一产业共投资 11 805 亿元，累计增速 1.4%，较 1~9 月累计增速回落了 0.2 个百分点，较 1~2 月累计增速回落了 7.4 个百分点。第一产业累计增速的回落主要受畜牧业影响，在养殖成本提升和 2021 年高基数的影响下，截至 2022 年 9 月，畜牧业投资累计同比增速均为负值且不断下滑，但在相关支持政策的影响下，降幅已经逐渐缩窄。2022 年 1~9 月畜牧业投资累计同比增速为 −22.7%，比 1~2 月回落 13.3 个百分点，比 1~8 月回落 0.8 个百分点。与畜牧业相反的是，渔业在 2021 年低基数的影响出现了一定程度的恢复性反弹，1~9 月累计同比增速为 37.3%，虽然比 1~8 月回落了 1.8 个百分点，但比 1~2 月提升了 10.5 个百分点，成为拉动 2022 年第一产业投资的主导行业。农业是第一产业中累计增速走势最平稳的行业，其 1~9 月累计同比增速为 19.6%，较 1~8 月回落了 0.5 个百分点，较 1~2 月提升了 0.4 个百分点。林业累计投资增速结束了 2020~2021 年连续三年的整体负增长，1~9 月累计同比投资增速为 12.4%，较 1~8 月回落了 1.1 个百分点。

第二产业是固定资产投资累计同比增速最高的产业，是拉动全社会固定资产投资的主导产业。截至 2022 年 10 月，第二产业固定资产投资累计投资 149 287 亿元，累计同比增速 10.8%，较 1~9 月回落了 0.2 个百分点，较 1~2 月回落了 8.8 个百分点，但高于全社会固定资产投资 5 个百分点。受房地产业下行、原材料价格上升等各方面影响，建筑业成为第二产业中唯一固定资产投资累计增速为负的行业，但在基建投资提升的带动下，自第 2 季度起，增速水平有所提升，2022 年 1~9 月投资累计同比增速为 −9.2%，比 1~8 月提升了 1.6 个百分点，比 1~2 月提升了 13.2 个百分点。同样受益于基建投资的是电力、热力、燃气及水生产和供应业，其 1~10 月投资累计同比增速为 18.9%，较 1~9 月提升了 1.1 个百分点，较 1~2 月提升了 7.2 个百分点。采矿业 1~10 月投资累计同比增速为 8.1%，较 1~9 月回落 0.1 个百分点，较 1~2 月回落 13 个百分点，下半年增速回落明显。在留抵退税等政策驱动下，制造业投资增速水平维持在较高的位置，1~10 月累计同比增速为 9.7 个百分点，较 1~9 月回落 0.4 个百分点，较 1~8 月回落 0.3 个百分点。制造业中，仅烟草制品业全年投资累计增速水平为负，其 1~9 月投资累计同比增速为 −14.9%。传统制造业中，酒、饮料和精制茶制造业，化学纤维制造业，纺织服装、服饰业以及皮革、毛皮、羽毛及其制品和制鞋业全年均具有极高的累计同比增速水平，1~9 月累计同比增速分别为 34.5%、32%、30.8% 和 28.4%；与高端制造业密切相关的制造业中，电气机械和器材制造业 1~10 月累计同比增速为 39.7%，仪器仪表制造业 1~9 月累计同比增速为 36.9%，同样有极高的累计投资增速水平。

作为投资比重最高的第三产业，受主要产业金融业和房地产业负增长的影响，截至 2022 年 10 月，投资累计增速水平均低于全社会投资累计增速水平，并未起到明显的拉动作用。2022 年 1~10 月固定资产投资累计 310 367 亿元，累计同比增速为 3.7%，较 1~9 月回落 0.2 个百分点，较 1~2 月回落 9.7 个百分点，低于 1~10 月全社会固定资产投资累计同比增速 2.1 个百分点。其中，金融业在资本市场震荡和 2021 年高基数的影响下出现了较大的负增长，1~9 月投资累计同比增速为 −25.6%，虽然较 1~8 月提升 1.9 个百分点，但较 1~2 月回落 13 个百分点，降幅明显。受需求减少、利润降低等因素影响，房地产业累计投资水平不断下滑且出现负增长，1~9 月投资累计同比增速为 −6.6%，较 1~8 月回落

0.4 个百分点，较 1~2 月回落 11.3 个百分点。农、林、牧、渔专业及辅助性活动和信息传输、软件和信息技术服务业分别在第一产业中相关行业恢复性发展以及工业需求和数字产品发展的影响下，出现了较高的投资增速水平，1~9 月投资累计同比增速分别为 35.8% 和 30%。在社会领域投资中，卫生和社会工作、居民服务、修理和其他服务业同样具有较高的增速水平且长期相对稳定，1~9 月累计同比增速分别为 29.9% 和 24.1%。一些接触性服务业如批发和零售业、住宿和餐饮业以及租赁和商务服务业自第 2 季度起受疫情多地散发的影响出现了投资放缓态势，而交通运输、仓储和邮政业与水利、环境和公共设施管理业则在基建投资的带动下有所提升。

（三）民间投资增速逐月走低，占全社会固定资产比重不断下滑

在能源、原材料价格大幅上涨及疫情多地散发对供应链形成负面影响的背景下，民间投资预期盈利水平降低，投资信心出现下滑，形成了 2022 年 1~10 月低于全社会固定资产投资累计增速且落差持续扩大的民间固定资产投资增速水平（图 4）。截至 2022 年 10 月，民间固定累计资产投资 258 413 亿元，累计同比增速为 1.6%，较 1~9 月回落 0.4 个百分点，较 1~2 月回落 9.8 个百分点。民间固定资产投资与全社会固定资产投资累计同比增速存在明显的差值且逐月提升，1~10 月为 4.2 个百分点，较 1~9 月提升 0.3 个百分点，较 1~2 月提升 3.4 个百分点，截至 10 月，民间固定资产投资水平并未出现回升态势。此外，民间固定投资资产占全社会固定资产投资的比重出现了下滑，2021 年平均占比为 57.3%，而进入 2022 年后，累计占比处于长期下滑态势，1~10 月民间投资累计占比为 54.8%，有数据记录以来第一次低于 55%，较 1~9 月回落 0.3 个百分点，较 1~2 月回落 2.7 个百分点。

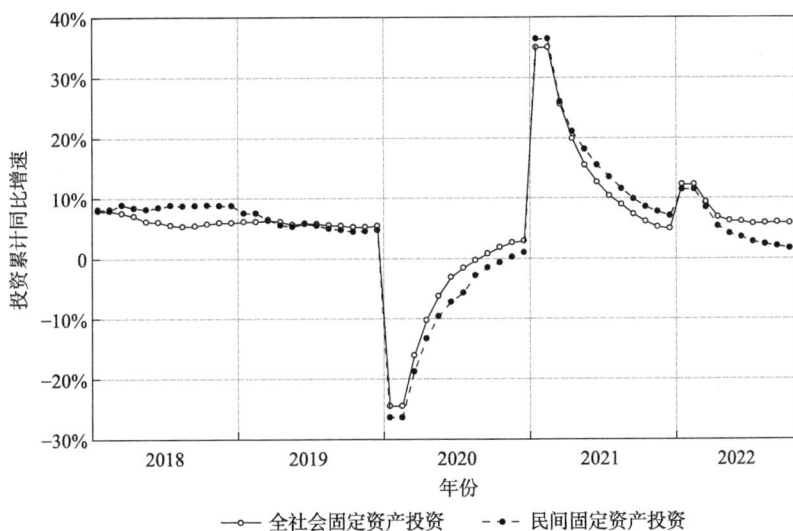

图 4　全社会固定资产投资累计增速和民间固定资产投资累计增速

截至 2022 年 9 月，民间固定资产投资中，采矿业、制造业、卫生和社会工作以及公共管理、社会保障和社会组织的累计投资增速分别为 22.3%、16.5%、9.3%和 18.9%，均高于 1~9 月整体民间投资累计同比增速，是拉动 2022 年民间投资的主要行业。2022 年初建筑业的民间固定资产投资受房地产景气下行的影响，出现了明显的负增长，但自第 2 季度起，在基建投资提升的带动下有所提升，1~9 月累计同比增速为−12.4%，较 1~8 月提升了 5.8 个百分点，较 1~2 月提升了 16.4 个百分点。此外，"双减"等政策对教育民间投资出现了一定程度的抑制作用，2022 年前 9 个月的投资累计同比增速出现下滑态势，甚至出现了负增长，1~9 月累计同比增速为−2.9 个百分点，较 1~2 月回落 17.9 个百分点。

总而言之，受益于出口高景气和相关财政货币政策的支持，制造业和基建相关产业成为拉动 2022 年民间投资增速水平的主要行业，但受投资信心和利润水平的影响，不同类型行业的投资活力仍存在较大差异，民间投资仍主要集中于制造业，基建相关的其他行业投资则主要仍以国有资本为主。图 5 给出了制造业和基建相关的电力、热力、燃气及水生产和供应业，交通运输、仓储和邮政业以及水利、环境和公共设施管理业的民间固定资产累计投资同比增速与全社会固定资产累计投资同比增速的差值，差值为正表示该行业发展主要由民间投资主导，行业投资活力较高，差值为负则相反。可以发现，除交通运输、仓储和邮政业外，其他行业在 2021 年民间投资增速水平与全社会投资增速整体差异不大，但 4 个行业在进入 2022 年后，增速差值出现了明显的分化。制造业 1~10 月的增速差值均为正值，民间资本投资活力较 2021 年有明显提升，但自第 2 季度起出现了一定程度的回落，表明在制造业投资累计增速不断下滑的过程中，民间投资累计同比增速下滑相对更严重，而与基建相关的 3 个行业在 1~10 月的增速差值均为负值，虽然增速差值已在不断回落，但民间资本投资活力仍有明显的提升空间。

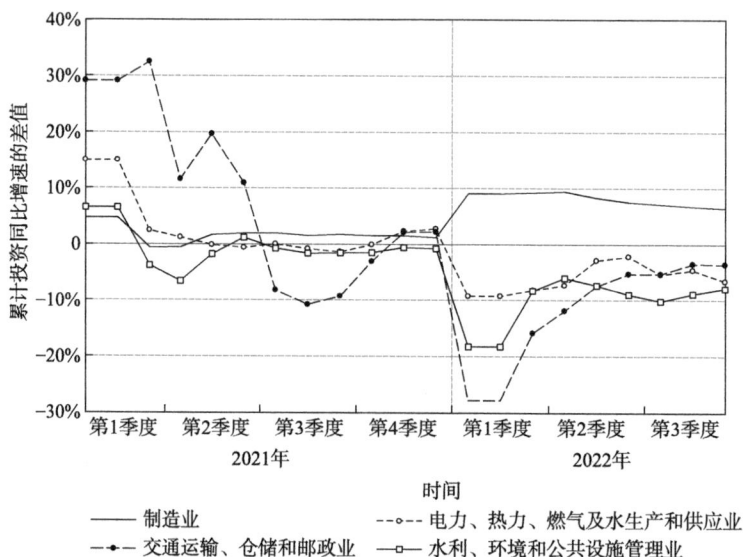

图 5 行业民间固定资产累计投资与全社会固定资产累计投资增速差

二、固定资产投资景气分析及未来走势展望

（一）我国固定资产投资景气的周期性波动特征分析

图 6 显示，2000 年以来，我国固定资产投资景气呈现出明显的周期波动特征，按照景气转折点测定的 B-B 方法[①]和"谷~谷"的周期计算，我国月度固定资产投资累计同比增长率已经历了 7 次完整的景气循环，目前正处于新一轮的景气收缩期。

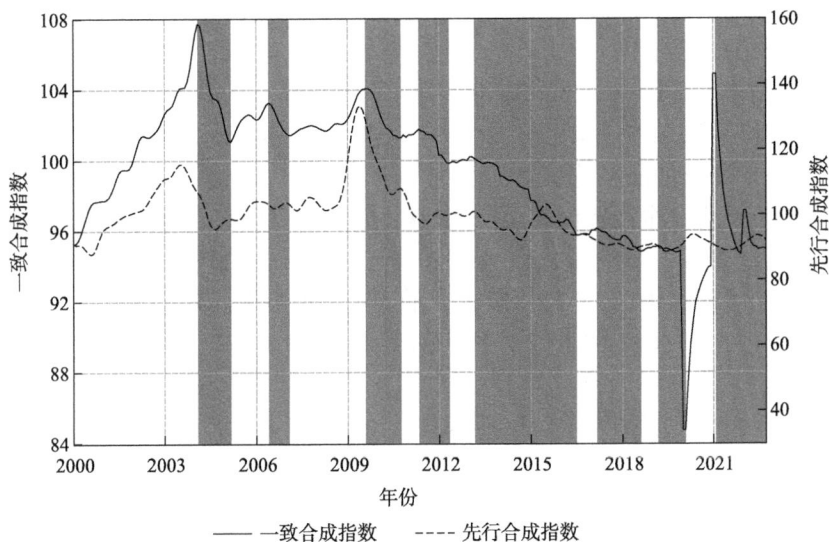

图 6　固定资产投资一致与先行合成指数

2008 年 11 月，为应对由美国次贷危机引发的全球金融危机，中央政府推出了进一步扩大内需、促进经济平稳较快增长的十大措施，即应对金融危机的一揽子计划，由于大量投资资金的注入与大规模投资项目的展开，固定资产投资水平在相对高位止跌回升，并迅速于 2009 年 7 月达到样本期内的次高波峰。然而，随着超常规刺激政策引起的产能过剩、供需失衡等结构性矛盾日益凸显，我国又迅速推出了化解产能过剩、调整投资结构等政策，固定资产投资累计同比增速从 2009 年 11 月开始回落，并于 2010 年 10 月达到阶段性底部。

随后，经济增长内生动力不足与下行压力加大的现象并存，"稳增长、调结构"成为政府调控的主要目标，其中在要素驱动型和粗放增长型经济增长模式没有发生根本转变的情形下，经济的稳定增长与固定资产投资的稳定紧密相关，因此，2010 年之后，政府出台了一系列促进投资的政策措施，在 2010 年 9 月~2011 年 5 月、2012 年 5 月~2013 年

[①] 经济周期转折点测定的 B-B 方法介绍参见高铁梅，陈磊，等. 经济周期波动分析与预测方法. 北京：清华大学出版社，2014。

2 月，固定资产投资出现了两次短暂的上升期，但回升幅度较小。

由于宏观调控政策效应的减弱、经济增长的传统动力开始减弱，新旧动能接续转换的速度相对较慢，高投资驱动下的经济增长模式难以为继，固定资产投资从 2013 年开始进入增速回落的新常态阶段。

总体而言，新冠疫情暴发前，固定资产投资周期自 2013 年进入了 2000 年以来持续时间最长的景气下降阶段，这在很大程度上也是经济的下行压力逐渐加大的来源之一。如图 6 所示，在经历了 2016 年 7 月~2017 年 3 月的小幅回升之后，我国固定资产投资一致合成指数值基本维持在 95~96，然而在 2017 年 4 月之后，固定资产投资一致合成指数再次呈现出下降态势，2018 年 7 月固定资产投资一致合成指数值为 94.81，达到了 2000~2019 年的最低值，此后至 2019 年 2 月，固定资产投资一致合成指数出现了企稳回升的迹象，但回升幅度有限。

受新冠疫情暴发的影响，2020 年 1~2 月，固定资产投资一致合成指数出现了前所未有的断崖式急速下降，在 2 月创造了 2000 年以来的最低景气水平，以不同寻常的方式结束了始于 2019 年 3 月的前一轮景气收缩期。

随着国内疫情得到全面控制和生产生活秩序的逐渐恢复，全国投资增速逐月逐季回升向好，固定资产投资一致合成指数从 2020 年 3 月开始出现快速反弹，投资景气从历史低位进入了新一轮的扩张期。2020 年 12 月的固定资产投资一致合成指数回升至 93.99，略低于 2019 年 12 月 94.84 的景气水平，显示固定资产投资已基本恢复到疫情暴发前的正常水平。

受 2020 年疫情冲击导致的超低基数影响，2021 年 1~2 月的累计投资实现了 35% 的超高速增长，创造了 2015 年以来的最高水平，也使 1~2 月的景气指数高达 104.85 的历史高位。当然，这种因特殊的低基数而出现的高景气度并不反映固定资产投资的真实情况。随后，固定资产投资一致合成指数开始进入新一轮的景气收缩期，截至 2022 年 10 月，尚未出现明显的谷点。

（二）基于传统方法的固定资产投资先行景气指数构建

为了综合反映和预判我国固定资产投资的景气波动状况与未来走势，本章采用国际上通用的 NBER 合成指数方法构建固定资产投资先行合成指数[①]。

为此，我们在以往工作基础上，重新收集并整理了投资相关领域及相关行业的经济指标 70 多个（样本区间为 2000 年 1 月~2022 年 10 月），计算各指标的同比增长率序列，并进行季节调整以剔除季节变动和不规则变动。然后，以经季节调整后的固定资产投资完成额累计增速[②]为基准指标，采用多种统计分析方法并结合各指标的经济意义及周期波动对应情况，筛选出反映我国固定资产投资周期波动的 3 个先行指标，如表 1 所示。

---

① NBER 合成指数方法介绍参见高铁梅，陈磊，等. 经济周期波动分析与预测方法. 北京：清华大学出版社，2014。

② 考虑到固定资产投资累计增速在近些年的季节性因素不明显，为防止季调过程中可能引起的峰谷点错位，2010 年 5 月之后我们采用原始累计值。

表 1　中国固定资产投资增长率周期景气指标组

指标类型	指标名称	超前/滞后期	时差相关系数
先行指标	1. 货币和准货币（M2）同比/环比增速	−1，−4	0.84，0.86
	2. 金融机构人民币各项存款余额同比/环比增速	−1，−4	0.85，0.86
	3. 金融机构人民币各项贷款余额同比/环比增速	−1，−4	0.62，0.85

注：M2、人民币各项存款和贷款三个指标的第一个和第二个超前期、时差相关系数分别对应同比增速与环比增速序列。超前/滞后期一列的负号代表超前，正号代表滞后，0 代表同步

长期以来，寻找较好的景气先行指标一直是我国经济景气分析中的一个难点问题。M2、人民币各项存款和贷款三个同比指标（也是经济景气的先行指标）在很长时间内具有相对较好的先行效果，且所反映的经济活动比较重要，但是近年来其先行特征逐渐减弱。测算结果显示，它们较固定资产投资完成额累计增速的先行期减少到平均只有 1 个月，实际上已经成为投资的一致指标。

为了解决满足先行条件的同比增速指标相对匮乏，特别是近年来周期波动的对应性不佳的问题，我们基于理论分析结果并借鉴国外一些相关文献，拓展考查了一些指标的环比增速序列的先行性，特别是针对同比序列先行期较短或接近同步的一些指标。为克服传统的环比增长率与年度同比增长率在增幅上不同步的缺陷，我们采用下式计算各指标 6 个月的年化环比增长率：

$$y_t = \left\{ \left(\frac{Y_t \times 12}{\sum\limits_{i=1}^{12} Y_{t-i}} \right)^{12/6.5} - 1 \right\} \times 100$$

其中，Y_t 为剔除季节变动和不规则变动后各指标绝对量的水平值；y_t 为本章采用的环比增长率。

经过检验，M2、人民币各项存款和贷款三个环比增速指标的先行期明显增大（表 1），且与基准指标的时差相关系数较大，峰谷对应性较好，故将其作为新的先行指标以替换同比增速序列。

一致指标方面，考虑到本章的研究对象是固定资产投资，加入其他一致指标可能会影响我们对固定资产投资周期的判断，为此，我们仅将固定资产投资累计同比增速作为分析对象。

图 6 显示，投资先行合成指数在 2022 年 8 月到达局部极大值点，其后呈小幅回落态势。按照该指数的先行期推算，固定资产投资增速有望在 2022 年第 4 季度保持小幅回升态势，随后转入新一轮的景气收缩期。

三、固定资产投资增长预测

考虑到影响投资的多种复杂因素并结合前文投资先行合成指数和经济计量模型预

测，预计 2022 年和 2023 年固定资产投资全年增速分别为 6.0%左右和 5.5%左右。投资结构将继续改善，高新技术产业和技改投资有望保持高位运行，过剩行业投资减少，结构不断升级，符合结构转型的要求。

做出以上判断的主要依据包括：

（1）基础设施建设投资（不含电力）增速有望保持高速增长。从资金端看，随着政策性开发性金融工具加快落地并形成实物工作量，专项债结存限额等金融和财政政策的进一步发力，基建项目获得的资金支持力度持续加大，其杠杆作用将在第 4 季度逐步显现。从项目端看，基建项目整体储备充足。2022 年 1~10 月，国家发展和改革委员会固定资产项目审批投资额达 14 233 亿元，新开工项目计划总投资额累计增长 23.1%，均处于历史同期高位。预计 2022 年第 4 季度基础设施建设投资（不含电力）增速将持续加快，2022 年基础设施建设投资（不含电力）增长约 10%。考虑到房地产市场下行影响地方政府土地出让收入，加之地方政府性基金收支减速，或对 2023 年地方政府的可用财力和专项债的扩容形成掣肘，预测 2023 年基础设施建设投资（不含电力）将小幅下滑，全年增速为 7%左右。

（2）制造业投资增长动力趋弱，增速或将放缓。企业利润作为制造业企业投资的主要资金来源，其增速放缓会影响企业对外融资能力。2022 年以来，我国工业企业利润总额累计同比增速呈下降态势，1~10 月累计同比增速为-3%，增速较前三季度下降 0.7 个百分点，较上半年下降 4 个百分点。从库存周期看，企业将延续去库存节奏，也会对制造业企业扩大投资的意愿形成制约。2022 年 4 月，我国工业企业产成品当月同比增速为 20%，创近 10 年来新高。2022 年 6 月以来，企业去库存速度明显加快，截至 2022 年 10 月，工业企业产成品存货当月同比增速缓慢回落至 12.6%，制造业企业仍面临较大的去库存压力。此外，内需疲弱、外需承压将进一步制约制造业企业的投资意愿，预计制造业投资增长动力将走弱。综上考虑，预计 2022 年和 2023 年制造业投资增速分别增长 9%左右和 7%左右。

（3）房地产开发投资增速或将筑底回升。2021 年下半年以来，中央及地方政府出台多项政策提振房地产投资增速，但市场预期和信心仍未得到有效扭转。2022 年以来，相关部门和各级地方政府在"房住不炒"的政策调控基调下，实施了下调贷款利率和首付比及降低购房门槛等一系列宽松性政策，但房地产市场预期并未明显改善。2022 年第 3 季度，多地集中爆发"烂尾楼"事件，对房地产市场信心造成重大打击。2022 年 11 月 11 日，中国人民银行（简称央行）和中国银行保险监督管理委员会（简称银保监会）联合发布《关于做好当前金融支持房地产市场平稳健康发展工作的通知》，提出保持房地产融资平稳有序、积极做好"保交楼"金融服务、积极配合做好受困房地产企业风险处置、依法保障住房金融消费者合法权益、阶段性调整部分金融管理政策和加大住房租赁金融支持力度六大方面共十六条具体措施。2022 年 11 月 12 日，银保监会、住房和城乡建设部（简称住建部）和央行发布《关于商业银行出具保函置换预售监管资金有关工作的通知》，支持优质房地产企业合理使用预售监管资金。考虑到"稳楼市"政策的进一步加码生效以及上年的低基数效应，预计房地产开发投资增速或在 2022 年第 4 季度筑底，预测 2022 年和 2023 年房地产开发投资增速或在-8%左右和-1%左右。

四、政 策 建 议

当前，疫情带来的市场不确定性仍相对较高，海外经济走弱造成了我国出口承压，且房地产仍处于景气下行阶段，需继续实施积极的财政政策与稳健的货币政策，加强投资者（特别是民营投资者）的信心。一方面，要进一步提高财政政策的有效性，优化财政支出结构和资金使用效率，提高投资质量和投资效率；另一方面，要进一步提高货币政策的灵活性，保持政策的连续性和可持续性，努力为企业营造良好的投资环境，激发市场活力。

（一）精准扩大有效投资，夯实"稳增长"底盘

（1）稳定制造业投资，维持投资韧性。作为实体经济的基础，制造业是立国之本、强国之基，在当前出口下行压力和产能利用率较低[①]的背景下，需采取措施稳定制造业投资，避免制造业投资过快下滑。第一，就制造业企业个体而言，需加大对企业融资的支持力度，利用设备更新改造专项再贷款等结构性货币政策工具，降低企业生产成本，增加企业对产品设备的市场需求，维持制造业投资韧性。第二，就制造业经营环境而言，需做好煤炭、电力等能源稳定供应的保障，努力实现保供稳价，并尽力减少疫情对物流运输、供应链产生的负面冲击，保障产业链条的正常运转。第三，就行业投资结构而言，需精准加强对绿色低碳等新动能投资需求的满足，促进制造业转型与升级，增强我国制造业在全球的核心竞争力。

（2）提振房地产投资信心，保障行业健康发展。当前房地产相关指标多数走弱，房地产投资的下滑对我国经济拖累明显，需采取有效措施改善房地产业的低迷现状，引导房地产市场"软着陆"，促进市场平稳健康发展。一方面，需坚决落实《关于做好当前金融支持房地产市场平稳健康发展工作的通知》和《关于商业银行出具保函置换预售监管资金有关工作的通知》中各项房地产支持性措施，促进民营企业债券融资支持工具（"第二支箭"）加速落地，加强相关政策落实的监管力度，解决房地产企业（特别是民营房企）融资难的问题，并防范企业流动性风险和行业金融风险；另一方面，各地需从当地实际出发，"一城一策"完善房地产政策，支持刚性和改善性住房需求，有效刺激房地产销售市场回暖，提振房地产企业投资信心。

（3）扩大基建有效投资，提升投资质量。基建投资作为经济社会发展的重要支撑，是跨周期调节和"稳投资"的重要抓手，在当前制造业受外需拖累，房地产供需两端表现疲弱的背景下，需持续扩大基建有效投资，保持基建投资的高速增长，以在经济回暖过程中继续发挥引擎作用。第一，需充分利用专项债券、政策性开发性金融工具等政策

---

① 钟正生，张德礼，张璐. 制造业仍是主要支撑——2022 年 10 月经济数据点评. https://baijiahao.baidu.com/s?id=174966 7855665254328&wfr=spider&for=pc，2022-11-16.

工具，进一步精准扩大有效投资，提高资金使用效率，疏通货币政策传导机制，不搞大水漫灌。第二，继续加强"新基建"投资，坚决落实《关于支持中央企业发行科技创新公司债券的通知》中对新型基础设施领域不动产投资信托基金试点的相关政策，提高"新基建"投资质量。第三，加力引导民间投资参与基建设施投资，提高社会资本参与投资建设的积极性，提升民间资本占基建投资的比重，助力构建多元化、市场化的现代基建体系。

（二）提振民间投资信心，激发投资活力

受国际形势复杂多变、国内疫情多地散发等因素影响，2022年以来民间投资增速不断放缓，累计投资增速水平长期低于全社会固定投资，经济发展内生动力不足，为了进一步稳投资、稳增长，需采取措施提高投资信心，充分激发民间投资活力。

第一，需坚决落实《国家发展改革委关于进一步完善政策环境加大力度支持民间投资发展的意见》，推动各地结合实际情况不断细化具体措施，破解制约民间投资发展的体制机制障碍，促进民间投资高质量发展。第二，进一步推动完善法治化营商环境，支持地方因地制宜完善相关配套政策，加强政策落实的监管力度，发挥法治的规范和保障作用，加强对民间投资主体合法权益的保护，全力保障规则公平、机会公平和权力公平，为企业发展提供强大动力。第三，规划基建项目，特别是"新基建"可持续的商业模式，不断探索发展方向，充分发挥其乘数效应，提高企业预期收入水平，提振企业家信心，引导民营企业敢于在基建项目中投资和再投资。

2023 年我国进出口形势分析与预测

魏云捷　　张珣　　王修臻子　　雷雨佳　　汪寿阳

报告摘要：2022 年 1~10 月，我国进出口总额（按美元计价）为 52 568 亿美元，同比上升 7.7%；其中，出口额为 29 922.5 亿美元，同比上升 11.1%，进口额为 22 645.5 亿美元，同比上升 3.5%，贸易顺差为 7 277 亿美元，比 2021 年同期扩大 2 172 亿美元。按人民币计价，进出口总额、出口额和进口额同比分别增长 9.5%、13.0% 和 5.2%。在世界经济缓慢复苏，主要经济体不发生债务危机，中美经贸关系维持现状，我国经济稳定增长的基准情景下，预计 2023 年我国进出口金额约为 6.44 万亿美元，同比增长 1.59%，其中出口金额约为 3.68 万亿美元，同比增长 1.78%，进口金额约为 2.76 万亿美元，同比增长 1.34%，贸易顺差约为 0.92 万亿美元。乐观情景下，预计 2023 年中国出口增速约为 5.56%，进口增速约为 4.39%；悲观情景下，预计 2023 年中国出口下降约为 2.89%，进口增速下降约为 1.89%。

一、2022 年 1~10 月进出口形势回顾与分析

（1）进出口贸易增速有所回落，但仍维持高景气度。按美元计价，2022 年 1~10 月，我国累计进出口总额为 52 568 亿美元，累计同比上升 7.7%；其中，出口总额为 29 922.5 亿美元，累计同比上升 11.1%，比 2021 年同期累计增幅下降 21.07 个百分点，进口总额为 22 645.5 亿美元，累计同比上升 3.5%，较 2021 年同期累计涨幅下降 27.7 个百分点；贸易顺差为 7 277 亿美元，比 2021 年同期扩大 2 172.02 亿美元（图 1）。

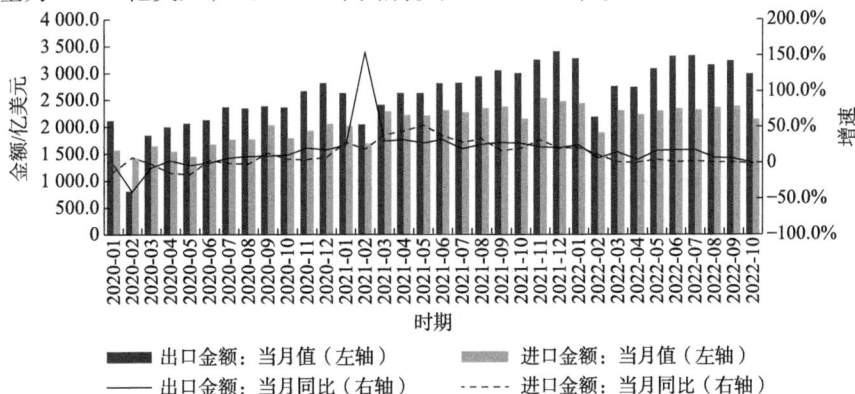

图 1　2020 年 1 月至 2022 年 10 月进出口情况（美元计价）

按人民币计价，2022 年 1~10 月，我国累计进出口总额为 346 165.5 亿元，同比上升 9.5%；其中，累计出口总额为 197 112.7 亿元，累计同比上升 13.0%，比 2021 年同期增幅下降 9.34 个百分点，累计进口总额为 149 052.8 亿元，累计同比上升为 5.2%，比 2021 年同期累计涨幅缩小 16.43 个百分点；累计贸易顺差为 48 059.9 亿元，比 2021 年同期扩大 15 010.9 亿元。

（2）加工贸易进出口总额占我国外贸比重下降，一般贸易占比持续增加。一般贸易方面，2022 年 1~10 月，一般贸易进出口累计总额为 33 566.7 亿美元，累计同比增长 11.4%；其中，一般贸易出口累计总额为 19 076.4 亿美元，累计同比上升 16.4%，一般贸易进口累计总额为 14 490.3 亿美元，累计同比上升 5.5%。加工贸易方面，2022 年 1~10 月，加工贸易进出口累计总额为 10 664.1 亿美元，累计同比上升 1.4%；其中，加工贸易出口累计总额为 6 789.2 亿美元，累计同比上升 3.2%，加工贸易进口累计总额为 3 874.9 亿美元，累计同比下降 1.7%。

受我国产业结构调整及发达国家制造业回流等因素影响，加工贸易占我国外贸比重逐年下降，一般贸易所占比重持续增加。2018 年、2019 年、2020 年、2021 年和 2022 年 1~10 月，我国加工贸易进出口累计同比分别为 6.5%、−9.1%、−4.1%、18.9%和 1.4%，而同期一般贸易累计同比分别为 15.7%、1.0%、2.9%、33.6%和 11.4%，均显著高于同期加工贸易累计增速。2022 年 1~10 月，我国加工贸易进出口总额占进出口总额比重是 20.3%，而一般贸易占比是 63.9%（图 2）。

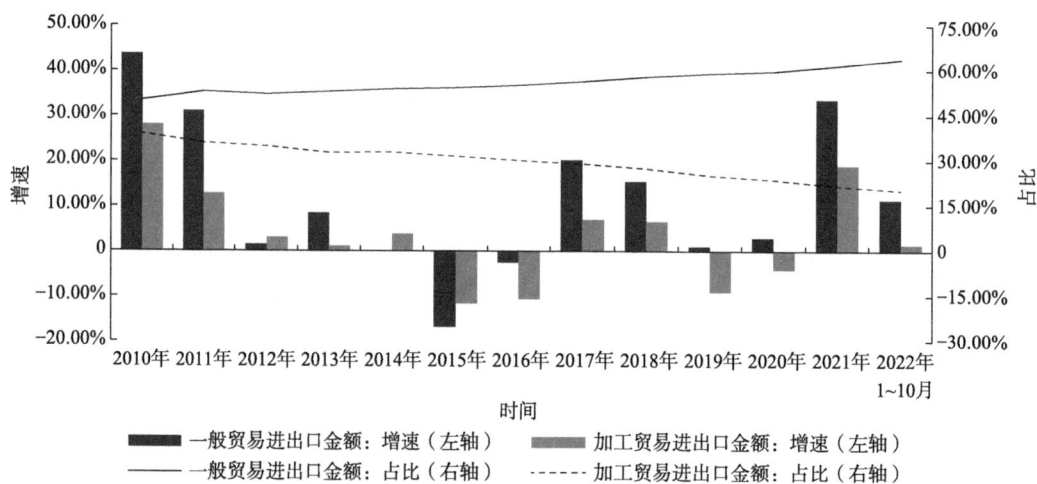

图 2　2010 年至 2022 年 1~10 月贸易方式进出口情况

（3）受 2021 年高基数效应影响，高新技术产品、机电产品和服装累计出口增速回落，农产品、轻工和工业半成品出口增速整体呈上行趋势。2022 年 1~10 月，纺织品、服装累计出口额分别为 1 256.6 亿美元、1 475.9 亿美元，累计同比增速分别为 6.4%、6.9%。同期，机电产品和高新技术产品出口额分别为 17 071.4 亿美元和 7 989.1 亿美元，同比增速分别为 7.6%和 3.0%。出口产品中房地产后周期消费品增速回落幅度也明显加大，累计同比高增长的主要进口产品进一步向工业原材料集中。

（4）对欧盟和东盟贸易平稳增长，东盟仍为我国第一大贸易伙伴。自 2020 年 2 月，东盟超越欧盟，成为我国第一大贸易伙伴。2022 年 1~10 月，中国东盟双边贸易额为 7 984.8 亿美元，同比上升 13.5%，其中，出口同比上升 20.5%，进口同比上升 5.6%。2022 年 1~10 月，欧盟为我国第二大贸易伙伴，中欧双边贸易额达 7 113.7 亿美元，同比上升 6.1%，其中，出口同比上升 14.0%，进口同比下降 6.3%。美国为我国第三大贸易伙伴。2022 年 1~10 月，中美双边贸易额为 6 398.3 亿美元，同比上升 4.95%，其中，出口同比上升 6.6%，进口同比上升 0.3%。2022 年 1~10 月，中日双边贸易总额为 3 000.1 亿美元，同比下降 1.88%，其中，出口同比上升 6.2%，进口同比下降 8.0%。顺差方面，对东盟、欧盟和美国贸易顺差较 2021 年同期分别增长 86.8%、45.8%、8.9%，而对日本的贸易顺差较 2021 年同期下降 66.3%。

二、2023 年我国进出口分析与预测

预计 2022 年我国总进出口将实现稳定增长，但是受到进出口基数、外需支撑走弱等因素的影响，全年进出口增速将呈现前高后低的走势，其中出口增速下半年相较于上半年将有所下滑，而下半年进口增速将略高于出口增速。2022 年我国进出口金额约为 6.33 万亿美元，同比增长 4.68%，其中出口金额约为 3.61 万亿美元，同比增长 7.40%，进口金额约为 2.72 万亿美元，同比增长 1.29%，贸易顺差约为 0.89 万亿美元。

展望 2023 年，外部需求复苏不容乐观，商品贸易下行风险突出，新冠疫情也存在反复的风险，致使国内外经济形势面临着很大的不确定性。因此，在分三种情景的基础上预测 2023 年我国进出口形势：①基准情景。假设 2023 年我国 GDP 增速在 6% 左右，世界经济增速缓慢复苏，主要经济体不发生债务危机，中美经贸关系维持现状。②乐观情景。假设 2023 年我国 GDP 增速在 6.5% 左右，世界经济复苏较为强劲，中美经贸关系向好发展。③悲观情景。假设 2023 年我国 GDP 增速在 5% 左右，世界经济发生较严重的经济衰退或主要经济体发生债务危机，中美贸易摩擦加剧，新冠疫情在我国有所反复，海外疫情存在局部暴发。主要预测结果如下：

（1）基准情景下，预计 2023 年中国出口增速约为 1.78%，进口增速约为 1.34%。预计 2023 年我国进出口金额约为 6.44 万亿美元，同比增长 1.59%；其中，出口金额约为 3.68 万亿美元，同比增长 1.78%，进口金额约为 2.76 万亿美元，同比增长 1.34%；贸易顺差约为 0.92 万亿美元。

（2）乐观情景下，预计 2023 年中国出口增速约为 5.56%，进口增速约为 4.39%。预计 2023 年我国进出口总额约为 6.65 万亿美元，同比增长 5.06%；其中，出口额约为 3.81 万亿美元，同比增长 5.56%，进口额约为 2.84 万亿美元，同比增长 4.39%；贸易顺差约为 0.97 万亿美元。乐观情景下，2023 年我国出口和进口增速较基准情景下分别上升 3.78 个百分点和 3.05 个百分点。

（3）悲观情景下，预计 2023 年中国出口下降约为 2.89%，进口增速下降约为 1.89%。

预计 2023 年我国进出口总额约为 6.18 万亿美元,同比下降 2.46%;其中,出口额约为 3.51 万亿美元,同比下降 2.89%,进口额约为 2.67 万亿美元,同比下降 1.89%;贸易顺差约为 0.84 万亿美元。在悲观情景下,2023 年我国出口和进口增速较基准情景下分别下降 4.67 个百分点和 3.23 个百分点。

三、值得关注的问题及对策建议

1. 欧美经济存在衰退风险,外需疲弱不利于 2023 年我国出口增长

2023 年我国出口增长可能受到严峻的外需萎缩带来的负面影响。第一,欧美通货膨胀持续高企,美联储、欧洲央行和英国央行不得已推出激进的紧缩货币政策,以在短时间内压平通货膨胀曲线并实现长期通胀目标。这轮高通胀的终结很可能以经济衰退为代价。事实上,多个国家 10 月采购经理指数低于预期,初步预警经济衰退风险。第二,俄乌冲突仍在持续,战争推动的粮食和能源价格飙升近期虽明显缓解,但仍然存在不确定因素。第三,新冠疫情仍未在全球范围内完全消退。据 IMF 预测,2022 年和 2023 年全球经济增长预计分别为 3.2% 和 2.7%,均远低于 2021 年 6% 的增速,且 2023 年全球经济增速将进一步降低。如果仅考虑除中国以后全球其他经济体的增速,2023 年的增速还将更低。IMF 对 2022~2024 年全球通货膨胀率的预测分别为 8.8%、6.5% 和 4.1%,依然处于较高水平,对于发达国家而言,预期紧缩货币政策将成为较长一段时间的政策主旋律。

亚洲新兴市场和发展中国家很有可能成为 2023 年全球经济增长的亮点。IMF 对 2023 年东盟五国的经济增速预测为 4.9%,虽然低于 2022 年 5.3% 的预测,但高于 2021 年 3.4% 的实际 GDP 增长。

全球经济放缓、外需不振,2020 年新冠疫情后出现的我国出口中领涨的医疗设备、芯片等电子产品等疫情受益产品需求已经退潮,加之其他出口导向型国家生产恢复正常,叠加美国出台的我国半导体行业发展抑制政策等,2023 年我国出口增长不容乐观。

建议如下:①重点关注主要经济大国和地区以及新兴市场国家的经济走势及其对我国出口的影响,并采取应对策略,推动我国贸易的平稳发展。②着力保出口订单、稳定重点行业,关注劳动密集型行业进出口,避免对就业造成较大冲击。积极执行出口退税等财政政策,减轻出口企业负担。③继续完善出口信用保险等支持政策,扩大出口信用保险覆盖面,鼓励企业在控制风险的同时积极开拓非洲和拉美地区等新兴市场。

2. 贸易顺差创新高

2022 年 1 至 10 月,我国贸易顺差累计 7 276.97 亿美元,为历史最高值。分地区看,美国为我国第一大顺差来源国,上半年累计 3 493.14 亿美元,相比 2021 年同期增长 8.93%;同期与欧盟贸易顺差为 2 341.65 亿美元,同比增长 45.83%,是顺差剧增的重要来源,其中,德国从逆差来源国转为顺差。与东南亚国家联盟的顺差增至 1 293.53 亿美

元，同比增长达 86.83%。同时，逆差减小，如 1~10 月我国与日本、韩国的逆差同比分别下降 66.28% 和 36.09%，与资源出口国澳大利亚、巴西的逆差分别下降 36.7% 和 23.5%。顺差剧增的主要原因包括：①国内疫情管控导致进口需求降低；②出口因对其他国家的替代效应而保持强劲增长；③人民币贬值利好出口。总体来看，近期顺差的激增主要来自疫情对全球经济活动的扰动这一偶然因素，与 2011~2015 年我国因出口行业竞争力提升、快速融入世界产业链而产生的顺差激增具有本质性的不同。

建议如下：①积极执行贸易便利政策，保障贸易活动的顺利进行；②正确评估全球贸易形势，警惕世界经济增长下滑导致全球贸易量萎缩，对出口企业进行风险管理培训。

3. 持续关注汇率对贸易的影响

2022 年，人民币兑美元进入贬值周期，至 11 月 18 日已累计贬值 11.44%。市场对汇率波动的关注明显增加。11 月 4 日，美元兑人民币汇率达到 7.26，为 2008 年 1 月以来首次。2022 年人民币兑美元持续贬值主要有两方面原因：①美国进入加息周期，中美双方货币政策反向，人民币与美元利差增大；②疫情影响下世界经济增长疲弱，美元作为避险货币需求增大，且高能源价格也令美国受益。本币贬值通常促进出口、抑制进口，但 2022 年人民币只是对美元贬值，对其他国家货币处于较强势地位。在不考虑重大突发事件影响的前提下，预计强势美元还将持续一段时间，但当前美元指数已经达到 2002 年 6 月以来的最高点。随着美日汇率接近 145 心理关键点的时刻，日本财务省时隔 24 年后以决定性的态度再度出手干预日元汇率，表明美元升值的阻力在加大。预期美元升值的速度将有所放缓，人民币兑美元继续贬值的空间有限，但汇率波动幅度会加大。

建议如下：①继续稳步推进跨境贸易人民币结算，优化结算环境，扩大结算范围，提高结算便利度。②稳固并新建区域贸易合作关系，丰富人民币应用场景，推动人民币从一般性商品结算货币扩大到大宗商品结算货币，推进人民币国际化。③积极帮助企业规避汇率风险。组织培训和论坛，提升贸易企业利用金融工具对冲汇率波动的能力。

2023 年中国最终消费形势分析与预测①

刘秀丽　　窦羽星　　郇松桦

报告摘要: 近年来,我国最终消费支出占 GDP 的比重基本呈稳步上升的趋势。2022 年前三季度,我国最终消费支出占 GDP 的比重达到 54.7%,高于资本形成总额 25.9 个百分点,继续发挥了稳定我国经济运行的"压舱石"作用。

2001~2021 年我国居民消费占最终消费的比例在 69.5%~74.7%波动,2021 年居民消费支出占比达 70.7%,较 2021 年有所回升。随着新冠疫情防控常态化,经济持续稳定恢复,财政收支逐季好转。截至 2022 年第 3 季度,全国一般公共预算支出达 190 389 亿元,同比增长 6.2%,明显高于 2021 年同期 2.3%的同比增速,但与 2019 年同期 9.4%的同比增速相比,仍有较大差距。

收入是决定消费水平最直接、最主要的因素。2010~2021 年我国城镇居民可支配收入保持着 8.6%的名义年均增幅,同期农村居民可支配收入名义年均增幅高达 11.1%。截至 2022 年第 3 季度,全国居民人均可支配收入为 27 650 元,比 2021 年同期名义增长 5.3%,扣除价格因素,实际增长 3.2%。其中,城镇居民人均可支配收入为 37 482 元,同比名义增长 4.3%,扣除价格因素,实际增长 2.3%;农村居民人均可支配收入为 14 600 元,同比名义增长 6.4%,扣除价格因素,实际增长 4.3%。

从消费利好因素来看,新冠疫情促进了数字经济发展,释放了潜在消费需求。我国网络零售市场形势持续向好,拉动消费势头不减。"90 后"已成消费的中坚力量,"00 后"互联网消费主体地位进一步深化。2018~2021 年,用户对国潮商品的热度持续不减,受疫情居家影响,消费者对"健康"和"锻炼"的关注度越来越高。2022 年由于疫情多地散发,居民线下消费和出行类消费走弱。家庭住房贷款是制约我国居民消费的主要因素。其他制约因素还包括:社会保障体系仍需完善、有效供给不足、新型消费存在乱象、管理机制尚不完善等。

基于对最终消费总额及其结构的变动趋势和主要影响因素的分析,本报告运用分项加合预测方法,结合专家经验,对我国最终消费进行了预测。预计 2023 年我国最终消费的同比名义增速为 4.1%~5.0%。

---

① 本报告得到国家自然科学基金（项目编号：71874184）的资助。

一、引　言

党的十九届五中全会通过的《中共中央关于制定国民经济和社会发展第十四个五年规划和二〇三五年远景目标的建议》提出，"加快构建以国内大循环为主体、国内国际双循环相互促进的新发展格局"。这是对"十四五"和未来更长时期我国经济发展战略、路径做出的重大调整完善，是着眼于我国长远发展和长治久安做出的重大战略部署。实际上，我国自 1998 年就一直在试图扩大内需促进消费，制定与发布了一系列的政策文件，表 1 列出了 2019~2022 年的代表性文件。在 2007 年党的十七大的时候，我国就明确提出要加快转变经济发展方式，坚持扩大内需特别是消费需求的方针，促进经济增长由主要依靠投资、出口拉动向依靠消费、投资、出口协调拉动转变。党的二十大报告再次强调，要坚持以推动高质量发展为主题，把实施扩大内需战略同深化供给侧结构性改革有机结合起来，增强国内大循环内生动力和可靠性，提升国际循环质量和水平，加快建设现代化经济体系，着力提高全要素生产率，着力提升产业链供应链韧性和安全水平，着力推进城乡融合和区域协调发展，推动经济实现质的有效提升和量的合理增长[①]。

表 1　2019~2022 年我国主要促消费政策

发布日期	政策文件名称	内容简介
2019 年 1 月 14 日	《国务院办公厅关于深入开展消费扶贫 助力打赢脱贫攻坚战的指导意见》[1)]	提出动员社会各界扩大贫困地区产品和服务消费、大力拓宽贫困地区农产品流通和销售渠道、全面提升贫困地区农产品供给水平和质量、大力促进贫困地区休闲农业和乡村旅游提质升级
2019 年 4 月 16 日	《国务院办公厅关于推进养老服务发展的意见》[2)]	重点指出扩大养老服务消费，包括建立健全长期照护服务体系、发展养老普惠金融、促进老年人消费增长、加强老年人消费权益保护和养老服务领域非法集资整治工作
2019 年 8 月 23 日	《国务院办公厅关于进一步激发文化和旅游消费潜力的意见》[3)]	明确了推出消费惠民措施、提高消费便捷程度、提升入境旅游环境、推进消费试点示范、着力丰富产品供给等九个主要任务，提出了强化政策保障和加强组织领导两项保障措施
2019 年 8 月 27 日	《国务院办公厅关于加快发展流通促进商业消费的意见》[4)]	提出了 20 条稳定消费预期、提振消费信心的政策措施，包括促进流通新业态新模式发展、推动传统流通企业创新转型升级、拓宽假日消费空间、发挥财政资金引导作用、优化市场流通环境等
2019 年 9 月 17 日	《国务院办公厅关于促进全民健身和体育消费推动体育产业高质量发展的意见》[5)]	提出优化体育消费环境、出台鼓励消费政策、开展促进体育消费试点、培养终身运动习惯，以促进体育消费、增强发展动力
2020 年 9 月 21 日	《国务院办公厅关于以新业态新模式引领新型消费加快发展的意见》[6)]	提出加强信息网络基础设施建设、完善商贸流通基础设施网络、大力推动智能化技术集成创新应用、安全有序推进数据商用、规划建设新消费网络节点
2020 年 10 月 14 日	《近期扩内需促消费的工作方案》[7)]	提出要推动线下服务消费加速"触网"，充分释放线上经济潜力；在做好常态化疫情防控基础上，开辟服务消费新模式；实施促进实物消费政策，畅通供需更高水平良性循环；更好运用内外要素和资源，加大对制造业企业支持力度

---

① 新华网. 习近平：高举中国特色社会主义伟大旗帜 为全面建设社会主义现代化国家而团结奋斗——在中国共产党第二十次全国代表大会上的报告. http://www.qstheory.cn/yaowen/2022-10/25/c_1129079926.htm，2022-10-25.

续表

发布日期	政策文件名称	内容简介
2021 年 4 月 15 日	《国务院办公厅关于服务"六稳""六保"进一步做好"放管服"改革有关工作的意见》8）	提出了坚持目标导向、综合施策的基本原则，要围绕稳定和扩大就业、培育市场主体、扩大有效投资、促进消费、稳外贸稳外资、保障基本民生等重点领域，以务实管用的政策和改革举措，增强企业和群众获得感
2021 年 8 月 20 日	《国务院办公厅关于加快农村寄递物流体系建设的意见》9）	为加快农村寄递物流体系建设，释放农村消费潜力，提出如下意见：强化农村邮政体系作用、健全末端共同配送体系、优化协同发展体系、构建冷链寄递体系
2021 年 8 月 27 日	《国务院关于印发"十四五"就业促进规划的通知》10）	提出要强化就业优先导向的宏观调控，深入实施扩大内需战略，持续促进消费、增加有效投资拉动就业，通过保市场主体保就业
2022 年 2 月 11 日	《国务院关于印发"十四五"推进农业农村现代化规划的通知》11）	提出要实施农村消费促进行动，鼓励有条件的地区开展农村家电更新行动、实施家具家装下乡补贴和新一轮汽车下乡，促进农村居民耐用消费品更新换代。要优化农村消费环境，加强农村市场建设，完善农村商贸服务网络
2022 年 3 月 25 日	《国务院关于落实〈政府工作报告〉重点工作分工的意见》12）	提出要多渠道促进居民增收，完善收入分配制度，提升消费能力，推动线上线下消费深度融合，促进生活服务消费恢复，发展消费新业态新模式。要提高产品和服务质量，强化消费者权益保护，着力适应群众需求、增强消费意愿
2022 年 4 月 25 日	《国务院办公厅关于进一步释放消费潜力促进消费持续恢复的意见》13）	为了释放消费潜力，促进消费持续恢复，提出围绕保市场主体加大助企纾困力度、做好基本消费品保供稳价、加力促进健康养老托育等服务消费等共 20 条意见

1）国务院办公厅关于深入开展消费扶贫 助力打赢脱贫攻坚战的指导意见. http://www.gov.cn/zhengce/content/2019-01/14/content_5357723.htm，2019-01-14

2）国务院办公厅关于推进养老服务发展的意见. http://www.gov.cn/zhengce/content/2019-04/16/content_5383270.htm，2019-04-16

3）国务院办公厅关于进一步激发文化和旅游消费潜力的意见. http://www.gov.cn/zhengce/content/2019-08/23/content_5423809.htm，2019-08-23

4）国务院办公厅关于加快发展流通促进商业消费的意见. http://www.gov.cn/zhengce/content/2019-08/27/content_5424989.htm，2019-08-27

5）国务院办公厅关于促进全民健身和体育消费推动体育产业高质量发展的意见. http://www.gov.cn/zhengce/content/2019-09/17/content_5430555.htm，2019-09-17

6）国务院办公厅关于以新业态新模式引领新型消费加快发展的意见. http://www.gov.cn/zhengce/content/2020-09/21/content_5545394.htm，2020-09-21

7）关于印发《近期扩内需促消费的工作方案》的通知. http://www.gov.cn/zhengce/zhengceku/2020-10/29/content_5555891.htm，2020-10-14

8）国务院办公厅关于服务"六稳""六保"进一步做好"放管服"改革有关工作的意见. http://www.gov.cn/zhengce/zhengceku/2021-04/15/content_5599655.htm，2021-04-15

9）国务院办公厅关于加快农村寄递物流体系建设的意见. http://www.gov.cn/zhengce/zhengceku/2021-08/20/content_5632311.htm，2021-08-20

10）国务院办公厅关于印发"十四五"就业促进规划的通知. http://www.gov.cn/zhengce/zhengceku/2021-08/27/content_5633714.htm，2021-08-27

11）国务院关于印发"十四五"推进农业农村现代化规划的通知. http://www.gov.cn/zhengce/content/2022-02/11/content_5673082.htm，2022-02-11

12）国务院关于落实《政府工作报告》重点工作分工的意见. http://www.gov.cn/zhengce/content/2022-03/25/content_5681343.htm，2022-03-25

13）国务院办公厅关于进一步释放消费潜力促进消费持续恢复的意见. http://www.gov.cn/zhengce/content/2022-04/25/content_5687079.htm，2022-04-25

2020 年 1 月暴发的新冠疫情，给居民带来的恐慌情绪不断蔓延，也对与大众息息相关的交通、餐饮、住宿、旅游等消费领域造成沉重打击。为贯彻落实党中央、国务院关于做好 2020 下半年经济工作的各项安排部署，下大力气抓好"六稳"工作、落实"六保"任务，进一步扩大内需特别是有效促进消费，推动经济供需循环畅通，促进形成强大国内市场，2020 年 10 月 14 日，国家发展和改革委员会会同有关部门共同研究制定了《近期扩内需促消费的工作方案》，实施促进实物消费政策，畅通供需更高水平良性循环。随着疫情防控常态化。2022 年 2 月 11 日《国务院关于印发"十四五"推进农业农村现代化规划的通知》提出要提升农村基本公共服务水平，加强县级医院和妇幼保健机构建设，持续提升县级疾控机构应对重大疫情及突发公共卫生事件能力。2022 年 3 月 25 日，在《国务院关于落实〈政府工作报告〉重点工作分工的意见》中提出坚持以供给侧结构性改革为主线，统筹疫情防控和经济社会发展，统筹发展和安全。对受疫情影响较大的餐饮、住宿、零售、文化、旅游、客运等行业进行帮扶。2022 年 4 月 25 日《国务院办公厅关于进一步释放消费潜力促进消费持续恢复的意见》中提出加快线上线下消费有机融合，扩大升级信息消费；优化完善疫情防控措施，引导公园、景区、体育场馆、文博场馆等改善设施和服务条件、结合实际延长开放时间；加强疫情防控措施跨区域相互衔接，畅通物流大通道等适应常态化疫情防控、促进新型消费的措施。

在我国经济转型的重要阶段，分析最终消费的变化趋势并进行预测，对我国发展格局转向以国内大循环为主的"双循环"，真正成为世界经济强国具有重要意义。

二、最终消费及相关影响因素的变化趋势

（一）最终消费占 GDP 比重的变化趋势

近年来，我国最终消费支出占 GDP 的比重基本呈稳步上升的趋势（图 1）。2022 年前三季度，我国最终消费支出占 GDP 的比重达到 54.7%，高于资本形成总额 25.9 个百分点，较 2020 年、2021 年上升趋势明显，位于历史高位水平。虽受到第 2 季度上海、北京地区新冠疫情冲击及基数升高等多种因素影响，但 2022 年前三季度最终消费依然发挥了经济稳定运行的"压舱石"作用。

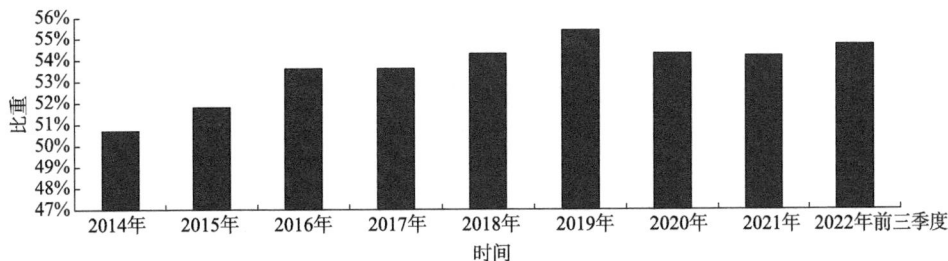

图 1　我国最终消费支出占 GDP 的比重

资料来源：国家统计局

（二）社会消费品零售总额变化趋势

2022 年社会消费品零售总额受新冠疫情影响产生较大波动,在 3~5 月增速明显放缓,但整体趋势稳中有进。2022 年 8 月达到增速复苏高峰,社会消费品零售总额当月值为 36 257.9 亿元,同比增长 5.4%,增速较 7 月提升 2.7 个百分点。2022 年 1~10 月,社会消费品零售总额累积值达 360 575 亿元,较 2021 年同比增长 0.6%,虽增速有所放缓,但仍达历年同期最高水平(图 2)。

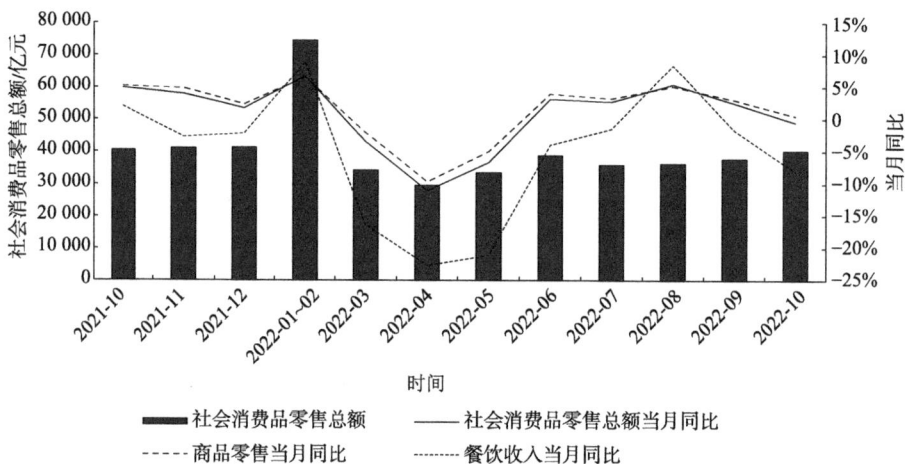

图 2　社会消费品零售总额及商品零售、餐饮收入等当月同比增速
资料来源:国家统计局

2022 年 1~10 月,餐饮收入为 35 348 亿元,同比增长-5.0%;商品零售达 325 227 亿元,同比增长 1.2%。在线上单位商品零售中,中西药品类、粮油食品类增速稳中有进,基本保持在 9.0%左右;石油制品类增速较快,保持在 10.0%以上;文化办公用品类、饮料类等商品呈现较大发展潜力,截至 2022 年 10 月,文化办公用品类、饮料类等商品零售额累计值为 3 485 亿元与 2 493 亿元,分别同比增长 5.9%、6.6%。

从城镇和农村社会消费品零售总额来看,2022 年以来,城镇社会消费品零售总额远远高于农村,而农村消费潜力及需求迸发,其消费增速与城镇差距进一步缩小(图 3)。受新冠疫情影响,两者社会消费品零售总额在 2022 年 3 月有较大幅度下降,到 2022 年 5 月,农村及城镇社会消费品零售总额增速较 2022 年 1 月、2 月分别下降了 13.4 个、13.4 个百分点;从 6 月开始,社会消费品零售总额逐渐回稳向好。

（三）网络零售市场发展趋势

网络零售进一步推动了我国消费市场主体数字化转型,培育了数字经济新动能,并

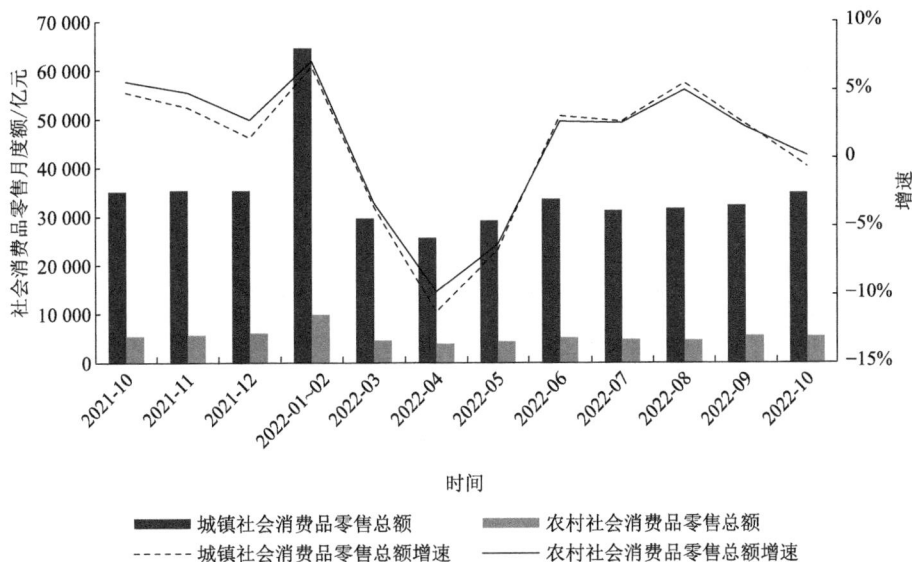

图 3 城镇和农村社会消费品零售总额及增速

资料来源：国家统计局

促进新业态、新零售向纵深方向发展，逐步完善产业链、供应链、价值链。2022 年，我国网络零售市场形势持续向好，拉动消费势头明显。2022 年 1~10 月，全国网络零售额累计达 109 542 亿元，同比增长 4.9%，占商品零售额的 33.7%；实物商品网上零售额达 94 506 亿元，同比增长 7.2%（其中，吃类商品增长 16.7%，穿类商品增长 5.3%，用类商品增长 6.5%），占商品零售额的 29.1%。商务部统计数据显示，2022 年前三季度，全国农村网络零售额达 14 978.5 亿元，同比增长 3.6%，其中，农村实物商品网络零售额 13 642.3 亿元，同比增长 4.8%；全国农产品网络零售额 3 745.1 亿元，同比增长 8.8%[①]。

2022 年"双十一购物节"当日全网交易额达 3 076 亿元，同比下降 2.2%（图 4），产生包裹共 12 亿个，平均客单价达 251.16 元（图 5），同比下降 7.6%，消费者更倾向体验多商品品类的小额度消费。星图数据显示，从不同途径销售方式看，2022 年"双十一购物节"期间（10.31~11.11），直播电商销售额达 1 814 亿元，相较于 2021 年同比上升 146.1%；新零售销售额达 218 亿元，相较于上年同比上升 10.8%。从具体消费门类看，家用电器销售总额达 1 566 亿元，其中美的、格力成为销售主流；美容护肤销售总额达 606 亿元，欧莱雅、雅诗兰黛、兰蔻等位居前列。各电商平台积极打造高质量的"双十一购物节"线上消费渠道，进一步满足了消费者的消费需求。

---

① 商务部电子商务司负责人介绍 2022 年前三季度我国网络零售市场发展情况. http://www.mofcom.gov.cn/article/xwfb/xwsjfzr/202210/20221003361994.shtml，2022-10-26.

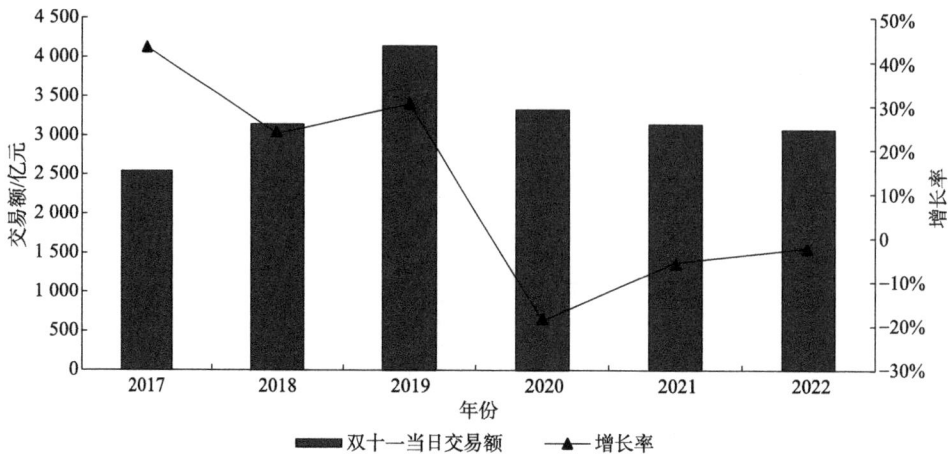

图4 2017~2022年"双十一购物节"当日全网交易额
资料来源：根据星图数据整理

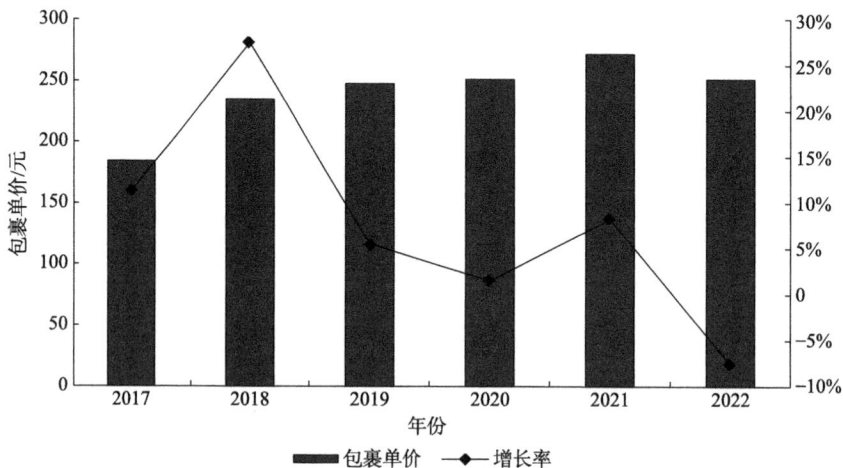

图5 2017~2022年"双十一购物节"平均包裹单价
资料来源：根据星图数据整理

"双十一购物节"于2009年诞生，从起初的默默无闻、低价促销、物流慢速、售后低效，到后期B2C（business-to-consumer，企业对顾客）等多种销售模式逐渐崛起，各厂商纷纷发力，经过新冠疫情考验的电商经济逐渐发展壮大，再到如今新零售业态持续深化，线上线下融合加速，更加注重售后体验，在促进经济双循环及疫情经济复苏过程中发挥了重要作用。与2022年同期的"双十一购物节"相比，天猫、京东仍占主要份额，拼多多及其他小微电商B2C企业发展潜力不容小觑（图6）。2022年"双十一购物节"在全渠道、全场景上继续深化，并逐步向高质量消费过渡，积极将电商带货作为发力端，场景端继续由实物消费向全场景消费、全渠道融合迁移，稳固实体经济的消费拉动作用，持续激发消费者的消费潜力。

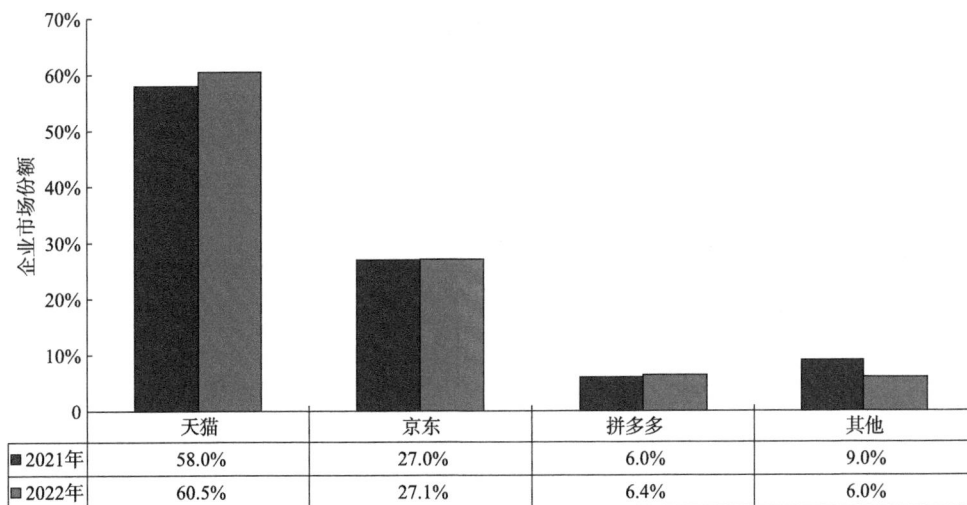

图 6   2021~2022 年"双十一购物节"相关 B2C 企业市场份额
资料来源：根据星图数据整理

（四）消费主体变化趋势

在电商经济的浪潮下，消费群体中 "90 后""00 后"的互联网消费主体地位进一步深化，并不断推动我国电商线上经济发展，推动国内国际双循环经济发展进程及疫情下的消费转型。代际变迁下，年轻人的消费意愿进一步增强，天猫数据显示，奢品消费者中，25~34 岁人群占比达到五成以上，"90 后""95 后""00 后"潮流市场的消费规模占比达到八成[①]。年青一代逐步提前了自身的长期养老理财，风险接受程度和投资预期都有所提高，《中国养老金融调查报告 2022》数据显示[②]，超过半数养老投资/理财主要偏好是银行存款，接近九成的被调查对象已经进行养老财富储备。"90 后"与"00 后"在提前养老储备的同时，也更关注价值保值及个人体验，珠宝和宠物相关需求上升明显，2022 年天猫"618"珠宝产品销量同比增长 142.3%，其中黄金首饰的总销售额同比增长 115.8%，带动整个珠宝行业增长（图 7）。拼多多的报告显示，2022 年第四届"超级农货节"期间，35 岁以下的消费者占比超过 30%，同时女性消费者占比达到 68%，超过男性的两倍[③]。

[①] 每日经济新闻. Z 世代时尚消费图鉴：追求性价比，更注重取悦自己. https://baijiahao.baidu.com/s?id=1727292258123214618&wfr=spider&for=pc，2022-03-15.

[②] 新浪财经.《中国养老金融调查报告 2022》发布. http://finance.sina.com.cn/jjxw/2022-11-01/doc-imqmmthc2886877.shtml，2022-11-01.

[③] 中国发展网. 拼多多发布"超级农货节"消费报告：女性农产品购买力是男性两倍，城市消费力上海排第一. https://baijiahao.baidu.com/s?id=1744022707552937297&wfr=spider&for=pc，2022-09-15.

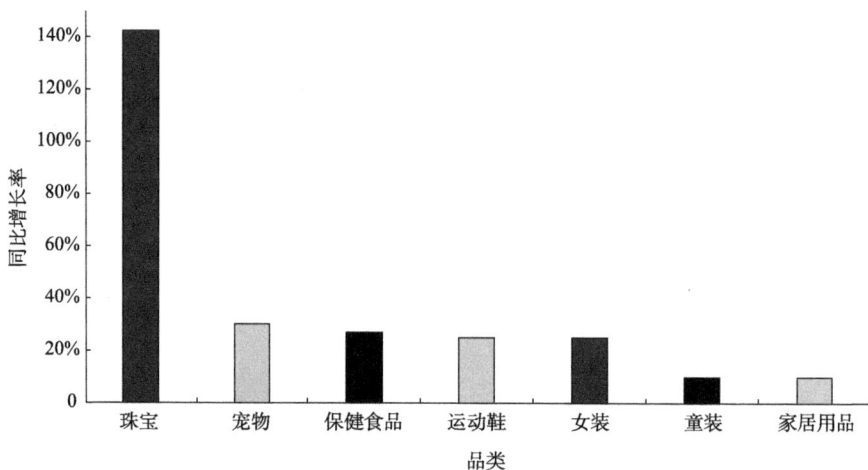

图 7　2022 年天猫"618"部分品类销量同比增长率
资料来源：根据天猫数据整理

近年来，受消费水平升级及思想观念等因素影响，我国新生代父母更加关注婴幼儿消费，其市场增长迅速，推动母婴产业"洗牌"。2021 年中国婴幼儿托育市场规模达 1 396.6 亿元，同比增长 127.9%，预计在 2027 年，中国 0~3 岁婴幼儿托育市场规模将达 1 863.2 亿元[①]。随着我国新生代父母的科学喂养观念加强，2021 年我国婴幼儿辅食市场规模约 489 亿元，同比增长 10.14%，秋天满满、宝宝馋了、米小芽及三只松鼠等品牌逐步崛起，未来我国婴幼儿辅食市场规模应在千亿元以上，至少还有 600 亿元的空间待挖掘[②]。同时，随着渠道继续下沉，来自三四线城市及城镇市场的消费者线上线下消费潜力逐渐显现[③]。

（五）消费偏好变化趋势

2018~2021 年，用户对国潮商品的热度持续不减，购买国潮相关商品的用户数增长超 90%，销量增长 411%，国潮品牌种类逐步扩增，与国潮相关的新品牌数增长了 68%。打标"老字号"的商品成交额同比增长 94%，其中"95 后"年轻人群成交额同比增长达 141%[④]，越来越多的国潮品牌凭借着优秀的原创设计、持续的科技创新、过硬的产品品质，成为年轻消费者日常购物的首选。京东消费数据显示，2022 年以来，"95 后"国货用户数占比同比提升 11%，购买中国元素的商品数量增长超 3 倍，购买国产商品与进口商品的用户数总体比值为 1.7，销量最多的品类是个护健康、白酒、服饰内衣、

[①] 艾媒咨询. 婴幼儿托育市场：Z 世代成托育行业消费主力军，供需差推行业发展. https://baijiahao.baidu.com/s?id=1735701157524364729&wfr=spider&for=pc，2022-06-15.

[②] 全拓数据. "90 后"成育儿主力军，催化婴幼儿辅食赛道迅速崛起，https://baijiahao.baidu.com/s?id=1740105910236098159&wfr=spider&for=pc，2022-08-03.

[③] 新浪财经. 2021 消费实录：一线城市更理性，三四线城市潜力大. https://baijiahao.baidu.com/s?id=1733082934724106505&wfr=spider&for=pc，2022-05-17.

[④] 中研网. 国潮商品销量 4 年增长超 4 倍 "国风""国潮"背后突显传统文化价值的全面回归. https://www.chinairn.com/yzx/20220620/14044625.shtml，2022-06-20.

手机、茗茶，购买国货的用户数占比增速 TOP5 城市分别为浙江丽水、黑龙江鸡西、江苏徐州、河南漯河、福建泉州[①]。国潮消费时代也折射出消费者的价值归属和社群认同，传递出我国经济快速复苏、民族品牌高质量发展的信号。

受疫情居家影响，全球消费者对"健康"和"锻炼"的关注度越来越高，饮食结构也由温饱型消费转向膳食平衡型消费，户外运动广泛被关注。在 2022 年中国消费者单次购买预制菜产品花费金额中，40.7%消费者单次花费 21~30 元购买预制菜[②]；与锻炼相关的露营，其热度指数在 2022 年 4 月呈现逐渐上升的趋势，在 2022 年 5 月 6 日达到顶峰，预计 2025 年中国露营经济核心市场规模将上升至 2 483.2 亿元，带动市场规模将达到 14 402.8 亿元。随着消费升级，音乐舞蹈元素和冒险元素也将逐步融入"健康"和"锻炼"，不断增加消费者的体验感与满足感[③]。

（六）消费理念变化趋势

随着生活条件逐渐改善，我国居民由原先的满足生活基本需求到改善生活质量，再到与健康、智能、实用等相结合，同时注重消费体验及消费安全，直接推动商品消费升级步伐加快。我国消费者的消费理念不断朝着多元化方向发展，消费偏好持续改变，且逐渐由"产品消费"上升到"个人投资"。相较于传统的物质产品消费，2022 年我国消费者对"兴趣消费""社交电子商务"等消费投资方式更加青睐，64.9%的新青年消费者以取悦自己为购买兴趣消费产品的主要原因，94%的消费者认为商品颜值会对消费产生重要影响[④]，而电商直播、"元宇宙"等消费场景深受年轻群体喜爱。社交电子商务行业迅速崛起，预计到 2025 年全球社交电子商务市场将达到 1.2 万亿美元[⑤]。

在消费偏好及疫情影响下，消费者的支出规划及聚焦对象也逐渐转变，具有社会责任意识的消费主义逐渐壮大。44%的中国消费者预计未来六个月会增加食品杂货支出，而预计将减少非必需品的支出；45%中国受访者表示，他们更倾向购买国产品牌；50%的受访者愿意支付更高的均价购买来源可追溯和透明的产品；45%的受访者则愿意购买由可回收、可持续或环保材料制造的产品等[⑥]。

（七）消费者相关指数变化趋势

受到新冠疫情影响，三类指数存在波动趋势。2022 年 4 月我国消费者预期指数、消

① 电商报. 京东：2022 年以来 95 后购买国潮商品数量涨超 3 倍. https://www.dsb.cn/185229.html，2022-05-10.
② 艾媒网. 中国预制菜行业数据分析. http://www.citmt.cn/news/202210/87592.html，2022-10-04.
③ 艾媒网. 2022-2025 年中国露营经济发展分析. http://www.citmt.cn/news/202206/84223.html，2022-06-16.
④ 艾媒咨询. 2022 年中国兴趣消费趋势洞察白皮书. https://baijiahao.baidu.com/s?id=174345871570883209 3&wfr=spider&for=pc，2022-09-09.
⑤ 2022 年消费者趋势报告：元宇宙和社交电子商务. http://www.199it.com/archives/1501304.html，2022-10-14.
⑥ 普华永道发布 2022 年中国零售市场四大新常态. https://baijiahao.baidu.com/s?id=174403271011229781 0&wfr=spider&for=pc，2022-09-15.

费者满意指数、消费者信心指数出现断崖式下降（图 8）。2016 年 1 月至 2022 年 10 月社会消费品零售总额与三类指数月度数据滞后一期的相关系数（表 2）显示，2016 年、2017年，社会消费品零售总额与三类指数的相关性很高；2018 年、2019 年相关性有所下降；2020 年相关性较低，说明新冠疫情、中美贸易摩擦等复杂多变的国内外环境抑制或限制了居民的实际消费；2021 年相关系数逐渐恢复，显示出疫情时代下的经济复苏趋势；2022年受疫情影响相关系数有所下降，北京、上海等经济重心的大规模突发疫情，很大程度上影响了消费者的消费信心及未来预期。

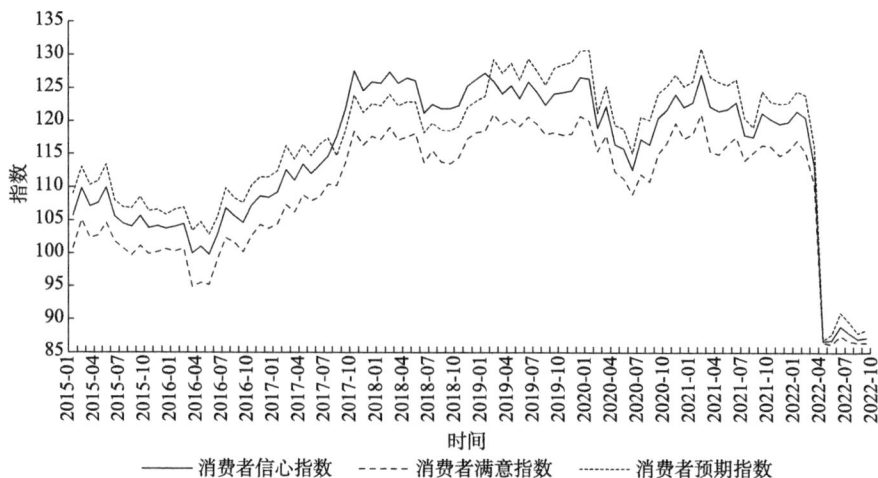

图 8　消费者预期指数、消费者满意指数、消费者信心指数

资料来源：国家统计局

表 2　2016 年 1 月至 2022 年 10 月社会消费品零售总额与三类指数月度数据滞后一期的相关系数

年份	消费者信心指数（月度）与社会消费品零售总额	消费者满意指数（月度）与社会消费品零售总额	消费者预期指数（月度）与社会消费品零售总额
2016	0.969 2	0.969 1	0.969 1
2017	0.989 7	0.983 6	0.973 6
2018	0.952 0	0.952 4	0.952 1
2019	0.960 1	0.955 0	0.962 6
2020	0.794 0	0.788 0	0.797 7
2021	0.955 9	0.960 0	0.952 8
2022	0.899 0	0.904 6	0.895 2

　　疫情下的节日消费效应增强，电子消费券作为拉动消费的主要支付手段地位凸显。2022 年 10 月，在国庆长假期间，我国消费市场迎来了增长的小高潮，节日消费不断升级，10 月 1 日至 7 日，"爱购上海"电子消费券节日期间核销金额超过 1.35 亿元，7 天全市餐饮、汽车、家电线下消费增长明显，节日期间消费金额分别为 69.6 亿元、12.7 亿元和 4.7 亿元，同比增长 18.0%、76.3% 和 3.0 倍。新冠疫情等冲击下的节日效应有效地促进了消费提升①。

---

　　① 房产每日观察. 国庆七天，上海线上线下消费 662.5 亿元! 电子消费券核销金额超过 1.35 亿元. https://baijiahao.baidu.com/s?id=1746048681273405842&wfr=spider&for=pc，2022-10-08.

三、最终消费结构的变化趋势

最终消费包括居民消费与政府消费两大部分，2010~2021 年我国居民消费支出占比在 69.5%~73.9%波动，2021 年居民消费支出占比为 70.7%。从城乡居民消费结构来看，农村居民消费占居民消费的比例总体呈递减的趋势，相应地，城镇居民消费占居民消费的比例总体呈增加的趋势，从 2010 年的 77.0%波动增加至 2021 年的 78.6%（表 3）。

表 3　2010~2021 年我国最终消费比例结构的变化

年份	居民消费支出占比	政府消费支出占比	农村居民消费占居民消费的比例	城镇居民消费占居民消费的比例
2010	73.4%	26.6%	23.0%	77.0%
2011	73.2%	26.8%	23.3%	76.7%
2012	73.2%	26.8%	22.8%	77.2%
2013	73.2%	26.8%	22.5%	77.5%
2014	73.9%	26.1%	22.4%	77.6%
2015	73.4%	26.6%	22.2%	77.8%
2016	73.4%	26.6%	21.9%	78.1%
2017	72.9%	27.1%	21.5%	78.5%
2018	72.5%	27.5%	21.4%	78.6%
2019	70.0%	30.0%	21.7%	78.3%
2020	69.5%	30.5%	21.5%	78.5%
2021	70.7%	29.3%	21.4%	78.6%

资料来源：《中国统计年鉴》（2011~2022 年）

从城乡居民在八大类产品的消费支出结构来看，相对 2013 年，2022 年前三季度城镇居民在食品烟酒类的消费占比下降了 0.3 个百分点；在医疗保健类的消费占比提高了 2.2 个百分点；在交通通信类的消费占比基本稳定，截至 2022 年前三季度城镇居民交通通信类的消费占比为 12.8%。相对 2013 年，2022 年前三季度农村居民在食品烟酒类的消费占比下降了 2.4 个百分点；在交通通信、医疗保健类的消费占比分别提高了 2.2 个百分点和 1.4 个百分点；在其余行业消费占比略有波动但总体稳定（图 9）。这说明我国居民消费正从物质生活领域向精神文化层面延伸，升级特征明显。分季度来看，2022 年第 2 季度除食品烟酒和居住外，居民其他分类支出低于 2021 年同期，第 3 季度居民分类支出较 2021 年同期均有小幅提升（图 10）。

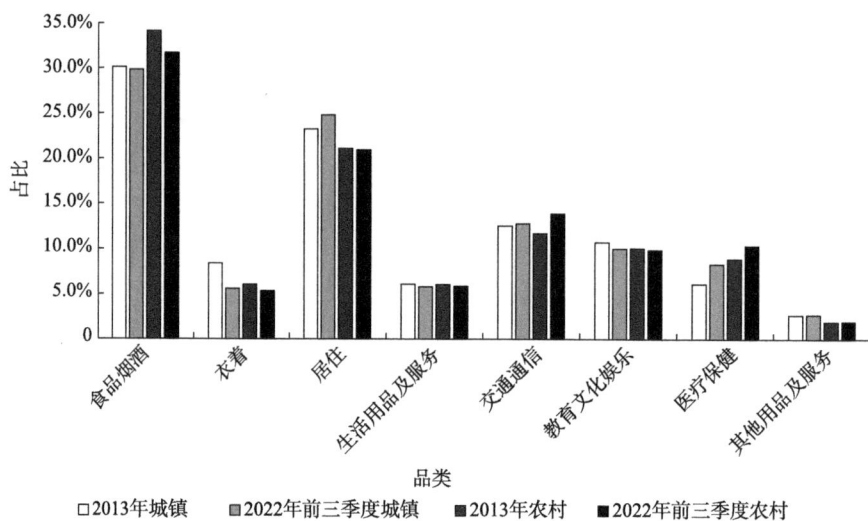

图 9　2013 年和 2022 年前三季度我国城镇与农村居民平均每人全年消费支出构成

资料来源：国家统计局

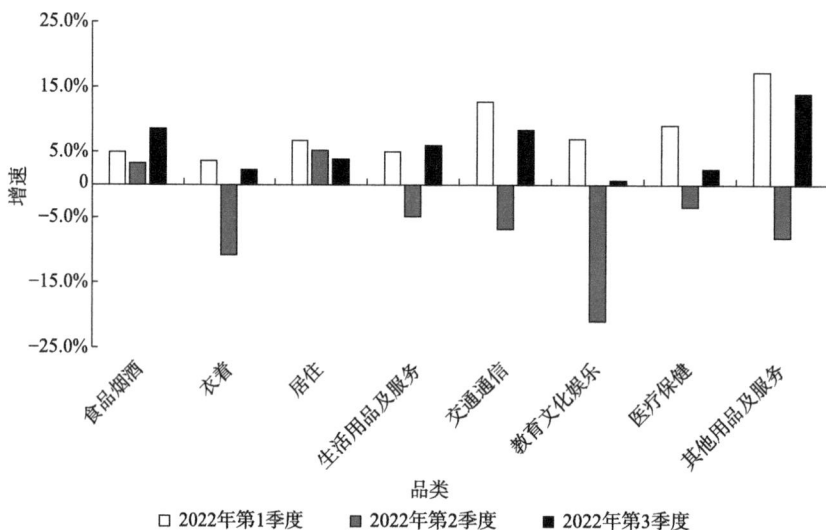

图 10　我国居民分类支出当季同比增速

资料来源：国家统计局

从政府消费来看，2020 年以来，受新冠疫情等多重因素影响，各级财政部门坚决落实"积极的财政政策要更加积极有为"的要求，经济持续稳定恢复，财政收支逐季好转。2021 年，全国一般公共预算支出为 246 322 亿元，同比增长 0.3%。2022 年前三季度，全国一般公共预算支出为 190 389 亿元，同比增长 6.2%，较 2021 年同期 2.3% 的同比增速有所提高，但与 2019 年同期 9.4% 的同比增速相比仍有一定差距。

从主要支出项目情况看：教育支出为 28 423 亿元，增长 5.7%；科学技术支出为 6 516 亿元，增长 14.0%；文化体育与传媒支出为 2 577 亿元，下降 1.7%；社会保障和就业支出为 28 470 亿元，增长 6.9%；卫生健康支出为 16 253 亿元，增长 10.7%；节能环保支出为 3 630 亿元，下降 2.5%；城乡社区支出为 14 362 亿元，下降 0.5%；农林水支出为 15 940 亿元，增长 5.0%；交通运输支出为 8 893 亿元，增长 6.5%；债务付息支出为 8 216 亿元，增长 7.2%。

面对国内外风险挑战明显上升的复杂局面，财政部门坚决贯彻落实党中央、国务院决策部署，坚持稳中求进的工作总基调，深入贯彻新发展理念，坚持以供给侧结构性改革为主线，推动高质量发展，扎实做好"六稳"工作，全面落实"六保"任务，中央和地方预算执行情况较好。2022 年积极的财政政策要提升效能，更加注重精准、可持续[①]。梳理 5 年政府工作报告发现，贯彻落实减税降费政策的主要措施从 2019 年"普惠性减税与结构性减税并举"，到 2020 年"强化阶段性政策，与制度性安排相结合"，到 2021 年"继续执行制度性减税政策""实施新的结构性减税举措"，再到 2022 年"实施新的组合式税费支持政策""坚持阶段性措施和制度性安排相结合，减税与退税并举"。2019~2021 年，每年新增减税降费分别超过 2 万亿元、超过 2.5 万亿元、约为 1.1 万亿元。2022 年预计退税减税规模约为 2.5 万亿元。一系列大规模减税降费政策的出台，反映出我国减税降费政策"工具箱"措施多样、手段丰富、技术成熟，还意味着税务部门落实减税降费政策越来越精准、效果越来越好，充分发挥了税收在国家治理中的基础性、支柱性、保障性作用[②]。

四、消费的主要影响因素分析

（一）收入

收入是决定消费水平最直接、最主要的因素。长期以来，我国居民收入占 GDP 的比重偏低，且我国居民人均可支配收入的增长低于 GDP 的增长已成常态。国家统计局数据显示，随着国内经济的稳定增长，我国城镇居民人均可支配收入也由 2010 年的 19 109 元增长到 2021 年的 47 412 元，保持着 8.6% 的名义年均增幅。2022 年前三季度全国城镇居民人均可支配收入为 37 482 元，同比名义增长 4.3%，扣除价格因素，实际增长 2.3%；农村居民人均可支配收入为 14 600 元，同比名义增长 6.4%，扣除价格因素，实际增长 4.3%，增速高于城镇居民人均可支配收入（图 11）。虽然我国人均 GDP 已经突破 1 万美元，但人均可支配收入依然较低，在一定程度上影响了居民消费的购买力。2021 年城乡居民收入比由 2020 年同期的 2.56 下降至 2.50，城乡居民收入差距略有降低，但两者的绝对水平差距仍然很大。国家统计局数据显示，全国居民人均可支配收入基尼系数在 2008 年达到最高点 0.491 后，2009 年至今呈现波动下降态势，2021 年降至 0.466，累计

---

① 中国税务网. 冯俏彬：2022 年积极的财政政策展望与思考. https://www.ctax.org.cn/xstt/zjsd/202203/t20220304_1123690.shtml，2022-03-04.

② 中国税务. 中国税务报：近 5 年减税降费的"变"与"不变". https://guangdong.chinatax.gov.cn/gdsw/mtsd/2022-03/30/content_25476e6c6598497486b6bb50fcb6dbd3.shtml，2022-03-30.

下降 0.025，仍高于 0.4 的收入分配差距的"警戒线"。

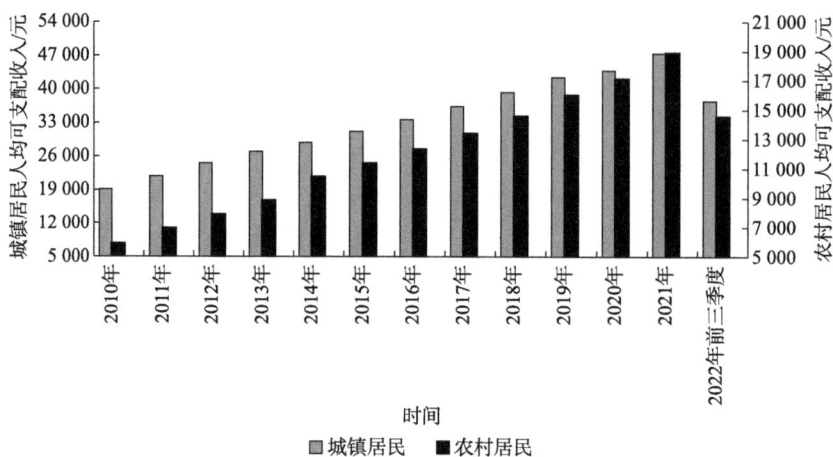

图 11　2010 年至 2022 年前三季度我国城乡居民人均可支配收入

资料来源：国家统计局

（二）消费支出与消费意愿

2022 年前三季度我国城镇居民人均消费支出为 22 385 元，比 2021 年同期名义增长 1.8%，扣除价格因素，实际下降 0.2%；2022 年前三季度我国农村居民人均消费支出为 11 896 元，比 2021 年同期名义增长 6.4%，扣除价格因素，实际增长 4.3%（图 12）。分季度来看，2022 年前三季度我国居民人均可支配收入与消费支出当季同比增速较 2021 年明显下降，但随着时间推移，增速有上升趋势（图 13）。

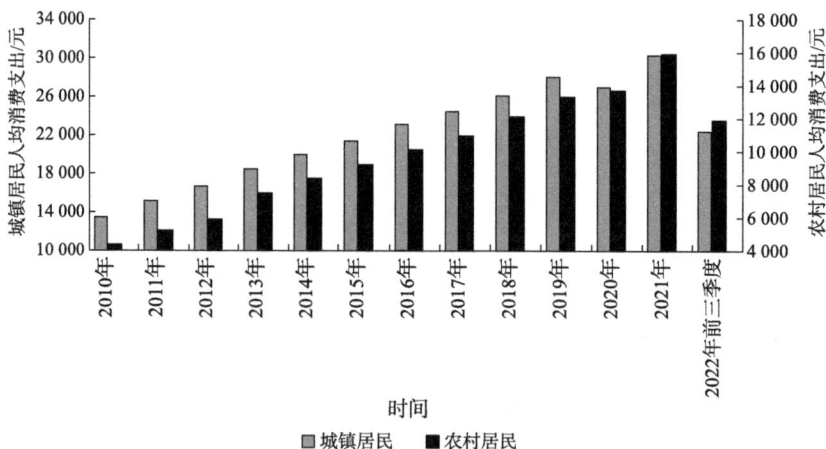

图 12　2010 年至 2022 年前三季度我国城乡居民人均消费支出

资料来源：国家统计局

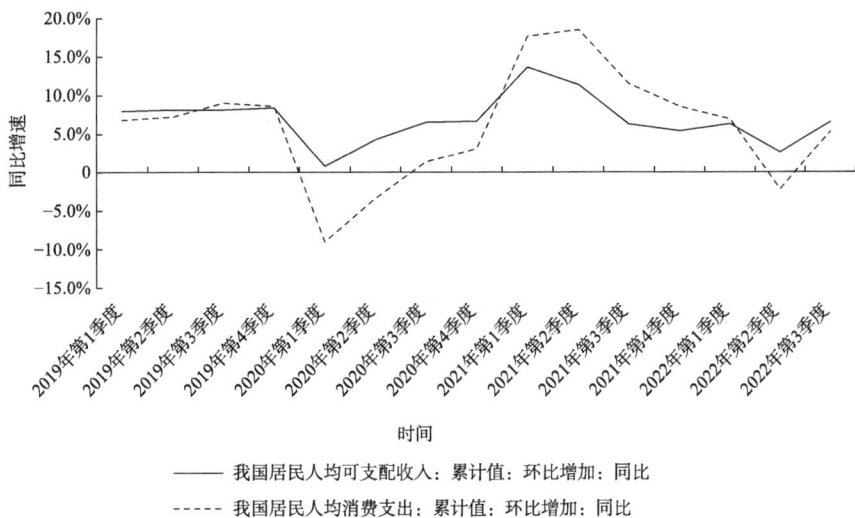

图 13　我国居民人均收入与消费支出当季同比增速

资料来源：国家统计局

近年来，我国居民的边际消费倾向与平均消费倾向下降，消费需求相对不足。可支配收入中用于购置房产的比重最高，对消费形成的挤出效应明显。中国人民银行储户问卷调查报告显示，2022 年第 3 季度，居民收入感受指数为 47.0%，环比上升 2.5 个百分点，其中，认为收入增加或基本不变的储户超过 80%；就业预期指数为 45.3%，环比上升 0.8 个百分点；就业感受指数为 35.4%，环比下降 0.2 个百分点。从该问卷调查结果来看，在当期物价、利率及收入水平下，倾向"更多消费"的居民占比 22.8%，环比下降 1.0 个百分点；倾向"更多投资"的居民占比 19.1%，环比上升 1.2 个百分点；倾向"更多储蓄"的居民占比 58.1%，环比上升 0.3 个百分点[①]。这表明，居民储蓄意愿仍在上升，居民消费信心逐渐恢复。

（三）新冠疫情的影响

新冠疫情暴发于 2020 年春节消费时点，人口流动性大，各省（区、市）纷纷启动重大公共卫生事件一级响应，阻断病毒传播途径。2022 年由于疫情多地散发，居民线下消费和出行类消费走弱，具体表现如下：①交通运输行业。2022 年春运期间，各地交通运输部门坚持"外防输入、内防反弹"，细化、实化疫情防控要求，实现疫情不因春运扩散。春运 40 天（1 月 17 日~2 月 25 日）里，全国铁路、公路、水路、民航累计发送旅客 10.6 亿人次，日均 2 650 万人次，同比增长 21.8%，为 2019 年的 35.6%[②]。②旅游行业。2022 年受疫情持续影响，国际环境复杂严峻，上海、吉林、北京等地疫情多地散发，旅游市

---

① 中国人民银行调查统计司. 2022 年第三季度城镇储户问卷调查报告. http://www.pbc.gov.cn/goutongjiaoliu/113456/113469/4675843/2022100916173857426.pdf，2022-10-09.

② 中华人民共和国中央人民政府. 春运 40 天全国发送旅客 10.6 亿人次. http://www.gov.cn/xinwen/2022-02/28/content_5676022.htm，2022-02-28.

场数据整体欠佳。2022 年上半年国内旅游总人次达到 14.55 亿，同比下降 22.2%；实现国内旅游收入 1.17 万亿元，同比下降 28.2%。元旦、春节、清明假期，国内旅游人数分别为 0.52 亿人次、2.51 亿人次、0.75 亿人次，同比分别下降 5.3%、2.0%、26.2%[①]，2022 年下半年在疫情走势不明朗的背景下，高频次本地游依然为市场主要趋势。中秋节假期，全国国内旅游出游 7 340.9 万人次，同比下降 16.7%[②]；国庆假期，全国国内旅游出游 4.22 亿人次，同比下降 18.2%[③]。③教育文化娱乐行业。受国内疫情持续反复和内容供给不足等多方面因素影响，电影行业全产业链面临较大压力，2022 年前三季度，全国电影总票房 256.8 亿元，同比下降 26.1%，观影人次 6.1 亿，同比下降 30.5%，第 3 季度在暑期档的拉动下电影市场有所恢复，《人生大事》和《独行月球》市场表现较好，带动三季度票房增长[④]。④餐饮和商品零售行业。2021 年前三季度，餐饮收入为 31 249.1 亿元，同比下降 4.6%；商品零售达 289 055.5 亿元，同比增长 1.3%。

新冠疫情促进了数字经济发展，释放了潜在消费需求，"宅家经济"全面兴起。电商领域，在疫情防控常态化背景下，消费端需求持续提升，线上零售增长迅速，电商消费领域活力持续释放。2022 年前三季度全国网上零售额为 95 884 亿元，同比增长 4.0%。其中，实物商品网上零售额为 82 374 亿元，同比增长 6.1%，占社会消费品零售总额的比重为 29.9%[⑤]。外卖领域，外卖方便快捷，叠加疫情影响堂食，越来越多的人选择点外卖解决日常饮食需求。中商产业研究院预测，2022 年中国外卖餐饮行业市场规模将达 9 417.4 亿元。截至 2021 年 12 月，我国网上外卖用户规模达 5.44 亿人，较 2020 年 12 月增加 1.25 亿人，占网民整体的 52.7%[⑥]。线上游戏领域，《2021 年中国游戏产业报告》显示，2021 年中国游戏市场实际销售收入为 2 965.13 亿元，较 2020 年增收 178.26 亿元，同比增长 6.4%。国内游戏用户规模为 6.66 亿人，同比增长 0.22%。2021 年持续受新冠疫情的影响，重要电竞赛事线下活动减少，中国电子竞技游戏市场实际销售收入为 1 401.81 亿元，比 2020 年增加了 36.24 亿元，同比增长 2.65%[⑦]。线上视频领域，我国短视频用户规模快速增长，由 2016 年的 1.9 亿人增长至 2020 年底的 8.73 亿人，短视频用户在网民用户中的占比也由 2016 年的 26% 增长至 2020 年底的 88.3%。前瞻产业研究院预测，疫情暴发使得短视频的发展潜力进一步挖掘，2020~2022 年短视频行业市场规模将以较快的速度增长，年复合增长率在 44% 左右，2023~2025 年市场规模增速会有所放

① 钛媒体. 2022 年上半年中国旅游市场分析报告. https://www.tmtpost.com/6265850.html，2022-09-27.

② 中华人民共和国中央人民政府. 2022 年中秋假期文化和旅游市场情况. http://www.gov.cn/shuju/2022-09/13/content_5709533.htm，2022-09-13.

③ 中华人民共和国中央人民政府. 国庆假期全国国内旅游出游 4.22 亿人次，国内旅游收入 2872.1 亿元. http://www.gov.cn/shuju/2022-10/07/content_5716040.htm，2022-10-07.

④ 东方财富网. 影视公司三季度大考：万达亏 5 亿 上海电影净利润缩水八倍. https://finance.eastmoney.com/a/202211012547104775.html，2022-11-01.

⑤ 中华人民共和国国家发展和改革委员会. 数据概览：2022 年前三季度消费相关数据. https://www.ndrc.gov.cn/fgsj/tjsj/jjsjgl1/202210/t20221031_1340349.html？code=&state=123，2022-10-31.

⑥ 腾讯网. 2022 年中国外卖行业发展现状及发展前景预测分析（图）. https://new.qq.com/rain/a/20220401A02PT300，2022-04-01.

⑦ 人民网.《2021 年中国游戏产业报告》正式发布. http://jinbao.people.cn/n1/2021/1216/c421674-32310114.html，2021-12-16.

缓，但仍保持 16%的年复合增长率增长，2026 年短视频行业市场规模将有望达 7 000 亿元[1]。

（四）居民债务

《中国统计年鉴》显示，住户部门贷款金额从 2001 年的 3 506.8 亿元上升到 2020 年的 86 053 亿元，19 年间增长了 23.5 倍（图 14），贷款金额占居民可支配收入的比例也从 5.7%上升至 18.9%。2022 年三季度住户部门贷款增加 3.41 万亿元，其中，短期贷款增加 1.09 万亿元，中长期贷款增加 2.32 万亿元；9 月，人民币贷款增加 2.47 万亿元，比 2021 年同期增多 8 108 亿元。截至 2022 年三季度，个人住房贷款余额已达 38.9 万亿元（约为 2013 年个人住房贷款余额 9.8 亿元的 4.0 倍），同比增长 4.1%，增速比 2021 年末低 7.2 个百分点。

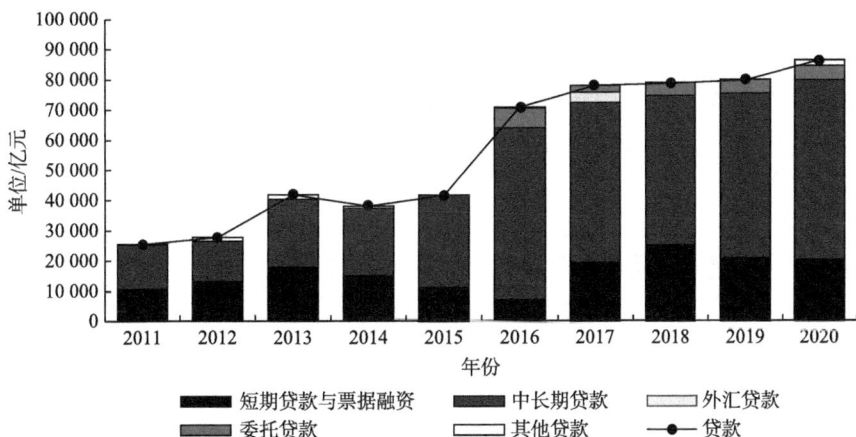

图 14　2011~2020 年我国住户部门贷款结构

资料来源：国家统计局

（五）个税改革激发消费潜力

自 2018 年 10 月开始实施至今，新一轮个人所得税改革已满四周年。个人所得税改革成效明显，对完善收入分配、增加居民收入、扩大消费发挥了重要作用，成为推进国家治理体系和治理能力现代化的成功实践。统计显示，2022 年前三季度，个人所得税为 11 360 亿元，增长 9.1%。财政部部长刘昆在《健全现代预算制度》中称，完善个人所得税制度，要适当扩大综合所得征税范围，完善专项附加扣除项目[2]。改革个人所得税是改

---

① 前瞻产业研究院. 行业深度！一文带你详细了解 2022 年中国短视频行业市场规模、竞争格局及发展前景. https://bg. qianzhan.com/trends/detail/506/220513-9a3cca29.html，2022-05-13.

② 中新经纬. 下一步个税怎么改？财长刘昆透露这两点. https://www.jwview.com/jingwei/html/11-04/511227.shtml，2022-11-04.

善当前居民收入增长较慢的重要措施。

（六）人口老龄化，劳动力短缺

2021 年末，我国（不含港澳台地区数据）总人口为 141 260 万人，比 2020 年末增加 48 万人。其中，16~59 周岁人口为 88 222 万人，占总人口的 62.5%；60 周岁以上人口为 26 736 万人，占总人口的 18.9%，比 2020 年末增加 329 万人，占比提高了 0.2 个百分点，其中 65 周岁及以上人口增加 992 万人，占比提高了 0.7 个百分点，老龄化进一步加深。根据第七次全国人口普查的人口年龄结构，预计未来一段时期，劳动年龄人口数量和比重仍将延续之前的下降趋势[①]。劳动力的持续减少已成为我国在相当长一段时间内面临的"新常态"，这一因素将制约我国的经济增长和居民收入的增长，进而影响消费。

（七）其他因素

2020 年初，我国经济遭受新冠疫情打击，与消费相关的多个行业受其影响。在释放新消费、培育新动力上，面临着消费主体、消费供给、消费环境、政策体系、管理机制等方面的瓶颈问题。

（1）社会保障体系仍需完善。"十四五"规划纲要强调坚持以扩大内需为基点促进国内大循环，而在建立消费信心拉动国民消费需求方面，社会保障具备其他政策不可替代的作用[②]。二十大报告关于社会保障的表述，包括五方面含义：一是完善多层次、多支柱养老保险体系，促进多层次医疗保障有序衔接，建立长期护理保险制度，积极发展商业医疗保险。二是提高养老、医疗、失业、工伤保险的统筹层次。三是实施渐进式延迟法定退休年龄。四是完善公共服务平台建设，健全监管体系，加快完善全国统一的社会保险公共服务平台。五是健全分层、分类社会救助体系，坚持男女平等，保障妇女儿童、残疾人的合法权益[③]。

（2）消费需求升级，有效供给不足。当前我国居民消费需求已从"有没有"向"好不好"升级，品质型消费逐渐取代温饱型消费，成为人民群众美好生活需要的重要内容。需求侧的转型升级对供给侧提出了更高要求，但在一些领域依然存在因优质供给不足而抑制居民消费意愿、制约消费升级的现象，有效供给仍显不足的问题亟待解决。

（3）新型消费存在乱象，影响居民消费意愿。线上购物、直播带货等顺应了疫情防控的需要和居民的消费需求，已经成为很多人的新消费方式。但是，在新型消费发展过程中也出现了一些关系消费者切身利益的问题，如个人信息安全问题、金融风险问题、

---

① 国家统计局. 王萍萍：人口总量保持增长 城镇化水平稳步提升. http://www.stats.gov.cn/xxgk/jd/sjjd2020/202201/t20220118_1826609.html，2022-01-18.

② 赵建国，王净净. 完善社会保障制度 更大力度保障和改善民生. https://m.gmw.cn/baijia/2021-10/18/35238806.html，2021-10-18.

③ 新京报. 汪泓：二十大对促进社会保障事业高质量发展提出新要求. http://epaper.bjnews.com.cn/html/2022-10/21/content_823878.htm，2022-10-21.

产品质量标准不统一问题、消费陷阱问题等，给消费者带来困扰、造成损失，并使消费者的消费意愿受挫[①]。

（4）生育对消费有比较明显的挤出效应。根据国泰君安的消费服务行业深度调研报告，0~3 岁儿童的父母更年轻，收入较低，因此子女生育支出较高成为其减少消费支出的核心原因，二胎家庭同样面临类似的消费挤出压力。随着子女成长，挤出效应有所降低，但父母年龄增长也带来了消费欲望的降低[②]。

五、最终消费预测

基于对最终消费总额及其结构的变动趋势和主要影响因素的分析，本报告应用分项加合预测方法，结合专家经验，对 2023 年我国最终消费进行了预测。在防疫形势好转、居民消费意愿恢复向好、财政政策积极的情景下，预计 2023 年我国最终消费名义增速将为 5.0%；在新冠疫情可控、居民消费意愿相比 2022 年略有恢复、财政政策积极的情景下，预计 2023 年我国最终消费名义增速将为 4.5%；在收入增长略低、居民消费意愿与 2022 年持平、财政政策谨慎的情景下，预计最终消费名义增速将为 4.1%。

---

① 陈安娜. 有效促进消费持续增长. http://finance.people.com.cn/n1/2021/0607/c1004-32124189.html，2021-06-07.
② 未来智库. 消费服务行业深度调研报告：后疫情时代居民消费图谱. https://xueqiu.com/9508834377/211485815，2022-02-15.

2023 年中国物价形势分析与预测①

鲍　勤　郑阳阳　骆晓强

报告摘要：2022 年以来，我国物价整体呈现出消费价格指数（consumer price index，CPI）温和上涨、生产价格指数（producer price index，PPI）持续回落的态势，"剪刀差"持续缩窄。受猪肉价格进入上涨周期影响，2022 年 CPI 有所抬升，1~10 月上涨 2.1%，其中食品上涨 2.5%。受国际大宗商品价格及原材料价格高位回落影响，PPI 从高位持续下降，10 月同比下降 1.3%。

2023 年影响我国物价走势的因素主要有以下方面：一是原油和基本金属等国际大宗商品价格总体低于 2022 年，但仍在相对高位波动，将加大我国物价面临的不确定性。二是疫情背景下国内经济恢复将加大物价上涨压力。从供给方面来看，前期原材料价格上涨、疫情防控抬升生产成本、劳动力市场结构性失衡都将有动力推升价格上涨；从需求方面来看，国内经济活动特别是线下经济活动有望快速恢复，将对价格产生温和的拉动作用。2023 年影响我国物价走势的主要不确定性有两个方面：一是全球经济衰退进程及其对原油、基本金属等国际大宗商品价格的具体影响；二是我国线下经济复苏进程及各项成本向价格的传导进程。总体来看，2023 年我国物价将呈现 PPI 温和下降、CPI 温和上涨的态势。

根据我国物价指数分项之间的关联关系建立多元传导模型，并充分考虑季节因子影响，对 2023 年物价指数的环比数据进行预测，并在此基础上加上翘尾因素预测物价的同比数据。主要预测结果显示：2023 年我国 CPI 总体温和上涨，全年将上涨 1.8%左右，其中翘尾因素影响 0.6 个百分点，具体来看将呈现前高后稳的态势，第 1 季度均值将在 2.1%~2.5%，之后将回归至 1.6%左右的中枢值。2023 年我国 PPI 整体呈现"U"形态势，全年预计-0.4%左右，比 2022 年持续回落，其中翘尾因素影响为-0.9 个百分点，具体来看将前低后高，上半年将延续 2022 年的回落态势，均值为-1.2%~-1.9%，下半年将逐步抬升至 0.3%~1.0%。

综合定性与定量分析，预计 2023 年我国 CPI 将保持温和上涨，但也存在因农产品价格波动或工业品、服务业价格超预期上涨导致的波动风险；PPI 前低后高，存在一定的通缩压力。建议密切监测价格走势，关注物价结构性问题，合理引导市场预期，提前出台相关政策，熨平因价格过度波动导致的风险。

① 本报告受国家自然科学基金项目（项目号：72073127）支持。

一、2022 年中国物价形势分析

2022 年，我国经济温和稳定复苏，CPI 温和上涨，PPI 和工业生产者购进价格指数（purchase price index of raw materials, fuel and power, PPIRM）持续回落。受 2021 年同期 PPI 和 PPIRM 对比基数较高影响，叠加下半年国际大宗商品和原油价格的波动下行，国内金属材料、化工原料等生产资料领域价格涨幅回落，导致 PPI 和 PPIRM 持续下行。猪肉价格进入上涨周期，但国家及时出台相关政策进行调控，CPI 呈温和上升态势。因此 2022 年以来整体呈现 PPI、PPIRM 高位回落、CPI 温和上涨、两者"剪刀差"逐步缩小的局面（图 1）。

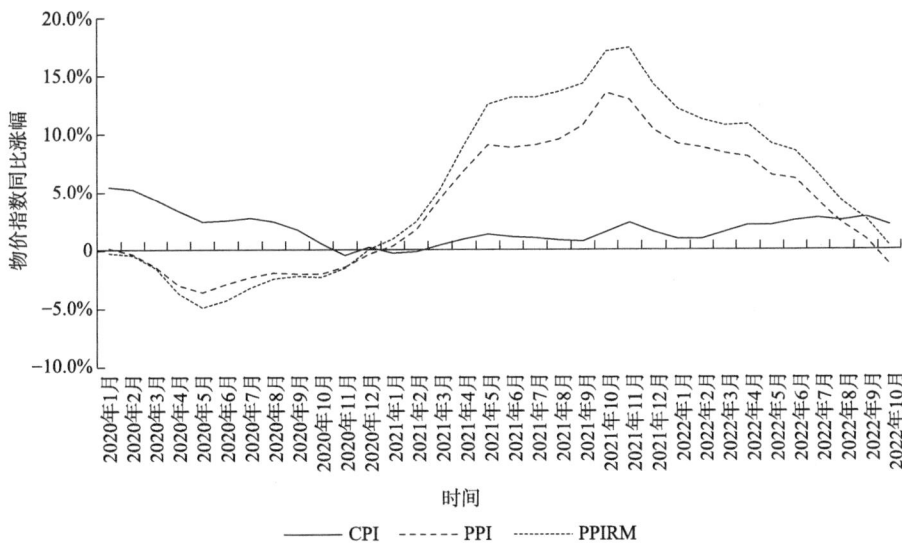

图 1　CPI、PPI 和 PPIRM 当月同比

资料来源：国家统计局[①]

（一）猪肉价格回升，CPI 涨幅温和上升

2022 年我国 CPI 温和上涨，截至 10 月，比上年同期增长 2.0%，涨幅较 2021 年上涨 1.3 个百分点。其中食品价格上涨 2.5%，比 2021 年同期上涨 4.2 个百分点，是影响 CPI 走势的主要因素；非食品价格上涨 1.9%，涨幅比 2021 年增加 0.6 个百分点。消费品价格上涨 2.8%，涨幅比 2021 年下降 2.1 个百分点。分类别看，如图 2 所示，2022 年 1~10 月，食品烟酒价格同比增速转负为正，上涨 2.3%，衣着、居住、生活用品及服务、医疗保健、教育文化和娱乐类有小幅增长，分别上涨 0.5%、0.8%、1.1%、0.7%、1.9%，而

[①] 本报告中如无特殊说明，资料均来源自国家统计局。

2021 年受疫情因素影响严重的交通和通信类上涨幅度相对较大，为 5.6%。

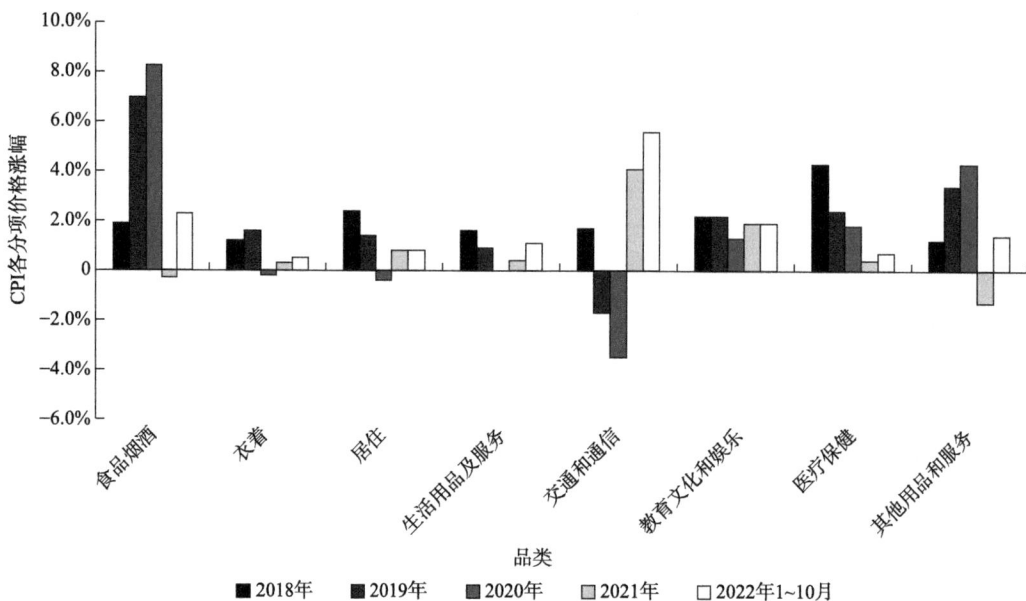

图 2　CPI 分项目价格累计同比涨幅

从月度同比涨幅来看，一季度 CPI 同比增速温和上涨，由 2022 年 1 月的 0.9%增至 3 月的 1.5%，受 4 月以来猪肉价格环比上涨的影响，CPI 同比增速不断增加并于 7 月达到峰值 2.7%，之后波动缓慢下降至 10 月的 2.1%（图 1），其中 10 月的食品价格同比上涨 7.0%，非食品价格同比上涨 1.1%（图 3），消费品价格上涨 3.3%，服务价格上涨 0.4%。分类别看，2022 年 10 月交通和通信、医疗保健、教育文化和娱乐、衣着、生活用品及服务、其他用品和服务价格同比分别上涨 3.1%、0.5%、1.2%、0.5%、1.4%和 1.9%，居住下降 0.2%。

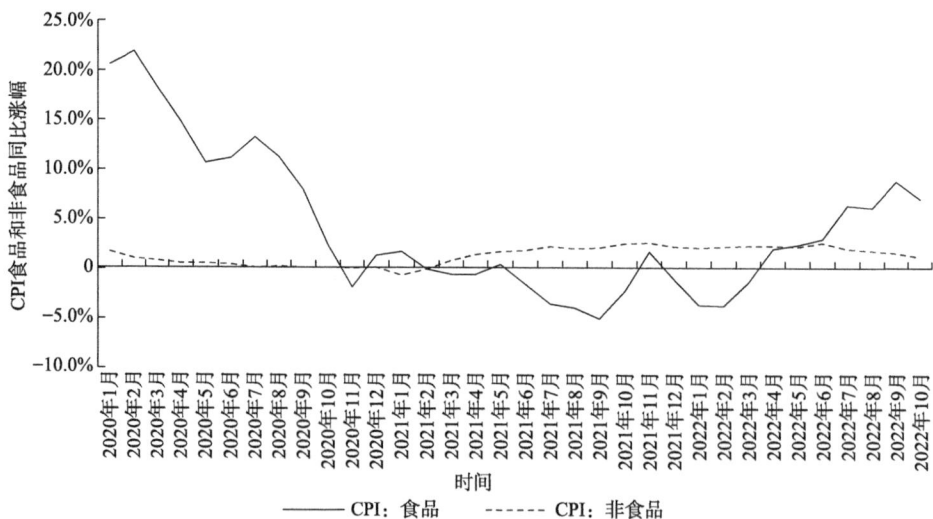

图 3　CPI 食品和非食品价格同比涨幅

2022 年我国 CPI 运行呈现出以下特征：

（1）食品价格是拉动 CPI 走势上升的重要因素。2022 年，截至 10 月，我国食品价格比上年同期上涨 2.5%，自 1 月以来，与 2021 年同期相比的食品价格增速不断下降，7 月出现转折后开始快速上升。2022 年以来，猪肉价格开始回升，与 2021 年同期相比猪肉价格的跌幅不断缩小，由 1 月的-41.6%上升为 10 月的-12.7%。受极端天气、局部地区疫情暴发及生产运输成本增加等因素叠加影响，2022 年鲜菜价格和鲜果价格分别上涨 6.8%和 13.5%，其他食品价格中，蛋类和食用油价格温和上升，分别上涨 6.7%和 5.5%；水产品、粮食和奶类价格基本稳定，涨幅较小。

从月度同比数据看，上半年猪肉价格同比为负,7 月转负为正且涨幅不断增加(图 4)。10 月，食品烟酒类价格同比上涨 5.2%，影响 CPI 上涨约 1.43 个百分点；食品中，畜肉类价格上涨 23.6%，影响 CPI 上涨约 0.72 个百分点，其中猪肉价格上涨 51.8%，影响 CPI 上涨约 0.64 个百分点；鲜果价格上涨 12.6%，影响 CPI 上涨约 0.23 个百分点；蛋类价格上涨 11.8%，影响 CPI 上涨约 0.08 个百分点；粮食价格上涨 3.6%，影响 CPI 上涨约 0.06 个百分点；水产品价格上涨 2.8%，影响 CPI 上涨约 0.05 个百分点；鲜菜价格下降 8.1%，影响 CPI 下降约 0.19 个百分点。

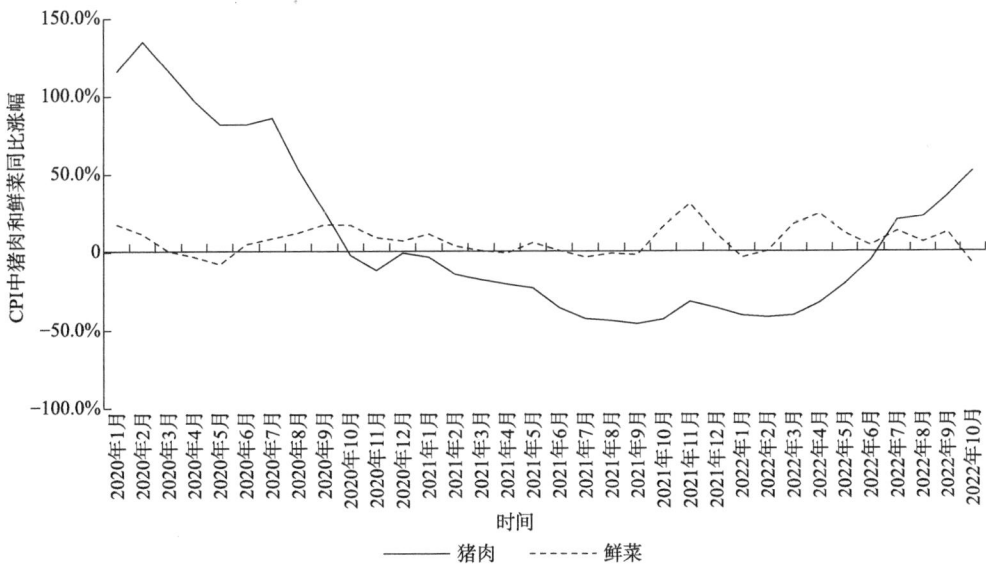

图 4　CPI 中猪肉和鲜菜价格同比增长

（2）非食品价格涨幅平稳。2022 年 1~10 月我国 CPI 中非食品价格比 2021 年同期上涨 1.9%，涨幅比 2021 年上升 0.6 个百分点。前三季度，能源价格同比上涨 13.2%，其中，汽油、柴油和液化石油气价格分别上涨 24.8%、27.1%和 22.4%，合计影响 CPI 上涨约 0.86 个百分点；居民用煤、车用天然气等能源价格涨幅仍较高，分别上涨 6.9%和 5.5%。从月度同比数据看，非食品价格在 1~6 月涨幅平稳，7 月开始回落，10 月降至 1.1%；上半年的能源价格增长较大，1~6 月中每月的交通工具用燃料同比涨幅波动上升，6 月交通工具用燃料同比增长达 32.8%,3~6 月的水电燃料同比增长缓慢下降但仍不低于 4%,7~10 月两者出现明显下降（图 5）。

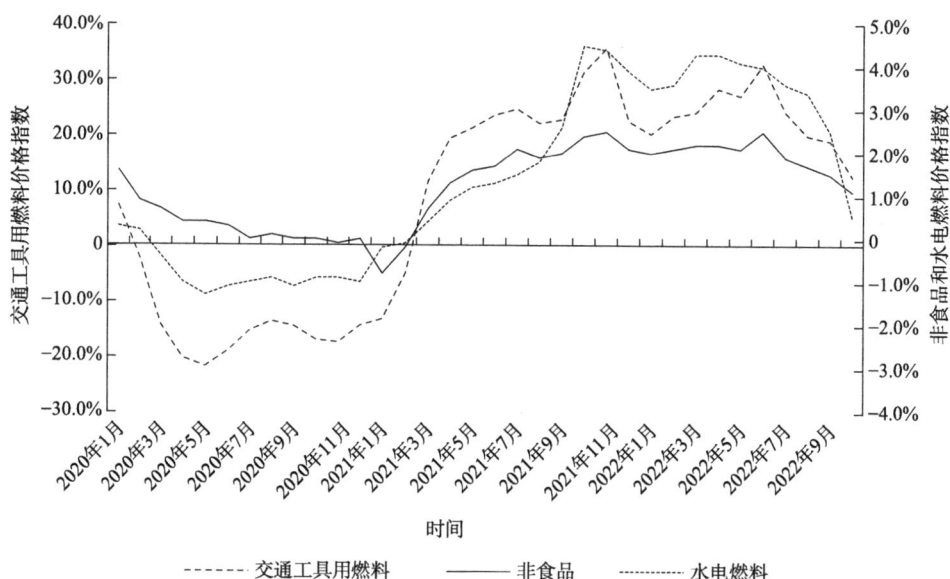

图 5　CPI 中非食品和能源价格同比增长

（3）随着服务消费持续恢复，服务价格逐步回升。2022 年 1~10 月服务价格同比上涨 0.9%，涨幅比 2021 年同期扩大 0.1 个百分点。如图 6 所示，旅游价格相比过去三年有显著提升，上涨 3.1%，涨幅比 2021 年同期扩大 1.7 个百分点；通信服务、租赁房房租和邮递服务价格分别下降 0.3%、0.2% 和 0.1%；家庭服务、教育服务、交通工具使用和维修涨幅相对稳定，分别上涨 2.8%、2.3%、1.5%。从月度同比数据看，如图 7 所示，2022 年服务价格涨幅不断回落，2022 年 10 月服务价格指数同比上涨 0.4%，涨幅比 2021 年同期下降 1.0 个百分点，其中家庭服务、旅游、交通工具使用和维修、教育服务价格分别上涨 2.5%、2.4%、1.4% 和 1.2%。

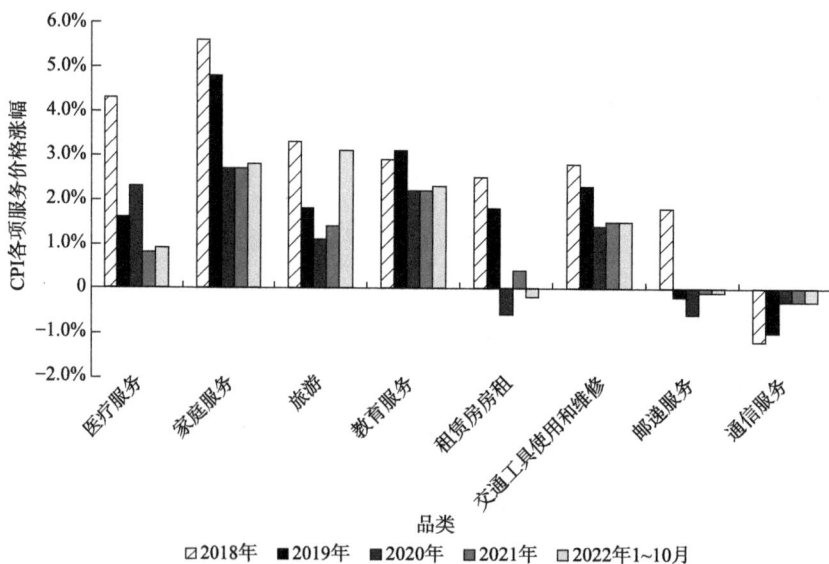

图 6　CPI 各项服务价格累计同比涨幅

64

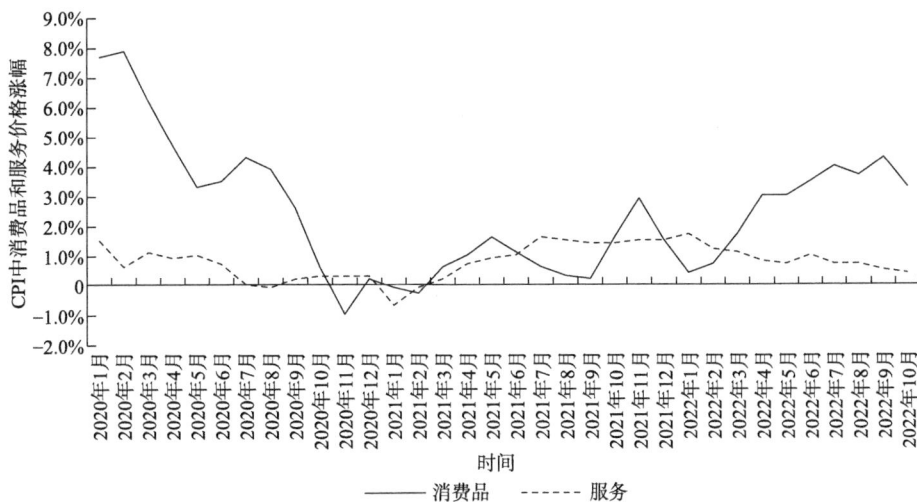

图 7 CPI 消费品和服务价格同比增长

（二）生产领域价格持续下降，PPI 同比涨幅回落

2022 年，由于国际大宗商品价格自 6 月开始高位波动下行，且煤炭行业增产保供效果持续显现，叠加 2021 年同期对比基数较高影响，生产资料价格涨幅回落。2022 年 1~10 月 PPI 上升 5.2%，较 2021 年涨幅下降 2.1 个百分点。其中，生产资料价格上涨 6.4%，涨幅比 2021 年下降 3.4 个百分点；2022 年经济运行持续复苏，生活资料价格上涨 1.4%，涨幅比 2021 年上涨 1.2 个百分点。如图 8 所示，生产资料中，采掘业、原料业和加工业相比 2021 年涨幅均下降，而生活资料中的食品类、衣着类、一般日用品类和耐用消费品类价格比 2021 年同期涨幅均上升。

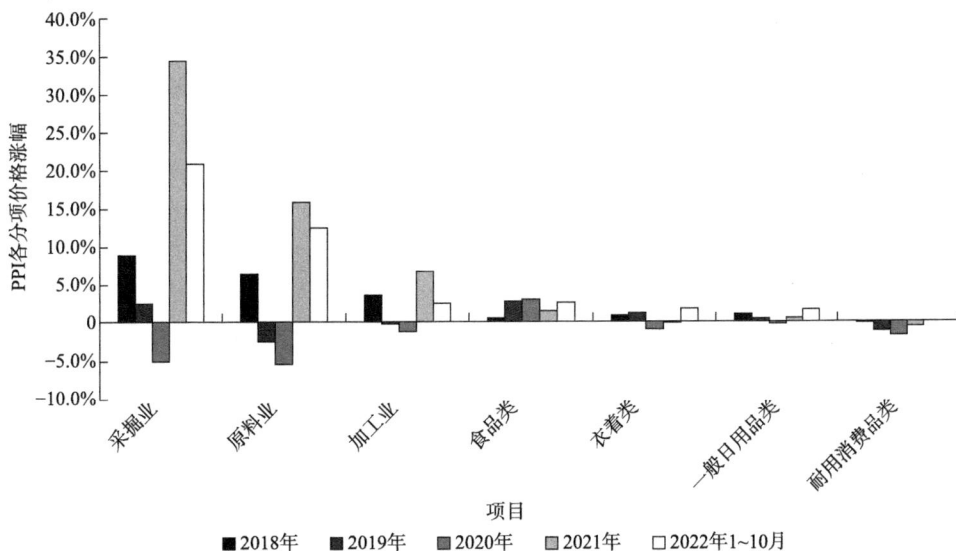

图 8 PPI 分项目价格累计同比涨幅

从月度同比数据看，受 2021 年 PPI 大幅上涨导致基数较大的影响，PPI 同比呈现高位快速回落的态势，由 1 月的 9.1%降至 10 月的−1.3%，10 月涨幅比 2021 年同期下降 14.8 个百分点，其中生产资料价格同比下降 2.5%，生活资料价格同比上升 2.2%（图 9）。

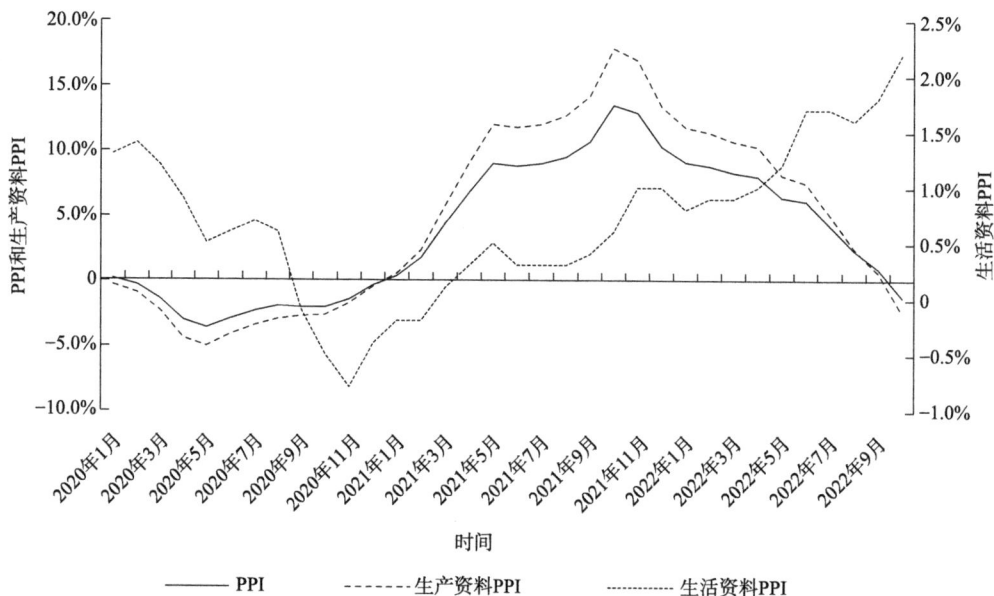

图 9　PPI、生产资料 PPI 和生活资料 PPI 价格同比增长

2022 年我国 PPI 运行呈现以下特征。

（1）生产资料价格明显回落。2022 年，PPI 中生产资料价格上涨 5.2%，其中，采掘业价格、原料业价格和加工业价格分别上涨 20.8%、12.4%和 2.4%，比 2021 年同期分别下降 9.9 个、2.1 个和 3.7 个百分点。生产资料各行业表现不同，2022 年国际原油价格先涨后跌，以涨为主基调，带动国内石油相关行业价格呈现走势相似，整体上涨的局面。截至 10 月，石油和天然气开采业、石油煤炭及其他燃料加工业价格累计同比分别上涨 40.6%、27.0%，较 2021 年同期分别扩大 5.5 个和 2.1 个百分点。其他行业价格涨幅相比 2021 年有所收缩，化学原料和化学制品制造业、化学纤维制造业、煤炭开采和洗选业价格分别上涨 10.6%、5.6%、23.5%，较 2021 年同期均有所收缩；黑色金属矿采选业下降 16.0%，涨幅比 2021 年同期下降 53.1 个百分点。从月度同比涨幅看，如图 10 所示，PPI 中生产资料的各分项目均呈现明显下降趋势，2022 年 10 月生产资料价格同比下降 2.5%，其中采掘业价格下降 6.7%，原料业价格上涨 1.2%，加工业价格下降 3.5%，比 2021 年同期分别下降 16.7 个、63.0 个和 22.2 个百分点。

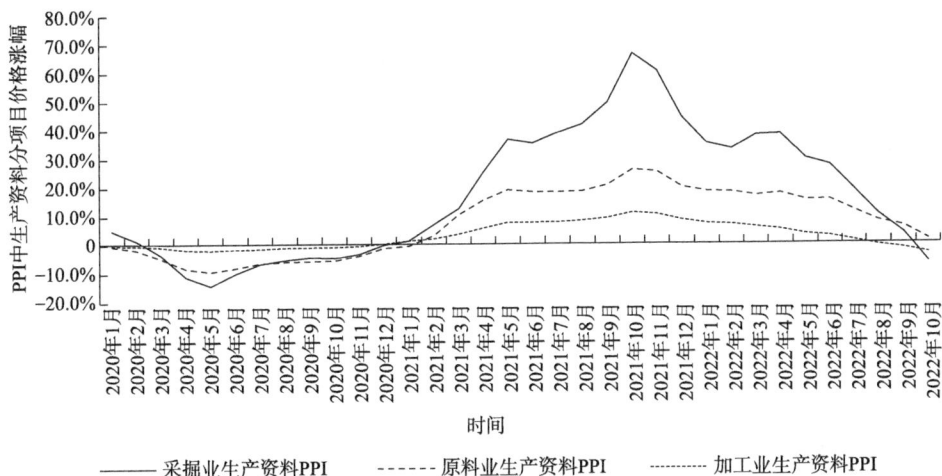

图 10　PPI 中生产资料分项目价格同比增长

（2）生活资料价格温和上涨。2022 年 1~10 月 PPI 中生活资料价格上涨 1.4%，涨幅比 2021 年上升 1.2 个百分点。其中，食品类、衣着类和一般日用品类价格比 2021 年同期分别上涨 2.5%、1.7% 和 1.6%，耐用消费品类价格保持不变。从月度同比涨幅看，如图 11 所示，2022 年生活资料持续上涨，除耐用消费品类 PPI 保持负增长外，食品类、衣着类和一般日用品类的 PPI 涨幅不断上升，10 月分别上涨 4.6%、2.5% 和 1.6%。

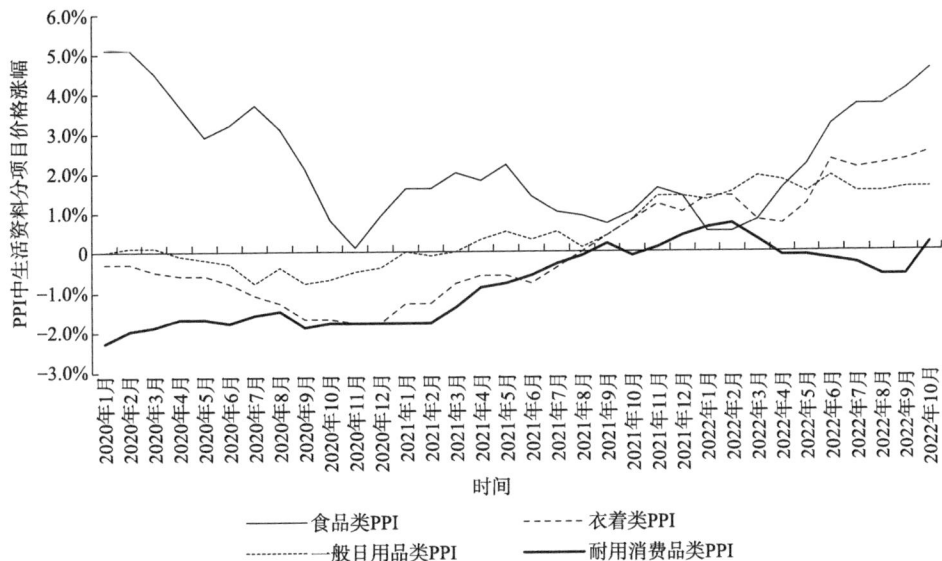

图 11　PPI 中生活资料分项目价格同比增长

（三）PPIRM 涨幅回落

2022 年 1~10 月我国 PPIRM 上涨 7.5%，涨幅比 2021 年同期回落 2.6 个百分点。从分项目来看（图 12），受 2021 年较大基数的影响，部分分类价格的涨幅相比 2021 年出现回落,黑色金属材料类下降 2.3%,有色金属材料和电线类、化工原料类分别上涨 7.2%、9.1%,相比 2021 年下降 13.5 个、4.4 个百分点,燃料、动力类保持 2021 年高增长态势,上涨 24.4%;其他类价格增长与 2021 年基本持平。

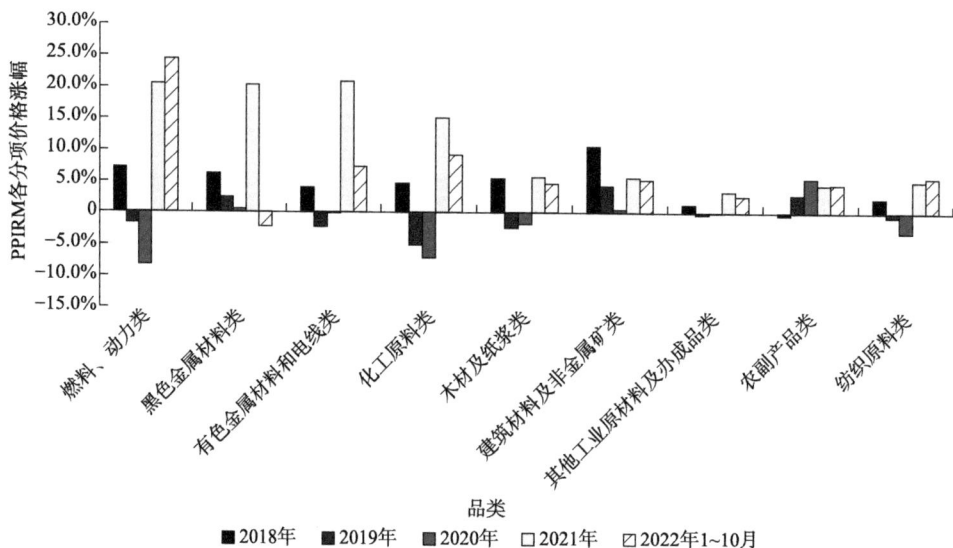

图 12　PPIRM 分项目价格累计同比涨幅

从月度同比涨幅看,2022 年 1~10 月我国 PPIRM 同比增长持续下降,由 1 月的 12.1% 下降至 10 月的 0.3%。分项目看,如图 13 和图 14 所示,10 月黑色金属材料类、有色金属材料和电线类、化工原料类、建筑材料及非金属矿类价格分别下降 12.3%、4.9%、2.8% 和 5.1%,农副产品类上涨 11.1%,比 2021 年上涨 6.4 个百分点,燃料、动力类,木材及纸浆类,其他工业原材料及半成品类,纺织原料类上涨幅度较小,分别为 7.3%、5.2%、0.5% 和 0.6%。

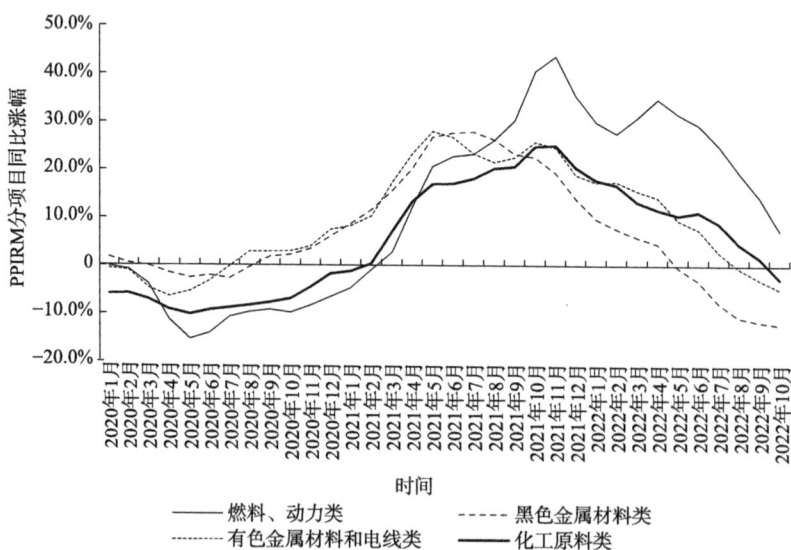

图 13　PPIRM 中分项目价格涨幅(一)

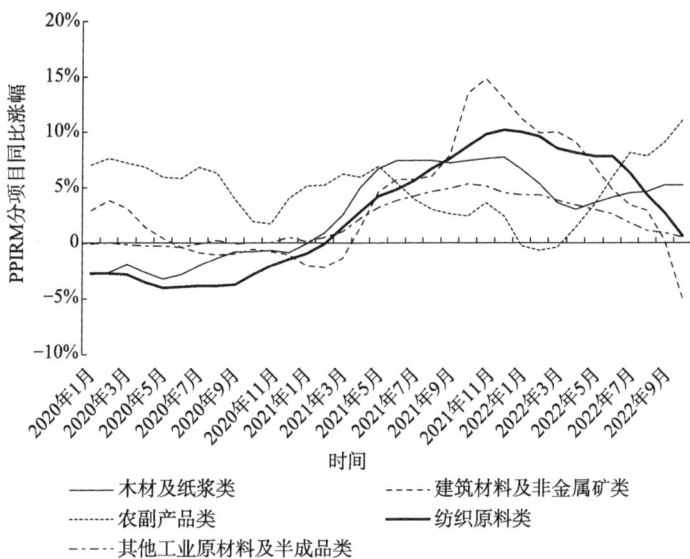

图 14 PPIRM 中分项目价格涨幅（二）

二、2023 年我国物价走势影响因素分析

（一）国际大宗商品价格走势

虽然我国在部分商品上已具有一定的国际影响力，但总体上我国仍是一个价格接受者，国际大宗商品价格的变动会通过贸易、市场预期等途径传导到国内，特别是原油价格和基本金属价格。因此，分析国际市场价格走势对研判 2023 年我国物价走势十分重要。

（1）原油方面，预计 2023 年原油价格总体低于 2022 年，但仍将维持在相对高位。2022 年以来，随着疫情对全球经济发展影响的减弱，各国企业对原油的需求进一步提升，加之俄乌冲突使得俄罗斯的石油出口量减少，原油价格在 2022 年上半年仍旧保持强增长态势，三季度以来由于全球经济衰退预期加大，叠加美联储持续加息影响，原油价格持续下降，10 月有小幅反弹，如图 15 所示，2022 年 10 月布伦特（Brent）原油均价为 93.13 美元/桶，与 2021 年同期相比增长 11.3%。展望 2023 年，由于全球经济增速回落，对原油的需求下降，预计 2023 年原油价格总体低于 2022 年，但是受俄乌冲突持续拉高天然气和煤炭价格影响，欧洲国家能源结构转型加大对石油的依赖，而俄罗斯作为主要的石油出口国之一，紧缩的金融市场、减少的投资和受限的技术获取将可能影响俄罗斯的能源生产，预计 2023 年全球能源供应或将减少，石油价格有望在高位震荡；特别是 2023 年下半年，若美联储货币政策转向，全球经济复苏，预计油价将存在上涨可能。从国内成品油价格走势来看，如图 15 所示，整体与国际原油价格保持一致，当前处于高位，也存在优化价格机制降低价格水平的空间。但是，国际原油价格也存在黑天鹅事件影响的可能，特别是伊朗社会局势有向地缘政治动荡演变的风险，不排除可能发生局部战争以转移内部社会动荡压力,从而显著影响原油生产和运输。

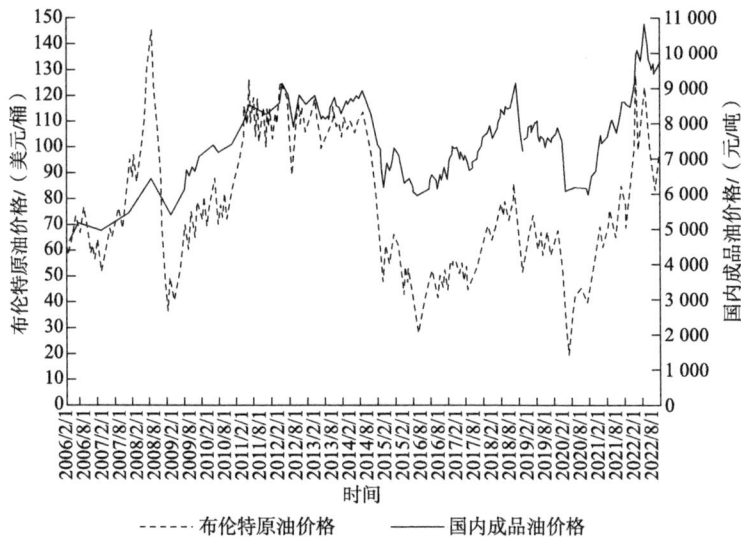

图 15　布伦特原油价格和国内成品油价格

（2）基本金属方面,预计 2023 年基本金属价格将总体稳定,整体低于 2022 年水平,但将在相对高位波动,不排除 2023 年下半年出现上涨的可能。由于 2021 年和 2022 年第 1 季度,基本金属价格的持续升高使得需求受到打压,加之全球经济增速放缓,4 月以来基本金属价格开始下跌。如图 16 所示,2022 年 10 月铜价降至 7 156.08 美元/吨,铝价于 10 月降至 2 255.54 美元/吨,相比 2021 年 10 月分别下降 22.2% 和 23.1%。考虑到 2023 年各国开展能源转型,出台相应政策以应对全球能源危机,如加快扩大可再生能源装机规模、减少化石燃料依赖等,新能源发现将加大铜等基本金属的需求,但考虑到全球经济整体疲弱,预计基本金属价格总体稳定。

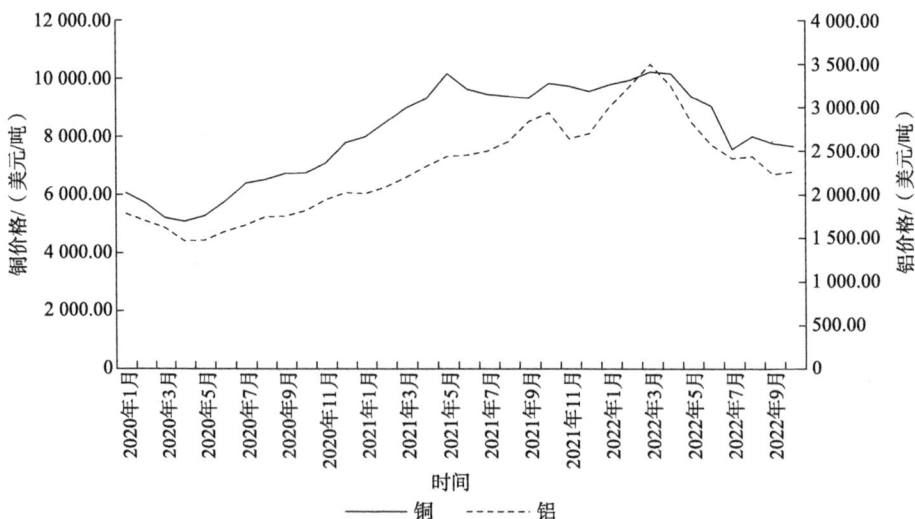

图 16　铜和铝国际价格

资料来源:世界银行

（3）粮食方面，预计 2023 年全球粮食价格将小幅回落，但存在许多不确定因素。2022 年上半年受俄乌冲突影响，俄乌的主要出口产品小麦、玉米、油籽等粮食商品供应短缺，加之生产成本的提高使得国际粮食价格大幅上涨。据世界银行数据统计（图 17），2022 年 4 月开始，油和肉类价格开始持续下降，在主要谷物中，第 3 季度的小麦价格比第 2 季度下跌近 20%，其次玉米价格环比下降 10%。由于粮食单产的提高、乌克兰持续重返全球市场和经济放缓下预期需求的减弱，预计 2023 年粮食价格将小幅下降，但在俄乌冲突、化肥、能源等生产成本的提高以及持续的恶劣天气影响等高度不确定的环境中，粮食价格面临多重上行和下行风险，价格波动可能性较大。但是，除大豆外，我国粮食对外依存整体不高，国际价格向国内传导有限。

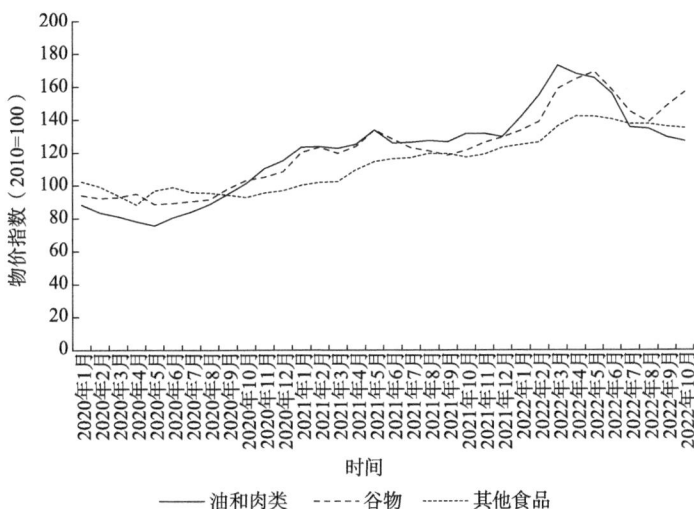

图 17　国际粮食价格

资料来源：世界银行

（二）国内供需形势

2023 年，预期我国经济仍将保持温和稳定复苏。2023 年国内经济对物价的影响将体现于供给层面和需求层面的共同拉动：一方面，2022 年国际能源和粮食价格的上升使部分行业的生产成本提高，部分终端消费品企业前期承受利润空间下行，预计在 2023 年将部分向下游传导；另一方面，随着疫情防控政策的放松，预计 2023 年我国线下服务业将持续恢复，前期因疫情防控而显著增加的成本将通过价格上涨进行传导，因此，预计 2023 年供需均将对 CPI 造成压力。但是，考虑到近年来国内就业压力相对较大，预计服务业价格上涨将是有限的；消费品领域的产能相对充裕，竞争激烈，预计也将制约价格过快上涨。

（三）国内重要价格波动领域分析

（1）猪肉价格短期内可能延续上涨，但中长期价格会有所回落。短期来看，如图 18

所示，面对 2022 年下半年生猪价格的上涨，国家已先后投放多批次储备猪肉，但仍未阻挡猪肉价格上涨趋势，且随着冬季对猪肉需求的增加，短期内猪肉价格或将延续上涨。从中长期来看，猪肉价格上升将提高养殖户的积极性，5 月能繁母猪产能开始增加，预计2023 年下半年生猪供给将比较充裕，加之政府的政策干预，猪肉价格后续或将振荡回落。从历史数据来看，我国猪肉价格呈现 4 年左右的周期性波动。2021 年 10 月我国猪肉价格开始进入上升周期，当前上涨动力趋于减弱，但预计还将在高位持续一段时间，根据周期模拟推断（图 19），2023 年我国猪肉价格总体将维持高位震荡趋势，随着猪肉生产跟随价格上涨的恢复扩张，在猪肉一个生产周期后，猪肉价格在 2023 年 8 月后有望逐步回落，并带动 CPI 下跌。但是，这一进程也存在猪肉供给恢复慢于预期的不确定性。

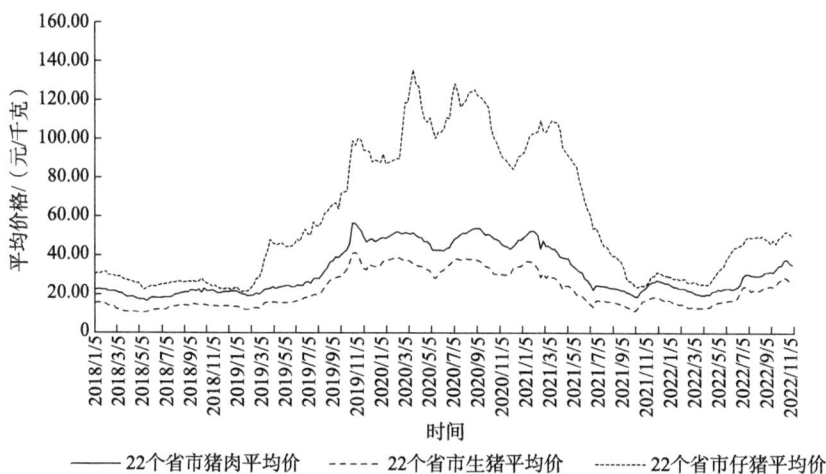

图 18　我国猪肉价格变化

资料来源：Wind 数据库

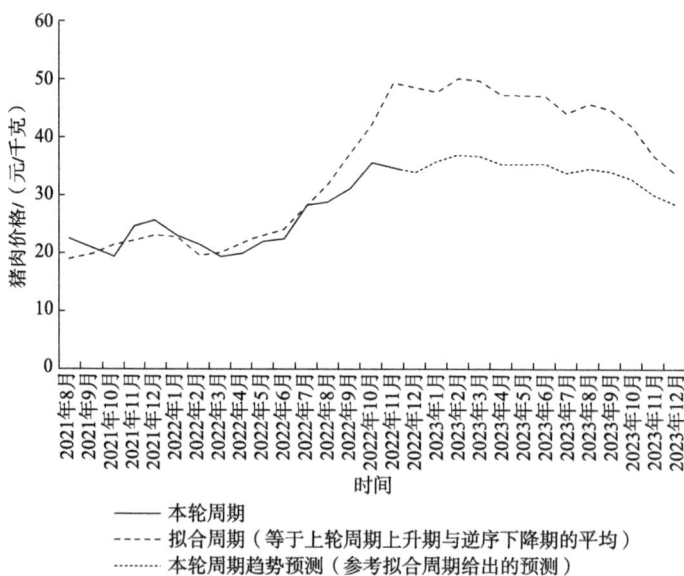

图 19　我国猪肉价格周期趋势

（2）服务价格有望持续上涨。2022 年我国 CPI 保持较低，一个重要原因是疫情影响下服务价格维持在较低水平，2022 年 1~10 月服务价格同比仅上涨 0.9%，这是在服务需求受到抑制、人流物流较为低迷的背景下取得的。展望 2023 年，随着疫情防控政策的优化，居民旅游消费等线下需求将持续释放，人流物流恢复，将进一步带动相关服务价格上涨。若疫情影响全面结束，不排除抑制的服务需求爆发性恢复，旅游等服务价格出现报复性上涨。此外，考虑到原材料等上游产业价格的大幅上升对下游服务性消费的传导作用，预计 2023 年部分服务价格将可能持续上涨。

三、2023 年我国三大物价指数预测结果

本报告对 2023 年我国三大物价指数预测主要基于骆晓强等[①]提出的多元传导模型。该方法通过对我国三大物价指数及其分项的分析，得到我国物价指数的传导路径如图 20 所示，其中，灰色标示的是三大物价指数中的主要波动源，实线单箭头表示自上而下的成本传导，虚线单箭头表示自下而上的需求传导。具体而言，自上而下的成本传导如下：PPIRM 作为预测 PPI 生产资料的源头，PPI 生活资料作为预测 CPI 工业品的源头，PPIRM 化工原料类作为预测 PPIRM 纺织原料类的源头；自下而上的需求拉动传递如下：PPI 生活资料拉动 PPIRM 其他工业原材料及半成品类，PPIRM 其他工业原材料及半成品类拉动 PPIRM 化工原料类。根据这一多元传导关系，对存在传导关系的细分物价指标建立 ARDL（autoregressive distributed lag，自回归分布滞后）模型，从源头进行三大物价指数的系统预测。

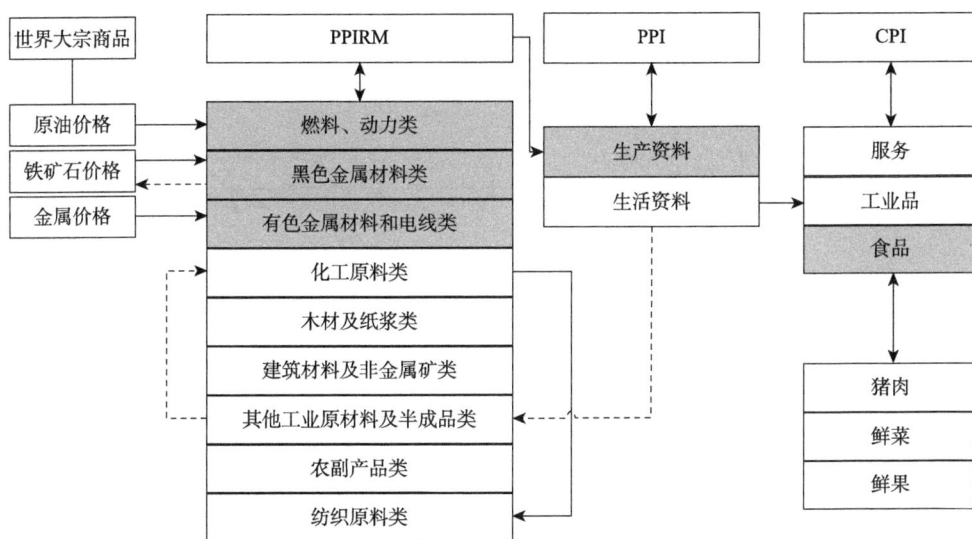

图 20　我国物价指数及分项之间的多元传导关系

① 骆晓强，鲍勤，魏云捷，等. 基于多元传导模型的物价指数预测新方法——2018 年中国物价展望. 管理评论，2018，（1）：3-13.

　　根据物价指数的多元传导模型，在确定传导路径和价格波动源头后，从物价指数的细分项目的环比数据入手分别建立计量模型，其中，对价格波动源头的细分项目依据经济学理论构建 VAR 模型（vector autoregressive model，向量自回归模型）进行预测，对存在传导关系的细分项目建立 ARDL 模型进行预测，对波动较小的分项目根据简洁原则建立 ARIMA 模型（autoregressive integrated moving average model，整合移动平均自回归模型），最后将细分项目预测值按权重加总得到整体环比数据的预测，并在此基础上结合翘尾因素计算得到同比数据的预测。同时，本报告进一步完善了这一多元传导模型，一方面，对 CPI 中猪肉、鲜菜、鲜果、服务等项目进行了严格的季节因素检验，加入了春节因子，采取了更为完善的季节调整方法进行预测，对猪肉价格预测模型进行了完善；另一方面，在 PPIRM 分项目预测中减少了部分不必要的外生变量，并对原油价格预测及其传导路径进行了完善，对原油价格变动的敏感性进行了估计。基于完善后的多元传导价格预测模型，对 2023 年我国三大物价指数的预测结果如下。

（一）2023 年 PPIRM 预测

　　根据 2022 年各月的 PPIRM 环比指数（2022 年 12 月为预测值），测算得到翘尾因素将拉动 2023 年 PPIRM 下降约 0.6 个百分点。各月份翘尾因素如图 21 所示，2023 年 1 月和 2 月，翘尾因素对 PPIRM 的影响分别为 1.1 个和 0.7 个百分点，2023 年整体呈现"U"形态势。

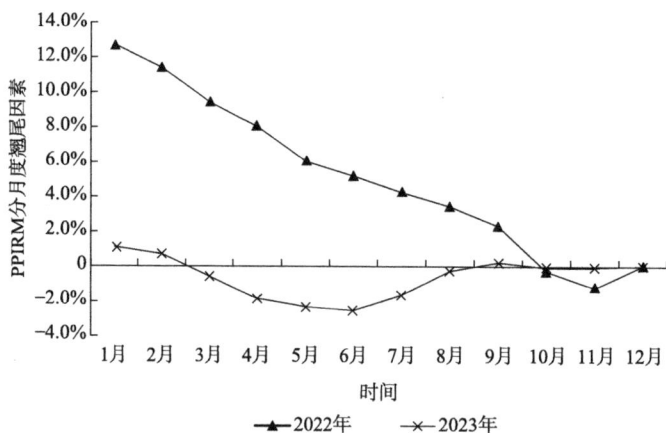

图 21　2022 年和 2023 年 PPIRM 分月度翘尾因素

　　根据传导模型计算出 2023 年 PPIRM 各月份的环比变动情况，根据环比与同比的关系，计算出各月份同比数据，结果如图 22 所示，预测 2023 年 PPIRM 将回归常态化波动，全年将在 -1.2%~0.2%，在基准情景下约为 -0.2%，分月度来看，整体呈现"U"形态势，1 月和 2 月将分别为 1.3% 和 1.1% 左右，之后持续快速回落，部分月份可能负增长。整体来看，上半年增长为 -1.4%~-0.5%，下半年将整体有所抬升，增长为 -1.0%~0.8%。

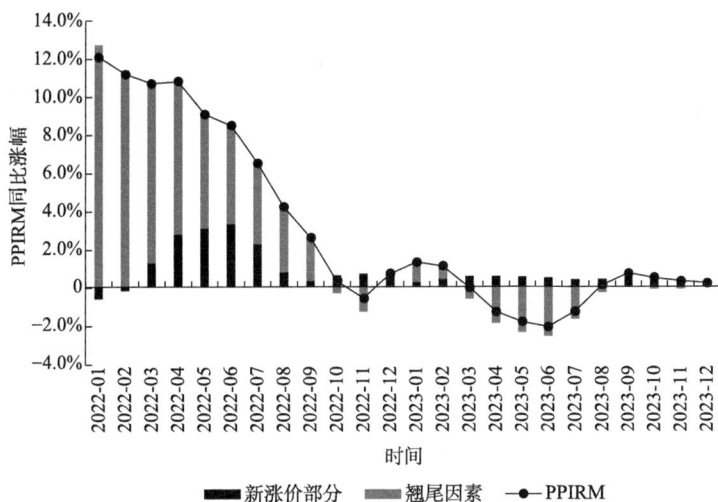

图 22　2023 年 PPIRM 月度同比预测数据（基准情景）

（二）2023 年 PPI 预测

根据 2022 年各月的 PPI 环比指数（2022 年 11~12 月为预测值），测算得到翘尾因素对 2023 年 PPI 影响约为-0.9 个百分点。翘尾因素的月度分布如图 23 所示，2023 年上半年翘尾因素为负，下半年转正并接近于零，整体呈现"U"形态势。

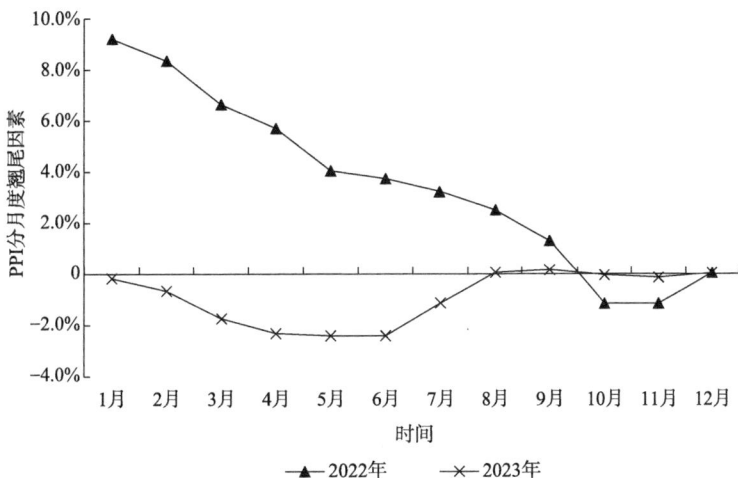

图 23　2022 年和 2023 年 PPI 分月度翘尾因素

使用传导模型可以预测出 2023 年 PPI 月度环比涨幅，进而根据环比与同比的关系，可以计算出 PPI 月度同比指数，预测结果如图 24 所示，2023 年 PPI 整体呈现前低后高的态势。2023 年全年 PPI 将在-0.1%~-1.1%，在基准情景下约为-0.4%，其中上半年 PPI 均值为-1.2%~-1.9%，下半年将回升至-0.3%~1.0%。

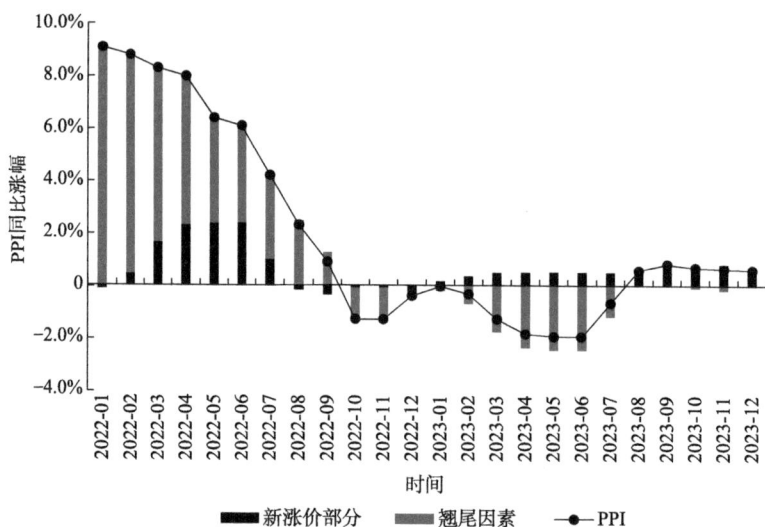

图 24　2023 年 PPI 月度同比预测数据（基准情景）

（三）2023 年 CPI 预测

根据 2022 年各月的 CPI 环比指数（2022 年 11~12 月为预测值），测算得到翘尾因素对 2023 年 CPI 影响约为 0.6 个百分点。翘尾因素的月度分布如图 25 所示，整体呈现持续下降的态势，2023 年 1 月为 1.6 个百分点，是年内的最高点，之后逐步回落，上半年约为 1.0 个百分点，下半年约为 0.2 个百分点。

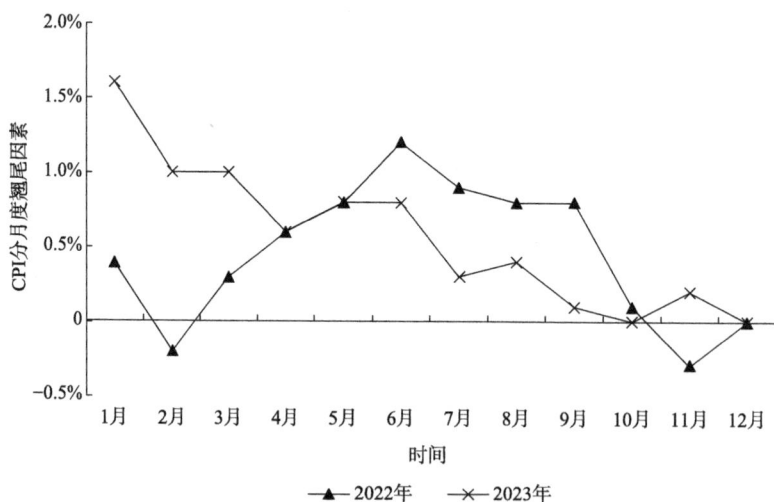

图 25　2022 年和 2023 年 CPI 分月度翘尾因素

使用传导模型可以计算出 CPI 在 2023 年的月度环比涨幅，进而根据环比与同比的关系，可以计算出 CPI 月度同比涨幅，结果如图 26 所示。根据预测，2023 年 CPI 整体呈现先降后稳的态势，预计 2023 年全年 CPI 将上涨 1.4%~2.0%，在基准情景下将上涨 1.8%，预计 1 月为全年的最高点，可能突破 2.5%，第 1 季度均值为 2.1%~2.5%，之后逐步回落至 1.6% 左右的中枢值。

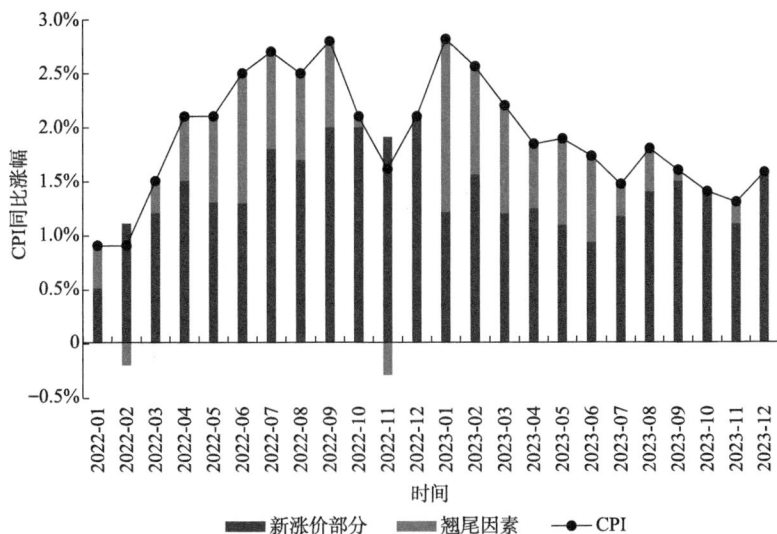

图 26　2023 年 CPI 月度同比预测数据（基准情景）

四、结论和政策建议

综上所述，2023 年随着我国疫情防控政策的调整，预计国内经济将加快复苏，物价整体将回归经济基本面，呈现 PPI 温和下降、CPI 温和上涨的格局。2023 年物价的不确定性主要来源于国际大宗商品价格、国内农产品价格和服务价格。如果国际原油价格因地缘政治出现反弹，将缓解我国 PPI 的通缩压力；若全球经济衰退风险显著加大，则原油价格也可能出现高位跳水，拉低 PPI 和 PPIRM，加大我国通缩风险；如果生猪出栏弱于预期、发生一定规模的猪瘟、出现极端天气等灾害，或疫情反弹冲击物流供应，不排除猪肉价格或鲜菜价格发生快速上涨的可能，将进一步推高 CPI 涨幅；如果国内疫情形势显著好转，线下旅游、娱乐可能会出现报复性反弹，叠加前期疫情防控成本的传导，服务价格或将恢复趋势性上涨，拉动物价更快上涨，因此，2023 年我国 CPI 走势还存在着超预期上涨的风险。

为更好地通过宏观调控政策熨平价格波动风险，助力宏观经济健康运行，提出以下政策建议。

（一）以系统思维精准调控物价，确保物价整体稳定

价格是调节经济系统供给与需求的重要内生变量，确保物价整体稳定对于国民经济循环来说具有重要意义。应坚持系统思维，正确认识物价形势，合理统筹货币财政政策，

确保物价水平整体基本稳定；同时精准施策，在物价整体稳定的情况下，着重发力解决好物价的结构性问题，助推经济系统内生循环建设。若局部地区、局部行业的部分商品或服务的价格以较大幅度较快地增长，将会对经济和社会产生重要冲击或增大我国面临的经济风险。应未雨绸缪，制定应急政策预案，高度关注部分重点行业和产品价格的快速上涨，及时出台政策合理引导市场预期。

（二）积极推进价格机制市场化建设与优化，降低价格波动风险

市场是实现资源优化配置和发现价格的重要机制，建议利用物价水平整体稳定的时期，进一步加强我国要素价格市场化改革。多措并举，积极推进人民币跨境结算和以人民币计价的大宗商品贸易结算与市场建设，减弱以美元计价的国际大宗商品价格波动对我国国内价格的传导效应。持续完善大宗商品的国家和商业储备制度，适时加大储备规模，增强通过市场化手段缓解供需矛盾和维护价格稳定的调控能力。

（三）加强运用信息化手段监测价格走势与预警风险，合理引导市场预期

通过信息化平台建设，加强及时全面准确地监测分析国内外价格总体水平和重要商品价格走势的能力。针对风险情景做好压力测试和应对预案，提升全面前瞻性调控的能力。加强针对重点民生商品的价格监测、预测和预警，研究完善价格异常波动应对预案。健全重要商品储备制度，丰富调控手段，提升调控能力，防范价格异常波动。逐步构建覆盖重要商品和服务的价格指数体系，合理引导市场预期。

2022年中国财政形势回顾与2023年展望

骆晓强

报告摘要：2022年，受新冠疫情冲击、房地产市场低迷及大规模增值税留抵退税政策影响，我国财政收入出现下降，1~10月累计，全国一般公共预算收入为173 397亿元，按自然口径计算下降4.5%（扣除留抵退税因素后增长5.1%）；全国政府性基金预算收入为52 166亿元，比2021年同期下降22.7%。在财政政策要提前发力政策导向下，财政支出保持较快增长，重点支出得到有力保障，1~10月累计，全国一般公共预算支出为206 334亿元，比2021年同期增长6.4%；全国政府性基金预算支出为85 845亿元，比2021年同期增长9.8%。收入下降、支出增加加大了2022年财政平衡的压力。

2022年，我国积极财政政策提升效能，更加注重精准、可持续。财政支出保持扩张，虽然财政赤字规模有所减少，一般预算赤字由2021年的3.57万亿元调整到3.37万亿元，减少2 000亿元，但通过统筹财政资源安排全国一般公共预算支出为26.71万亿元，比2021年扩大2万亿元以上。新增地方政府专项债保持2021年3.65万亿元的水平，但通过盘活专项债务结存限额新增5 000多亿元专项债券，增加了实际规模。实施大规模增值税留抵退税，延续实施扶持制造业、小微企业和个人工商户的减税降费政策，阶段性降低和缓缴社保费，截至11月10日，全国税务系统合计办理新增减税降费及退税缓税缓费超3.7万亿元。强化财政金融工具联动，扩大政府性融资担保覆盖面，积极支持用好政策性开发性金融工具，支持落实"保交楼"政策，支持部分领域设备更新改造专项贷款。支持国家重大战略任务落实落地，支持科技创新，扎实推进乡村振兴，保障粮食安全，保障产业链供应链稳定。做好民生保障工作，支持疫情防控和抗灾救灾工作，支持落实各项就业创业扶持政策，稳步提高社会保障水平。2022年财政扩张支持了稳住宏观经济大盘。

展望2023年，财政运行有望随疫情防控政策优化、经济恢复步伐加快及房地产市场趋于稳定有明显好转。财政收入有望逐步恢复到正常水平，财政支出继续扩张，财政收入对总量扩张的约束越来越明显，财政资源配置和使用效率亟待提高。2023年财政收支平衡压力可能有所缓解。综合2023年经济状况，使用分税种模型预测，2023年全年财政收入预计在21.5万亿~22万亿元，相比2022年初预算，增速为2.5%~5%。

考虑到经济运行中的不确定性，建议2023年积极的财政政策适度扩张，适度扩大财政赤字和专项债规模，保障财政支出的力度。完善减税降费政策，进一步激发市场主体活力。加大力度优化财政支出结构，用加大结构调整来应对总量压力。着力改善财政政策实施方式，提高财政政策的乘数效应。防范和化解地方政府债务风险，应对人口老龄化对职工社保基金平衡的冲击，防范金融风险向财政风险的传导，巩固财政运行基础，增强财政的可持续性。

一、2022 年中国财政运行情况

2022 年，新冠疫情在我国多地暴发，房地产市场持续低迷，为稳定宏观经济大盘，减税增支政策提前发力，我国财政运行出现新变化，财政收入出现下降，财政支出较快增长，财政收支平衡压力加大。根据财政部公布的数据，如表 1 所示，2022 年 1~10 月累计，全国一般公共预算收入为 173 397 亿元，按自然口径计算下降 4.5%（扣除留抵退税因素后增长 5.1%），其中，税收收入为 142 579 亿元，按自然口径计算下降 8.9%（扣除留抵退税因素后增长 2.4%）；非税收入为 30 818 亿元，比 2021 年同期增长 23.2%；全国一般公共预算支出为 206 334 亿元，比 2021 年同期增长 6.4%。全国政府性基金预算收入为 52 166 亿元，比 2021 年同期下降 22.7%；全国政府性基金预算支出为 85 845 亿元，比 2021 年同期增长 9.8%。

表 1　2020~2022 年我国财政四本预算收支概况　　　　　单位：亿元

项目	2020 年		2021 年		2022 年 1~10 月	
	收入	支出	收入	支出	收入	支出
一般公共预算	182 895	245 588	202 555	245 673	173 397	206 334
政府性基金预算	93 491	118 058	98 024	113 390	52 166	85 845
国有资本经营预算	4 775	2 556	5 170	2 622		
社会保险基金预算	75 864	78 372	96 877	86 694		

资料来源：2020 年和 2021 年数据为决算数据，分别来自 http://yss.mof.gov.cn/2020zyjs/ 和 http://yss.mof.gov.cn/2021zyjs/；2022 年 1~10 月数据为预算执行数，根据 http://gks.mof.gov.cn/tongjishuju/202211/t20221116_3851724.htm 网站数据整理；以下如无特殊说明，资料均来自以上网站

考虑到一般公共预算收支是我国政府财政收支的核心，下面主要分析一般公共预算收支情况。下面所称财政收入和支出专指一般公共预算收支，其概况如表 2 所示。需要说明的是，表 2 中财政收支差额为财政部公布数据，不等于财政收入减财政支出，按财政部定义，财政收支差额 = 收入总量×（全国一般公共预算收入 + 全国财政使用结转结余及调入资金）－支出总量×（全国一般公共预算支出 + 补充中央预算稳定调节基金）。

表 2　2018~2022 年全国一般公共预算收支概况

项目	2018 年	2019 年	2020 年	2021 年	2022 年 1~10 月
财政收入/亿元	183 360	190 390	182 914	202 555	173 397
财政支出/亿元	220 904	238 858	245 679	245 673	206 334
财政收支差额/亿元	−23 800	−27 600	−37 600	−35 700	−33 700
收支差额占 GDP 比重	−2.6%	−2.8%	−3.7%	−3.1%	−2.8%

注：2022 年财政收支差额为年初预算数，收支差额占 GDP 比重为作者估算

2022 年我国一般公共预算运行表现出以下特点。

（一）财政收入出现下降

由于疫情冲击，房地产市场低迷，加上实施大规模的增值税留抵退税，2022 年财政收入在第 2 季度出现大幅下降。随着退税政策执行完毕，第 3、4 季度财政收入开始逐步恢复。财政收入主要项目收入情况如表 3 所示。

表 3　财政收入主要项目收入情况

主要项目	2019 年/亿元	2020 年/亿元	2021 年/亿元	2022 年 1~10 月	
				金额/亿元	同比增长
财政收入	190 390	182 914	202 555	173 397	−4.5%
各项税收	158 000	154 312	172 736	142 579	−8.9%
国内流转税	79 732	73 427	82 617	58 077	−20.1%
国内增值税	62 347	56 791	63 520	39 324	−29.1%
国内消费税	12 564	12 028	13 881	14 418	13.2%
城市维护建设税	4 821	4 608	5 217	4 335	−3.6%
进口环节税收	18 701	17 100	20 126	19 158	9.4%
进口货物增值税、消费税	15 812	14 536	17 320	16 783	11.3%
关税	2 889	2 564	2 806	2 375	−2.5%
出口货物退增值税、消费税	−16 503	−13 629	−18 158	−16 040	14.8%
所得税	47 692	47 994	56 035	54 812	4.6%
企业所得税	37 304	36 426	42 042	42 271	3.5%
个人所得税	10 389	11 568	13 993	12 540	8.5%
土地和房地产相关税种收入	19 252	19 687	20 793	16 366	−8.4%
车辆交通工具有关税收	4 429	4 530	4 596	3 004	−23.1%
印花税	2 463	3 087	4 076	3 889	2.3%
资源环境税收	2 233	2 116	2 650	3 314	44.7%
非税收入	32 390	28 602	29 819	30 818	23.2%
专项收入	7 134	7 123	8 118	7 174	1.2%
行政事业性收费收入	3 888	3 839	4 155	3 660	5.3%
罚没收入	3 062	3 114	3 712	3 615	16.5%
国有资本经营收入	7 721	1 939	988	1 680	136.6%
国有资源（资产）有偿使用收入	8 061	9 934	10 081	12 082	46.4%
其他收入	2 524	2 652	2 764	2 607	9.2%

注：土地和房地产相关税种收入包括房产税、城镇土地使用税、土地增值税、耕地占用税和契税；车辆交通工具有关税收包括车船税、船舶吨税、车辆购置税；资源环境税收包括资源税、环境保护税和烟叶税。本表数据进行了舍入修约，因此各分项加总得到的数据和大项数据可能存在偏差，增长率数值也可能存在偏差

（1）除增值税外其他主体税种保持稳定，土地和房地产相关税种收入以及车辆交通工具有关税收明显下降。2022 年 1~10 月，全国税收收入为 142 579 亿元，按自然口径计算下降 8.9%（扣除留抵退税因素后增长 2.4%）。分税种看，因实施大规模增值税留抵退税，国内增值税为 39 324 亿元，按自然口径计算下降 29.1%（扣除留抵退税因素后增长

2.7%），是税收收入下降的主要原因。国内消费税为 14 418 亿元，比 2021 年同期增长 13.2%；城市维护建设税为 4 335 亿元，比 2021 年同期下降 3.6%。企业所得税为 42 271 亿元，比 2021 年同期增长 3.5%，个人所得税为 12 540 亿元，比 2021 年同期增长 8.5%。与进出口总体稳定一致，进口货物增值税、消费税为 16 783 亿元，比 2021 年同期增长 11.3%；关税为 2 375 亿元，比 2021 年同期下降 2.5%；出口货物退增值税、消费税为 16 040 亿元，比 2021 年同期增长 14.8%。受房地产市场较为低迷影响，土地和房地产相关税种收入总体下降，其中，契税 4 760 亿元，比上年同期下降 25.4%；土地增值税 5 588 亿元，比 2021 年同期下降 8.3%；房产税为 3 027 亿元，比 2021 年同期增长 10.5%；耕地占用税为 1 089 亿元，比 2021 年同期增长 25.1%；城镇土地使用税为 1 901 亿元，比 2021 年同期增长 6.3%。受车辆购置税优惠政策影响，车辆购置税为 2 074 亿元，比 2021 年同期下降 31.3%。与股市交易量总体平稳一致，印花税为 3 889 亿元，比 2021 年同期增长 2.3%。其中，证券交易印花税为 2 355 亿元，比 2021 年同期下降 3.7%。从月度同比增幅看，税收收入呈现前高、中低、逐步回升的态势，主要受增值税大规模留抵退税在二季度实施，二季度税收收入出现较大幅度下降，三季度后呈现逐步恢复态势，受 2021 年同期基数较低影响，四季度税收收入出现较大幅度上涨。

（2）非税收入较快增长。2022 年 1~10 月，非税收入为 30 818 亿元，比 2021 年同期增长 23.2%。其中，专项收入增长 1.2%，行政事业性收费收入增长 5.3%，罚没收入增长 16.5%，国有资本经营收入增长 136.6%，这反映了一次性收入的增加，以及部分地方主导调节收入；国有资源（资产）有偿使用收入增长 46.6%。国有资本经营收入和国有资产有偿使用收入的快速增长是非税收入较快增长的主要原因。税收收入下降而非税收收入增长，使 2022 年 1~10 月非税收入占财政收入的比重上升到 17.8%，为 2017 年以来高点。

（3）地方财政收入出现明显分化。2022 年 1~10 月，中央一般公共预算收入为 80 005 亿元，按自然口径计算下降 5.5%（扣除留抵退税因素后增长 4.8%）；地方一般公共预算本级收入为 93 392 亿元，按自然口径计算下降 3.6%（扣除留抵退税因素后增长 5.4%）。分省来看，因受疫情冲击不同以及资源情况，地方财政收入继续分化，在我国 31 个省区市中，有 7 个省区财政收入实现了增长，其中资源性省区，如山西省、内蒙古自治区、陕西省、新疆维吾尔自治区等 4 个地区财政收入增幅超过 15%；天津市、吉林省、海南省、重庆市、云南省、西藏自治区等 6 个地区财政收入降幅大于 10%。

（二）财政支出保持较快增长

2022 年 1~10 月累计，全国一般公共预算支出为 206 334 亿元，比 2021 年同期增长 6.4%。其中，中央一般公共预算本级支出为 28 341 亿元，比 2021 年同期增长 7.2%；地方一般公共预算支出为 177 993 亿元，比 2021 年同期增长 6.2%。

从主要支出项目情况看（表 4），重点支出得到较好保障：教育支出为 30 693 亿元，比 2021 年同期增长 6.0%；科学技术支出为 7 025 亿元，比 2021 年同期增长 8.8%；社会保障和就业支出为 30 572 亿元，比 2021 年同期增长 7.4%；卫生健康支出 17 538 亿元，比 2021 年同期增长 12.6%；农林水支出 17 223 亿元，比 2021 年同期增长 4.5%；交通运输支出为 9 516 亿元，比 2021 年同期增长 6.6%；债务付息支出为 9 325 亿元，比 2021 年同期增长 8.5%；文化体育与传媒支出为 2 809 亿元，比 2021 年同期下降 1.4%；节能环保支出为 3 916 亿元，比 2021 年同期下降 3.4%；城乡社区支出为 15 424 亿元，比 2021 年同期下降 0.5%。

表 4　财政支出主要项目

主要项目	2019 年/亿元	2020 年/亿元	2021 年/亿元	2022 年 1~10 月	
				金额/亿元	同比增长
一、一般公共服务支出	20 345	20 061	19 880	16 776	3.8%
二、外交支出	618	515	493	376	5.4%
三、国防支出	12 122	12 919	13 787	12 955	8.3%
四、公共安全支出	13 902	13 863	13 781	11 467	6.4%
五、教育支出	34 797	36 360	37 469	30 693	6.0%
六、科学技术支出	9 471	9 018	9 670	7 025	8.8%
七、文化体育与传媒支出	4 086	4 246	3 985	2 809	−1.4%
八、社会保障和就业支出	29 379	32 569	33 788	30 572	7.4%
九、卫生健康支出	16 665	19 216	19 143	17 538	12.6%
十、节能环保支出	7 390	6 333	5 525	3 916	−3.4%
十一、城乡社区支出	24 895	19 946	19 454	15 424	−0.5%
十二、农林水支出	22 863	23 948	22 035	17 223	4.5%
十三、交通运输支出	11 818	12 198	11 421	9 516	6.6%
十四、资源勘探信息等支出	4 914	6 067	6 587.19	6 104	13.4%
十五、商业服务业等支出	1 240	1 569	1 574	1 419	27.3%
十六、金融支出	1 615	1 277	1 561	951	30.5%
十七、援助其他地区支出	471	449	468	411	−1.6%
十八、国土海洋气象等支出	2 182.7	2 334	2 283	1 863	9.4%
十九、住房保障支出	6 401	7 106	7 096	6 057	4.3%
二十、粮油物资储备支出	1 897	2 117	1 773	1 101	−4.6%
二十一、灾害防治及应急管理支出	1 529	1 941	2 011	1 638	19.5%
二十二、债务付息支出	8 443	9 813	10 447	9 325	8.5%
二十三、债务发行费用支出	66	77	65	47	6.0%
二十四、其他支出	1 749	1 737	1 376	1 129	0.9%
支出合计	238 858	245 679	245 673	206 334	6.4%

注：因 2021 年科目表变动，一些科目 2021 年与 2020 年存在口径不同，2021 年的增长率按照同口径数据计算。主要支出项目数据为原始数据经舍入修约后得到，支出合计和增长率数据由原始数据计算所得

　　从我国财政支出结构的变化趋势看，2022 年 1~10 月社会保障和就业支出、卫生健康支出和债务付息支出等项目在财政支出中的占比继续上升，反映了人口老龄化、抗疫需求及政府债务负担的上升。

二、2022 年中国积极财政政策实施情况

2022 年我国积极的财政政策按照中央经济工作会议确定的"要提升效能，更加注重精准、可持续"要求，加强财政资源统筹，实施新的组合式税费支持政策，兼顾稳增长和防风险需要，适当降低赤字率，合理安排债务规模，保证财政支出强度，优化支出重点和结构，推动财力下沉，持续改善民生，严肃财经纪律，着力稳定宏观经济大盘。

（一）财政扩张力度明显提升

虽然 2022 年初预算安排的财政赤字规模有所减少，一般预算赤字由 2021 年的 3.57 万亿元减少到 3.37 万亿元，减少 2 000 亿元，占 GDP 的比重由 2021 年的 3.1%下降到 2.8% 左右，但通过特定国有金融机构和专营机构依法上缴近年结存的利润、调入预算稳定调节基金等，2022 年预算安排全国一般公共预算支出为 26.71 万亿元，比 2021 年扩大 2 万亿元以上，一般公共预算支出占 GDP 的比重由 2021 年的 21.5%提高到 22.1%左右，扩张力度明显增加。新增地方政府专项债规模与 2021 年保持了同样规模，为 3.65 万亿元，但年中面对稳定宏观经济大盘的要求，依法使用 5 000 多亿元专项债务结存限额，发行新增专项债券支持重大项目建设，实际使用地方专项债规模明显扩大。总体来看，2022 年的财政支出和债务安排有效统筹财政资源，加大了扩张力度，有力支持了稳定宏观经济大盘。

（二）持续加大实施组合式税费支持政策

一是实施大规模增值税留抵退税政策。聚焦小微企业和重点行业加大留抵退税力度，将所有符合条件的小微企业及制造业等 6 个行业纳入政策实施范围，并进一步扩大到批发和零售业等 7 个行业，按月全额退还增量留抵税额、一次性全额退还存量留抵税额，扩大范围，截至 11 月 10 日，已退到纳税人账户的留抵退税款达 23 097 亿元，超过 2021 年全年退税规模的 3.5 倍。

二是延续实施扶持制造业、小微企业和个体工商户的减税降费政策。对小规模纳税人阶段性免征增值税。将"六税两费"减免适用范围扩大至小型微利企业和个体工商户。对小微企业年应纳税所得额 100 万元至 300 万元部分，再减半征收企业所得税，实际税负降至 5%。加大研发费用加计扣除政策实施力度，将科技型中小企业研发费用加计扣除比例提高至 100%，完善设备器具加速折旧等政策。

三是特殊困难行业得到精准帮扶。对受疫情影响较大的公交等公共交通运输服务以及为居民提供必需生活物资的快递收派服务等，免征增值税。暂停航空运输和铁路运输企业预缴增值税一年。延续生产、生活性服务业增值税加计抵减政策。为稳定汽车消费，对不超过 30 万元的 2.0 升及以下排量乘用车阶段性减半征收车购税，将惠及 870 多万辆

乘用车；将新能源汽车免征汽车购置税政策延续实施到 2023 年。鼓励各地对缴纳城镇土地使用税等确有困难的纳税人给予减免等。

四是阶段性降低和缓缴社会保险费。延续实施阶段性降低失业保险、工伤保险费率政策至 2023 年 4 月 30 日。在对餐饮业等 5 个特困行业实施阶段性缓缴养老保险、失业保险、工伤保险三项社会保险费政策的基础上，进一步将缓缴政策扩大到农副食品加工业等 17 个困难行业。受疫情影响严重地区生产经营出现暂时困难的所有中小微企业、以单位方式参保的个体工商户，可申请缓缴养老、失业、工伤三项社保费单位缴费部分，缓缴实施期限到 2022 年底。实施阶段性缓缴职工医保单位缴费政策，明确统筹基金累计结存可支付月数大于 6 个月的统筹地区，自 2022 年 7 月起，对中小微企业、以单位方式参保的个体工商户缓缴 3 个月职工医保单位缴费。

截至 11 月 10 日，全国税务系统合计办理新增减税降费及退税缓税缓费超 3.7 万亿元，有力支持了市场主体。

（三）强化财政金融工具联动支持扩投资

一是政府性融资担保扩面增效。扩大政府性融资担保对小微企业覆盖面，1~10 月新增政府性融资担保规模超 1 万亿元，同比增长 47.4%。

二是积极支持政策性开发性金融工具。中央财政给予适当贴息，支持运用政策性、开发性金融工具，补充基础设施重点领域项目资本金。

三是支持落实"保交楼"政策。中央财政将根据实际借款金额，对政策性银行予以 1% 的贴息，贴息期限不超过 2 年，以政策性银行专项借款的方式，支持有需要的城市推进已售逾期难交付的住宅项目建设交付。

四是支持部分领域设备更新改造。中央财政对 2022 年 12 月 31 日前新增的部分领域更新改造设备投资贷款贴息 2.5%，期限 2 年，推进经济社会发展薄弱领域设备更新改造，扩大制造业市场需求。

（四）支持国家重大战略任务落实落地

一是大力推进科技创新。支持实施基础研究十年规划，完善国家自然科学基金资助体系，鼓励开展基础研究和科学前沿探索。建立国家实验室经费稳定支持机制，推进全国重点实验室重组，推动"科技创新 2030—重大项目"。采用"先实施、后拨款"的资助模式，由企业等创新主体先行投入并开展相关科技活动，通过验收后再给予补助，引导企业成为创新主体。

二是扎实推进乡村振兴战略。中央财政预算安排衔接推进乡村振兴补助资金 1 650 亿元，同口径较 2021 年增加 84.76 亿元，并加大对重点帮扶县的倾斜支持力度。支持稳定种粮农民补贴，支持适当提高小麦稻谷最低收购价，支持全国新增建设 1 亿亩（1 亩≈666.6 平方米）高标准农田，稳定农业生产，确保粮食安全。

三是保障供应链稳定。支持产业基础再造和制造业高质量发展。阶段性实施国内客运航班运行财政补贴政策。

（五）进一步加强民生保障力度

一是支持做好疫情防控和抗灾救灾工作。推动疫苗价格进一步下降，落实疫情防控经费保障政策。

二是稳步提高社会保障水平。适当提高退休人员基本养老金和城乡基础养老金标准，继续提高优抚对象抚恤和生活补助标准。实施低保扩围、失业救助补助、价格补贴联动机制等政策，加强社会救助。

三是支持落实各项就业创业扶持政策。加大援企稳岗政策力度，延续实施失业保险稳岗返还政策，将大型企业返还比例从 2021 年的 30%提至 50%，中小微企业返还比例从 60%最高提至 90%。加大重点群体就业工作力度。通过发放一次性补贴鼓励企业招用毕业年度高校毕业生。阶段性免除高校毕业生国家助学贷款利息，并允许本金可延期 1 年偿还。

三、2023 年中国财政运行面临的形势

在疫情的反复冲击下我国经济面临了相当大的不确定性，这些已经并将持续在财政运行中得到反映。

（一）经济复苏的步伐决定 2023 年财政收支前景

2022 年疫情反复冲击，我国经济出现了明显的下行和波动。疫情除直接影响到经济活动外，还影响了居民的预期和投资者的信心。2022 年 11 月和 12 月，国务院先后出台系列优化疫情防控的政策和举措，并对新型冠状病毒感染实施"乙类乙管"，疫情防控进入新阶段，疫情的影响有望逐步减弱，我国经济有望逐步企稳，回归到潜在增长水平。在此基础上，我国财政收入有望逐步恢复到正常水平。与此同时，2022 年房地产市场的调整、房地产销售的下降也是财政收入下降的一个重要影响因素，2022 年 11 月国务院也出台优化房地产融资政策，房地产市场的调整有望逐步回归到销售整体放缓、结构分化的长期市场趋势上来，来自房地产行业的财政收入也会随之进入一个总体稳定的局面。同时，考虑到 2022 年一次性的大规模留抵退税政策存量部分已经执行完毕，2023 年这一块减收不再存在。整体上，2023 年财政收入形势将明显好于 2022 年。

财政支出方面，人口老龄化带来的养老、医疗卫生支出继续增加，债务负担加大带来的利息支出增加，同时，高质量发展要求的科技创新、节能环保支出增加，人民群众对美好生活的向往、对提高公共服务水平的要求等，这意味着新增财政支出的需求依然很多。

财政一般性支出经过几年压缩,可压缩空间也明显减小。财政支出总体需求仍没有明显减轻。

总体上,2023 年财政收支平衡压力预计比 2022 年有明显缓解。

(二)财政总量扩张受限,财政政策的效率亟待提高

一是财政配置资源规模不小,收入对总量扩张的约束越来越明显。2022 年我国一般公共预算支出占 GDP 的比重达到 22%,加上政府性基金支出、国有资本经营预算支出、社会保险基金支出,全口径的财政支出规模(包括土地收支)占 GDP 的规模超过 40%。2022 年我国税收占 GDP 的比重仅为 14%左右,市场减税降费的呼声依然很高,房地产调整使政府性基金收入规模明显受压,人口老龄化还使社会保险费收入增长放缓,财政收入总规模难以扩大,财政收入规模对支出扩张的约束越来越明显。

二是财政支出结构仍有待优化,财政资源配置效率和使用效率均亟须提高。从财政支出结构看,经济性支出比重依然较高,政府对经济事务的参与依然较高,部分公共服务领域依然存在不足,一些领域缺钱、一些领域钱花不出去的现象并存。从财政资源配置效率看,资金错配、资金使用效率不高、资金浪费现象仍不少见。财政乘数随居民边际消费倾向的下降明显下降,可能已经明显低于 1。

三是整体风险可控,但个别地方财政风险也突出,风险还有向财政集中积聚的苗头。整体上我国财政基础较为稳固,政府债务占 GDP 的比重还在合理范围内,利息负担也在可承受的范围内。我国政府债务分散到各级地方政府,在地方经济分化的情况下,可能出现个别高负债的地区经济增速低于融资成本的情况,不排除发生个别风险事件的可能。与此同时,经济社会风险还有向财政集中积聚的苗头,金融风险的处置、社会稳定的维护等问题需要财政"买单"的越来越普遍,金融风险还有向财政风险传导的苗头。

四、2023 年财政收支预测和财政政策建议

(一)2023 年财政收支预测

综合 2023 年经济增速预测及经济结构变化,使用分税种模型预测,2023 年一般公共预算财政收入恢复到趋势水平,有望实现较快增长,全年财政收入规模预计为 21.5 万亿元到 22 万亿元。

按照稳健的原则判断,财政支出刚性短期很难改变,社会保障、医疗卫生等与人口老龄化相关领域的支出需求依然较旺,乡村振兴、稳增长、科技创新等任务也需要财政支出支持,一般公共预算财政支出预计将继续扩张,财政支出规模预计继续扩张。

（二）2023 年财政政策建议

根据当前的财政经济运行态势，本报告提出以下几点建议。

1. 适当扩大财政政策扩张力度

考虑到经济预期和信心仍有待恢复，建议实施跨周期调节，适当加大总量扩张力度，保持一定的财政刺激力度，保证经济增速稳定在合理范围内。一般公共预算赤字规模可以稳定在 3% 左右的水平，加大财政资金统筹力度，支持减税增支的扩张性政策。

2. 继续完善减税降费措施

继续完善对制造业、中小微企业、居民个人的减税降费政策，提高政策效率，激励企业主体在科技创新、节能环保和"双碳"目标等方面的积极性。

3. 加大力度调整优化财政支出结构

建议加大结构调整来应对收支总量矛盾的力度，政府带头过紧日子，进一步退出一般竞争性领域，有保有压，调整优化支出结构；循序渐进、量力而行改善民生，立足于保基本、兜底线、促公平，多做雪中送炭，不搞锦上添花；加大社会保障、医疗卫生、农业发展、环境保护等领域的顶层设计，花钱买机制，增加资金配置效率。加大农业、科技等领域财政资金整合力度，更好地发挥资金效率。进一步改革财政支出方式，减少财政资金使用过程中"跑冒滴漏"，多使用市场化方式带动民营资本、民营主体的参与，提高资金使用效率。

4. 继续防范和化解地方政府隐性债务风险

建议加快建立中央控制、地方自律、市场约束的地方政府债务管理体制机制，继续加大对违法违规融资担保行为的查处问责力度，终身问责、倒查责任，坚决遏制隐性债务增量，堵住"后门"的同时，切实提高地方政府的自律，夯实地方控制新增债务、处置债务存量的责任。完善地方政府债券信息披露和信用评级制度，健全地方政府债务风险评估和预警机制，加大市场对地方政府债务融资的约束。积极支持金融风险的化解，建立完善风险防火墙，防范金融风险向财政风险的传导。

2022 年中国货币政策回顾与 2023 年展望

郭　琨　乔柯南

报告摘要： 2022 年，中国人民银行持续关注新冠疫情的经济影响、综合考虑金融机构流动性需求和复杂的外部环境，灵活运用多种货币政策工具维护了市场流动性的合理充裕。整体来看，央行货币政策坚持以习近平新时代中国特色社会主义思想为指导，落实"稳字当头，稳中求进"的方针，呈现出更加积极主动、靠前发力的特征。降准降息、双管齐下，既释放市场流动性，又引导市场利率稳中有降，有效降低了企业融资成本，为实体经济的长期健康发展创造了适度宽松的货币金融环境。2022 年央行实施的货币政策操作主要包括：通过降低存款准备金率一次性释放了长期流动性约 5 300 亿元；下调金融机构外汇存款准备金率，缓解人民币贬值压力；下调逆回购中标利率、常备借贷便利（standing lending facility，SLF）利率和中期借贷便利（medium-term lending facility，MLF）利率，提振了市场信心，巩固了实体经济企稳向上的态势；坚持深化利率市场化改革，切实推动企业实际贷款利率降低。

从货币政策传导的中间目标来看，2022 年中国金融体系在继续推进市场化的同时保持平稳运行，市场流动性合理充裕，信贷结构持续优化，有效地支持了中国经济的高质量发展。广义货币供应量 M2 维持较高同比增速，已超过 2020 年积极应对疫情期间的水平，狭义货币供应量 M1 同比增速也呈现出反弹性增长。社会融资规模存量同比增速有所回升，间接融资方式仍旧是实体经济获取资金支持的主要渠道。信贷结构方面，普惠金融作为促进共同富裕的重要手段得到了快速发展，为了保障"双碳"目标的实现，绿色贷款余额增速远超过各项贷款平均增速，对经济绿色低碳转型起到了重要的支撑作用。

展望 2023 年，受美元加息、发达经济体通货膨胀压力加大、部分国家债务风险提升、国际地缘政治冲突不断等一系列因素的影响，全球经济衰退的风险加剧，叠加国内局部地区疫情的不确定性和部分行业转型风险，对货币政策的科学性、时效性和精准性都提出了较大的挑战。基于二十大报告对中国经济社会发展提出的总体目标和"十四五"期间的经济发展目标，2023 年中国货币政策将在保持适度稳健的前提下，积极发挥货币政策支持经济高质量发展的作用，在整体上保持经济系统流动性的适度水平，更多地利用结构性货币政策工具和组合型政策工具，加强对关键行业和关键经济主体的扶持力度，持续推进人民币汇率的市场化和国际化，积极防范金融系统的局部风险和系统性风险。

一、2022 年中国货币政策回顾

2022 年，央行持续关注新冠疫情的经济影响、综合考虑金融机构流动性需求和复杂的外部环境，灵活运用多种货币政策工具维护了市场流动性的合理充裕。整体来看，央行货币政策坚持以习近平新时代中国特色社会主义思想为指导，落实"稳字当头，稳中求进"的方针，呈现出更加积极主动、靠前发力的特征。降准降息、双管齐下，既释放市场流动性，又引导市场利率稳中有降，有效降低了企业融资成本，为实体经济的长期健康发展创造了适度宽松的货币金融环境。

（一）央行资产负债表分析

2022 年央行总资产规模相较于 2021 年同期略有扩大（图 1）。从资产端结构分析，央行（货币当局）资产负债表显示，在国外资产、对其他金融性公司债权、对其他存款性公司债权、对政府债权、对非金融性部门债权和其他资产中，国外资产占比依然最高，对其他存款性公司债权次之。截至 2022 年 10 月末，央行持有国外资产约为 22.47 万亿元人民币，占央行总资产约为 56.34%。其中外汇占款约为 21.31 万亿元人民币、黄金约为 0.29 万亿元人民币、其他国外资产约为 0.87 万亿元人民币。国外资产中，外汇占款占比最高，但其长期下降趋势依然保持（图 2）。央行对其他存款性公司债权规模约为 12.91 万亿元人民币，在央行总资产中占比约为 32.36%。

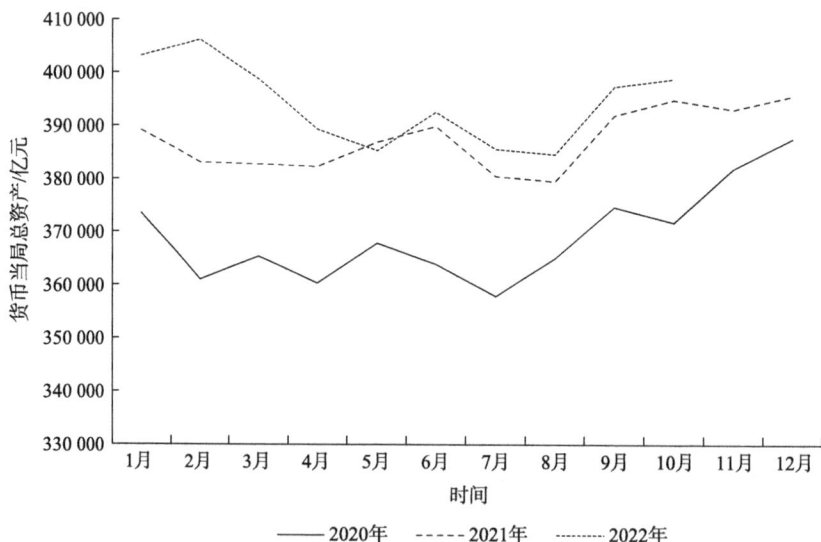

图 1　货币当局总资产

资料来源：Wind 数据库

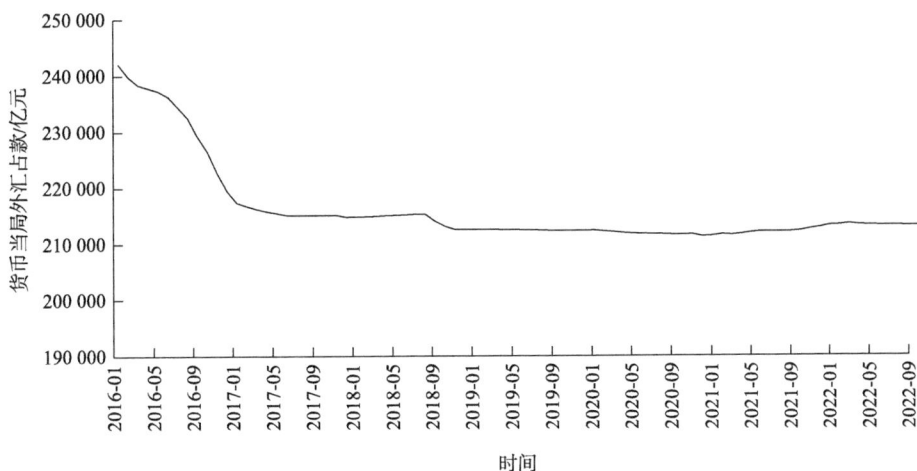

图 2　货币当局外汇占款

资料来源：Wind 数据库

从央行资产负债表的负债端分析，在储备货币、不计入储备货币的金融性公司存款、国外负债、政府存款、债券发行、自有资金和其他负债中，储备货币占比最高。截至 2022 年 10 月，储备货币总规模约为 33.30 万亿元人民币，较 2021 年同期上涨 5.71%。其中，货币发行约为 10.36 万亿元人民币，同比上涨 13.44%；其他金融性公司存款约为 20.85 万亿元人民币，同比上涨 2.31%；非金融机构存款约为 2.08 万亿元人民币，同比上涨 5.22%。2022 年全年，其他金融性公司存款整体水平和 2021 年基本持平（图 3）；货币发行规模增速较快，但其整体运行趋势与往年类似（图 4）。

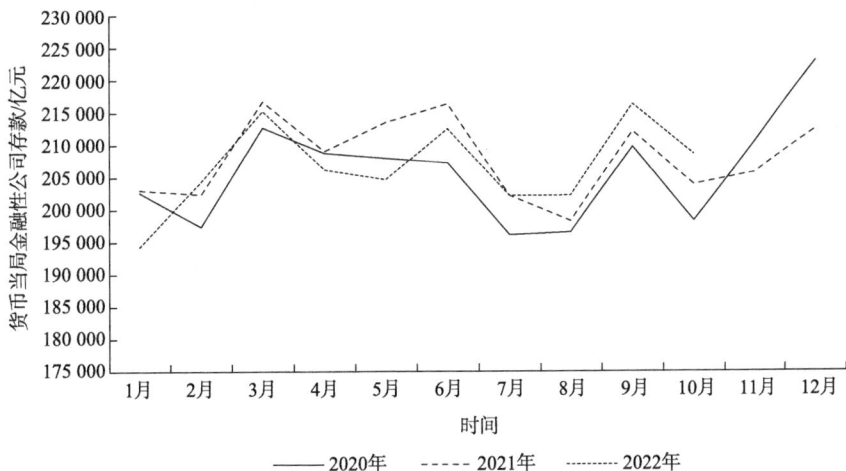

图 3　货币当局金融性公司存款

资料来源：Wind 数据库

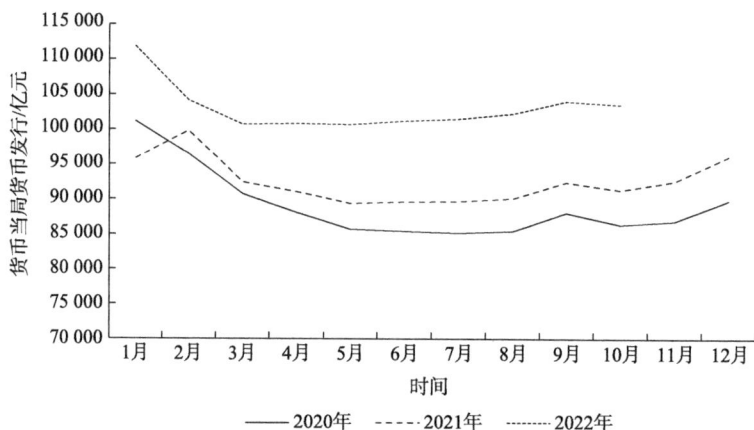

图 4　货币当局货币发行

资料来源：Wind 数据库

（二）货币政策操作

1. 下调存款准备金率释放长期流动性

调整法定存款准备金率是货币当局常用的货币政策工具。2022 年 4 月 15 日，央行宣布下调金融机构存款准备金率 0.25 个百分点（不含已执行 5% 存款准备金率的金融机构）。此外，对没有跨省经营的城商行、存款准备金率高于 5% 的农商行，再额外降准 0.25 个百分点。同时下调金融机构外汇存款准备金率 1 个百分点。此次降准为全面降准，预计释放长期流动性约 5 300 亿元。降准后，金融机构平均存款准备金率约为 8.1%，处于合理水平。本次准备金率调整温和适度，符合市场预期，旨在加大对实体经济的支持力度，帮助受疫情影响严重的行业和中小微企业复苏。2022 年 12 月 5 日，为巩固经济回稳向上基础，央行再次宣布下调金融机构存款准备金率 0.25 个百分点（不含已执行 5% 存款准备金率的金融机构）。2022 年 9 月 5 日，央行决定下调金融机构外汇存款准备金率 2 个百分点，调整后外汇存款准备金率为 6%。这次外汇降准的主要目的是释放美元流动性、缓解人民币贬值压力。

2. 公开市场操作灵活开展，保持流动性合理充裕

公开市场操作是央行释放基础货币、调节市场流动性、引导货币市场实际利率的常规货币政策工具。2022 年以来，央行持续关注新冠疫情的经济影响，综合考虑金融机构流动性需求和复杂的外部环境，继续灵活开展公开市场操作，坚持"稳字当头，稳中求进"的方针，维护了市场流动性的合理充裕，有效引导市场利率在合理水平运行（图 5 和图 6）。例如，9 月 20 日央行开展了 1 050 亿元 7 天期和 770 亿元 14 天期逆回购操作，中标利率分别为 2.00% 和 2.15%。由于季末临近，加之国庆假期将至，市场流动性偏紧。央行此次逆回购操作适时适度地释放了短期流动性，维护了国庆假期期间的货币市场稳定。逆回购中标利率方面，2022 年 1 月至 10 月，7 天期逆回购中标利率从 2.20% 下降到

2.00%；14 天期逆回购中标利率从 2.25% 下降到 2.15%。市场短期利率通常跟随公开市场操作利率浮动，本轮降息充分体现了央行货币政策的前瞻性，靠前发力推动企业融资成本稳中有降。

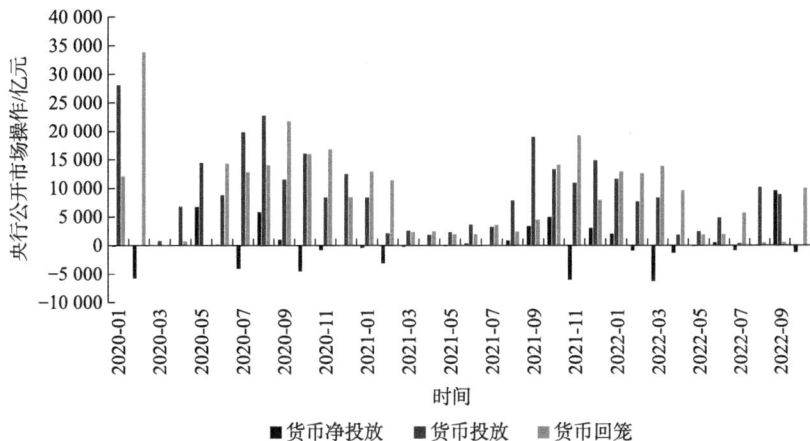

图 5　央行公开市场操作

资料来源：Wind 数据库

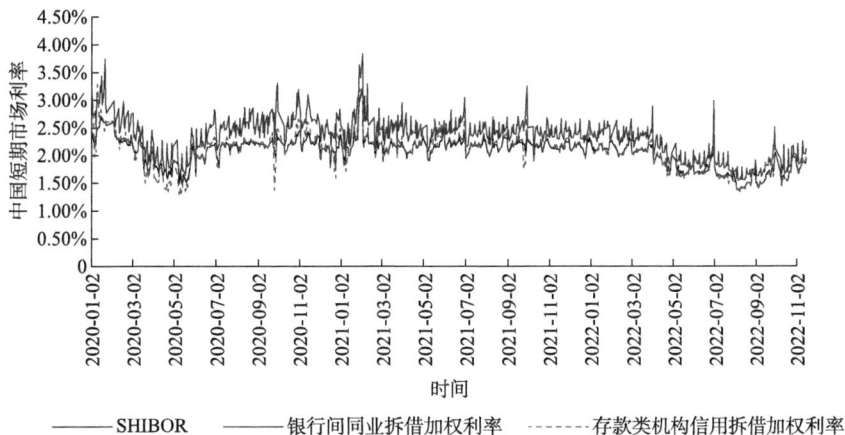

图 6　中国短期市场利率走势

资料来源：Wind 数据库

3. 积极运用创新型政策工具

2022 年，央行积极运用 SLF 和 MLF 等创新型货币政策工具向市场灵活释放流动性。为满足金融机构期限较短的大额流动性需求，央行借鉴国外经验建立了 SLF。SLF 利率发挥了利率走廊上限的功能，有效促进了货币市场平稳运行。SLF 的操作对象主要是大型商业银行和政策性银行，期限为 1~3 个月。2022 年前三季度，央行累计开展 SLF 操作共计 105.35 亿元，期末余额约为 8 亿元。9 月末，隔夜、7 天和 1 个月 SLF 利率分别为2.85%、3.00% 和 3.35%，较 2021 年底均下降 0.5%。MLF 是央行用来投放中期基础货币的重要政策工具，其期限通常为 3 个月、6 个月、12 个月。MLF 的操作对象为符合宏观审慎管理要求的大型商业银行和政策性银行。MLF 利率是中期市场利率运行的中枢，降低融资成本的重要渠道。如今，MLF 已经成为央行释放市场流动性的常规工具。2022 年前三季度，央行累计开展 MLF 操作共计 2.55 万亿元，期限均为 12 个月；期末余额约为 4.55 万亿元。9 月末，1 年期 MLF 利率为 2.75%，较 2021 年底下降 0.2%。

4. 继续深化利率市场化改革，有效推动实际贷款利率降低

2022 年，我国坚持深化利率市场化改革，发挥贷款市场报价利率（loan prime rate，LPR）改革功效，提高货币政策向贷款市场实际利率的传递效率，努力推进贷款利率实现"两轨并一轨"。LPR 报价机制完全打破了贷款利率隐性下限，助力银行体系支持中小微企业发展，有效降低了企业融资成本。2022 年 10 月末，1 年期 LPR 为 3.65%，较 2021 年底下降 0.15 个百分点；5 年期以上 LPR 为 4.30%，较 2021 年底下降 0.35 个百分点（图 7）。LPR 的下降表明，央行降准降息、双管齐下的货币政策已经传导到了实际贷款利率上。特别是 5 年期 LPR 下降幅度尤为明显，体现了央行为实体经济提供高质量政策支持的决心。本轮 LPR 下降提振了市场信心，激发了居民的消费意愿，推动了信贷需求的回升，对降低实体经济长期融资成本具有重要的积极作用。2022 年 9 月，企业贷款加权平均利率为 4.0%，同比下降 0.59%，位于有历史记录以来的低位。可见利率市场化改革切实推动了企业实际贷款利率的降低，助力了实体经济的长期健康发展。

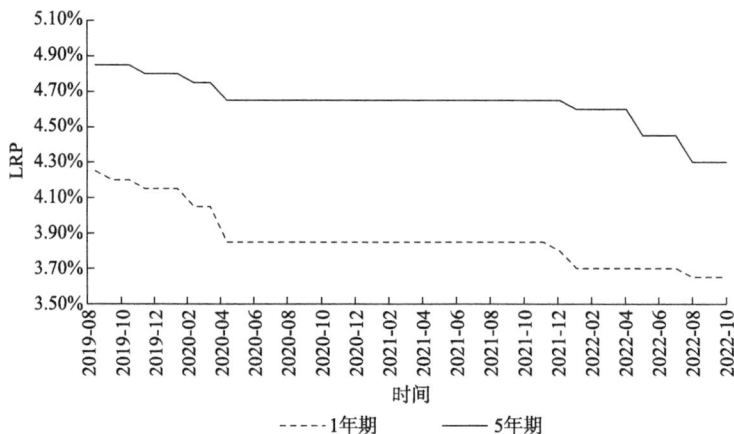

图 7　LPR
资料来源：Wind 数据库

二、2022 年中国货币政策重要指标分析

总体来看，2022 年中国货币政策继续保持稳健，同时表现出适度的灵活性、稳定性和可持续性，通过政策的跨周期调节和结构性货币政策工具的运用，有效地兼顾了经济增长和物价稳定，强化了对重点领域和受疫情影响严重行业的支持，为实体经济发展提供了更高质量的推动作用。

从货币政策的实施效果来看，在经济增长方面，2022 年中国国民经济呈现波动性恢复向好的态势，第 1 季度 GDP 同比增长 4.8%，比 2021 年第 4 季度环比增长 1.3%；第 2 季度在受疫情冲击影响下，通过加大组合型稳增长政策，保证了经济的正增长，GDP 同比增长 0.4%，第 3 季度同比增长恢复到 3.0% 的水平，比上半年加快 0.5 个百分点。在物价水平方面，2022 年中国居民消费价格继续保持温和上涨，前三季度全国 CPI 同比上涨 2.0%，扣除食品和能源价格后的核心 CPI 同比上涨仅 0.9%。2022 年工业品价格上涨的压力随着国际大宗商品价格有所波动下行的影响而缓解。前三季度全国 PPI 同比上涨 5.9%，涨幅持续收窄，全国 PPIRM 同比上涨 8.3%，但涨幅比上半年收窄 2.1 个百分点（图 8）。在就业方面，2022 年中国就业形势基本保持稳定，前三季度全国城镇调查失业率平均为 5.6%，在局部疫情的冲击下，失业率较 2021 年的 5.1% 有所上升，但随着社会经济运行的恢复，第 3 季度平均失业率已下降 0.2 个百分点，前三季度全国居民人均可支配收入同比名义增长 5.3%。在外循环方面，2022 年中国国际收支持续保持平衡发展，贸易结构进一步改善，前三季度经常账户顺差为 3 104 亿美元，同比增长 56%，其中货物贸易出口和进口分别同比增长 10% 和 5%；直接投资同样呈现净流入，前三季度来华直接投资净流入为 1 608 亿美元，跨境资金并没有受美元加息导致的资金回流影响，仍旧保持平稳有序变化。2022 年人民币汇率在合理均衡水平上保持基本稳定，尽管从双边汇率来看，受美联储加快加码收紧货币政策的影响，人民币对美元有所贬值，但对其他主要货币呈现升值趋势，人民币对一篮子货币保持了基本稳定。

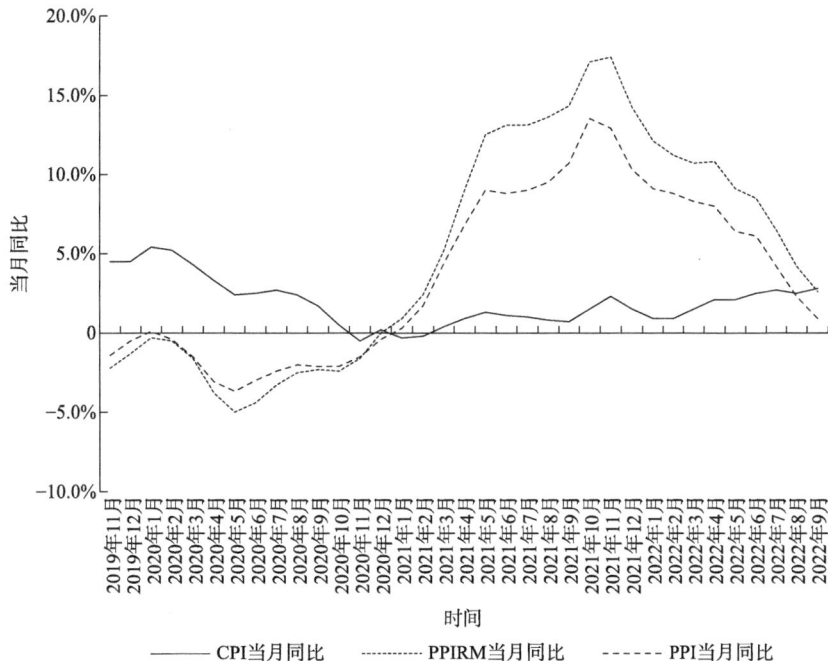

图 8　物价水平同比增速

资料来源：国家统计局

从货币政策的中间目标来看，2022 年中国金融体系在面对来自国际经济政治不确定性加剧的冲击下依旧保持平稳运行，市场流动性始终维持在合理充裕的水平，在"总量+结构"货币政策工具的双重运用下，市场融资结构不断优化，有效地支持了中国经济高质量发展的重点领域和关键环节。下面从三个方面展开详细分析。

（一）货币供应量和货币乘数

2022 年，中国广义货币供应量 M2 维持较快增速（图 9），除 2 月同比增速较 1 月有所降低，为 9.2% 外，自 3 月开始，M2 同比增速持续提高，9 月同比增速已达到 12.1%，已经高于 2020 年疫情期间的水平，增速基本保持稳定。同时，狭义货币供应量 M1 仅受 2021 年 1 月基期水平较高的影响，同比增长率为负外，其余各月均保持较高的增速，同比增速维持在 4%~7%，也基本达到疫情期间的平均增速水平。从货币乘数来看，2022 年中国的货币乘数整体保持稳中有升的趋势，8 月货币乘数已经达到 7.97%，但 9 月货币乘数又出现小幅下滑。以上态势体现了中国 2022 年为了应对来自内部经济发展和外部美元加息压力造成的影响下，始终保持适度的宏观流动性，货币政策整体保持适度稳健，有效支持了经济社会的发展。

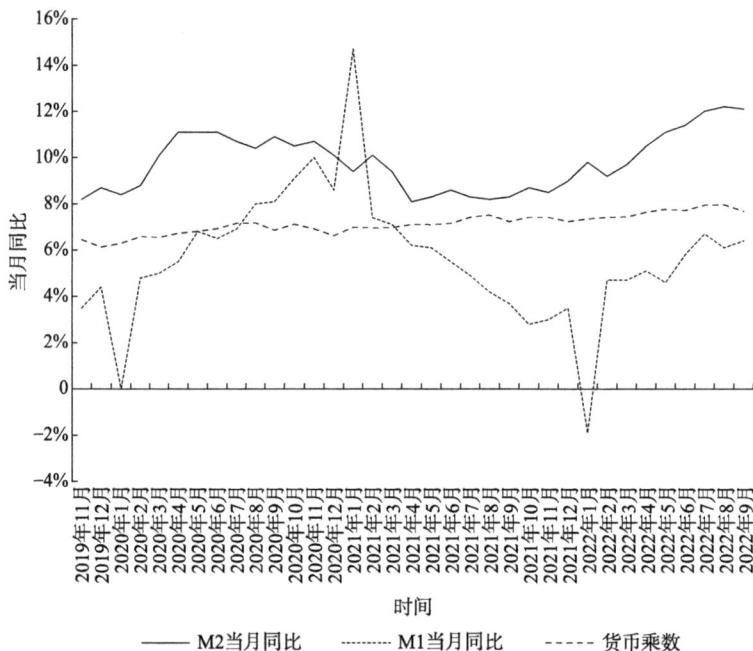

图 9　货币供应量

资料来源：国家统计局，中国人民银行

（二）社会融资规模

社会融资规模是比广义货币供应量口径更宽、更加全面地反映经济系统从金融体系中所获流动性规模的指标。根据央行的统计，2022 年前三季度中国社会融资规模存量为

340.65 万亿元，同比增长 10.6%。从 2020~2022 年社会融资规模存量同比增速（图 10）来看，2022 年社会融资规模存量同比增速经过 2020 年的快速拉升和 2021 年的迅速回落之后，全年保持较为稳定的态势，整体稳定在 10%~11% 的同比增速水平，这与中国实行稳健货币政策的目标相一致。从结构上看，截至 2022 年 9 月末，对实体经济发放的人民币贷款余额为 209.4 万亿元，同比增长 11.1%，占同期社会融资规模存量的 61.5%，比 2021 年同期高 0.3 个百分点；企业债券余额为 31.49 万亿元，同比增长 7.7%，占同期社会融资规模的 9.2%，比 2021 年同期下降 0.3 个百分点；非金融企业境内股票余额为 10.34 万亿元，同比增长 14%，占同期社会融资规模的 3%，比 2021 年同期提高 0.1 个百分点。人民币贷款的比例依旧占据一半以上的比例并且呈现上升趋势，间接融资仍旧是实体经济各主体获得金融支持的主要渠道，企业发行债券和股票等直接融资渠道虽然呈现出快速增长，但是整体规模依旧较小。从货币政策的传导效率来讲，当前以间接融资为主的社会融资结构更有利于货币政策的直接传导机制。

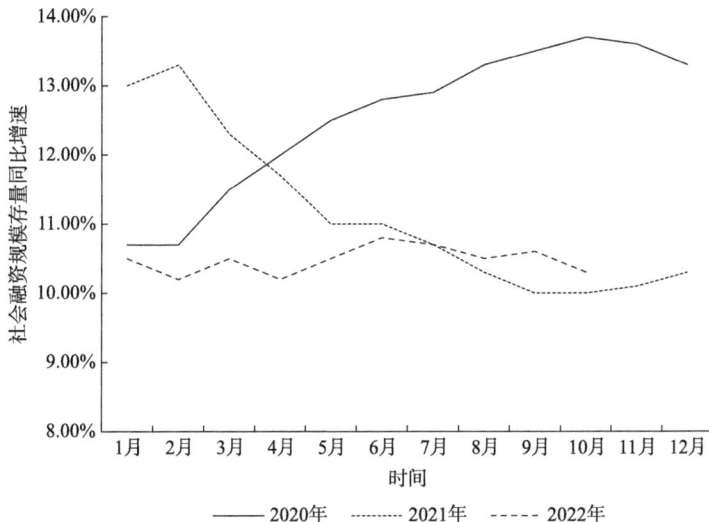

图 10　社会融资规模存量同比增速

资料来源：中国人民银行

（三）宏观杠杆率

2022 年，中国的宏观杠杆率并没有持续 2021 年的下行趋势，而是在应对局部疫情和外部经济冲击对中国经济社会运行影响的一系列政策下，呈现出整体上升的趋势。根据国家资产负债表研究中心的测算（图 11），2022 年宏观杠杆率保持小幅上涨趋势，截至三季度，宏观杠杆率为 273.9%，较 2021 年末累计上涨 10.1 个百分点。分部门来看，中国居民部门杠杆率相对保持长期稳定，截至三季度，居民部门杠杆率为 62.4%，较 2021 年末有所上浮，但浮动幅度有限，仅上升了 0.2 个百分点；政府部门杠杆率在 2022 年随着各地区加大新型基础设施投入力度加大，地方政府杠杆率的提升拉高了整体政府部门的杠杆率水平，截至三季度，政府部门杠杆率为 49.7%，较 2021 年末上升 2.9 个百分点，其中地方政府杠杆率上升幅度为 2.5 个百分点；非金融企业部门杠杆率在 2022 年也呈现出反弹趋势，截至三季度，非金融企业部门杠杆率为 161.8%，较 2021 年末上升 7 个百分点，涨幅在各部门中居首位，也体现了在货币政策稳健运行下，结构性货币政策正在发挥更为重要作用，也更加注重货币政策和金融体系对于实体经济的支撑作用。

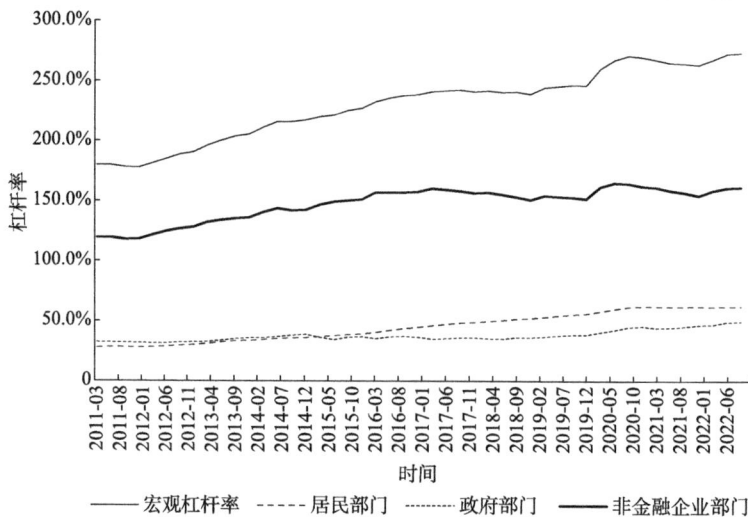

图 11　中国宏观杠杆率

资料来源：国家资产负债表研究中心

从货币信贷总量的情况来看（图 12），近 3 年中国 M2、社会融资规模存量和人民币贷款余额均保持相对稳定的增速。2020 年为了应对疫情对中国相关行业的负向冲击采取的适度宽松的货币政策并没有一直持续，2021 年以来，稳健适度的货币政策基调已经形成，2022 年继续维持合理的杠杆率和流动性水平，有效地支持了经济社会发展。

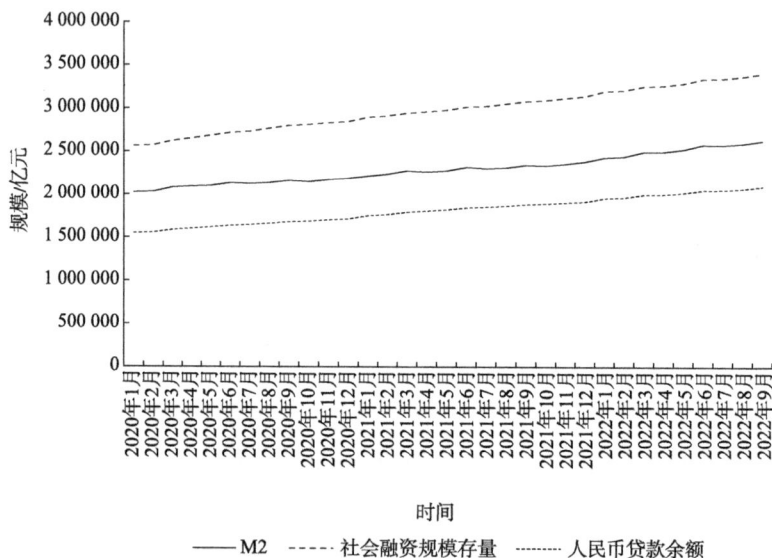

图 12　M2、社会融资规模存量、人民币贷款余额

资料来源：国家统计局，中国人民银行

（四）信贷结构

从信贷结构上看，结构性货币政策实现了精准支持中国经济高质量发展阶段的重点领域和关键性行业，信贷结构实现了持续优化。2022 年，本外币工业中长期贷款余额虽未能维持 2020 年和 2021 年上半年的增速，但始终维持在 20% 以上的水平，有效地支撑了我国制造业的高质量发展，2022 年第 3 季度本外币工业中长期贷款余额达到 16.08 万亿元，同比增长 23.3%，增速比各项贷款高 12.6 个百分点，而房地产贷款余额的同比增长率在 2022 年延续了前期的下降趋势，2022 年二季度末人民币房地产贷款余额为 53.11 万亿元，同比增长仅 4.2%（图 13），信贷结构的优化调整仍在持续。

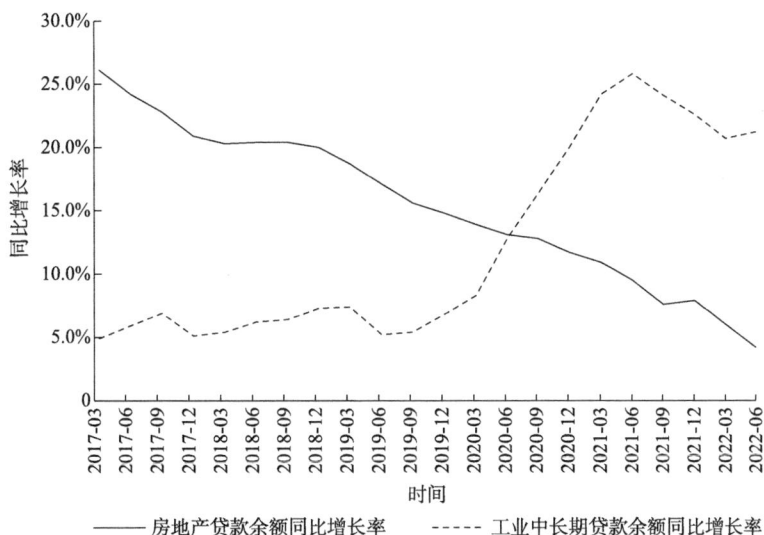

图 13　房地产贷款余额和工业中长期贷款余额同比增长率
资料来源：国家统计局，中国人民银行

2022 年，普惠金融作为促进共同富裕的重要手段更是得到快速发展，在支持中小微企业发展和乡村振兴方面都起到了不可替代的作用。截至 2022 年第 3 季度末，人民币普惠金融领域贷款余额为 31.39 万亿元，同比增长 21.6%，比各项贷款高 10.4 个百分点。从结构上看，其中普惠小微贷款余额为 23.16 万亿元，虽然未能维持疫情发展期间的较高增速，但同比增长率仍达到 24.6%，对小微企业的短期经营困境应对起到了至关重要的作用；农户生产经营贷款余额为 7.76 万亿元，同比增长 14.2%，特别是全国政策性农业信贷担保体系的不断完善，为农村信贷起到了重要的杠杆撬动作用，截至 2022 年 7 月末，全国农担体系累计担保金额已达 8 597 亿元，占全国涉农融资担保余额近 60%，通过农担体系的平均综合融资成本仅为 5.71%，有效地解决了农村经营主体因缺乏抵押物而出现的融资难和融资贵问题。

自 2020 年提出 30·60 碳达峰碳中和的"双碳"目标以来，中国的绿色金融快速发展，截至 2022 年第 3 季度末，本外币绿色贷款余额为 20.9 万亿元，同比增长 41.4%，比 2021 年末同比增速提高 8.4 个百分点，高于各项贷款增速 30.7 个百分点。其中，投向具有直接和间接碳减排效益项目的贷款分别为 8.32 万亿元和 5.56 万亿元，分用途看，基础设施绿色升级产业、清洁能源产业和节能环保产业贷款同比增长分别为 34%、40.9% 和 62.2%，有效地支持了经济的低碳绿色转型。

三、2023 年中国货币政策调控面临的基本形势分析

从国际形势上看，2023 年发达经济体通货膨胀高居不下的状况仍将在一定时间内持续，美联储加息给部分国家的货币带来巨大的贬值压力，加之地缘政治冲突的加剧，全球经济活动普遍放缓，持续衰退的风险将进一步放大。首先，欧美国家通货膨胀率水平并未能通过加息政策呈现明显降低，预计 2023 年欧美主要国家加息和货币政策的收紧仍将持续，而美联储加息政策将使得美元回流美国，造成全球流动性水平在 2023 年或有所紧缩，加之全球经济不确定性和市场下行预期的影响，大宗商品价格将呈现波动性下降的趋势，中国输入性通货膨胀的压力或将有所降低。其次，随着美元持续加息带来的美国长期国债收益率的上升，2023 年债券和其他风险资产将在 2023 年呈现较高的下跌压力，加之本币贬值风险的叠加，一些发展中国家国际收支状况将进一步恶化，或将有更多国家发生债务危机，这将在一定程度上影响中国的进出口状况和金融系统风险。最后，随着俄乌冲突的持续，全球政治环境的不确定性进一步加剧，贸易摩擦在 2023 年并不会有所缓解，加之中国对关键能源、矿产资源等大宗商品的国际依赖度较高，某些关键技术尚未能完全实现自主可控，2023 年供应链和产业链风险仍旧存在，对相关行业的违约率将造成一定的压力。

从国内形势上看，部分行业在当前经济高质量发展要求下仍旧面临较高的转型风险，疫情对经济社会的负面影响，特别是对各类经济主体信心的打击在短时间内难以修复，这都将在 2023 年仍旧为经济社会发展带来一定的压力。首先，随着中国组合型稳增长政策的实施落地，工业生产整体在 2023 年将呈现稳定恢复的趋势，加之原材料价格或将有所下降，工业生产景气上升的趋势将在 2023 年持续，但是中小微企业受疫情带来的资金链困难问题短期内无法修复，资金回收周期较长和新项目获取困难的压力影响了中小微企业的健康发展，或将为普惠小微贷款的违约率带来一定的上升压力。其次，尽管外部经济环境压力较大，但固定资产投资的回暖趋势已经形成，并将在 2023 年进一步加快，特别是随着政策性银行资本金工具的投放，基础设施建设投资将保持快速增长，并将带动其他下游行业的投资增长，成为经济增长的重要动力；随着央行和银保监会在 2022 年 11 月发布《关于做好当前金融支持房地产市场平稳健康发展工作的通知》，房地产政策方面或将有所转向，也将会拉动房地产投资或将在 2023 年触底反弹，在保障房价稳定的同时重新成为拉动上下游多个行业发展的重要增长点。再次，内需方面，居民消费受前期区域性疫情影响较大，2023 年居民消费情况仍旧会受到就业压力和收入不确定的影响；外需方面，中国外贸受发达国家进入加息周期的影响，2023 年出口增速将有所下降。最后，人民币汇率在 2023 年或将进一步加大市场化和国际化的力度，尽管美元加息的持

续或将使得人民币对美元呈现短期的单边贬值压力，但人民币对一篮子货币将呈现较为稳定的变化趋势，人民币汇率的弹性将进一步增加，跨境资金流动风险也将控制在一定范围内。

四、2023 年中国货币政策展望

2023 年中国货币政策仍旧面临全球经济下行压力加大、经济政治形式不确定性提高、国内区域疫情风险仍旧存在、内需外需增速同时下降的多重压力，同时还需要将金融系统的风险控制在合理的范围内，对政策的科学性、时效性、精准性都提出了较大的挑战。基于对 2023 年中国货币政策调控面临的内外部基本形势的判断及二十大报告对中国经济社会发展提出的总体目标和"十四五"期间的经济发展目标，2023 年中国货币政策将进一步保持 2022 年的整体基调，以保持政策的适度连续性并稳定市场预期，在保持货币政策适度稳健的前提下，进一步增强货币政策传导机制，积极发挥货币政策支持经济高质量发展的作用，在整体上保持经济系统流动性维持在适度水平，更多地利用结构性货币政策工具和组合型政策工具，加强对关键行业和关键经济主体的扶持力度，防范金融系统的局部风险和系统性风险。

整体上，货币政策将进一步延续 2022 年的整体力度，确保经济体系的流动性合理可控，继续保持货币信贷和社会融资规模的增速与名义经济增速的基本匹配。2023 年，中国经济增长面临的内外部不确定性仍旧较大，因此假定三种可能的情景。一是乐观情景，即疫情对中国的影响在短时间内消退，同时全球经济和政策环境保持相对平稳；二是中性情景，即疫情在中国局部区域仍有一定影响，同时全球经济呈现一定的衰退趋势；三是悲观情景，即疫情对社会流通和消费领域仍有广泛的影响，同时全球经济衰退加剧，地缘政治风险也进一步提高。在乐观情景下，中国货币政策或将在 2023 年有所收紧，预计中国广义货币 M2 和社会融资规模增速都会有一定程度的回落，宏观杠杆率，特别是非金融企业部门的杠杆率将随之有所回调，居民部门的杠杆率或将有所上升，同时，在发达国家普遍收紧货币政策的背景下，乐观情景下整体降准的空间不大，降息幅度也会控制在 0.5% 以内的范围内；在中性情景下，中国货币政策或将持续 2022 年的整体水平，预计中国广义货币 M2 和社会融资规模增速会保持在 2022 年的水平，宏观杠杆率将会稳定在当前较高的水平，预计 2023 年降准次数会在 2 次左右，同时配合财政政策等其他措施进一步加大政策落地的时效性和政策传导效率；在悲观情景下，中国货币政策或将进一步在总量上增强政策力度，同时注重对内外部冲击影响较大的经济主体实施更为精准的结构化货币政策工具，预计中国广义货币 M2 和社会融资规模的增速更进一步提高，宏观杠杆率也将有小幅提升，降准和降息的频率也将有所增加，或将根据内外部冲击情况进行跨周期的调节，与此同时，由于在悲观情景下流动性和杠杆率有所提高，需要针对市场风险进行密切的监测，防范局部风险和系统性风险的快速提高。

结构性货币政策工具的运用将进一步加大，货币政策的精准性和科学性将持续提高，实现对经济高质量发展重点领域的支撑和对弱势经济主体的精准支持。中国的结构性货币政策工具是人民银行引导金融机构信贷投向，发挥精准滴灌、杠杆撬动作用的重要货币政策工具，可以支持金融机构加大对特定领域和行业的信贷投放，同时降低相关企业的融资成本。2023 年，为了更好地支持中小微企业发展同时服务于乡村振兴战略，支农支小再贷款和再贴现工具将持续发挥精准支持的效果，实现货币政策支持金融普惠发展，为共同富裕提供重要保障。与此同时，为了实现"双碳"目标，支持经济社会绿色低碳转型发展的结构性货币政策工具多样化也将进一步增加，尽管当前的碳减排支持工具和支持煤炭清洁高效利用专项再贷款作为阶段性结构性货币政策工具将在 2022 年底结束，但 2023 年，预计会继续加强针对绿色低碳发展、流通贸易、高端制造等关键领域的结构性货币政策工具的运用。需要警惕支农支小相关结构性货币政策工具的支持对象相对来说经营风险较大，贷款违约风险相对较高，需要在精准支持的同时注重违约风险的管理和防范，密切关注普惠小微贷款行业集中度和区域集中度较高的问题，对违约风险进行实时监测与预警，并提前设计合理的不良贷款处置机制。

人民币汇率的市场化和国际化将持续推进。尽管 2023 年人民币汇率仍旧会面临来自发达国家加息的压力，但美元回流趋势对中国影响较小，无论是从经常性项目的国际收支来看还是从主要金融市场的外资流动情况来看，美元加息并不会对中国国际收支造成严重的冲击，人民币汇率会在 2023 年继续维持双向波动的常态，市场化程度会进一步增强。与此同时，人民币国际化水平将持续提高，在"一带一路"倡议的持续推动下，加之中国西部陆海新通道的建设打通了内循环和外循环的核心通道，人民币跨境结算的规模和占比都在不断提高，人民币在区域的国际化水平不断加强。随着人民币汇率波动的增加，相关经济主体必须加强对汇率风险的监测和对冲，主动利用人民币互换等衍生金融工具对应收账款、应付账款等与汇率相关的收支、资产、负债进行积极的动态风险管理。

2023 年中国国际收支形势展望①

鲍 勤 于 嫣

报告摘要：2022 年，受俄乌冲突和疫情持续的影响，美欧等发达经济体通货膨胀率高企，全球经济增长显著低于预期。展望 2023 年，预计俄乌冲突的解决仍存在着较大的不确定性，受此拖累，欧洲经济形势不容乐观。同时，美欧等国通胀率仍将显著高于政策目标，货币政策转向的具体时间存疑，能否实现软着陆存在着一定的不确定性。在这一背景下，预计 2023 年全球经济增速将有所放缓，部分国家可能发生经济衰退，中国、美国等主要经济体仍将是拉动 2023 年全球经济增长的动力；发展中经济体面临新的机遇期，全球经济结构性调整将持续深化，这将直接体现在各国国际收支格局的变化中。

展望 2023 年，随着我国疫情防控政策的实质性调整，预计经济循环将有效加速，经济整体将持续稳定恢复，我国国际收支将总体保持平稳态势。具体来看，2023 年，预计我国货物贸易规模仍将保持增长态势，但也面临着因美欧等发达经济体需求下降和全球产业链再调整再布局进程带来的不确定性。预测结果显示，在基准情景下，国际收支口径的货物贸易贷方和借方都将保持增长，达到 23.6 万亿元和 18.8 万亿元，货物贸易顺差约为 4.8 万亿元；在悲观情景下，若全球经济发生严重衰退，预计我国货物贸易贷方和借方增速将显著放缓，达到 22.5 万亿元和 18.4 万亿元，货物贸易顺差为 4.1 万亿元。服务贸易方面，预计 2023 年线下服务业特别是旅行项目将持续复苏，同时，跨境数字经济和线上服务业仍将持续快速发展，在基准情景下，预计 2023 年服务贸易逆差约为 0.80 万亿元，其中，服务贸易贷方和借方分别为 2.57 万亿元和 3.37 万亿元。直接投资方面，预计 2023 年我国直接投资将总体保持稳定，净流入规模约为 0.69 万亿元。

跨境资金流动方面，2023 年，预计我国跨境资金流动和结售汇均将保持平稳，整体呈现顺差格局。受美联储货币政策影响，预计 2023 年，人民币相对美元汇率将整体呈现先贬值后升值的态势，双向波动明显；人民币一揽子汇率将保持基本稳定。受国际收支保持基本稳定影响，跨境资本流动也将保持总体平衡。根据中国科学院预测科学研究中心构建的中国跨境资金流动监测预警指标体系，预计 2023 年上半年我国跨境资金流动将呈现净流出态势，但压力不大。为充分应对复杂严峻的国际经济形势，确保我国国际收支和宏观经济金融系统稳定，持续提升人民币国际化水平，提出两方面政策建议。

---

① 本报告受国家自然科学基金项目（项目号：72073127）支持。

一、2023 年国际经济形势展望

（一）全球经济持续弱复苏，不确定性加大

2022 年，正当全球经济从持续两年多的新冠疫情中艰难复苏时，俄乌冲突的爆发显著加大了国际政治经济格局面临的不确定性，重创了欧洲经济和产业发展，叠加美联储年内 6 次加息将联邦基金利率迅速抬升至 4%，这一操作对全球货币金融体系产生了重大冲击。根据世界银行 2022 年 6 月发布的《全球经济展望》[①]，预测 2022 年全球经济增长 2.9%，远低于 2022 年 1 月预期的 4.1%；其中，预计 2022 年发达经济体的增幅将从 2021 年的 5.1%大幅下降至 2.6%，比 1 月的预测下调 1.2 个百分点。OECD 2022 年发布报告[②]，预测 2022 年全球经济增速 3%；其中，预测 2022 年 G20 国家和地区整体经济增长 2.8%。根据 IMF 2022 年 10 月发布的《世界经济展望》报告[③]，全球经济增长率预计将从 2021 年的 6.0%下降至 2022 年的 3.2%；其中，发达经济体增速仅为 2.4%。如果不包括全球金融危机和新冠疫情最严重阶段，那么这将是自 2001 年以来最为疲弱的增长表现。

展望 2023 年，全球经济形势面临着一个确定性和两个不确定性。发达经济体的高通胀将是 2023 年的确定性事件。从数据来看，2022 年 1~10 月，欧盟调和 CPI 累计增长 10.4%，美国 CPI 累计增长 6.9%。从环比来看，10 月欧盟调和 CPI 环比增长 1.4%，为 4 月以来的最高值，美国 CPI 环比增长 0.4%，为下半年以来的最高值。G20 经济体 2022 年通货膨胀情况如图 1 所示，其中，阿根廷和土耳其最高，分别累计增长 76.6%和 57.8%；其余经济体中，除中国（2.0%）和沙特阿拉伯（2.7%）外，均高于 3.0%这一通常作为货币政策目标的通胀水平，其中意大利、德国、俄罗斯、英国、美国的通胀水平位于前列。受此影响，假设 11 月和 12 月环比均为零增长，则翘尾因素将拉动欧盟和美国的 CPI 在 2023 年上半年分别增长 6.45 个和 3.44 个百分点，远高于 3.0%的政策目标水平。

2023 年全球经济面临的重大不确定性主要有两个方面：一是美国货币政策何时转向。2022 年，自 3 月首次加息 25 个基点以来，美联储于 5 月再次加息 50 个基点，并于 6 月、7 月、9 月和 11 月连续 4 次大幅加息 75 个基点，这是罕见的大幅、持续、快速加息。受此影响，美国 10 年期国债收益率一度突破 4%，美元指数于 4 月突破 100 并持续快速增长，一度高达 114.16。与此相应，欧元、英镑、日元等其他货币出现较大幅度贬

---

① World Bank. Global Economic Prospects. https://www.worldbank.org/en/publication/global-economic-prospects，2022.

② OECD. OECD Economic Outlook，Interim Report September 2022：Paying the Price of War. https://www.oecd-ilibrary.org/sites/ae8c39ec-en/index.html?itemId=/content/publication/ae8c39ec-en，2022.

③ International Monetary Fund. World Economic Outlook. https://www.imf.org/en/Publications/WEO/Issues/2022/10/11/world-economic-outlook-october-2022，2022.

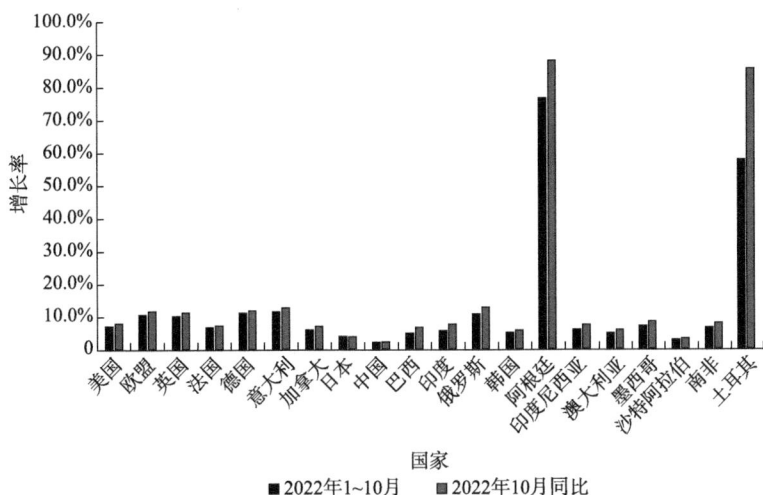

图 1　G20 经济体 2022 年通货膨胀情况

值。由于美元仍是重要的国际货币，美国国债利率仍是全球重要的无风险利率定价标杆，美联储的货币政策将对全球资本和金融市场产生重要影响。从数据来看，10 月，美国通货膨胀高企的状况存在边际改善，但从细类商品来看，"工资-物价"这一螺旋上升的动态反馈机制并没有得到根本打破，劳动力密集的消费品和服务价格环比仍然持续上升，通货膨胀率仍将显著高于目标水平。同时，加息对经济的影响正逐步释放，经济衰退风险加大，美联储继续加息的动力不足，但政策转向仍受制于高企的通货膨胀率，预计最快于 2023 年下半年开启。若美联储货币政策操作不当，加息过快或转向过慢，可能导致美国经济和全球经济出现硬着陆，甚或诱发金融体系风险，加大全球经济的不确定性。

2023 年全球经济的另一个不确定性来自俄乌冲突背景下的欧洲经济。2022 年，欧洲经历了俄乌冲突等许多重大的历史性事件，这些事件影响深远，欧洲政治经济格局的变化将影响到整个亚欧大陆的发展。在乐观情景下，若俄乌冲突能在短期内得以妥善解决，欧洲或将有条件利用俄罗斯的资源修复其严重受损的产业链供应链，避免高通胀和经济衰退同频共振激发更大的社会风险。在中性情景下，若俄乌冲突持续且并不激化，则 2023 年欧洲经济仍将受制于能源短缺，同时这一影响将经由产业链传递至食品、化工等其他产业，加大供给端面临的冲击，欧洲通货膨胀率短期将难以好转，这将进一步制约欧洲通过货币政策刺激经济的可能。在悲观情景下，若俄乌冲突持续激化，不排除发生更大规模战争的可能性，欧洲资本和产业外移或将加速，欧洲经济将陷入较大幅度的衰退泥潭，部分高债务国家或将面临偿债危机。

综上所述，预计 2023 年全球经济整体来看，仅能实现较弱的复苏，并不排除出现一定规模经济衰退的可能性，同时，预计高通胀的影响将至少持续至 2023 年上半年，对各国经济社会产生持续冲击。根据三大国际机构对 2023 年全球经济的预测，世界银行在 6 月报告中预测 2023 年全球经济增速为 3.0%，其中，发达经济体为 2.2%，新兴市场和发展中经济体为 4.2%；OECD 在 9 月报告中预测 2023 年全球经济增速为 2.2%，比 6 月下调 0.6 个百分点，其中，对美国经济增速预期仅为 0.5%，下调 0.7 个百分点；IMF 在 10

月报告中预测 2023 年全球经济增速为 2.7%，比 7 月预测值下调 0.2 个百分点，其中，发达经济体为 1.1%，新兴市场和发展中经济体为 3.7%。

（二）全球国际收支格局持续发生转变

全球经济是一个有机的整体，它直接体现在一国的净收入将表现为其他国家的净支出，一国的资金净流入将表现为其他国家的资金净流出。以复杂系统的观念来看，宏观是微观的涌现，从宏观数据的变化可以推断出微观个体的行为，从而能够更好地研判未来的发展趋势。持续两年多的全球性疫情对国际经济已经产生了深远的影响，俄乌冲突和美中脱钩趋势等加剧了全球产业链的再布局与再调整，为此，本报告回顾了近年来主要经济体国际收支格局的变化，也为我国国际收支形势研判提供基础。

从主要经济体的经常项目差额来看，2022 年上半年，与 2019~2021 年同期相比（图 2~图 3），存在一些突出特征：美国和英国的经常项目逆差持续扩大，2022 年上半年分别高达 5 043.7 亿美元和 1 012.0 亿美元；德国和意大利的经常项目迅速恶化，2022 年上半年分别缩窄至 831.3 亿美元顺差和 104.2 亿美元逆差；日本和韩国的经常项目有所恶化，分别缩窄至 294.4 亿美元顺差和 247.8 亿美元顺差；加拿大的经常项目有所改善，2022 年上半年为 35.2 亿美元。从发展中经济体来看，中国经常项目顺差持续增长，上半年顺差为 1 663.7 亿美元，沙特阿拉伯、南非等国经常项目顺差也存在显著改善，上半年顺差分别为 839.5 亿美元和 47.4 亿美元；印度尼西亚的经常项目顺差持续增长，上半年顺差为 45.9 亿美元。

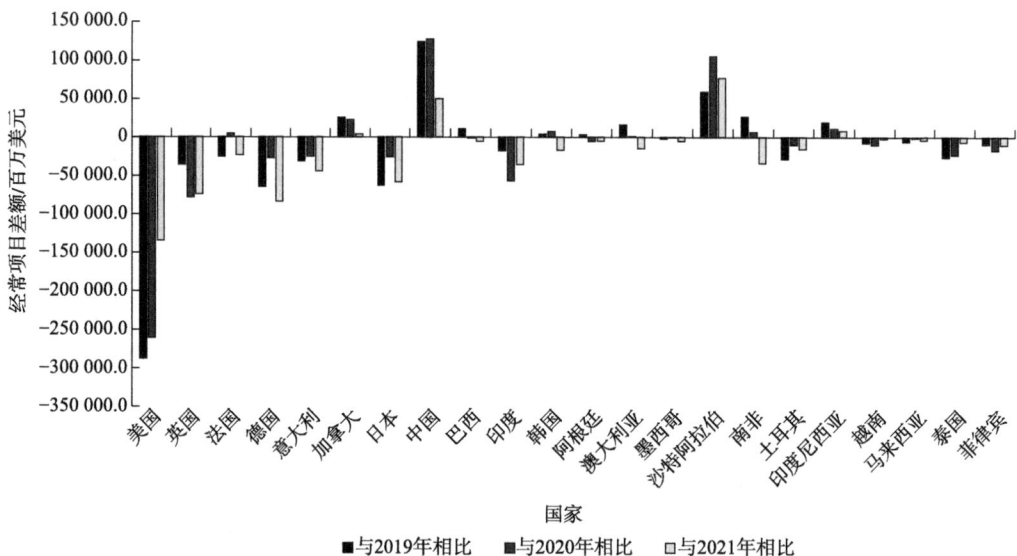

图 2　G20 及东盟部分主要经济体 2022 年上半年经常项目差额与历史相比

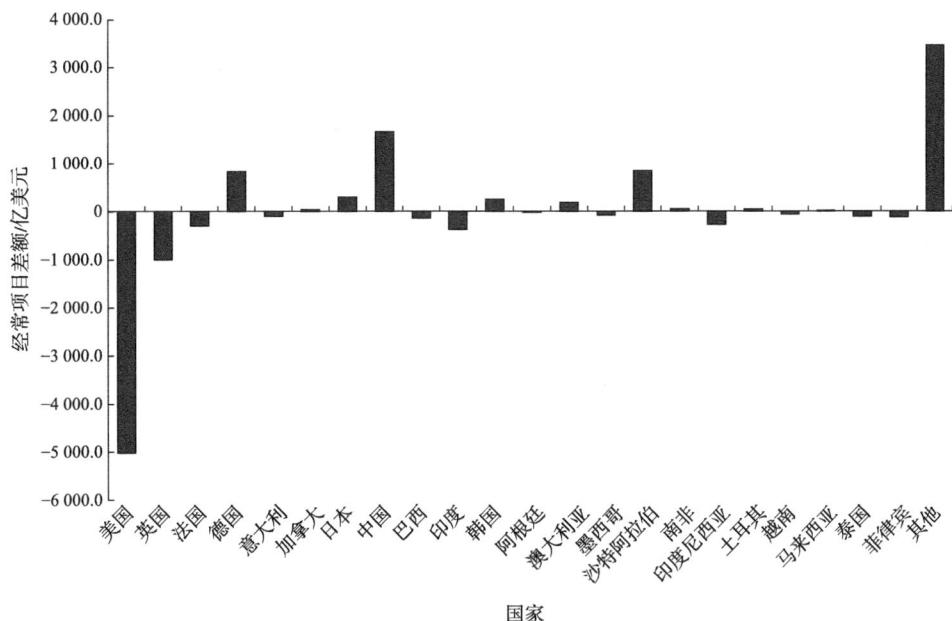

图 3 主要经济体 2022 年上半年经常项目差额

国际收支格局的变化背后是经济的反映：一方面，受疫情冲击，叠加俄乌冲突影响，发达经济体自身的生产受到影响，商品对外依赖度显著增加，这直接导致货物贸易顺差下降或逆差增长。例如，2022 年上半年，美国货物贸易逆差比 2021 年同期增长 1 159.6 亿美元，德国货物贸易顺差比 2021 年同期下降 608.4 亿美元。同时，受国际大宗商品价格高位波动影响，能源出口国的国际收支显著改善，能源净进口国的国际收支状况则有所恶化。另一方面，疫情背景下各国复苏进程存在差异，国际服务贸易有所恢复。例如，2022 年上半年，美国服务贸易贷方与借方规模与 2021 年同期分别增长 576.9 亿美元和 736.4 亿美元，但受美联储持续加息影响和产业转移影响，各国收入项目变化有所分化。

二、2022 年我国国际收支形势分析与 2023 年展望

国际收支是一个国家与外部经济体之间经济往来的集中反映。在国际收支平衡表中，经常账户包括货物、服务、初次收入和二次收入，用贷方表示资金流入我国，用借方表示资金流出我国，资本和金融账户包括资本账户与金融账户，后者包括非储备性质的金融账户（包括直接投资、证券投资、金融衍生工具和其他投资）和储备资产。为了便于和我国宏观经济统计数据相比较，本报告采用人民币计价的国际收支数据进行分析。

2022 年，全球经济在疫情背景下持续恢复，但俄乌冲突和美联储加息显著加大全球经济复苏面临的挑战，全球通胀高企，需求增长不及预期。在这样的背景下，叠加我国本土疫情多次反弹，奥密克戎变异毒株显著加大病毒传染性，增加我国疫情防控

成本，我国经济增长不及预期，但对外贸易受价格拉动影响，整体好于预期，国际收支总体保持平稳态势。根据国家外汇管理局公布的 2022 年前三季度国际收支平衡表的粗算数据①，2022 年我国国际收支账户总体呈现基本平衡的良好格局。经常账户方面，2022 年前三季度，我国经常账户顺差为 20 598 亿元，相比 2021 年同期增加 7 465 亿元；经常账户顺差与同期 GDP（2022 年前三季度 GDP：870 269 亿元）之比约为 2.4%，位于合理区间。其中，货物贸易顺差为 34 580 亿元，相比 2021 年同期增加 10 020 亿元；服务贸易逆差为 4 363 亿元，相比 2021 年同期缩小 945 亿元；初次收入逆差为 10 710 亿元，相比 2021 年同期增加 3 924 亿元；二次收入顺差为 1 091 亿元，相比 2021 年同期增加 424 亿元。资本和金融账户方面，2022 年前三季度，资本和金融账户逆差为 17 568 亿元（包含 2022 年第 3 季度的净误差与遗漏），其中，直接投资顺差为 2 878 亿元，比 2021 年同期大幅缩减 7 715 亿元。展望 2023 年，以下分别从货物贸易、服务贸易和直接投资三个部分进行分析。

（一）货物贸易顺差将有所缩窄

2022 年，我国货物贸易总体呈现顺差格局。根据国家外汇管理局公布的我国国际货物和服务贸易月度数据，2022 年 1~9 月，我国货物贸易顺差累计 34 188.16 亿元，与 2021 年同期相比增长 33.8%，为 2016 年以来同期最高值。货物贸易差额的大小受到货物贸易贷方和借方两个方面的影响，如图 4 和图 5 所示，2022 年 1~9 月，我国货物贸易贷方累计 167 230.9 亿元，相比 2021 年同期增长 12.5%；同期，我国货物贸易借方累计 133 042.7 亿元，相比 2021 年同期增长 8.1%。从货物出口来看，受出口价格增长拉动，叠加俄乌冲突对欧洲工业生产的冲击，我国货物贸易出口较快增长，1~10 月海关统计出口累计超过 17.6 万亿元，同比增长 28.0%，其中，机电产品出口增长 9.6%，汽车及汽车底盘出口增长 72.0%；从区域来看，对东盟出口快速增长，对欧美出口也保持稳定增长，1~10 月对东盟、欧盟和美国出口累计同比增长分别为 22.7%、15.9% 和 8.4%。从货物贸易进口来看，由于国内需求较为疲弱，进口增长显著低于出口，1~10 月海关统计进口累计同比增长 17.2%。进出口价格变化是我国 2022 年外贸的重要拉动因素，1~9 月，我国出口价格指数和进口价格指数平均增速分别为 11.84% 和 13.24%（图 6），若剔除价格影响，则我国 3 月以来货物进口（借方）的月同比实际增速均为负增长，下半年以来货物出口（贷方）的月同比实际增速均为负增长。

展望 2023 年，我国货物贸易发展面临着较大的不确定性。从不利因素来看，2023 年全球经济增速将明显放缓，受高通胀影响，叠加资本和金融市场因美联储加息政策而产生的波动，预计欧美等发达经济体的需求将明显下降，俄乌冲突和疫情持续都将加大经济活动面临的不确定性，部分国家将步入衰退，我国面临的外需形势整体弱于 2022 年。同时，疫情和高通胀对居民消费习惯带来持久性冲击，叠加疫后各国恢复生产进程加快，

---

① 国家外汇管理局. 国家外汇管理局公布 2022 年第三季度及前三季度我国国际收支平衡表初步数. http://www.safe.gov.cn/safe/2022/1104/21687.html，2022-11-04.

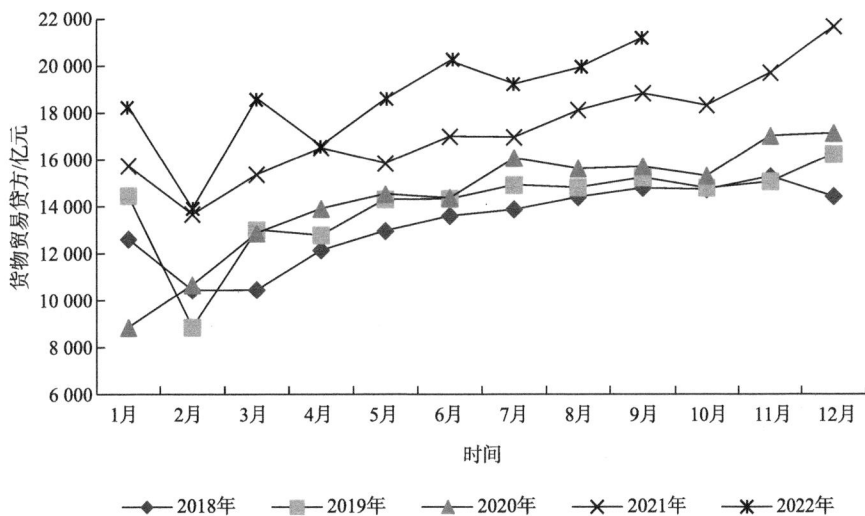

图 4　我国国际货物贸易贷方

资料来源：国家外汇管理局. 中国国际收支货物和服务贸易数据（BPM6，2015 年以后）.
http://www.safe.gov.cn/safe/zghyhfwmy/index.html，2022-11-25

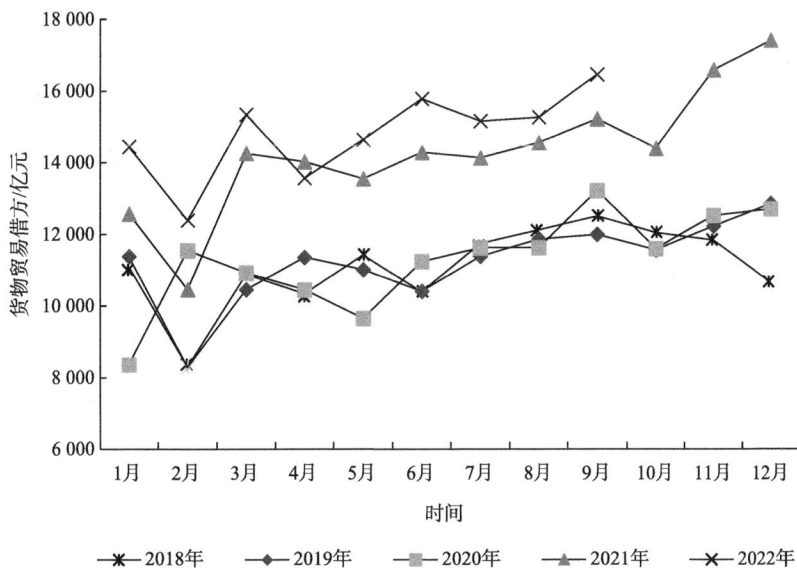

图 5　我国国际货物贸易借方

资料来源：国家外汇管理局. 中国国际收支货物和服务贸易数据（BPM6，2015 年以后）.
http://www.safe.gov.cn/safe/zghyhfwmy/index.html，2022-11-25

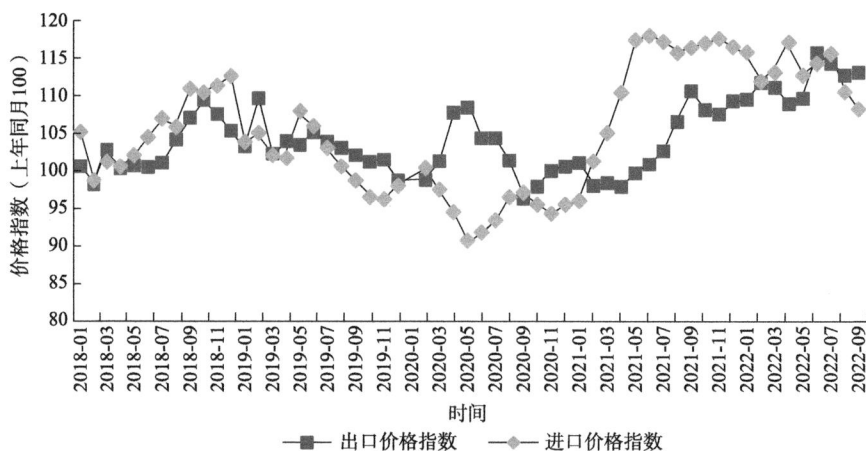

图 6　我国进出口价格指数

资料来源：Wind

美中脱钩高压下全球产业链再布局进程加快，替代效应或将减弱对我国出口的支持。根据世界贸易组织 2022 年 10 月发布的全球贸易预测[①]，由于全球经济面临多重冲击，预计世界贸易将在 2022 年下半年失去动力，并在 2023 年保持低迷。预计全球货物贸易 2023 年将增长 1.0%，比之前预计的 3.4%大幅下降，并明显低于其对 GDP 增速的预期（2.3%）。从积极因素来看，《区域全面经济伙伴关系协定》（Regional Comprehensive Economic Partnership，RCEP）于 2022 年 1 月 1 日起对文莱、柬埔寨、老挝、新加坡、泰国、越南等 6 个东盟成员国和中国、日本、新西兰、澳大利亚等 4 个非东盟成员国生效，在这一协定推进下，我国区域贸易发展迅速，我国与东盟国家的外贸快速增长，预计 2023 年这一态势将持续得到快速发展；此外，随着我国疫情防控政策的实质性调整，预计我国与外部经贸往来将显著增加，有利于吸引外贸订单。综合考虑各方面因素影响，预计 2023 年我国货物贸易总体规模将持平略增，其中，货物贸易贷方或将持平略降，借方将保持小幅增长；货物贸易的商品结构、区域结构等结构性变化将持续深化；货物贸易整体将继续维持顺差格局。基于中国科学院预测科学研究中心课题组建立的宏观经济预测模型，预测 2022 年第 4 季度，我国国际收支口径的货物贸易贷方约为 5.9 万亿元，货物贸易借方约为 4.7 万亿元，2022 年全年我国国际收支口径的货物贸易顺差为 4.6 万亿元，比 2021 年增长约 1.0 万亿元。在全球经济不发生大规模衰退、我国本土疫情形势持续优化、人民币汇率保持基本稳定的基准情景假设下，预计 2023 年，我国国际收支口径的货物贸易顺差约为 4.8 万亿元，比 2022 年持平略增，其中，货物贸易贷方约为 23.6 万亿元，增速约为 4.6%；货物贸易借方约为 18.8 万亿元，增速约为 4.5%。在乐观情景下，即假设俄乌冲突尽快得到妥善解决，欧洲经济复苏超出预期，《中欧全面投资协定》有明显进展，RCEP 等拉动我国区域贸易快速增长，我国国内疫情在短期得到有效控制，经济信心明显恢复，经济循环有效修复，各项宏观经济调控政策传导畅通，国内经济稳定复苏，预

① World Trade Organization. Trade growth to slow sharply in 2023 as global economy faces strong headwinds. https://www.wto.org/english/news_e/pres22_e/pr909_e.htm，2022.

计 2023 年，我国国际收支口径的货物贸易顺差约为 5.5 万亿元，其中，货物贸易贷方约为 25.4 万亿元；货物贸易借方约为 19.9 万亿元。在悲观情景下，假设全球经济出现较大规模的经济衰退，国际资本和金融市场波动加剧，预计 2023 年，我国国际收支口径的货物贸易顺差约为 4.1 万亿元，其中，货物贸易贷方约为 22.5 万亿元；货物贸易借方约为 18.4 万亿元。

（二）服务贸易逆差同比收窄

2022 年，全球在疫情背景下持续放开经济，疫情对国际旅行的负向冲击有所缓解，受此影响，我国服务贸易的最大逆差项目——旅行项目的差额进一步缩减，服务贸易整体逆差规模有所下降。根据国家外汇管理局公布的我国国际货物和服务贸易数据，2022 年 1~9 月，我国服务贸易逆差累计 4 664.2 亿元，相比 2021 年小幅收缩 1.1%，但仅为 2016~2019 年均值（13 464.1 亿元）的 34.6%。从具体构成来看，如图 7 所示，受疫情影响，我国服务贸易差额各项目出现明显变化：与未发生疫情的 2019 年同期对比，2022 年 1~9 月，我国运输项目逆差为 708.4 亿元，仅为 2019 年同期（3 021 亿元）的 23.4%；旅行项目逆差为 5 289 亿元，仅为 2019 年同期（11 544 亿元）的 45.8%；类似地，我国服务贸易顺差项目如加工服务、维护和维修服务、建设等也受到疫情的冲击，与 2019 年同期相比，顺差规模有所下降。另外，与线上交易相关的服务贸易项目的差额则与 2019 年同期相比有所扩大，例如，保险和养老金服务逆差（958.8 亿元）比 2019 年同期（301 亿元）扩大 2 倍，知识产权使用费逆差（1 576.1 亿元）比 2019 年同期（1 454 亿元）扩大 8.4%；电信、计算机和信息服务顺差（875.7 亿元）比 2019 年同期（351 亿元）扩大 1.5 倍，其他商业服务顺差（1 985.9 亿元）比 2019 年同期（966 亿元）扩大 1.1 倍。

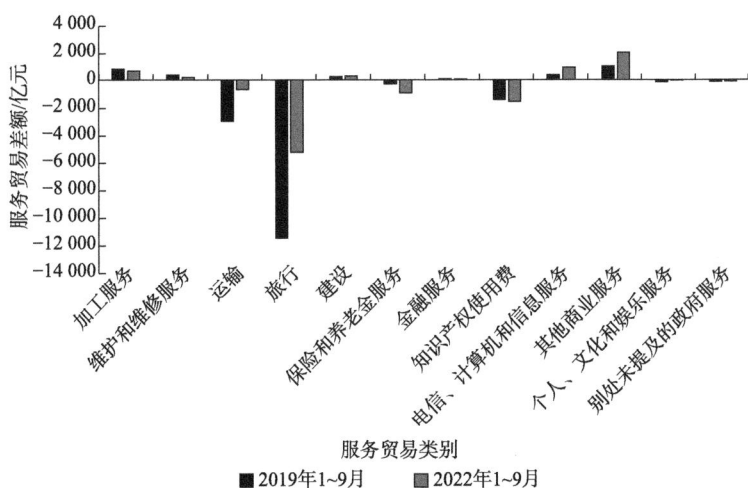

图 7　我国国际服务贸易差额分类别对比

资料来源：国家外汇管理局. 中国国际收支货物和服务贸易数据（BPM6，2015 年以后）.
http://www.safe.gov.cn/safe/zghyhfwmy/index.html，2022-11-02

服务贸易差额的大小受到服务贸易贷方和服务贸易借方两个项目变化的影响。从服务贸易贷方和借方来看，如图 8 和图 9 所示，2022 年 1~9 月，我国服务贸易贷方累计 18 565.3 亿元，相比 2021 年同期增长 21.4%，从主要项目来看，运输项目贷方为 7 699.3 亿元，比 2021 年同期增长 40.7%，其他商业服务项目贷方为 4 558.9 亿元，比 2021 年同期增长 14.4%，电信、计算机和信息服务贷方为 2 795.8 亿元，比 2021 年同期增长 17.1%，建设项目贷方为 674.0 亿元，比 2021 年同期减少 0.8%，旅行项目贷方为 469.6 亿元，比 2021 年缩减 14.6%。2022 年 1~9 月，我国服务贸易借方累计 23 229.5 亿元，相比 2021 年同期增长 16.1%，从主要项目来看，运输项目借方为 8 407.7 亿元，比 2021 年同期增长 38.7%，旅行项目借方为 5 758.6 亿元，比 2021 年同期增长 9.6%，主要是跨境留学支出有所增加，其他商务服务项目借方为 2 573.1 亿元，比 2021 年同期增长 3.4%，知识产权使用费借方为 2 258.9 亿元，比 2021 年同期增长 1.1%，电信、计算机和信息服务借方为 1 920.1 亿元，比 2021 年同期缩减 1.7%。整体来看，2022 年我国服务贸易贷方增长快于借方是导致 2022 年我国服务贸易逆差规模有所收窄的重要原因，这主要是疫情背景下前期趋势的延续：一方面，我国运输服务能力持续提升，运输项目贷方持平略增，但借方有所增长；另一方面，疫情激发了数字经济和线上经济的发展，与此相关的服务贸易项目都出现了不同程度的提升，这也对我国服务贸易格局产生了重要的影响。我国服务贸易发展将会继续提档升级。随着我国制造业与服务业深度融合以及服务业的数字化转型升级，计算机和信息服务等新兴生产性服务业正在为服务贸易注入新的增长动能。

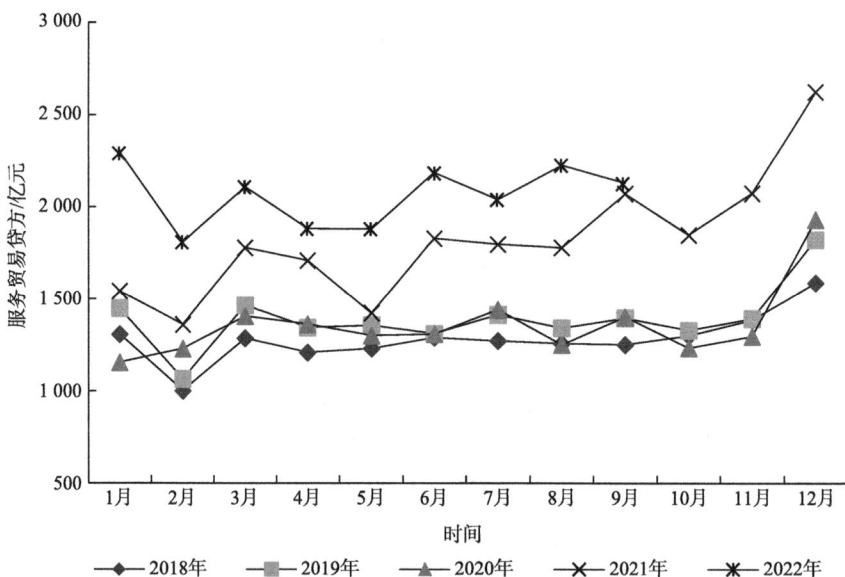

图 8　我国国际服务贸易贷方

资料来源：国家外汇管理局. 中国国际收支货物和服务贸易数据（BPM6，2015 年以后）.
http://www.safe.gov.cn/safe/zghyhfwmy/index.html，2022-11-02

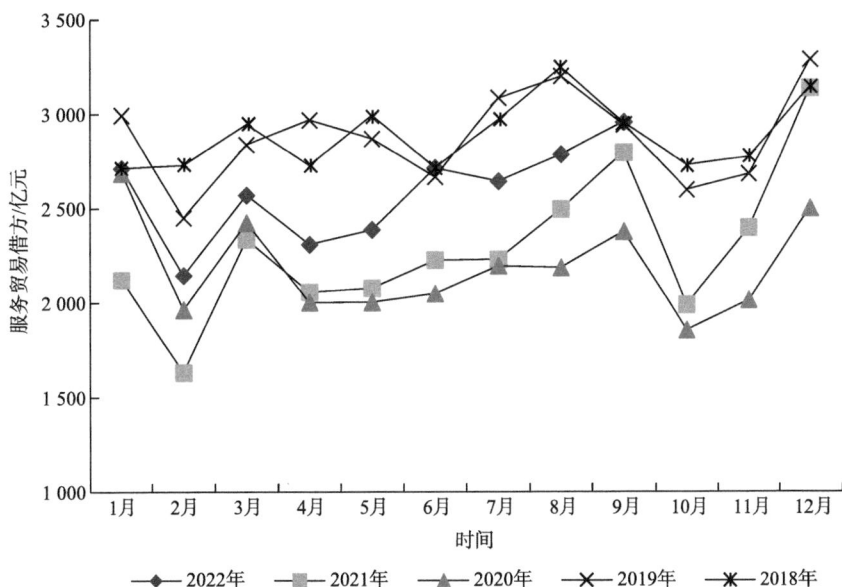

图 9　我国国际服务贸易借方

资料来源：国家外汇管理局. 中国国际收支货物和服务贸易数据（BPM6，2015 年以后）.
http://www.safe.gov.cn/safe/zghyhfwmy/index.html，2022-11-02

展望 2023 年，全球经济形势和疫情背景下我国经济的恢复进程仍是影响我国服务贸易发展的重要因素，具体来看：第一，疫情态势仍然会对我国所参与的线下国际经济活动产生持续冲击，但随着我国出入境管控措施持续放松，国际旅行和商务活动将明显恢复，预计 2023 年线下服务有望实现更快的增长。第二，受疫情影响，跨境的数字经济与线上服务业仍将持续快速发展。截至 2022 年 9 月，电信、计算机和信息服务的贸易规模已占我国服务贸易总规模的 18.8%，比 2021 年同期提升 6.5 个百分点，预计 2023 年这一增长态势仍将持续。第三，2022 年我国运输项目快速增长的态势有所放缓，预计 2023 年伴随全球外贸的衰弱，我国运输项目仍将维持小幅逆差态势。整体来看，预计 2023 年我国服务贸易结构将持续优化，线上经济服务贸易将进一步扩大，电信、计算机和信息服务业贸易规模和贸易顺差将实现双增。综合考虑各方面因素影响，在全球疫情逐步得到控制、国际经济社会活动缓慢渐进式恢复的假设下，预测 2023 年我国服务贸易结构将持续优化，线下经济服务贸易活动规模将持续扩大。具体来看，基于中国科学院预测科学研究中心课题组建立的宏观经济预测模型，预测 2022 年第 4 季度我国服务贸易贷方约为 0.59 万亿元，借方约为 0.81 万亿元，服务贸易逆差约为 0.21 万亿元，2022 年全年服务贸易逆差约为 0.65 万亿元，其中，服务贸易贷方约为 2.46 万亿元，服务贸易借方约为 3.11 万亿元。在全球经济不发生大规模衰退、疫情对经济的影响持续减弱的基准情景假设下，预计 2023 年我国服务贸易逆差约为 0.80 万亿元，其中，服务贸易贷方约为 2.57 万亿元，比 2022 年增长 4.5%；服务贸易借方约为 3.37 万亿元，增速 8.4%；预计 2023 年我国服务贸易结构将持续优化，电信、计算机和信息服务业等顺差项目的贸易规模和贸易顺差将实现双增。在乐观情景下，若疫情影响持续减弱，我国与国际经贸互动持续加强，预计 2023 年我国服务贸易贷方和借方将分别达到 2.68 万亿元和 3.48 万亿元；在悲观情景下，若全球经济出现大规模衰退，则预计 2023 年我国服务贸易贷方和借方将分别为 2.48 万亿元和 3.28 万亿元。

（三）直接投资将保持顺差

2022 年我国直接投资总体保持基本稳定，但下半年以来呈现流入下降的态势。根据国家外汇管理局公布的数据，如图 10 所示，2022 年前三季度我国直接投资净流入为 2 878 亿元。其中，从外国在华直接投资方面来看，2022 年前三季度，我国直接投资负债规模为 10 389 亿元，相比 2021 年同期缩减 4 488 亿元，减少幅度为 35.0%；从我国对外直接投资方面来看，2022 年前三季度，我国直接投资资产规模为 7 511 亿元，与 2021 年同期相比增加 1 867 亿元，增幅达 33.1%。展望 2023 年，预计我国直接投资总体将保持稳定，直接投资负债将小幅增长，跨境双向投资将呈现更加均衡的发展态势，直接投资保持顺差格局；国内营商环境持续改善，消费市场潜力巨大，将继续吸引外资来华投资兴业。同时，我国对外投资仍将保持合理有序的发展态势。基于中国科学院预测科学研究中心课题组建立的宏观经济预测模型，预测 2022 年我国国际收支口径下的直接投资净流入规模约为 0.62 万亿元，其中，直接投资资产规模约为 1.01 万亿元，直接投资负债规模约为 1.63 万亿元。2023 年，在全球经济不发生大规模衰退、我国对外疫情防控政策持续放松、本土经济稳定回升的基准情景假设下，预计我国国际收支口径下的直接投资净流入规模约为 0.69 万亿元，其中，直接投资资产规模约 1.06 万亿元，直接投资负债规模约为 1.75 万亿元。

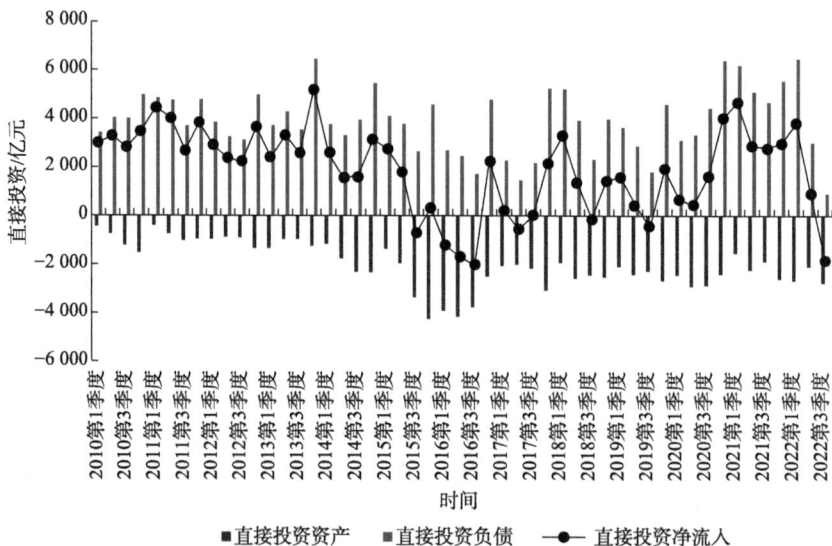

图 10　我国直接投资资产、负债与净流入

资料来源：国家外汇管理局. 中国国际投资头寸表. http://www.safe.gov.cn/safe/zggjtztcb/index.html，2022-09-29

三、2023 年中国跨境资金流动展望

国际收支平衡表基于复式记账原则和权责发生制记录国际经济贸易往来，实际的跨境资本流动需要基于收付实现制原则记录。我国境内银行代客涉外收入支出数据可以体现实际的跨境资本流动情况，具体项目和国际收支平衡表相似。由于跨境资金收付能够更加直接地反映国际收支对于我国跨境资本流动和人民币汇率的影响，这一部分主要基于跨境资金收付数据和结售汇数据分析我国 2022 年的跨境资金流动状况，并结合中国科学院预测科学研究中心建立的中国跨境资金流动监测预警指标体系，对 2023 年我国跨境资金流动状况进行展望。

2022 年，在复杂多变的外部环境下，我国外汇市场整体运行平稳，跨境资金流动和结售汇均保持平稳，整体呈现顺差格局。具体来看，2022 年以来，我国的跨境资金流动主要呈现以下特点：一是银行结售汇总体呈现顺差格局。根据国家外汇管理局公布的数据，2022 年 1~10 月，我国银行结汇为 144 471.5 亿元，比 2021 年同期增长 9.2%；银行售汇为 137 590.3 亿元，比 2021 年同期增长 15.0%；结售汇顺差为 6 881.2 亿元，比 2021 年同期缩减 45.8%。二是跨境资金总体呈现净流入。从银行代客涉外收付款数据来看，2022 年 1~10 月，我国银行代客涉外收入为 346 637.2 亿元，比 2021 年同期增长 10.4%；银行代客涉外支出为 342 742.6 亿元，比 2021 年同期增长 15.5%；银行涉外收付款顺差为 3 894.6 亿元，比 2021 年同期大幅下降约 1.35 万亿元。三是售汇率小幅上升，企业跨境融资保持平稳。2022 年 1~10 月，从银行代客售汇与银行代客涉外支出的比例这一衡量售汇意愿的指标来看，经常项目和货物贸易这两个科目下分别为 54.8% 和 55.9%，比 2021 年同期回升 3.0 个和 3.8 个百分点。四是跨境融资呈下降趋势，从外资融资来看，截至 2022 年 10 月末，我国企业等市场主体境内外汇贷款余额为 3 030.12 亿美元，与 2021 年同期相比下降 451.67 亿美元。五是结汇率稳中有降，外汇存款余额下降。2022 年 1~10 月，从银行代客结汇与银行代客涉外收入的比例这一衡量结汇意愿的指标来看，经常项目和货物贸易这两个科目下分别为 55.1% 和 55.6%，均比 2021 年同期下降 1.7 个百分点。从金融机构外汇各项存款余额来看，10 月末为 8 641.0 亿美元，同比下降 14.8%。在这样的背景下，我国外汇储备规模基本稳定，截至 2022 年 10 月末，外汇储备规模约为 30 524.3 亿美元，比 2021 年底下降 6.08%。2022 年以来，美元指数显著上涨，主要国家金融资产价格大幅下跌，外汇储备以美元计价，折算成美元以后金额就会减少，与资产价格变化等共同作用，是导致外汇储备账面价值变化的一个重要原因。

展望 2023 年，我国跨境资本流动有望保持总体平衡的态势，人民币资产在全球范围内具有稳定的投资回报和分散化投资价值，长期看国际投资者配置人民币资产意愿总体依然较强。首先，从影响跨境资本流动的基本面因素来看，预期 2023 年我国国民经济仍将继续保持恢复态势，尽管经济增速将有所放缓，但仍高于国际主要经济体增速，在良好的经济基本面下，预期我国国际收支将保持基本稳定，这为我国跨境资本

流动整体稳定奠定了良好的基础。其次，从影响跨境资本流动的预期因素来看，展望中长期，尽管疫情态势、中美关系等都面临较大的不确定性，但我国经济拥有足够的韧性和强大的潜力，经济稳定发展、长期向好的趋势不会发生改变，坚定推进对外开放的趋势也不会发生改变，同时，我国的货币政策也将保持稳健，这些都营造了良好的预期，有利于跨境资金流动保持稳定。2023 年，尽管主要经济体货币政策将整体偏紧，对全球流动性带来冲击，但对我国的影响将主要是间接的，一方面，预期 2023 年人民币汇率将继续保持双向波动的稳健态势；另一方面，受欧美货币政策收缩影响导致的资本回流对我国的影响将是有限的，更需要防范的是其他更加脆弱的新兴市场和发展中经济体可能受到冲击而带来的溢出效应。此外，我国不断加强监管体系建设，也为跨境资金流动的稳定提供了制度保障。总体看，未来国内经济持续恢复的趋势是确定的，继续扩大高水平开放的决心是坚定的，物价稳定等优势更加明显，制造业转型升级效果逐步显现，我国国际收支平衡的内在基础依然稳固，这也是我国外汇市场和人民币汇率稳定的根本支撑。

根据中国科学院预测科学研究中心构建的中国跨境资金流动预警指标体系，从表征当前我国跨境资金流动状况的一致合成指数来看，如图 11 所示，根据截至 2022 年 10 月的数据计算，2022 年我国跨境资金呈现明显的流出态势，2022 年 10 月，一致合成指数为 73.40。从具有 3~5 个月预警期的先行合成指数来看，2022 年 10 月，先行合成指数为 88.88，与 9 月相比下降 0.37，说明我国跨境资金的流出压力相对较大。预期 2023 年上半年，我国跨境资金流动将呈现出净流出态势，但预计这一态势将随着美联储加息步伐放缓而有所好转。

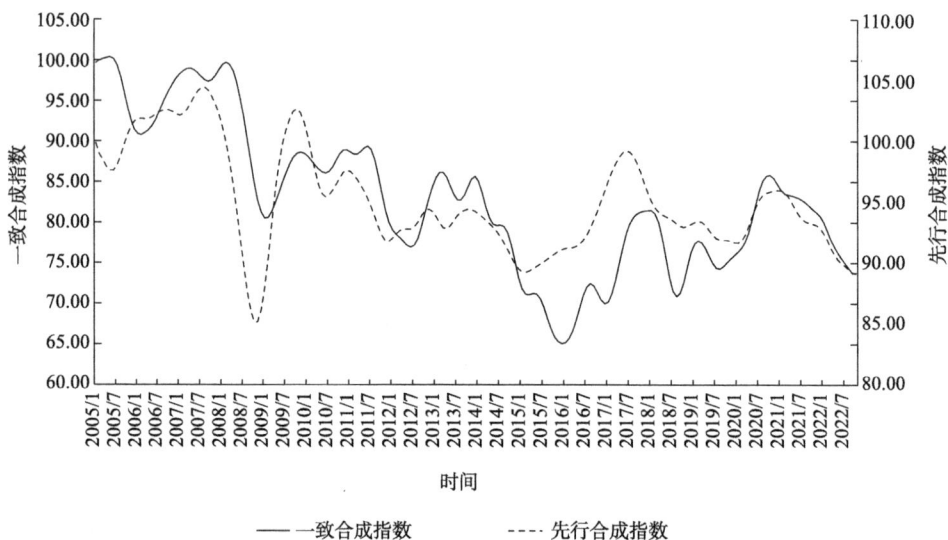

图 11　我国跨境资金流动预警合成指数

四、政 策 建 议

为了充分应对复杂严峻的国际经济形势，确保我国国际收支和宏观经济金融系统的稳定，提出以下政策建议。

一是新形势下加强我国跨境资金流动监测预警，坚持底线思维，密切关注国际市场，及时预研预判国际收支变化，降低发达经济体货币政策收缩对我国带来的不利冲击。在俄乌冲突和美联储货币政策都存在较大不确定性的背景下，全球经济形势复杂严峻，国际资本和金融市场波动加剧，跨境资金流动将更加频繁。若短期出现我国经济增长不及预期、疫情反弹等事件，或诱发投机资本流出，加大人民币贬值压力。因此，我国有必要防范跨境资本较大幅度、较高频率的流入或流出对我国经济带来的冲击。

二是积极推进以人民币为主导的高水平对外开放。以互利、共赢、合作的姿态，积极发挥我国在世界经济增长中的火车头作用，激发国际经济与我国经济的良性双向反馈。积极利用已经签订的 RCEP 和《中欧全面投资协定》等，扩大朋友圈，拓展深化贸易关系，构建开放型世界经济。促进外部循环建设，积极推进人民币跨境结算和人民币作为储备货币在区域经济伙伴的使用。积极推进相关制度建设，提升人民币结算的便利性，拓展境外人民币投资渠道，平稳推进人民币国际化，进一步降低我国对外经济活动风险，增强我国货币政策的自主性。

行业经济景气分析与预测

2023 年中国农业生产形势分析与展望

林　康　高　翔　杨翠红　陈锡康

报告摘要：2022 年，各地持续加大对粮食生产的支持力度，价格维持在较高水平，农民种粮积极性较高，全年粮食播种面积稳中有增；虽然单产水平受到自然灾害以及种植结构调整等因素的影响有所下降，但是全年粮食仍实现了增产丰收，粮食产量连续 8 年稳定在 1.3 万亿斤以上。2022 年全国粮食总产量 68 653 万吨，比 2021 年增加 368 万吨，增长 0.5%。谷物产量 63 324 万吨，比 2021 年增加 49 万吨，增长 0.1%。分季来看，全国夏粮总产量 14 740 万吨，比 2021 年增加 144.6 万吨，增幅 1.0%；早稻总产量 2 812 万吨，比 2021 年增加 10.7 万吨，增幅 0.4%；秋粮产量 51 100 万吨，增产 212.3 万吨，增幅 0.4%。棉花方面，2022 年全国棉花产量 597.7 万吨，比 2021 年增加 24.6 万吨，增长 4.3%。我国最大产棉区新疆播种面积下降 0.4%，但是气候条件总体较好，单产增长 5.5%，棉花总产量增长 5.1%；且新疆棉花产量在全国占比进一步提高至 90.2%，比上年提高了 0.7 个百分点。油料方面，预计 2022 年我国油料播种面积和产量将持平略增。

展望 2023 年，我们对粮食、棉花和油料的主要分析和预测如下。

第一，预计 2023 年，我国粮食播种面积可能将持平略增。如果天气正常，不出现大的自然灾害，疫情不再大规模暴发，且在中国粮食进口配额不出现大幅提高的情况下，预计 2023 年全年粮食将增产，其中夏粮增产，秋粮持平略增。

2023 年我国粮食生产既有有利因素的支持，同时又面临着一些不利因素的严峻考验。有利条件主要如下：在全球粮食产业链、供应链风险不断加剧的背景下，中央多次强调国内粮食安全的重要性；多地恢复重建基层供销社，为粮食生产销售提供保障；粮食价格持续上涨且存在翘尾趋势；预计小麦、稻谷将继续实行最低收购价政策等。以上因素将对粮农的种粮积极性有所刺激。此外，2022 年秋冬种进展总体顺利，夯实了 2023 年夏粮丰收基础；我国加快推进农业机械化向全程全面高质高效发展，农机装备结构持续优化，助推单产提高的同时降低种植成本。不利因素如下：大豆扩产可能部分挤占粮食播种面积；国际地缘政治冲突引发化肥及其原料价格大幅上涨，推高粮食生产成本；与此同时，"三重"拉尼娜事件可能影响 2022 年秋冬种及 2023 年夏粮生产。以上因素将为我国粮食生产带来负面影响。

第二，预计 2023 年我国棉花播种面积和产量均将持平略减。主要依据如下：非新疆棉区生产规模将进一步收缩，新疆棉区植棉面积已显现出增长乏力态势，总体植棉面积难以增长；棉花价格持续下跌，打击棉农的植棉积极性；RCEP 正式生效，棉花下游产品出口需求增加，有利于提高棉农植棉积极性。

第三，预计 2023 年我国油料播种面积增加，其中油菜籽播种面积略增，花生播种面积增加。如果后期天气正常，预计油料产量将有所增加。主要依据如下：中央及地方政府加大油菜种植的政策扶持力度，把扩种冬油菜作为 2022 年秋冬种的重中之重；良种良法配套机械化种植，为冬油菜扩种助添内生新动能；此外，油菜籽价格自 2022 年 7 月起的持续走高或将提高农户 2023 年种植积极性；花生价格震荡上涨，且部分花生主产省实施"保险+期货"项目试点，进一步保障了花生种植户收益的稳定性。

一、2022 年我国农业生产形势回顾

（一）2022 年我国粮食实现增产丰收，夏粮、早稻和秋粮均实现增产

2022 年，农业种植结构持续优化，粮食播种面积稳定有增，连续三年实现增长。尽管夏秋季节长江流域发生持续干旱，部分地区粮食生产受到负面影响，但是春播以来，大部分农区光热充足，北方地区干旱发生范围小、影响轻，暴雨洪涝、阴雨寡照等农业气象灾害和病虫害影响总体偏轻。总体来看，2022 年粮食生产稳定向好，全年粮食实现增产丰收，粮食产量连续 8 年稳定在 1.3 万亿斤以上。

分季看，2022 年夏粮、早稻和秋粮均增产。根据国家统计局发布的数据[①]，2022 年全国夏粮播种面积 39 795 万亩，比 2021 年增加 138.2 万亩，增长 0.3%；其中小麦播种面积 34 443 万亩，比 2021 年增加 76.2 万亩，增长 0.2%。全国夏粮单位面积产量 370.4 千克/亩，比 2021 年增加 2.3 千克/亩，增长 0.6%；其中小麦单位面积产量 394.2 千克/亩，比 2021 年增加 2.9 千克/亩，增长 0.7%。全国夏粮总产量 14 740.3 万吨，比 2021 年增加 144.6 万吨，增长 1.0%；其中小麦产量 13 577.3 万吨，比 2021 年增加 129.9 万吨，增长 1.0%。

国家统计局发布的全国早稻生产数据显示[②]，2022 年全国早稻播种面积 7 132.6 万亩，比 2021 年增加 31.5 万亩，增长 0.4%；全国早稻单位面积产量 394.3 千克/亩，比 2021 年减少 0.3 千克/亩，下降 0.1%；全国早稻总产量 2 812.3 万吨，比 2021 年增加 10.6 万吨，增长 0.4%。

2022 年，全国秋粮产量 51 100.1 万吨，比 2021 年增产 212.3 万吨，增长 0.4%[③]。从

---

① 国家统计局. 国家统计局关于 2022 年夏粮产量数据的公告. http://www.stats.gov.cn/tjsj/zxfb/202207/t20220714_1886369.html，2022-07-14；后根据甘肃、宁夏、新疆等部分地区小麦实际产量对全国夏粮数据进行了修正，详见：国家统计局. 国家统计局关于 2022 年粮食产量数据的公告. http://www.stats.gov.cn/tjsj/zxfb/202212/t20221209_1890914.html，2022-12-12.

② 国家统计局. 国家统计局关于 2022 年早稻产量数据的公告. http://www.stats.gov.cn/tjsj/zxfb/202208/t20220825_1887635.html，2022-08-26.

③ 国家统计局. 国家统计局关于 2022 年粮食产量数据的公告. http://www.stats.gov.cn/tjsj/zxfb/202212/t20221209_1890914.html，2022-12-12.

长势看，虽然 2022 年旱情在一定程度上影响了秋粮生产，但整体上影响有限。根据农业农村部农情调度[①]，2022 年南方 12 省（市）中稻、玉米等粮食作物因高温干旱受灾面积为 3 119 万亩，大多是丘陵岗地、"望天田"和部分灌溉区末端等没有灌溉水源条件的地块；受灾面积占南方秋粮的 6.1%，仅占全国秋粮的 2.4%，而南方未受灾的 4.8 亿亩秋粮有望弥补部分区域损失。相反，2022 年东北、黄淮海、西北地区光温水匹配较好，秋粮长势是近几年最好的。从面积看，各地严格落实粮食安全党政同责，强化耕地用途管制，一些地区通过退林还田、老旧果园套种、农田连片整治等方式，挖掘粮食面积潜力，加大政策支持力度，保障农民种粮收益，提高农民种粮积极性，秋粮播种面积稳中有增，超过 13 亿亩。2022 年，全国粮食再获丰收，为稳定宏观经济大盘、保持经济运行在合理区间提供了有力支撑，为应对复杂严峻的国际环境、战胜各种风险挑战奠定了坚实基础，为稳定全球粮食市场和食物安全做出了积极贡献。

（二）2022 年我国棉花播种面积稳中略降、产量增加，种植结构继续向新疆集中

总产方面[②]，根据国家统计局发布的数据，2022 年，全国棉花产量 597.7 万吨，比 2021 年增加 24.6 万吨，增长 4.3%。其中新疆棉花产量 539.1 万吨，比 2021 年增加 26.2 万吨，增长 5.1%，占全国总量的 90.2%，比上年提高 0.7 个百分点；其他地区棉花产量 58.6 万吨，比 2021 年减少 1.6 万吨，下降 2.7%。

面积方面，2022 年，全国棉花播种面积 4 500.4 万亩，比 2021 年减少 41.8 万亩，下降 0.9%，且棉花种植结构进一步向优势区域——新疆棉区集中。虽然新疆地区由于部分次宜棉区改种玉米、大豆等粮食作物，棉花播种面积比 2021 年下降 0.4%，但是其种植面积占全国比重提高至 83.2%，较上年提高 0.5 个百分点。其他棉区受种植收益和种植结构调整等因素影响，棉花播种面积下降 3.6%，自 2009 年以来连续 14 年下降。

单产方面，虽然长江流域在 2022 年 7~8 月出现持续高温干旱天气，对处于开花结铃期的棉花造成不利影响，部分缺乏灌溉条件的棉区单产有所下降，但是我国主要棉区新疆总体天气晴好，热量充足，降水适宜，棉花长势较好，棉花单产增加，因此全国棉花单产有所提高。2022 年，全国棉花单产 132.8 千克/亩，比 2021 年增加 6.6 千克/亩，增长 5.3%。其中，新疆地区棉花单产 143.9 千克/亩，比 2021 年增加 7.5 千克/亩，增长 5.5%；其他棉区单位面积产量 77.6 千克/亩，比 2021 年增加 0.7 千克/亩，增长 0.9%。

---

① 焦点访谈. 秋收时节好"丰"景. https://tv.cctv.cn/2022/11/16/VIDEb55vL21lHbJsgrV8YHxl221116.shtml，2022-11-16.
② 国家统计局. 国家统计局关于 2022 年棉花产量的公告. http://www.stats.gov.cn/tjsj/zxfb/.202212/t20221223_1891217.html，2022-12-26；国家统计局. 国家统计局农村司司长王贵荣解读棉花生产情况. http://www.stats.gov.cn/tjsj/sjjd/202212/t20221223_1891215.html，2022-12-26.

（三）2022 年我国油料播种面积、产量预计持平略增

油菜籽方面，首先如图 1 所示，自 2021 年 7 月以来油菜籽价格持续走高。截至 2022 年 12 月 25 日，油菜籽收购周均价为 6 667.5 元/吨，较 2021 年同期上升 10.4%。价格的持续走高或将大幅提高农户种植油菜籽的积极性。从单产看，自 2021 年秋播以来，主产区大部天气条件总体较好，油菜播期适宜，播种质量高、基础好，长势也好于 2020 年；经专家田间调查，夏收油菜籽亩株数、单株角果数、每果粒数、千粒重"四因素"呈四增态势，单产有望创历史新高。从面积看，预计 2022 年夏收油菜籽面积有望自 2015 年以来再次突破 1 亿亩[①]。综合来看，2022 年夏收油菜籽面积、单产、总产"三增"，据农业农村部油料市场分析预警团队估计，全年油菜籽总产有望达到 1 553 万吨，较 2021 年同期增长 5.5%[②]。

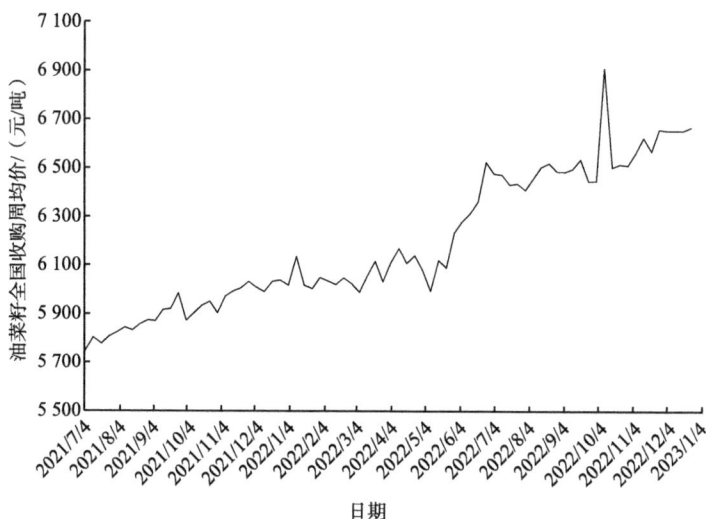

图 1 　2021 年 7 月到 2022 年 12 月油菜籽全国收购周均价走势图

资料来源：根据全国粮油价格监测系统（https://price.sinograin.com.cn/sinoprice/price.aspx）数据整理

分省来看，油菜种植大省的增产同样确保了全国层面油菜籽的增产。例如，四川省夏收油菜籽面积、单产、总产实现"三增"，根据预测，四川 2022 年收获油菜 2 016 万亩、油菜籽产量为 338.7 万吨，较 2021 年分别增加 4.0%、6.1%[③]。湖北省 2022 年油菜籽亩均产量为 154.46 千克，较 2021 年增长 9.61%[④]；夏收油菜面积预计达到 1 720 万亩，

[①] 新华网. 全年油菜八成到手，夏收油菜籽有望再超 1 亿亩. http://www.news.cn/fortune/2022-06/06/c_1128715837.htm, 2022-06-06.

[②] 重庆市农业农村委员会. 油菜种植收益向好，扩大面积恰逢其时. https://nyncw.cq.gov.cn/zwxx_161/ywxx/202211/t20221108_11273265.html, 2022-11-07.

[③] 四川省粮食和物资储备局. 新华社：产量面积实现 21 连增，解码四川油菜产业的崛起路径. https://lwj.sc.gov.cn/sclwj/spzb/2022/5/30/e0ea24ea 9378472daa4d211ccc79e25f.shtml, 2022-05-30.

[④] 湖北省发展和改革委员会. 单产增加 价格上涨 成本上升 收益增加－2022 年湖北省油菜籽生产成本收益分析. https://fgw.hubei.gov.cn/fbjd/xxgkml/jgzn/nsjg/cbc/gzdt/202207/t20220725_4233997.shtml, 2022-07-22.

较 2021 年扩大 80 万亩以上①。安徽省 2022 年全省油菜种植面积 590 余万亩,单产达 169.7 千克,较 2021 年 162.9 千克增加 6.8 千克,增幅 4.17%;总产为 100.12 万吨,增幅 9.9%②。湖南省 2022 年油菜籽产量为 243.82 万吨,增长 5.9%③。

综上,预计 2022 年我国油菜籽播种面积和产量双增。

花生方面,如图 2 所示,2021 年 7 月至 2022 年 11 月花生价格整体呈震荡上升趋势,加上花生在过去几年保持了较高收益水平,支撑了种植积极性。例如,河南省作为我国最大的花生种植省份,2022 年夏播基本结束时(截至 2022 年 6 月 28 日)夏播花生播种面积为 1 300 万亩左右,相比于 2021 年夏播基本结束时(截至 2021 年 6 月 22 日)增加了约 102 万亩,同比增长约 8.5%。虽然 2022 年出现了“南旱北涝”的现象,对花生播种面积和单产造成了一定影响,但是各级政府高度重视灾情,及时出台政策,有效缓解了灾情的影响。此外,品种更新、农机迭代助推了花生提质增效,在一定程度上保障了 2022 年花生生产。例如,2022 年河南省依托河南农科院选育的高油酸花生新品种和配套技术,在南阳、信阳等主产区示范推广,带动全省花生大面积均衡增产增效④。据农业农村部 2022 年 10 月 29 日消息,2022 年我国大豆油料扩种成效明显,花生、油葵等其他油料作物呈稳产态势。因此,预计 2022 年我国花生播种面积持平略增,产量持平。

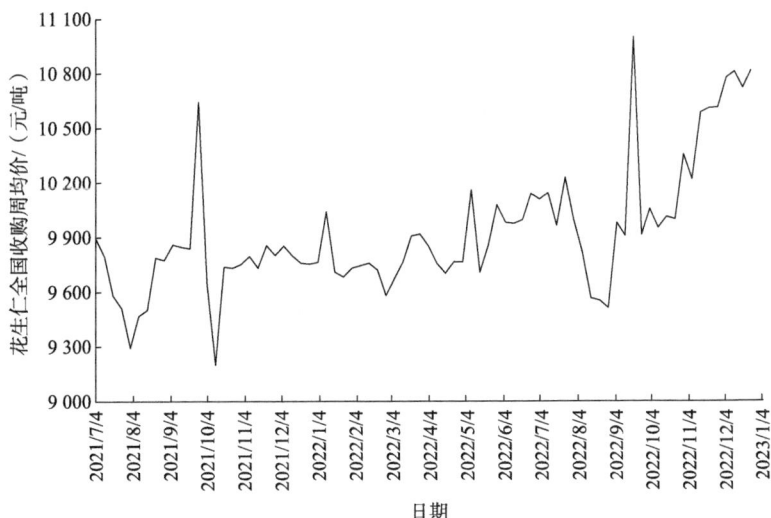

图 2　2021 年 7 月到 2022 年 12 月花生仁全国收购周均价走势图
资料来源:根据全国粮油价格监测系统(https://price.sinograin.com.cn/sinoprice/price.aspx)数据整理

综上,预计 2022 年我国油料播种面积、产量将持平略增。

---

① 湖北省粮食局. 2022 年湖北省油菜籽市场分析预测报告. http://lsj.hubei.gov.cn/fbjd/xxgkml/sjfb/lyxq/202205/t20220509_4119242.shtml,2022-05-09.

② 史力. 拎稳安徽人的“油瓶子”. http://www.moa.gov.cn/xw/qg/202207/t20220711_6404509.htm,2022-07-12.

③ 刘文杰. 2022 年上半年湖南省经济运行情况发布词. http://tjj.hunan.gov.cn/hntj/tpxw/202207/t20220717_27559531.html,2022-07-17.

④ 央视网. 在希望的田野上|新品种新技术带动增产增效 河南油料作物喜获丰收. http://news.cctv.com/2022/10/03/ARTI7lRvHKYxFEUYSrdYEyP9221003.shtml,2022-10-03.

二、2023 年中国农业生产形势分析与预测

（一）2023 年粮食生产形势分析

由于目前对农业生产的判断还缺乏资料，很多作物在 2023 年的种植趋势尚存在严重不确定性。初步预计 2023 年我国粮食播种面积持平略增。如果天气正常、不出现大的自然灾害，疫情不再大规模暴发，且在中国粮食进口配额不出现大幅提高的情况下，预计2023 年全国粮食将增产，其中夏粮增产，秋粮持平略增。

1. 2023 年中国粮食生产的有利条件

1）全球粮食产业链供应链风险不断加剧，倒逼国内对粮食安全的重视程度，中央多次从战略高度强调国内粮食安全的重要性，为我国粮食生产提供了一系列政策保障

近年来，诸如新冠疫情、俄乌冲突等国际重大突发事件频发，给全球粮食产业链供应链带来了巨大风险。例如，重大突发事件在生产环节导致劳动力和农资投入受限，进而直接制约粮食生产；在流通环节导致国际贸易中断，进而阻碍粮食生产和粮食需求的有效对接。粮食产业链供应链的风险进一步加剧了全球粮食危机。例如，在 2022 年世界粮食日到来之际，世界粮食计划署发出警告称[①]，随着全球粮食危机持续加深，越来越多的人陷入急性粮食不安全状态，而且情况日益严峻，世界可能再次面临创纪录的饥饿年；全球粮食危机是由气候冲击、冲突和经济压力等一系列危机共同导致的结果，仅在 2022 年的前几个月里，全球饥饿人口就从 2.82 亿激增到 3.45 亿。

在全球粮食产业链、供应链风险不断加剧的背景下，中央多次从战略高度强调国内粮食安全的重要性，为我国粮食生产提供了一系列政策保障。例如，党的二十大报告再次聚焦粮食安全，做出全方位战略安排，报告指出要全方位夯实粮食安全根基，全面落实粮食安全党政同责，牢牢守住十八亿亩耕地红线，逐步把永久基本农田全部建成高标准农田，深入实施种业振兴行动，强化农业科技和装备支撑，健全种粮农民收益保障机制和主产区利益补偿机制，确保中国人的饭碗牢牢端在自己手中。党的二十大为我国粮食政策指明了方向，也给粮食安全提出了更高的要求。考虑到 2023 年全球粮食紧缺形势可能更加严峻，粮食进口难度加大，预计国内粮食生产的政策支持力度将在 2023 年继续维持并加强。例如，农业农村部部长唐仁健 2022 年 10 月 24 日主持召开部系统干部大会，会议强调要盯紧抓实粮食安全乃至食物安全的全领域全过程全环节，要把学习贯彻二十大精神同谋划 2023 年和今后一个时期"三农"工作紧密结合起来，组织开展全局性、关键性、战略性重大问题研究。国务院副总理胡春华强调[②]，要深入学习贯彻党的二十大精

---

① 世界粮食日：粮食署呼吁采取行动，避免饥饿情况再创新高. https://news.un.org/zh/story/2022/10/1111412，2022-10-13.
② 胡春华强调：深入学习贯彻党的二十大精神 扎实抓好冬春农田水利建设和农业生产. http://www.gov.cn/guowuyuan/2022-11/01/content_5723223.htm，2022-11-01.

神，全面贯彻落实习近平总书记关于"三农"工作的重要论述。国家粮食和物资储备局局长丛亮表示[1]，加强粮食生产功能区建设，多措并举促进稳产增产，将粮食年产量保持在 1.3 万亿斤以上。综上，预计 2023 年中央及各地政府将继续为我国粮食生产提供一系列政策保障。

2）2022 年秋冬种进展总体顺利，夯实了我国 2023 年夏粮丰收基础

小麦占我国夏粮九成以上，秋冬种的面积和质量直接关系到次年夏粮产量。因此，各部门多次强调秋冬种的重要性，确保秋冬种高质量推进。例如，国务院副总理胡春华2022 年 11 月 1 日在京出席全国冬春农田水利建设暨秋冬"三农"重点工作电视电话会议时强调，要扎实抓好冬春农田水利建设和农业生产，为夺取 2023 年农业丰收奠定坚实基础；要不误农时抓好秋冬农业生产，稳定冬小麦播种面积，扩大冬油菜生产，确保完成扩种任务。农业农村部部长唐仁健也同样指出[2]，当前要毫不放松抓好秋收，保质保量完成秋种，高质量完成高标准农田建设任务。农业农村部种植业管理司副司长吕修涛表示[3]，2022 年小麦秋冬种的重点是稳面积、攻单产、提质量，要力争全国冬小麦面积稳定在 3.35 亿亩以上，力争产量稳中有增。

与此同时，在技术指导方面，据农业农村部 10 月 11 日消息[4]，农业农村部派出 3个工作组，分赴黄淮海、长江流域等 15 个冬小麦、冬油菜主产省，帮助解决地方在农资供应、政策落实、秋粮田管、秋冬农业生产、防灾减灾等方面面临的困难和问题，指导地方持续抓好秋粮后期田管，抢抓农时稳住冬小麦面积，夯实 2023 年夏粮丰收基础。

整体来看，2022 年，各地多措并举，积极推广良种良法，不断提升秋冬种质量，从全国范围来看，2022 年秋冬种进展总体顺利，呈现种得足、质量高、出苗好、结构优的特点。农业农村部农情调度显示[5]，截至 2022 年 12 月 6 日，全国冬小麦、冬油菜播种均已超过 99%。

3）2022 年粮食价格持续上涨且近年来种粮收益有所改善，对种粮积极性存在一定刺激

2021 年 11 月至 2022 年 12 月，粮食主产区的三种粮食价格如图 3 所示。俄乌冲突后小麦和玉米价格上涨幅度较大，虽然 2022 年 6 月下旬开始有所回落，但仍处于历史高位。2022 年 6 月 26 日，小麦和玉米全国收购周均价分别为 3 091.25 元/吨和 2 849.96 元/吨，相比 2022 年 2 月 6 日分别上涨 11.7%和 6.3%，此后小麦和玉米价格有所回落，至2022 年 8 月 28 日分别回落至 3 050.46 元/吨和 2 758.69 元/吨，相比于 2022 年 6 月 6 日分别回落 1.3%和 3.2%。稻谷价格受国际影响较小，整体呈现波动上升趋势，2022 年 12月 25 日粳稻全国收购周均价为 2 773.73 元/吨，相比于 2021 年同期增长了 0.9%。

---

① 二十大新闻中心第一场记者招待会. http://cpc.people.com.cn/20th/GB/448350/448419/index.html，2022-10-17.
② 农业农村部召开传达学习党的二十大精神干部大会强调 认真学习深刻领会全面贯彻党的二十大精神 为全面建设社会主义现代化国家作出三农贡献. https://www.moa.gov.cn/jg/leaders/lingdhd/202210/t20221025_6413874.htm，2022-10-25.
③ 人民网. 全国秋冬种已过九成 农业农村部：力争冬小麦面积稳定在 3.35 亿亩以上. http://finance.people.com.cn/n1/2022/1108/c1004-32561306.html，2022-11-08.
④ 农业农村部派出工作组开展"三秋"生产指导服务. https://www.moa.gov.cn/xw/zwdt/202210/t20221011_6413068.htm，2022-10-11.
⑤ 各地多措并举保秋冬季粮油作物安全越冬. http://www.gov.cn/xinwen/2022-12/06/content_5730346.htm，2022-12-06.

此外，近年来种粮收益有所改善。根据《全国农产品成本收益资料汇编 2022》，2021 年我国三种粮食（稻谷、小麦和玉米）的全国平均亩均现金收益为 692.68 元，比 2020 年增加 79.08 元，增幅为 12.89%；亩均净利润为 116.82 元，相比于 2020 年提高了 69.69 元，涨幅达到 147.82%。

综上，较高的粮食价格以及有所改善的种粮收益将刺激粮农种植积极性。

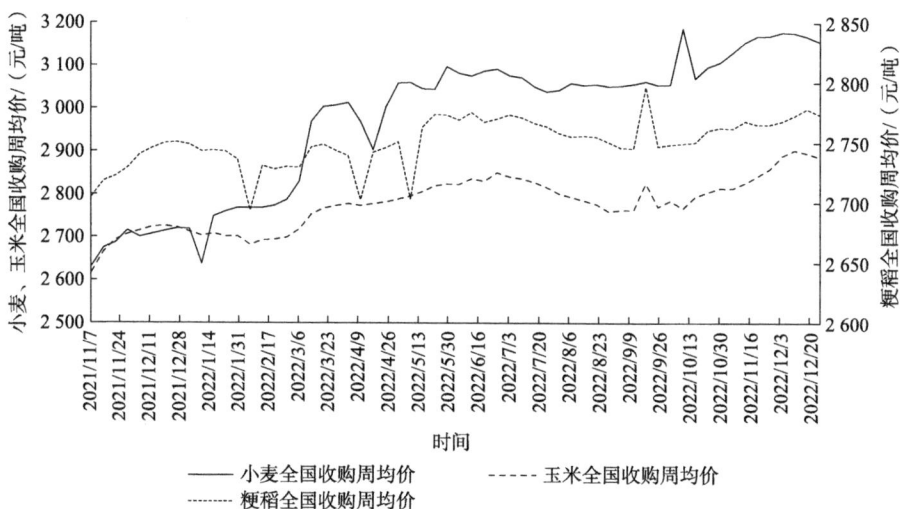

图 3　2021 年 11 月到 2022 年 12 月三种主要粮食全国收购周均价走势图
资料来源：根据中华粮网（http://price.cngrain.net/sinoprice/LPIndex.aspx?id=8）数据整理

4）小麦、稻谷将继续实行最低收购价政策

2022 年 9 月 30 日，国家发展和改革委员会公布 2023 年国家继续在小麦主产区实行最低收购价政策，综合考虑粮食生产成本、市场供求、国内外市场价格和产业发展等因素，经国务院批准，2023 年生产的小麦（三等）最低收购价为每 50 千克 117 元。相比 2022 年每斤提高了 0.02 元。预计 2023 年稻谷的最低收购价政策也将继续实行。

最低收购价的实行将保证农民种粮的基本收益，杜绝谷贱伤农，进而为粮农的种粮积极性打下一剂强心针。例如，2022 年中晚籼稻受到极端高温和干旱天气影响，单产和品质都出现不同程度下降，为切实保护种粮农民利益，部分省份启动了中晚稻最低收购价执行预案，有效保护了粮农生产积极性。此外，最低收购价的调整也将引导粮食价格合理上涨，进而更好地发挥市场机制作用，激发市场活力，引导粮食供给结构优化，使我国粮食生产更具竞争力，保障我国粮食安全。

5）多地恢复重建基层供销社，为农民提供便捷完善生产服务的同时，保障粮农种粮综合收益，提振粮农种粮积极性

2015 年 3 月 23 日，《中共中央、国务院关于深化供销合作社综合改革决定》（以下简称《决定》）指出，到 2020 年，把供销合作社系统打造成为与农民联结更紧密、为农服务功能更完备、市场化运行更高效的合作经济组织体系，成为服务农民生产生活的生力军和综合平台，成为党和政府密切联系农民群众的桥梁纽带，切实在农业现代化建设

中更好地发挥作用，而基层社是供销合作社在县以下直接面向农民的综合性经营服务组织，是供销合作社服务"三农"的主要载体，因此各地在落实《决定》时加强了基层供销社的重建工作。例如，截至 2021 年底，湖北省实施"基层社恢复重建工程"取得阶段性成果，基层供销社恢复重建至 1 373 个，基本实现乡镇全覆盖①。2019 年以来，宁夏供销合作社新改扩建乡镇级供销合作社 179 个、村级供销合作社 70 个，全系统基层社总数达到 249 个，乡镇供销合作社覆盖率由 2017 年的 56%提升至 92.7%，服务覆盖面达到 95%以上②。2021 年，重庆市累计建设或改造涉农乡镇基层社 805 个、覆盖率 100%，培育农村综合服务社 6 120 个，行政村覆盖率达 76%③。

在生产上，基层供销社能够最大程度地保障农民的农资供应。例如，近年来化肥价格相对较高，供销社能够发挥农资流通主渠道的作用，确保粮农在关键时刻买得到、买得起农资。此外，供销社能够以相对合理的价格销售农资，这将大幅降低农业生产成本。在销售上，基层供销社能够起到整合资源的作用，推进多种形式的产销对接。例如，农民生产的产品能够直接提供给基层供销社，由供销社销售给消费者，这样不仅能够减去中间环节，减少信息差和资源浪费，也有利于稳住农产品价格。

综上，我国基层供销社的不断重建能够为农民提供便捷完善生产服务的同时，保障粮农种粮综合收益，提振粮农种粮积极性。

6）农机装备结构持续优化，助推我国粮食单产水平提高的同时，降低种植成本

随着我国农业科技的不断发展，我国农业机械化转型升级取得明显成效。例如，国家发展和改革委农村经济司司长吴晓在 2022 年 9 月 28 日介绍，2021 年，我国农业科技进步贡献率达到 61%，农作物耕种收综合机械化率超过 72%，分别比 2017 年提高 3.5 个、6 个百分点。分品种来看，小麦、玉米、水稻三大粮食作物耕种收综合机械化率分别超过 97%、90%和 85%④。此外，在总量有保障的同时，我国农机装备结构持续优化；植保无人机目前保有量和作业面积已位居世界第一；北斗定位、远程监测、无人驾驶、精准作业等智能化技术加快应用于农业生产一线；2022 年有 60 多万台装有北斗导航的智能化农机投入"三秋"生产，联合收获机向大型化、智能化、多功能化升级换代⑤。

为加快推进农业机械化向全程全面高质高效发展，农业农村部于 2021 年 12 月 27 日印发了《"十四五"全国农业机械化发展规划》（以下简称《规划》）。《规划》一方面明确了"十四五"时期我国农业机械化发展八个方面的主要任务：着力提升粮食作物生产全程机械化水平、大力发展经济作物生产机械化、加快发展畜禽水产养殖机械化、积极

① 湖北基层供销社恢复重建至 1 373 个. https://www.hubei.gov.cn/hbfb/bmdt/202210/t20221017_4352904.shtml，2022-10-17.

② 宁夏供销合作社系统深化综合改革重点任务. http://nx.people.com.cn/n2/2022/1101/c192493-40177553.html，2022-11-01.

③ 重庆乡村振兴专报〔2021〕40 期 重庆市供销总社：夯实三大体系，助力乡村振兴. http://fpb.cq.gov.cn/zwxx_231/zqfp/202202/t20220221_10415327.html，2022-02-21.

④ 牢牢把住粮食安全主动权——以习近平同志为核心的党中央带领人民干好这件头等大事. https://news.cnr.cn/native/gd/sz/20220923/t20220923_526017970.shtml，2022-09-23.

⑤ 丰收中国 | 我国农机装备结构持续优化 智能化技术用于农业生产一线. https://news.cctv.com/2022/10/14/ARTIZ97C3ZrV4LtDNE5F1szI221014.shtml，2022-10-14.

推进农产品初加工机械化、加快补齐丘陵山区农业机械化短板、加快推动农业机械化智能化绿色化、做大做强农业机械化产业群产业链、切实加强农机安全管理。另一方面明确了发展目标：到 2025 年，全国农机总动力稳定在 11 亿千瓦左右，农作物耕种收综合机械化率达到 75%，粮棉油糖主产县（市、区）基本实现农业机械化，丘陵山区县（市、区）农作物耕种收综合机械化率达到 55%，设施农业、畜牧养殖、水产养殖和农产品初加工机械化率总体达到 50%以上。

《规划》为农业机械化带来了新的发展机遇，预计 2023 年我国农机装备结构将持续优化，在助推我国粮食单产水平提高的同时够降低种植成本，进而保障我国粮食安全。

2. 粮食生产的不利因素

1）种植结构调整背景下，大豆扩产可能部分挤占粮食播种面积

为强化国内自给能力，稳定油脂和饲料供给，我国自 2019 年实施大豆振兴计划以来，大力扩大大豆生产。短期来看，2021 年中央农村工作会议、2022 年中央一号文件强调，加快提高大豆和食用植物油自给率，下力气调整农业结构，千方百计扩种大豆油料，取得可考核的成效，确保 2022 年大豆和油料播种面积扩大 2 200 万亩以上[①]。中长期来看，农业农村部于 2021 年 12 月 29 日印发的《"十四五"全国种植业发展规划》指出，到 2025 年，推广大豆玉米带状复合种植面积 5 000 万亩（折合大豆面积 2 500 万亩），扩大轮作规模，开发盐碱地种大豆，力争大豆播种面积达到 1.6 亿亩左右，产量达到 2 300 万吨左右，推动提升大豆自给率。除政策影响外，价格方面如图 4 所示，2022 年以来我国大豆价格一直在高位运行，价格的持续走高同样可能提高农户种植大豆的积极性。

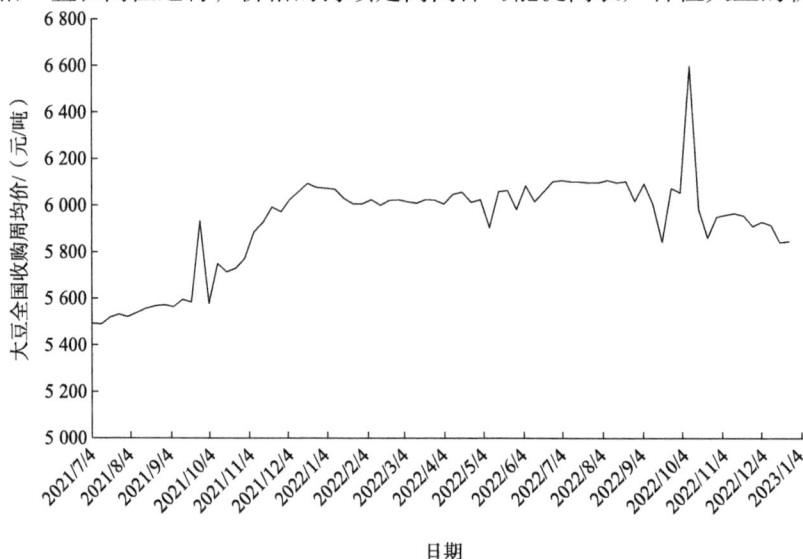

图 4　2021 年 7 月到 2022 年 12 月大豆全国收购周均价走势图

资料来源：根据全国粮油价格监测系统（https://price.sinograin.com.cn/sinoprice/price.aspx）数据整理

---

① 种植结构调整背景下，秋粮产量如何稳得住？https://www.moa.gov.cn/ztzl/ddymdzfhjs/mtbd_29066/wenzi/202211/t20221107_6414863.htm，2022-11-04.

然而，大豆是土地密集型产品，其扩产可能部分挤占粮食播种面积。虽然大豆玉米带状复合种植技术能够在玉米基本不减产的基础上实现增收一茬大豆，但目前该技术的大面积推广存在部分困难。例如，大豆和玉米适用的农机不同，不利于农业机械化生产；大豆和玉米的生长周期存在差异，不同作物之间可能互相干扰，进而增加种植和收获的难度；大豆和玉米分别为双子叶作物和单子叶作物，所适用的除草剂存在差异，相互之间可能造成农药药害。因此，在我国大力扩大大豆生产的背景下，大豆与粮食争地难以避免，从而可能对我国粮食生产带来一定负面影响。

2）化肥等农资价格高位运行，种粮成本攀升，挫伤粮农生产积极性

2022 年受俄乌冲突的影响，全球化肥和能源供应链受到严重冲击。例如，俄罗斯于 2022 年 3 月宣布暂停化肥出口，导致全球化肥供应总量锐减；西方国家对俄罗斯实施经济制裁和封锁，导致全球化石能源供给短缺。受供给短缺的影响，全球化肥和能源价格大幅上涨。由于我国化肥和能源进口依赖程度较高，受进口品价格变化的溢出效应较强，故 2022 年上半年我国化肥价格持续上涨。如图 5 所示，2022 年 6 月 20 日我国化肥综合批发价格指数为 3 698.39 点，相比于年初上涨了 23.1%。虽然在下半年化肥价格有所回落，但仍处于高位。整体而言，2022 年我国化肥价格高位运行，对农业生产造成了负面影响。

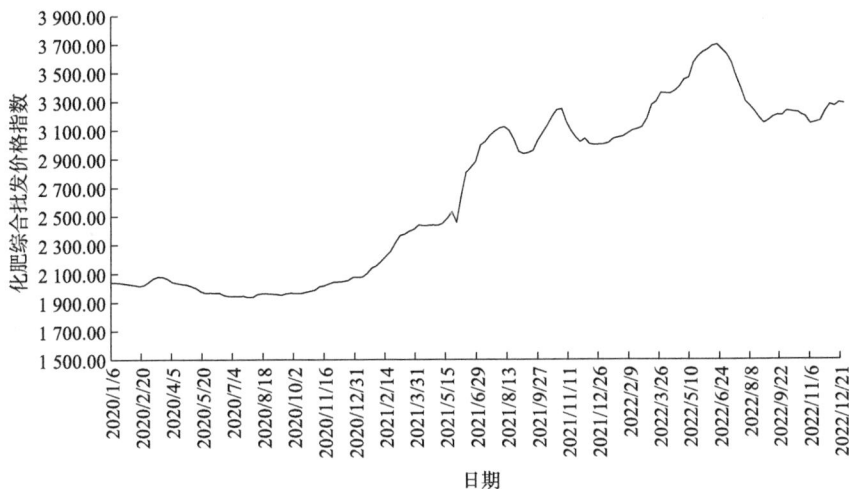

图 5 2020 年 1 月到 2022 年 12 月化肥综合批发价格指数走势图

资料来源：Wind 数据库

根据世界银行 2022 年 10 月发布的《大宗商品市场展望》，预计 2023 年能源价格将有所回落，但仍将比过去五年的平均水平高 75%。由于我国化肥等农资全球化程度较深，受全球能源价格影响较大，故预计 2023 年化肥价格将维持高位运行，种粮成本攀升将打击我国粮农种粮积极性。

3）气候条件变化为粮食生产带来负面影响

首先，据气象部门预测[①]，11 月沿长江中下游干流区域降水偏少 2~5 成，江南大部

---

① 国家减灾委员会办公室 应急管理部：发布 11 月份全国自然灾害风险形势. https://www.mem.gov.cn/xw/yjglbgzdt/202211/t20221101_425206.shtml，2022-11-01.

干旱仍将持续，出现夏、秋、冬连旱的可能性较大；11 月将有四次冷空气过程影响我国，西北地区东部、华北、东北地区可能出现低温雨雪；北方低温雨雪及南方持续干旱可能对农业生产带来不利影响。

其次，世界气象组织数据显示，已经持续较长时间的拉尼娜事件很可能会延续到2022 年底或更久，这将是 21 世纪首次出现"三重"拉尼娜事件。拉尼娜事件可能会使地区气候特征变得更加明显，导致干旱地区更加干旱、严寒地区更加严寒、雨带地区雨水更多。因此"三重"拉尼娜事件可能给秋冬种及 2023 年粮食生产带来不利影响。

（二）2023 年棉花生产形势分析

初步预计，如果天气情况正常，2023 年我国棉花播种面积和产量均将持平略减。主要可供判断的依据如下。

1. 非新疆棉区生产规模将进一步收缩，新疆棉区植棉面积已显现出增长乏力态势，总体植棉面积难以增长

非新疆地区棉花机械化率较低，人工采摘成本相对较高，棉农植棉积极性较低，从而棉花种植面积逐年减少。根据国家统计局数据，2012 年非新疆地区棉花播种面积为2 497.11 千公顷，到 2021 年减少为 522 千公顷，九年间减少了 1 975.11 千公顷，年平均减少率为 14.5%。预计 2023 年非新疆地区植棉面积将进一步下降。

新疆地区棉花规模化机械化程度较高，棉农单位种植成本较低，从而植棉面积逐年增加。根据国家统计局数据，2012 年新疆地区棉花播种面积为 1 862.51 千公顷，到 2021 年增长为 2 506.1 千公顷，九年间增加了 643.59 千公顷，年平均增长率为 3.0%。然而，在调减政策的影响下，新疆棉花播种面积已显现出增长乏力态势。例如，2021 年新疆棉花播种面积增幅仅为 0.2%。由于新疆地区的植棉面积边际增长已较难实现，所以全国总体植棉面积难以增长。

2. 棉花价格持续下跌，打击棉农的植棉积极性

2020 年国家发展和改革委员会、财政部印发的《关于完善棉花目标价格政策的通知》中指出，从 2020 年起，新疆棉花目标价格水平为每吨 18 600 元，同步建立定期评估机制，每三年评估一次，根据评估结果视情况调整目标价格水平。因此，2023 年新疆棉花目标价格将进行新的一轮评估，新的目标价相比于往年是升是降还未可知，部分棉农可能会持观望态度，进而影响植棉积极性。

此外，据农业农村部发布的《2022 年 7 月中国农产品供需形势分析》估计，2021~2022 年，下游纺织企业订单不足，原料需求疲弱，皮棉销售缓慢，市场普遍对后市持观望态度。因此，2022 年我国棉花价格大幅下跌。以我国 3128B 皮棉的价格为例（图 6），棉花价格自 2022 年 5 月 20 日的 22 105 元/吨，连续两个多月持续下跌，到 7 月 21 日棉花价格已跌至 15 739 元/吨，跌幅达到 28.8%。2022 年 7 月下旬之后棉花价格下跌幅度

虽然有所下降，但是整体而言仍处于波动下降阶段，且一直处于较低水平。因此，在价格的影响下，棉农植棉积极性可能受到较大冲击。

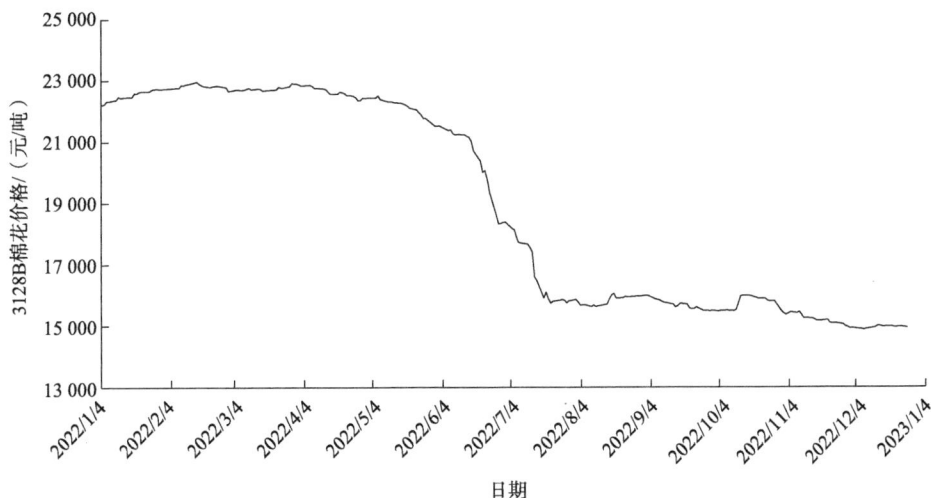

图 6　2022 年 1 月以来我国 3128B 棉花价格趋势图

资料来源：根据中国棉花协会（http://www.china-cotton.org/search）数据整理

3. RCEP 正式生效，棉花下游产品出口增加，但 2022 年棉花及下游纺织原料进口大幅下降，供需缺口可能刺激棉农的植棉积极性

2022 年 1 月 1 日，RCEP 正式生效，标志着全球人口最多、经贸规模最大、最具发展潜力的自由贸易区正式落地。RCEP 的签订一方面降低了纺织服装企业的出口关税，另一方面统一和规范了区域内贸易规则，提高了贸易便利化水平。因此 RCEP 的签订能够有效地促进我国纺织服装的出口。根据中国海关统计数据，2022 年 1 月至 11 月我国"纺织纱线、织物及其制品"和"服装"累计出口额分别为 1 368.7 亿美元和 1 418.1 亿美元，分别比 2021 年同期上涨 4.6%和 7.7%。随着 RCEP 不断深化，成员国间关税将不断降低，我国纺织服装的出口可能进一步扩大。

在我国棉花下游生产需求激增的同时，我国棉花进口却出现了大幅下降。根据中国海关统计数据，2022 年 1 月至 11 月我国"棉花"和"棉纱线"累计进口量分别为 177 万吨和 110 万吨，分别比 2021 年同期下降 12.2%和 44.4%。因此，预计短期内我国棉花将出现供需缺口，进而可能刺激棉农的植棉积极性。

（三）2023 年油料生产形势分析

预计 2023 年我国油料播种面积增加,其中油菜籽播种面积略增,花生播种面积增加。如果后期天气正常,预计 2023 年油料产量将增加,其中油菜籽产量略增,花生产量增加。主要判断的依据如下。

1. 中央及地方政府加大油菜种植的政策扶持力度，为 2023 年油料增产奠定了基础

在中央层面，早在 2022 年 9 月 23 日，农业农村部在农业农村领域防风险保稳定暨三秋农业生产推进视频会议中就强调，要努力稳定冬小麦、扩种冬油菜，夯实 2023 年夏季粮油丰收基础；各地要把扩种冬油菜作为 2022 年秋冬种的重中之重，层层压实工作责任，用好产油大县奖励、社会化服务等政策，采取系统性综合性措施，千方百计完成好扩种任务。国务院副总理胡春华 2022 年 11 月 1 日在全国冬春农田水利建设暨秋冬"三农"重点工作电视电话会议中进一步强调，要不误农时抓好秋冬农业生产，稳定冬小麦播种面积，扩大冬油菜生产，确保完成扩种任务；要将扩大油茶生产作为保障油料供给的重要举措，强化支持保障。农业农村部种植业管理司副司长吕修涛在 2022 年 11 月同样表示，2022 年，国家加大了轮作休耕、产油大县奖励、社会化服务等项目对扩种冬油菜的支持力度，充分调动农民油菜的种植积极性。此外，据农业农村部 2022 年 10 月 11 日消息，农业农村部派出 3 个工作组，分赴黄淮海、长江流域等 15 个冬小麦、冬油菜主产省，确保油菜扩种任务落实到田到地块，夯实 2023 年夏季粮油丰收基础。

与此同时，各级政府积极响应中央号召，层层压实油料扩种任务。例如，2022 年 11 月 8 日四川省召开全省小春生产现场会，会议指出，四川是油菜生产大省，国家下达四川省 2023 年油菜扩种任务 180 万亩，并将此项工作纳入粮食安全党政同责考核；各地要压紧压实责任，坚决完成油菜扩种任务，为国家油脂供给安全贡献更多的四川力量。2022 年 9 月 23 日湖南省农业农村厅召开了全省油菜扩种和秋冬种生产工作视频会议，会议要求，各地要深刻认识抓好 2022 年油菜扩种和秋冬种生产的重要性，立足落实国家油料安全战略、保障粮食安全和重要农产品保供的思想认识抓好秋冬种生产；要迅速层层落实油菜扩种任务，抓紧开展油菜播种前期准备工作，抓好旱情影响下的油菜播种育苗工作。2022 年 9 月湖北省下发《2022 年全省油菜秋冬播生产工作的通知》，要求各地实打实地调整结构，大力开发冬闲田扩种油菜，全面提高油菜产能，不折不扣完成目标任务。

2. 机械化程度加深、良种良法配套，为我国冬油菜扩种助添内生新动能

2022 年 9 月 26 日至 27 日，农业农村部农机化总站和油菜生产全程机械化专家指导组开展了油菜扩种机械化推进活动，湖北、湖南、安徽等 10 个油菜扩种重点省份参与，有效扩大了油菜生产机械化技术培训宣传推广效果，推动了农机农艺融合、良种良机良法配套。机械化程度加深以及良种良法配套一方面能够提高油菜生产效率，另一方面能够降低油菜种植成本，因此有助于提振农民种植积极性，进而为完成全国扩种油菜任务提供支撑保障。例如，央视新闻 2022 年 11 月 5 日报道，长江流域是我国冬油菜最集中的产区，面积和产量均占全国的 85%左右；2022 年秋冬种期间，新的育苗技术和农机装备有效助力了长江流域的冬油菜扩种。

3. 油菜籽价格的持续走高或将提高农户 2023 年种植油菜籽的积极性，但同时会受到成本增加带来的负面影响

如图 1 所示，2022 年 7 月以来，油菜籽价格持续上涨。截至 2022 年 12 月 25 日，油菜籽收购周均价为 6 667.5 元/吨，较 2021 年同期上升 10.4%。近期油菜籽价格的持续走高或将大幅提高农户 2023 年种植油菜籽的积极性。需要注意的是，油菜籽价格走高的同时，油菜籽生产成本也在增加，因此种植收益不容乐观，一定程度上制约了农民的种植意向。例如，湖北省对全省 21 个县市 172 户油菜籽种植户的 2022 年的成本收益情况进行调查后发现，湖北省 2022 年油菜籽亩均生产总成本为 913.98 元，较 2021 年 816.15 元增加 97.83 元，增幅达 11.99%。

4. 花生价格震荡上升，且部分花生主产省实施"保险+期货"项目试点，进一步保障了花生种植户收益的稳定性

花生方面，价格整体呈震荡上升趋势（图 2），农户种植积极性得到一定提振。根据中华粮网的数据，2022 年 12 月 25 日花生仁平均收购周均价为 10 813.43 元/吨，较 2021 年同期增长了 10.9%。此外，部分花生主产省实施"保险+期货"项目试点，推动花生保险由"保成本"逐步向"保价格""保收益"转变，进一步保障了花生种植户收益的稳定性。例如，河南、山东和辽宁是我国花生主产省份，2021 年三省花生播种面积和总产分别占全国的 47.0%和 53.8%。2022 年 8 月河南省 2022 年花生"保险+期货"项目试点正式启动；2022 年 10 月山东省 2022 年花生"保险+期货"收入险试点项目顺利启动；2022 年 11 月辽宁省花生"保险+期货"收入险试点项目顺利出单。当花生期货价格跌破约定的价格时，保险公司就能赔付种植户，而保险公司则通过与期货公司合作，增强抵御花生市场风险的能力。"保险+期货"项目的实施稳定了花生种植收益，提振了农户种植积极性。

三、政 策 建 议

1. 提前布局应对重大突发事件，维护粮食生产稳定性

近年来重大突发事件频发，为维护我国粮食生产稳定性，一方面建议提前布局应对重大突发事件的冲击。例如，加强大宗商品价格监测体系，及时捕捉价格异常情况，识别风险等级并制定应对预案，有效防范能源等大宗商品价格上涨对我国农资价格的影响。另一方面建议增加临时性农资补贴的同时加强对农业保险和农业再保险的推广和支持力度，降低重大突发事件对农资价格影响的同时增强农民种植收益的稳定性，从而稳定粮农种植积极性。

2. 加快农业数字化进程，完善粮食应急管理储备机制

进一步，为降低重大突发事件给国内粮食安全带来的风险，建议加快农业数字化进程，推动数字技术与粮食产业的深度融合，为粮食生产、销售、存储提供一体化服务。在农业数字化的基础上，建议进一步完善粮食应急管理储备机制，提升粮食应急保障能力。例如，在充实应急保障网点数量的同时，加大对重点粮食应急保障企业的扶持力度。具体而言，可以加大资金投入，提升粮食应急设施设备自动化、智能化水平，提高应急响应速度和效率。

3. 加强网络安全防范，降低数字化粮食产业链网络安全风险

随着农业数字化程度的不断加深，粮食产业链中的网络安全风险可能日趋严峻。因此，建议加强对网络安全风险的防范，降低网络攻击对我国数字化粮食产业链的威胁。具体而言，首先组织专家团队对数字化粮食产业链各环节进行网络安全性评估，全方位剖析我国粮食产业网络安全形式；其次加强相关人才培养，加快构建我国自主研发且稳定可靠的粮食产业网络安全环境；最后加大资金投入，着重加强薄弱环节、关键环节的网络安全建设。

4. 加快攻关技术难题，助推大豆玉米带状复合种植技术

在我国扩种大豆势在必行的背景下，玉米等粮食作物的播种面积可能被部分挤占。作为我国扩大豆的关键之举，大豆玉米带状复合种植技术能够在扩大豆的同时保障粮食播种面积。因此，建议加快推广大豆玉米带状复合种植技术。然而由于大豆和玉米两种作物在生产周期、适用的农机及除草剂之间的差异，目前大面积推广仍存在部分困难。因此建议：第一，加快培育新品种，特别地，加快培育出能够抵抗大豆除草剂的玉米新品种，进而解决复合种植过程中难以一体化除草的难题。第二，加快大豆玉米带状复合种植配套农机装备的研发，降低复合种植过程中机械化作业难度。此外，目前大豆玉米带状复合种植不确定较强，且农户需要购买新的农机设备，种植成本相对较高，因此建议增加对大豆玉米带状复合种植的补贴力度，调动农民采用大豆玉米带状复合种植技术的积极性。

5. 加快高标准农田建设，缓解极端天气频发等问题带来的负面影响

极端天气频发是威胁我国粮食生产稳定性的重要因素，而高标准农田建设及机械化和智能化的发展可以提升我国耕地抗灾能力，规模化和精细化的作业方式可以达到节水节肥减药的目的，进而充分提高农田可持续利用水平和综合生产能力，提升农业生产效率。因此，建议加快高标准农田建设，在高标准农田建设的基础上，加快耕地"宜机化"改造，提升机械化水平，大力发展农业科技，推动农业科技创新和体制创新，以高标准农田建设为抓手有效降低极端天气频发给农业生产带来的负面影响。

2022 年中国工业行业分析与 2023 年展望

曹 雷 陈 枫 成 晟 季 煦 林 卓 林文灿 刘水寒
尚 维 王修臻子 王 珏 汪正中 杨 昆 张 晓 郑 力

报告摘要： 2022 年，受新冠疫情、市场需求不振等因素影响，国内工业生产一度放缓，但从第 3 季度开始工业经济延续稳定恢复态势，总体发展韧劲持续显现。国家统计局数据显示，2022 年 1~10 月，全国规模以上工业增加值同比增长 4.0%，增速较 2021 年同期下降 6.9 个百分点。中国科学院预测科学研究中心构建的工业企业综合警情指数显示，2022 年 1~4 月，工业企业综合警情指数保持"正常"状态；5~9 月，受工业原材料价格和工业成本面临巨大上涨压力，工业企业综合警情指数一路走低，由"正常"状态转入"趋冷"状态。展望未来，我国经济长期向好的基本面没有变，工业生产仍有望实现稳步增长。鉴于当前国内外复杂多变的环境和形势，我们依照基准情景、乐观情景、悲观情景对 2023 年我国规模以上工业增加值增速进行预测。预测结果表明：预计 2023 年规模以上工业增加值增速在基准情景、乐观情景和悲观情景下分别为 6.8%、8.8%和 5.6%。

一、2022 年工业行业经济运行状况分析

2022 年，受新冠疫情、市场需求不振等因素影响，国内工业生产一度放缓，但从第 3 季度开始工业经济延续稳定恢复态势，总体发展韧劲持续显现。国家统计局数据显示，2022 年 1~10 月，全国规模以上工业增加值同比增长 4.0%，增速较 2021 年同期下降 6.9 个百分点。其中，10 月规模以上工业增加值同比增长 5%，增速较 9 月下降 1.3 个百分点，但仍快于 7 月和 8 月。分月来看，1~3 月的增长态势较为明显，各月均保持平稳增长，其中 2 月同比增长 12.8%；4 月同比下降 2.9%，5 月又恢复增长态势，且增速整体呈上升趋势。分三大门类来看，采矿业、制造业，以及电力、热力、燃气及水生产和供应业发展持续改善，三大门类均实现较快增长。2022 年 1~10 月，采矿业增加值累计同比增长 7.9%，制造业增加值累计同比增长 3.4%，电力、热力、燃气及水生产和供应业增加值累计同比增长 5.5%。分行业看，10 月，41 个大类行业中有 26 个行业增加值保持同比增长，总体保持稳定恢复态势。

2022 年 1~10 月，制造业采购经理指数（purchasing managers' index，PMI）有 4 个月位于荣枯线以上，6 个月回落至收缩区间，整体水平低于 2021 年同期，表明我国制造业景气水平与 2021 年相比有所回落，如图 1（a）所示。从供给端看，企业生产动力明

显不足。2022 年 1~10 月，生产指数有 4 个月位于扩张区间，6 个月处于收缩区间，低于2021 年同期，表明 2022 年制造业生产量环比趋于平稳减少态势，如图 1（b）所示。从需求端看，国内消费场景仍然受限，需求明显不足。2022 年 1~10 月，新订单指数整体相比2021 年呈现下降态势，表明制造业市场需求减少，如图 1（b）所示。可以看出，2022 年制造业生产和市场需求景气度均有所回落。同时，内外需呈现双双放缓态势，新出口订单指数和进口指数均呈现下降态势，表明外贸景气度下行。截至 2022 年 10 月，新出口订单指数和进口指数分别连续 18 个月和 17 个月位于荣枯线以下，如图 1（c）所示。2022 年1~10 月，主要原材料购进价格指数和出厂价格指数呈现先上升后大幅下降而后又回升的态势，并且分别于 7 月和 5 月降至荣枯线以下，9 月主要原材料购进价格指数又回升至荣枯线以上并连续两个月位于扩张区间，如图 1（d）所示。9~10 月，主要原材料购进价格指数的上升快于出厂价格指数，反映出企业面临的生产投入成本压力仍旧较大。

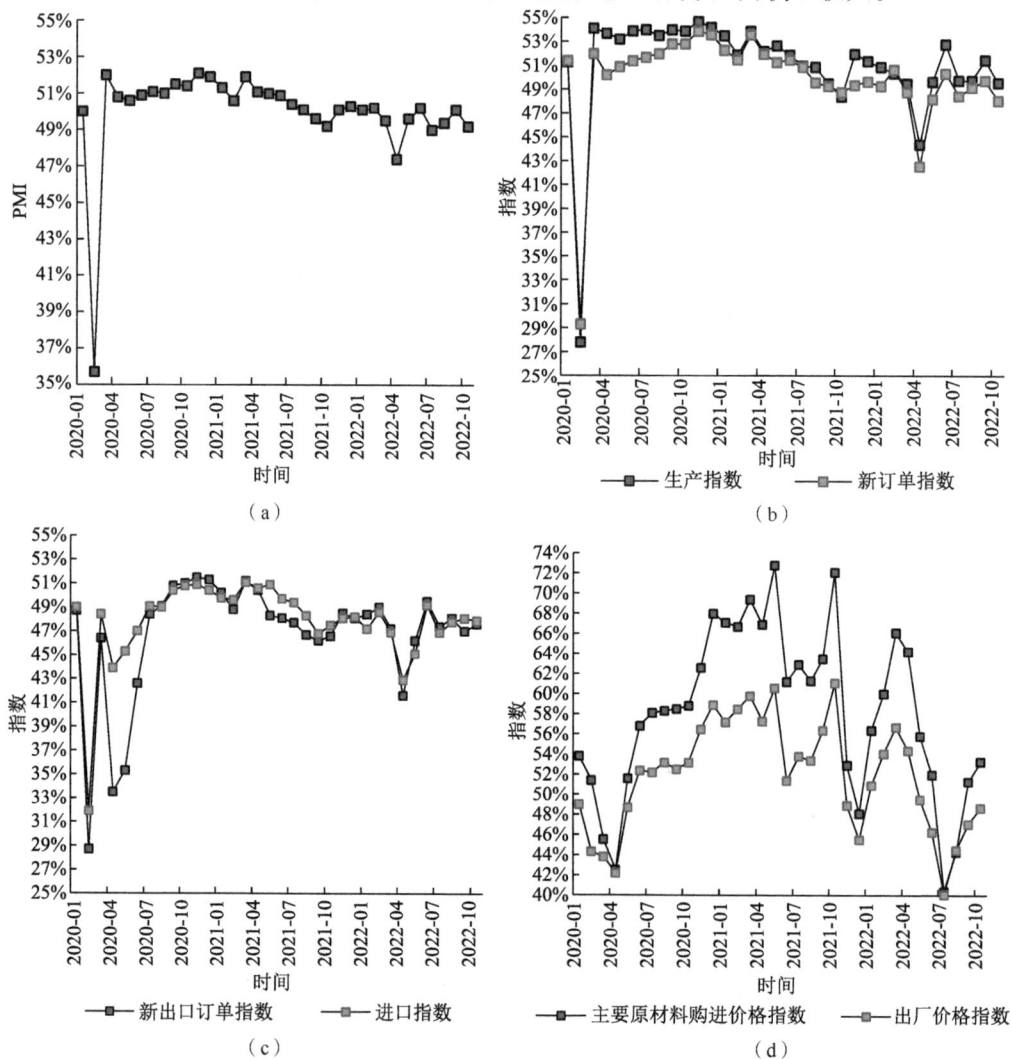

（a）

（b）

（c）

（d）

图 1　2020~2022 年制造业 PMI 和各类相关指数

资料来源：国家统计局

（一）营业收入与利润

2022 年以来，我国工业企业营业收入呈现持续增长态势。2022 年 1~9 月工业企业营业收入为 100.17 万亿元，同比增长 8.2%，较 2021 年同期增速下降 14.0 个百分点（图 2）。从年中趋势来看，第 1 季度增速较快，第 2 季度以来开始放缓。从行业来看，石油和天然气开采业，石油、煤炭及其他燃料加工业，电力、热力的生产和供应业，化工行业和有色金属冶炼及压延加工业营业收入在 2022 年 1~9 月增长较快，同比增速分别为 44.8%、21.8%、18.2%、15.2% 和 12.7%；汽车制造业和非金属矿物制品业营业收入在 2022 年 1~9 月增长较慢，累计同比增速分别为 6.7% 和 0.9%；钢铁行业营业收入较 2021 年同期水平有所下跌，累计同比下降 9.1%。

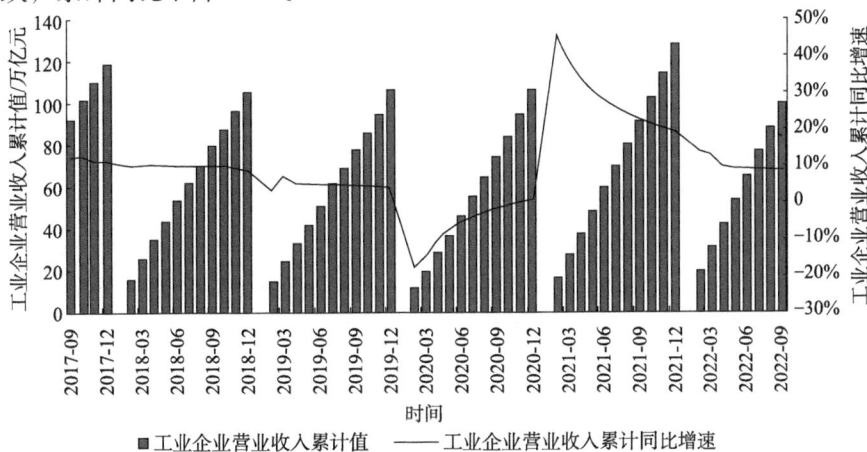

图 2　工业企业营业收入累计值及累计同比增速
资料来源：Wind 数据库

从工业企业利润总额来看，2022 年 1~9 月工业企业利润总额为 6.24 万亿元，同比下降 2.3%（图 3），低于 2021 年同期增速 47.0 个百分点。受俄乌冲突的影响，欧洲能源危机持续发酵，全球能源价格大幅上涨，石油和天然气开采业利润总额为 3 231.0 亿元，累计同比增速为 112.0%。与此同时，由于上游石油、煤炭等原料价格高企，叠加 2021 年高基数效应，石油、煤炭及其他燃料加工业利润较 2021 年同期水平显著降低，利润总额为 775.8 亿元，累计同比降低 67.7%；由于夏季用电需求增长，煤炭价格有所回落，电力、热力的生产和供应业利润累计同比增速在 9 月由负转正，利润总额为 2 828.8 亿元，累计同比增速为 11.4%。由于国内房地产市场疲软，项目开工率不及预期，国内钢材需求持续走弱，钢材价格持续走低，叠加上游燃料处于高位，钢铁行业利润较 2021 年同期水平大幅下跌，利润总额为 313.0 亿元，累计同比降低 91.4%。由于原料燃料价格高企，有色金属冶炼及压延加工业利润总额为 1 919.9 亿元，累计同比降低 14.4%。由于国内新冠疫情反复，产业链供应链波动，上游原料锂价格上涨，汽车制造业利润总额为 3 706.8 亿元，累计同比降低 1.9%。受"双碳"目标的推动，光伏、锂电等新能源产业上游化工原材料需求持续走强，化工行业利润小幅上升，利润总额为 5 909.2 亿元，累计同比增长 1.6%。由于原材料价格高企，非金属矿物制品业营业收入上涨但利润减少，利润总额为 3 367.5 亿元，累计同比降低 10.5%。

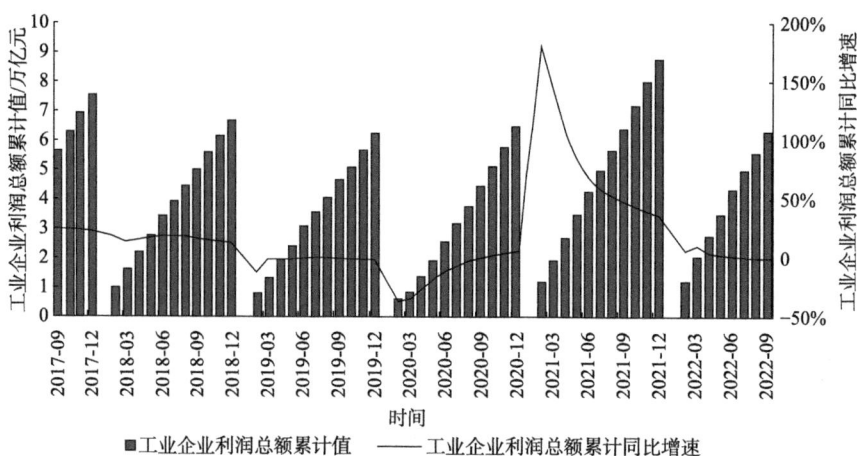

图 3 工业企业利润总额累计值及累计同比增速
资料来源：Wind 数据库

综合来看，2022 年 1~9 月，我国工业企业营业收入有所增长但利润总额小幅降低，企业生产经营成本仍然较高。长期来看，全球经济增长放缓，通胀压力较大，世界多国央行大幅加息导致流动性紧缩。国内新冠疫情反复，大宗商品市场原材料价格高企，产业链供应链不稳定仍对企业生产经营构成挑战。预计 2023 年工业企业利润增速仍可能出现一段时间的负增长，之后将呈现温和修复态势，全年利润总额累计同比增速为-1.8%~3.2%。

（二）第二产业固定资产投资

随着全国各地区积极应对新冠疫情冲击，把扩大有效投资作为稳定经济发展的关键举措，推动项目尽快开工建设，加快设备更新改造贷款投放，我国第二产业固定资产投资平稳增长。2022 年 1~9 月，我国第二产业固定资产投资完成额累计同比增速为 11.0%，但进入秋季后，在多地新冠疫情反弹的影响之下，国内经济修复的速度再度出现小幅回落，9 月固定资产投资完成额累计同比增速较 2021 年同期下降 1.2 个百分点（图 4）。

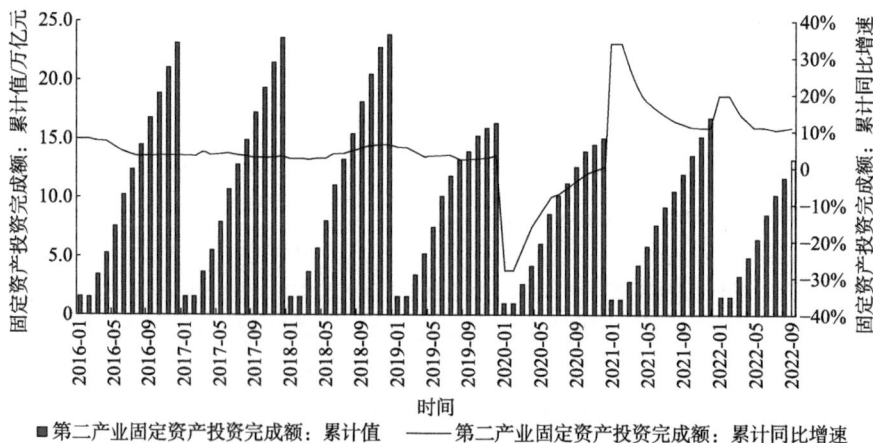

图 4 第二产业固定资产投资完成额累计值及累计同比增速

2022 年服装行业整体维持弱复苏趋势，1~9 月服装行业固定资产投资完成额累计同比较 2021 年同期上涨 27.7 个百分点。随着疫情防控取得明显成效，重点复工复产企业的有序部署，疫情对产业链、供应链的影响得到有效控制，与出口相关的汽车制造业的投资增速呈现明显反弹。2022 年 1~9 月汽车行业固定资产投资完成额累计同比均为正值，比较 2021 年同期上涨 19.2 个百分点。2022 年我国煤炭产量稳步增长，且保供稳价政策频出，电力、热力生产和供应业固定资产投资完成额累计同比较 2021 年同期上涨 16.3 个百分点，煤炭开采和洗选业固定资产投资完成额累计同比较 2021 年同期上涨 21.8 个百分点。2022 年有色金属工业运行整体呈现回稳向好势头，行业固定资产投资完成额累计同比较 2021 年同期上涨 3.1 个百分点。

由于国内多地疫情出现反复，2022 年不少细分行业的固定资产投资增速较 2021 年有所放缓。化工行业综合景气指数有所下降，同时部分细分行业投资增速放缓，2022 年 9 月固定资产投资完成额累计同比较 2021 年同期持平。非金属矿物是支撑国民经济发展的基础性原材料，2022 年非金属矿物制品业需求下降，固定资产投资完成额累计同比较 2021 年同期下降 4.3 个百分点。装备制造业是制造业投资的重要支撑，计算机、通信和其他电子设备制造业固定资产投资完成额累计同比较 2021 年同期下降 4.5 个百分点。石油行业固定资产投资完成额累计同比较 2021 年同期下降 11.2 个百分点。随着钢厂生产规模同比扩大，供应压力有所显现，需求释放不及预期下市场供需矛盾显现，2022 年 1~9 月，钢铁行业固定资产投资完成额累计同比较 2021 年同期下降 14.1 个百分点。后疫情时代医药行业发展逐渐回归常态，固定资产投资完成额累计同比较 2021 年同期下降 7.5 个百分点。

综合来看，我国经济正逐步回暖，工业发展稳中向好，受 2022 年末基数及"能耗双控"的影响，2022 年四季度固定资产投资增速将有所放缓，预计 2022 年第二产业固定资产投资完成额累计同比增速在 10%左右。长期来看，"双碳"目标推动产业结构转型，新冠疫情仍存在反复风险，对工业发展带来不确定性，预计 2023 年第二产业固定资产投资完成额累计同比增速为 7.2%~9.2%。

（三）工业企业出口交货值

2022 年以来我国出口保持稳定增长，主要得益于国内经济活动企稳回升、外贸经营主体继续保持较大活力、外贸结构和区域布局持续优化，以及稳经济一揽子政策和接续措施落地显效，但全球疫情仍在持续，国际地缘政治冲突加剧，世界经济和全球贸易增长动能减弱，人民币汇率持续波动，我国外贸发展面临的不稳定、不确定性因素依然较多。2022 年 1~9 月，我国工业企业出口交货值累计同比增速为 9.5%，较 2021 年同期下降了 9.9 个百分点（图 5）。

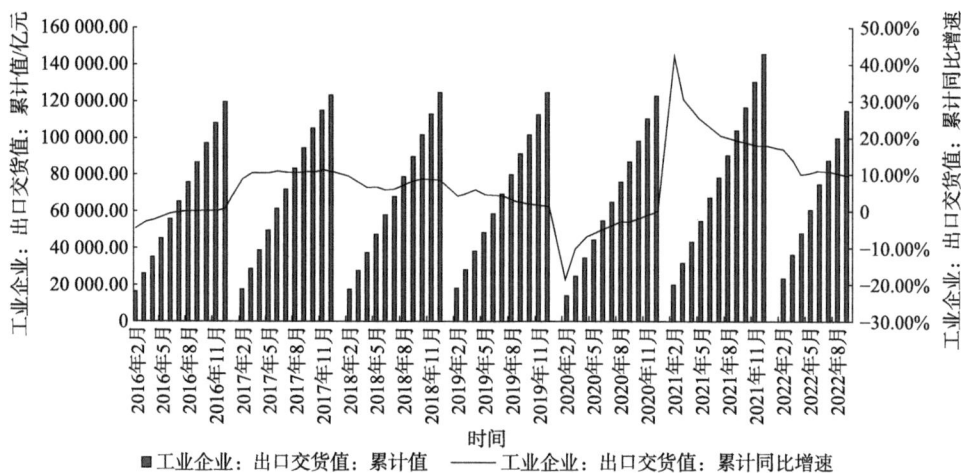

图 5　工业企业出口交货值及累计同比增速

资料来源：Wind 数据库

　　分行业来看，重点商品出口强劲，出口增长动能较足。2022 年 1~9 月，主要出口行业均实现稳定增长。在俄乌冲突加剧致使欧洲能源溢价的背景下，中国廉价能源具有极大竞争力，燃料加工业、化学制造业的出口交货值累计同比分别增长 38.1%和 33.3%，延续了 2021 年良好的增长势头，有力支撑了全球产业链、供应链的顺畅运转；汽车、纺织、电力行业分别增长 25.6%、11.1%、9.7%。由于越来越多的国家逐步放开疫情管控，医药制造业出口不再延续过去两年的增长势头，累计同比增速下降 20.3%，较 2020 年同期下降 90.5 个百分点。此外，由于煤炭的供需比较紧张，能源行业出口受到较大影响，煤炭开采和洗选业的出口交货值累计同比增速降至-62.0%。

　　综合来看，在美联储激进加息的背景下，市场对全球经济衰退的预期在不断加剧，而欧美地区的高通胀进一步导致服务业需求受阻，发达经济体需求明显走弱。除此之外，价格贡献转弱和高基数效应也将对出口增速形成拖累，而人民币汇率贬值也并不一定会对出口形成显著支撑。2022 年第 4 季度，出口增速下行压力或将延续，但全年仍有望保持增长态势，预计 2022 年工业企业出口交货值累计同比增速在 7%左右。长期来看，我国经济向好的基本面没有改变，出口稳增长态势进一步巩固，但国际地缘政治冲突不断、全球经济增速放缓、制造业供应链不稳定；国内"双碳"目标继续影响工业生产，我国出口面临的不稳定因素依然很多，预计 2023 年工业企业出口交货值增速进一步走弱，但下行速度可控，累计同比增速为 3.1%~5.3%。

（四）工业产成品存货

　　随着工业需求开始好转，企业生产逐渐恢复，企业存货累计同比整体呈现波动上升的走势。2022 年 1~9 月，我国工业企业产成品存货金额累计同比增速为 13.8%，高于 2021 年同期 0.1 个百分点（图 6）。2022 年 1~4 月，企业产存货累计同比增速逐月上升，被动补库存程度进一步加深，自 5 月起逐步向主动去库存阶段过渡。由于欧美等发达国家需求加速回落，出口价格下行导致出口增速放缓，叠加国内内需依旧薄弱等需求端低迷因素，主动去库存的节奏或进程相对较慢，当前企业去库压力较大。

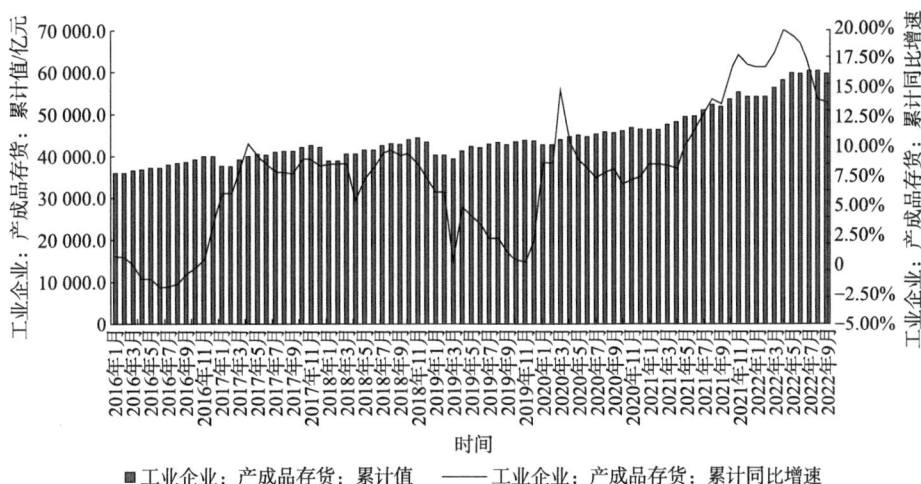

图 6　工业企业产成品存货累计值及累计同比增速

资料来源：Wind 数据库

分行业看，不同行业之间差异性较大。受疫情影响，2022 年消费和制造业投资仍位于低位，而国际大宗商品价格高位运行，在一定程度抑制了国内需求恢复。化工行业、有色金属行业、煤炭开采行业、非金属制品行业等上游产业的产成品存货企业，自 2022 年以来主要处于被动补库存阶段，当前库存增速处于相对高位。其中化工行业上升速度最快，2022 年 1~9 月累计同比增速为 24.3%，较 2021 年同期上升 5.6 个百分点；有色金属行业 2022 年 1~9 月累计同比增速为 17.8%，较 2021 年同期回落 1.4 个百分点；煤炭开采业和非金属制品行业累计同比增速分别为 17.5%、11.4%，比 2021 年同期分别上升 22.5 个、1.0 个百分点。随着油价震荡回落，石油和天然气开采业等产成品存货累计同比较 2021 年呈现整体回落态势，2022 年 1~9 月石油和天然气开采业产成品存货累计同比增速上升 11.2%，较 2021 年同期下降 1.9 个百分点。

2022 年前三季度，国内不断优化疫情防控举措和疫苗的普及一定程度拉动了居民消费欲望，带动了相关企业补充库存的意愿，与居民生活相关的纺织业、服装行业、汽车制造业及计算机行业产成品库存 2022 年主要处于主动补库存阶段。2022 年 1~9 月，纺织业和服装行业产成品存货累计同比增速分别为 11.8% 和 6.0%，高于 2021 年同期 8.3 个和 1.8 个百分点，而汽车制造业和计算机行业累计同比增速分别为 15.6% 和 17.1%，较 2021 年同期上升 7.7 个和 5.3 个百分点。由于新冠疫情仍在国内反复，叠加我国城镇化加速拉动医疗卫生需求，医药制造业补库存动力强劲，库存水平和上年相比有所回升，2022 年 1~9 月累计同比增速为 7.2%，较 2021 年同期上升 4.3 个百分点。

综合来看，企业补库存背景下产能利用率稳步回升，制造业企业扩张意愿有所加强，使得制造业企业投资随之回升，目前企业主动去库的预期已经初步形成，但受国内外复杂形势影响，当前去库压力较大，并且从产成品库存大周期来看，补库到去库阶段仍需一段过渡期，预计 2022 年企业产成品存货累计同比在 11%左右。长期来看，未来欧美需求可能有所回升，随着国家保供稳价的推进，工业库存消耗对冲供给约束，主动去库存的趋势或将更加凸显，预计 2023 年企业产成品存货同比增速会在 8.5%~11.0%的区间内浮动。

（五）工业企业资产负债率

2022 年 1~9 月，我国工业企业资产负债总体情况较上年有所恶化。从工业企业资产和负债的整体增长情况来看，2022 年 1~9 月，工业企业资产累计同比增速与负债累计同比增速差值持续下降，9 月末下降至-0.4%，表明当前工业企业负债增速高于资产增速（图 7）。1~9 月，全国规模以上工业企业实现利润总额为 62 441.8 亿元，同比下降 2.3%，利润水平的降低是导致资产增速不及负债增速的一大原因。

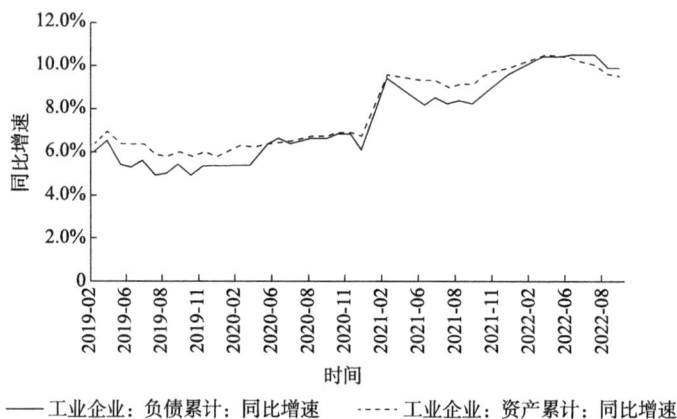

图 7　工业企业负债累计同比增速与工业企业资产累计同比增速

资料来源：Wind 数据库

从工业企业资产负债率来看，2022 年 1~9 月工业企业资产负债率有所上升，从年初的 56.3%上升至 9 月末的 56.80%（图 8）。9 月工业企业资产负债率为 56.80%，同比上升 0.2 个百分点。从各行业数据来看，大部分行业的资产负债率都在合理区间内稳定波动。1~9 月，资产负债率高于 60%的行业有煤炭行业、有色金属行业、钢铁行业、汽车制造业，以及电力、热力的生产和供应业等。由于 2022 年钢材价格较 2021 年下降显著，同时叠加燃料价格高企，故钢铁行业效益明显下滑。2022 年 1~9 月，钢铁行业规模以上企业利润总额为 313 亿元，同比下降 91.40%，成为钢铁行业资产负债率不断上升的主要原因之一。同期，汽车制造业利润同比下降 1.9%，导致其资产负债率持续上升，9 月达到 60.73%，为近 10 年最高水平。

由于煤炭价格较 2021 年大幅上升，煤炭行业保持较高景气度。2022 年 1~9 月，煤炭行业实现利润为 7 845.5 亿元，同比增长 88.8%，推动行业资产负债率不断下降，9 月已下降至 60.35%，为 2018 年以来的最低水平。1~9 月，医药制品业资产负债率也不断下降，9 月资产负债率降至 39%。其余大部分行业，如计算机行业、橡胶和塑料制品业、

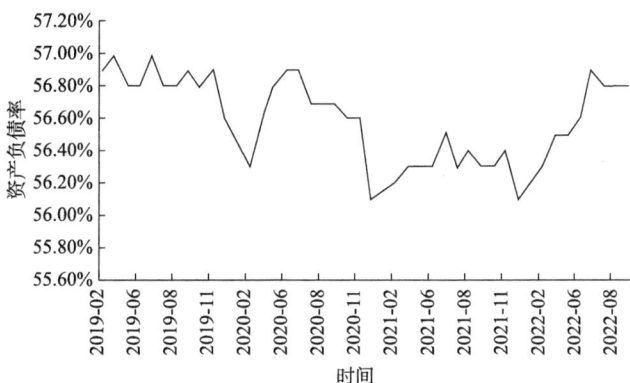

图 8　工业企业资产负债率

资料来源：Wind 数据库

服装行业和非金属矿物制品业等资产负债率基本落在 50%~60% 的合理区间，企业经营状况较为稳定。

二、工业行业综合警情指数与景气信号灯

中国科学院预测科学研究中心构建了反映我国工业行业经济运行状况的综合警情指数和景气信号灯，由规模以上工业增加值增速、工业企业的利润总额、营业收入、出口交货值、应收账款净额、亏损面（逆转）、资产负债率（逆转）、产成品库存（逆转）、PPI、固定资产投资完成额等 10 个预警指标构成。

2022 年以来，我国工业经济的运行受到新冠疫情反复的冲击，对我国工业结构和布局调整造成巨大影响。从工业企业综合警情指数来看，2022 年我国工业行业经济景气状况不容乐观，工业企业综合警情指数一路走低，由"正常"状态转入"趋冷"状态（图 9）。与此同时，2022 年以来，美联储在一年内连续六次加息，导致人民币贬值，国际资产流入美国，我国工业原材料价格和工业成本面临巨大上涨压力，工业企业经营承压严重，工业企业发展态势极为严峻。此外，俄乌冲突等因素导致全球供应链受到冲击，我国的工业企业也受到一定影响。

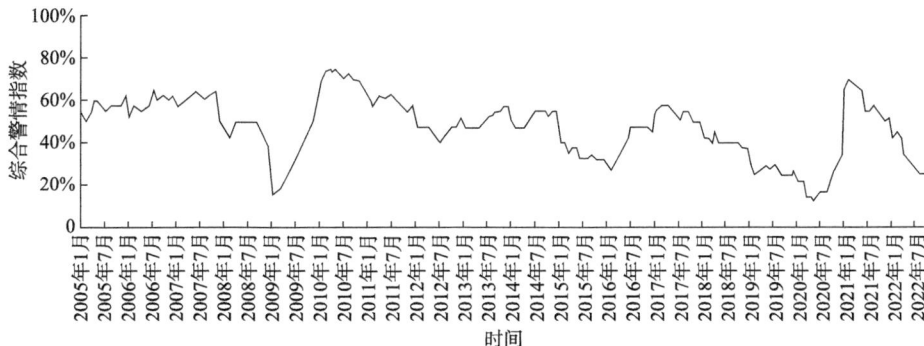

图 9　工业企业综合警情指数

从构成景气信号灯（图 10）的 10 个工业行业指标的走势来看，受国际环境复杂多变和国内经济结构调整的影响，固定资产投资完成额累计增速在 2022 年 1~3 月维持在"正常"状态，4 月转向"趋冷"状态，5~9 月维持在"过冷"状态，处于历史较低水平。规模以上工业增加值在 1 月是"过冷"状态，2~3 月进入"正常"状态，4~9 月则一直维持在"过冷"状态；工业企业：营业收入、工业出口交货值和工业企业：应收账款净额一直维持在"正常"状态；工业企业：资产负债率（逆转）在 1~5 月保持在"趋冷"状态，6~9 月转于"过冷"状态，表明工业企业资产负债率整体处于上升通道；PPI 1 月维持在"过热"状态，2~6 月处于"趋热"状态，7~9 月转为"正常"状态，表明 PPI 逐步回归到正常区间；工业企业：利润总额在 1~6 月维持"正常"状态，7 月转入"趋冷"状态，8~9 月位于"过冷"状态，表明工业企业盈利水平在不断下降；工业企业：亏损面（逆转）1~9 月一直在"过冷"区间运行，说明整体上工业企业亏损家数占比相对较高；工业企业：产成品存货（逆转）1~2 月位于"正常"状态，之后转为"趋冷"状态，7 月起处于"正常"运行区间，表明工业企业产成品存货（逆转）的运行相对稳定。

指标名称	2021 年			2022 年								
	10 月	11 月	12 月	1 月	2 月	3 月	4 月	5 月	6 月	7 月	8 月	9 月
1. 规模以上工业增加值	○	○	○	⊗	○	○	⊗	⊗	⊗	⊗	⊗	⊗
2. 工业企业：资产负债率（逆转）	○	○	○	◎	◎	◎	◎	◎	⊗	⊗	⊗	⊗
3. PPI	●	●	●	●	⊙	⊙	⊙	⊙	⊙	○	○	○
4. 工业企业：营业收入	○	○	○	○	○	○	○	○	○	○	○	○
5. 工业企业：利润总额	⊙	⊙	⊙	○	○	○	○	○	○	◎	⊗	⊗
6. 工业销售产值：出口交货值	○	○	○	○	○	○	○	○	○	○	○	○
7. 工业企业：应收账款净额	○	○	○	○	○	○	○	○	○	○	○	○
8. 工业企业：亏损面（逆转）	○	○	○	⊗	⊗	⊗	⊗	⊗	⊗	⊗	⊗	⊗
9. 工业企业：产成品存货（逆转）	○	◎	○	○	○	◎	◎	◎	◎	○	○	○
10. 固定资产投资完成额	⊗	⊗	⊗	○	○	○	◎	⊗	⊗	⊗	⊗	⊗
综合警情指数	○	○	○	◎	◎	◎	◎	◎	◎	◎	◎	◎
	53	50	53	43	45	43	35	33	30	28	25	25

图 10　工业企业景气信号灯

●<过热> ⊙<趋热> ○<正常> ◎<趋冷> ⊗<过冷>

三、2023 年工业经济发展展望与政策建议

（一）工业经济发展影响因素分析

展望未来，全球新冠疫情仍将延宕反复，世界经济复苏步履维艰。在此背景下，我国工业经济仍将面临诸多突出矛盾和压力。具体分析如下：

从国际来看，外部环境风险挑战明显增多。新冠疫情和乌克兰危机导致全球风险挑战日益增多，伴随通货膨胀超预期和多个国家宏观政策收紧，世界经济正面临增长放缓和通货膨胀高企的双重压力，我国经济发展外部环境的复杂性、严峻性和不确定性将继续上升。

从国内来看，有效需求不足仍将是经济增长的核心风险。疫情不断反复、房地产市场消沉、投资不足等因素交叉影响，导致居民收入下降、消费需求降级、消费场景受限等问题，我国消费增长整体处于下行阶段。央行调查数据显示，城镇居民对未来收入和消费的信心较弱。预计 2023 年消费低迷态势仍将蔓延，消费信心和消费能力仍有待恢复。同时，疫情演变冲击严重挫伤了企业积极性。受大宗商品价格总体高位运行、物流配送效率低下等影响，企业经营成本压力较大，部分中小企业难以维持正常生产经营活动，工业企业效益改善的不确定性和不平衡性仍然存在。

在后疫情时代，我国经济长期向好的基本面没有变，转型升级、高质量发展的大势没有变，稳定宏观经济大盘、实现发展预期的目标没有变。未来数字经济、绿色产业、高技术产业和装备制造业将继续高速发展，新经济增长动能持续增强。在高效统筹疫情防控和经济社会发展各项政策措施的支持下，中国经济能够依托巨大的弹性和韧性，克服疫情的冲击和影响，快速回归向好发展的轨道，保持持续平稳健康发展。

（二）2023 年工业经济形势发展预测

鉴于当前国内外复杂多变的环境和形势，我们依照基准情景、乐观情景、悲观情景对 2023 年我国规模以上工业增加值增速进行预测（图 11）。

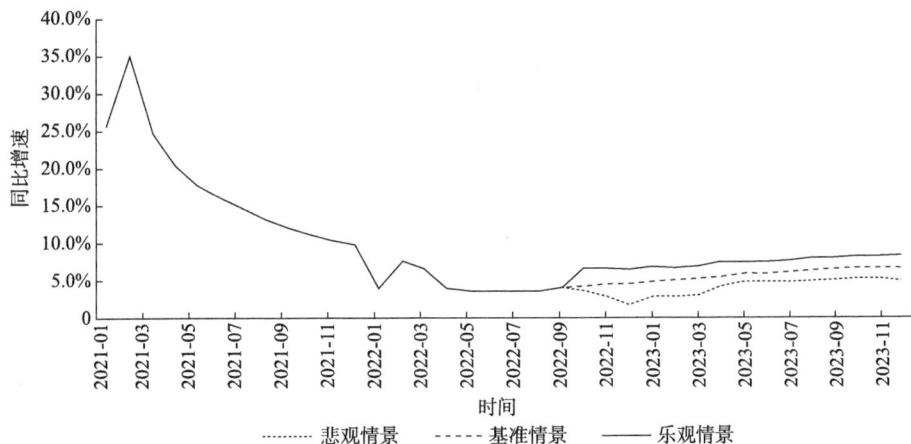

图 11　分情景工业增加值累计同比增速预测

（1）基准情景：海内外疫情进入"常态化"，世界经济仍旧处于缓慢复苏，各国通胀水平小幅下降，居民消费信心有所恢复。在该基准情景下，预计 2023 年规模以上工业增加值累计同比增速为 6.8%。

（2）乐观情景：海内外疫情发展态势得到有效控制，内外需恢复增长，大宗商品价格显著回落，保供稳价等政策使得供应链、企业成本压力等问题缓解，国内消费复苏动力快速增强。在该乐观情景下，预计 2023 年规模以上工业增加值累计同比增速约为 8.8%，相比基准情景高出 1.6 个百分点。

（3）悲观情景：疫情影响持续加大，国际形势复杂多变，不确定性日益增强，外需与内需同时边际走弱，国际大宗商品价格一直居高不下，供应链产业链安全问题未能有效解决，企业生产压力进一步加大。在悲观情景下，全球进出口贸易增速将继续在疫情拖累下呈现大幅下滑趋势。相比基准情景，预计悲观情景下 2023 年规模以上工业增加值累计同比增速为 5.6%。

根据当前全球疫情反复和世界经济复苏放缓的态势，结合 2022 年国内投资、基建和消费等发展状况，综合考虑国内宏观调控政策及基数效应，2023 年我国工业发展情况偏向基准情景和乐观情景之间，悲观情景发生的概率较小，2023 年我国工业产业发展保持良好预期。

（三）政策建议

1. 加强数字化建设，促进企业转型升级

数字化转型对产业转型升级与高质量发展至关重要，客户和企业都可以从数字化的运营模式中获益。通过数字化能够提高工作效率、降低生产成本、加强生产安全性，是疫情影响下现今企业的发展趋势。地方政府和有关企业应该积极响应政策号召，推动 5G、人工智能、大数据等新一代信息技术的发展，加强数字化建设，早日实现"数字强国"的目标。

2. 强化战略科技力量，培育中国特色品牌

科技是工业发展的核心力量，应继续加强"产学研"三方的紧密联系，积极推动企业和科研院校的合作，为关键核心技术攻关提供理论支撑，为科技理论成果转化提供产业孵化的温床。通过以产业激励科研，以科研带动产业的良性循环，促进由"中国制造"到"中国创造"的转变，培育一批具有科技力量的中国特色品牌。相关政府部门除了推动特色品牌建设，还应该讲好中国特色品牌故事，积极宣传中国特色品牌。

3. 拓宽市场发展空间，有效激发需求潜力

提振工业经济运行需要促进重大项目落地见效，大力推进企业技术改造，培育新业态新模式，加快释放重点领域消费潜力，提高外资外贸发展水平。工业高质量发展需要全产业链共同发展，通过重点区域产业政策协同配合达到拓宽市场发展空间、激发市场需求潜力，使工业发展的速度、效益、质量、安全相统一，形成"百花齐放"的新局面。

4. 激发微观行业活力，有效增强支撑力

促进工业发展需要减轻中小企业负担、优化市场环境。通过强调重点行业发展政策

以保障行业平稳运行，带动行业整体高质量发展。优化市场环境，帮助市场主体特别是中小微企业减负纾困，面向市场主体继续实施减税降费，可以不断解放和发展生产力，对于激发市场活力和发展内生动力具有重要意义。

5. 统筹协调促发展，持续增长稳中求

工业的增长不仅需要通畅的内部循环和稳定的市场需求，还需要其他领域能够提供要素保障，工业与其他行业是互相影响互相促进的关系。因此促进工业生产发展，需要处理工业与其他生产部门的关系，要从全局入手，以长远发展的角度统筹各方资源。在当前需求收缩、供给冲击、预期转弱的形势下，需要有关部门加强统筹协调，让工业在平稳运行中实现增长。

2023 年中国房地产市场形势分析与预测①

董纪昌　李秀婷　董　志　张楚晗　张明威　庚　辰

报告摘要：2022 年以来，中央及地方出台多项政策，积极推进因城施策，支持刚性和改善性合理住房需求，满足房地产企业合理的融资需求，加大保交楼力度，促进房地产市场平稳发展。近期，房地产市场出现一定积极变化，商品房销售额和销售价格降幅逐月收窄，房屋竣工面积降幅有所缩小，但房地产投资持续下降，新开工面积降幅扩大，大部分二三线城市房价下行压力仍然较大，房地产市场整体下行趋势还在持续。

展望 2023 年，房地产调控政策重点将集中在保障合理住房需求，稳定房地产市场，加快建立多主体供给、多渠道保障、租购并举的住房制度。在坚持"房住不炒"的前提下，加大对住房刚性和改善性需求及优质房地产企业的金融支持，全面落实保交楼各项政策举措，因城施策力度进一步加大，持续提升房地产调控成效。由此，房地产行业融资环境有望逐步改善，助力房地产市场逐步触底企稳。

基于以上因素分析与综合集成模型预测，对 2023 年房地产市场各项指标进行分情景预测。预计 2023 年全国房地产开发投资完成额累计同比增长-2.6%~1.5%；全国商品房销售面积累计同比增长-4.1%~8.5%；全国商品房销售额累计同比增长-2.4%~9.4%；全国商品房新开工面积累计同比增长-4.0%~1.5%；全国商品房平均销售价格同比增长 0.8%~1.8%。

一、2022 年房地产市场回顾

2022 年以来，在多项稳市场、保交楼政策的作用下，房地产市场出现一定积极变化，商品房销售额和销售价格降幅逐月收窄，呈缓慢回升趋势，房屋竣工面积降幅有所缩小，保交楼政策效果初步显现，但房地产投资持续下降，新开工面积降幅扩大，大部分二三线城市房价下行压力仍然较大，房地产市场下行趋势还在持续，整体恢复不及预期。

（一）房地产调控政策回顾

如表 1 和表 2 所示，2022 以来，为中央及地方政府在"房住不炒"的主基调下，出

---

① 本报告得到国家自然科学基金（71850014，71974180，71974190，72004214）的资助。

台多项政策，促进房地产市场平稳健康发展，加大对优质房地产企业的流动性支持、加大对住房刚性和改善性需求的金融支持、加大对房价过快下跌城市的政策支持，允许居民杠杆率阶段性合理上升，力求房地产市场及宏观经济的平稳发展。

表 1　2022 年中央房地产调控政策一览表

时间	会议或文件	内容
3 月	《政府工作报告》	探索新的发展模式，坚持租购并举，加快发展长租房市场，推进保障性住房建设，支持商品市场更好满足购房者的合理住房需求，稳地价、稳房价、稳预期，因城施策促进房地产业良性循环和健康发展
5 月 15 日	中央政治局会议	强调要稳定房地产市场，坚持房子是用来住的、不是用来炒的定位，因城施策用足用好政策工具箱，支持刚性和改善性住房需求，压实地方政府责任，保交楼、稳民生
8 月 16 日	国家卫生健康委员会等十七部门发布《关于进一步完善和落实积极生育支持措施的指导意见》	精准实施购房租房向多子女家庭倾斜
8 月 24 日；8 月 31 日	国务院常务会议	提出允许地方"一城一策"运用信贷政策支持刚性和改善性住房需求，要灵活运用保交楼专项借款
9 月 29 日	中国人民银行、银保监会	阶段性放宽部分城市首套房贷利率下限
9 月 30 日	中国人民银行、财政部税务总局	央行决定下调首套住房公积金贷款利率，财政部、税务总局宣布换购住房个人所得税退税
10 月 16 日	党的二十大报告	增进民生福祉，提高人民生活品质；加快建立多主体供给、多渠道保障、租购并举的住房制度
11 月 2 日	《构建初次分配、再分配、第三次分配协调配套的制度体系》	提到积极稳妥推进房地产税立法和改革
11 月 11 日	央行和银保监会联合发布 254 号文《关于做好当前金融支持房地产市场平稳健康发展工作的通知》	保持房地产融资平稳有序、积极做好"保交楼"金融服务、积极配合做好受困房地产企业风险处置、依法保障住房金融消费者合法权益、阶段性调整部分金融管理政策、加大住房租赁金融支持力度六大方面共十六条具体措施
11 月 14 日	银保监会、住建部、央行发布《关于商业银行出具保函置换预售监管资金有关工作的通知》	明确商业银行出具保函置换预售监管资金相关要求，支持优质地产企业合理使用预售监管资金，防范化解房地产企业流动性风险，促进房地产市场平稳健康发展

表 2　2022 年我国地方部分房地产调控政策一览表

时间	地区	调控内容
1 月 30 日	西安市	支持房地产企业将已建成普通商品住房自用于住房租赁经营。对西安市房地产企业出租自持普通商品住房的，按自持租赁住房建筑面积，每年 100 元/平方米的标准进行经营奖励
1 月 28 日	青海省	促进住房消费健康发展。适应住房需求变化，提高住房市场化水平，合理安排住房租售结构，提供多元化住房选择，因城施策、一城一策，促使房价、房租水平保持在合理区间
3 月 1 日	郑州市	支持合理住房需求、改善住房市场供给、加大信贷融资支持、推进安置房建设和转化、优化房地产市场环境
3 月 15 日	沈阳市	调整普通住房认定标准
3 月 19 日	广西壮族自治区	下调部分城市房贷首付比例。其中，南宁市区已拥有一套住房的，再次购买普通商品房的最低首付比例由 40%调整为 30%，北海、防城港首次购买普通商品房的最低首付比例由 25%调整为 20%
5 月 17 日	杭州市	非本市户籍家庭在购房之日前 1 年起已在本市限购范围内连续缴纳城镇社保或个人所得税满 12 个月即有资格购买二手住房

续表

时间	地区	调控内容
5月23日	武汉市	二孩三孩家庭可购买第三套住房
7月18日	青岛市	放松限购、限售，新建商品房满5年，二手房取得产权证满2年后可以上市交易
8月9日	北京市	购买"全龄友好住宅"试点项目的老年家庭，不仅可以享受按揭贷款，而且首套房首付比例为35%，二套房首付比例为60%，同时，子女亦可作为共同借款人申请贷款
8月1日	安庆市	提高住房公积金贷款最高额度，夫妻双方缴存住房公积金的最高贷款额度为55万元，单方缴存的为45万元，具体贷款额度与职工公积金月缴存额和还款能力挂钩。支持异地缴存职工来安庆市购买住房，缴存互通互认，连续缴存满6个月，可在安庆市申请住房公积金贷款
10月1日	苏州市	拟对6个区及4个县市共10个板块回购约1万套新建商品房
10月9日	四川省	鼓励各地对生育二孩、三孩的家庭放宽购房资格条件

（二）房地产供给情况

1. 房地产开发投资同比持续下降

2022年1~10月房地产开发投资较为均匀，房地产开发投资额累计同比增速在1~10月处于小幅下降趋势。2022年1~10月全国房地产累计开发投资额达到113 945.3亿元，同比下降8.8%，降幅扩大0.8个百分点，其中住宅开发投资额累计值为8 651.6亿元，比2021年同期下降8.3%，降幅扩大0.8个百分点。

如图1所示，2022年1~10月，房地产开发投资额和住宅开发投资额呈下降趋势，1~3月为同比增长，4~10月相比2021年均呈现同比下降趋势，且降幅持续扩大。2022年，房地产行业融资仍面临较大约束，加之7月以来多地出现延期交付、停贷断供现象，对房地产市场信心产生一定冲击，导致房地产开发投资持续较快下降，1~10月的降幅相对1~7月扩大了2.4个百分点。

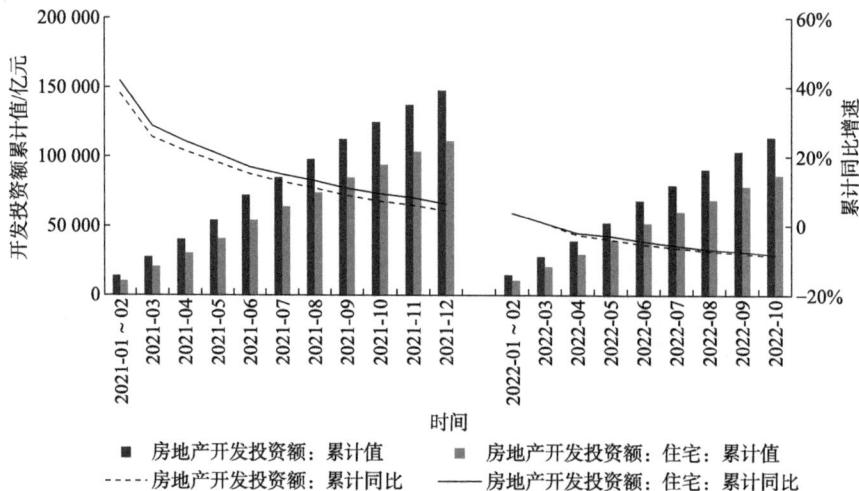

图1 2021~2022年房地产开发投资额及累计同比增速

资料来源：Wind数据库

2. 土地购置面积呈下降趋势

2022 年 1~10 月，全国土地购置面积累计 7 432.3 万平方米，累计同比下降 53.0%。如图 2 所示，2022 年土地市场延续了 2021 年下半年以来的低迷态势，土地购置面积持续负增长，累计降幅呈现扩大趋势。在房地产企业资金压力较大、市场复苏进程缓慢、销售回款不畅和市场信心不足的情况下，土地市场整体表现疲软，依旧处于历史底部运行的阶段。

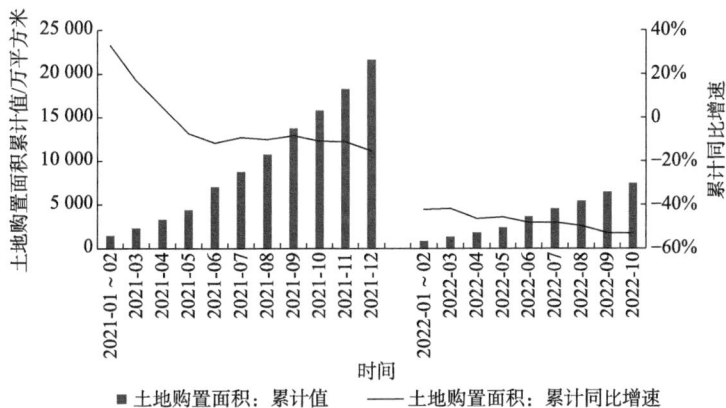

图 2 2021~2022 年土地购置面积及累计同比增速

资料来源：Wind 数据库

3. 房屋新开工面积同比下降，竣工面积降幅略有收窄

如图 3 所示，2022 年 1~10 月，全国房屋新开工面积累计 103 721.7 万平方米，同比下降 37.8%，其中住宅累计新开工面积为 75 934.2 万平方米，累计同比下降 38.5%。受房地产企业融资约束和市场信心不足等因素的影响，房屋新开工面积累计降幅持续扩大，1~10 月降幅相对 1~7 月扩大了 1.7 个百分点。

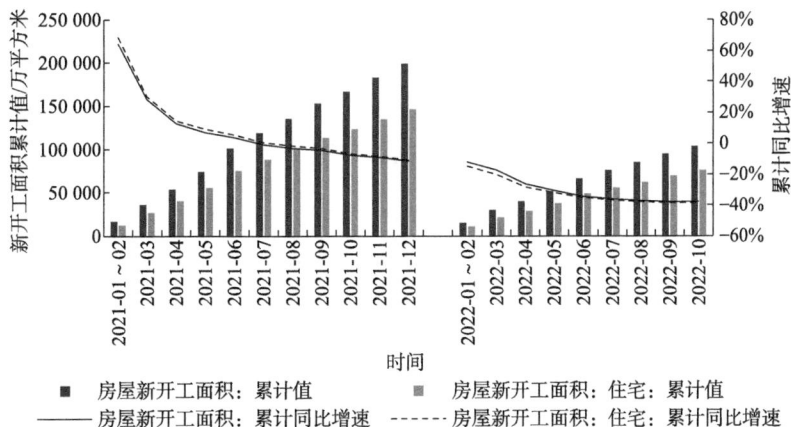

图 3 2021~2022 年房屋新开工面积及累计同比增速

资料来源：Wind 数据库

如图 4 所示，2022 年 1~10 月，全国房屋累计竣工面积为 46 564.6 万平方米，同比下降 18.7%，住宅累计竣工面积为 33 771.4 万平方米，累计同比下降 18.5%。1~7 月同比增速持续下降，7~10 月受工期限制及保交楼等政策影响，房地产施工期超过两年即将步入交付阶段的房地产开发项目完成投资保持较快增长，累计竣工面积同比降幅逐步收窄，1~10 月累计降幅相对 1~7 月收窄了 4.6 个百分点。

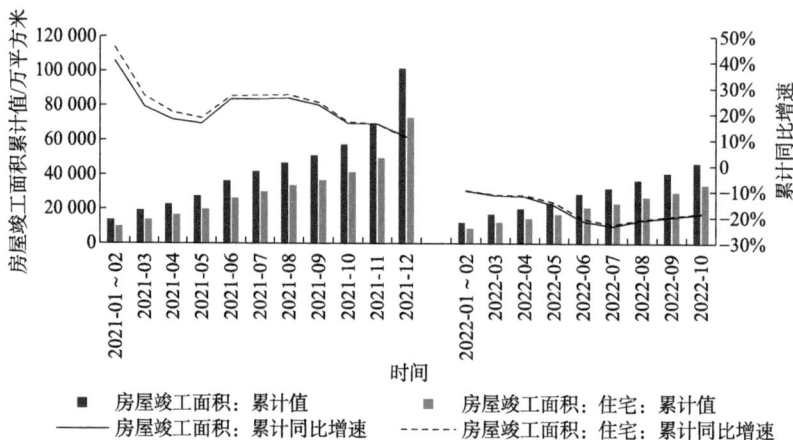

图 4　2021~2022 年房屋竣工面积及累计同比增速

资料来源：Wind 数据库

4. 商品房待售面积累计同比较快增长

如图 5 所示，2022 年 1~10 月，全国商品房待售面积累计 54 734 万平方米，累计同比增长 9%，其中住宅待售面积为 26 093 万平方米，相比 2021 年累计同比增长 16.6%。1~10 月待售面积同比增速呈波动上升态势，说明商品房库存仍在不断累积。

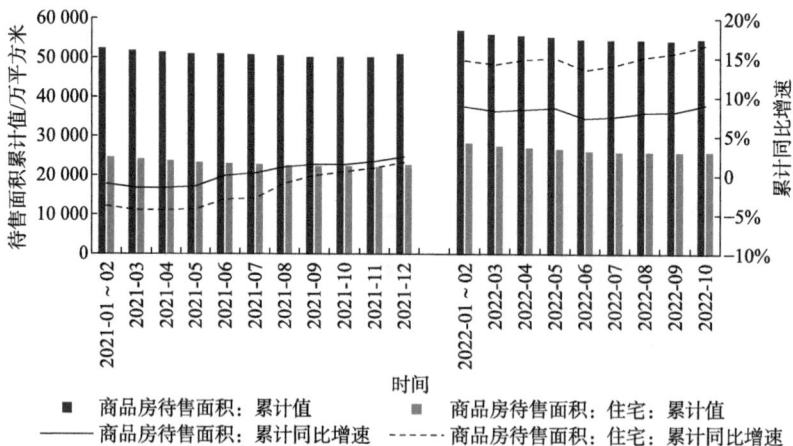

图 5　2021~2022 年商品房待售面积及累计同比增速

资料来源：Wind 数据库

（三）房地产需求情况

1. 商品房销售面积持续下降

如图 6 所示，2022 年 1~10 月，我国商品房累计销售面积为 111 179.3 万平方米，累计同比下降 22.3%，其中住宅累计销售面积为 944 129.4 万平方米，相比 2021 年同比下降 25.5%。2022 年下半年以来，受到各地房地产市场限购政策放松影响，商品房销售面积降幅处于平稳波动状态。

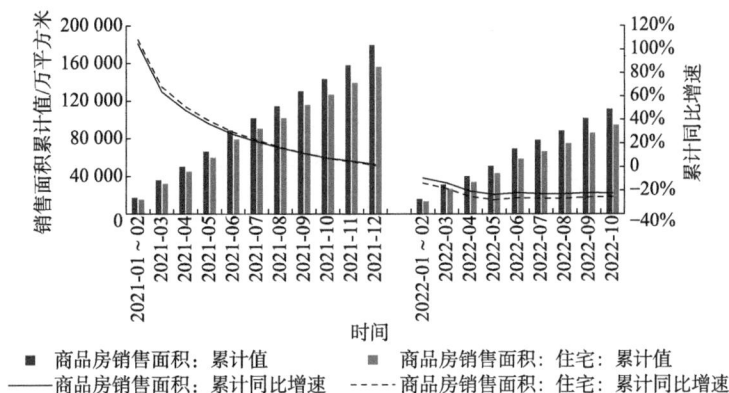

图 6　2021~2022 年商品房销售面积及累计同比增速

资料来源：Wind 数据库

2. 商品房销售额降幅逐步缩小

如图 7 所示，2022 年 1~10 月，商品房累计销售额为 108 832.2 亿元，累计同比下降 26.1%，降幅比 1~9 月收窄 0.2 个百分点，降幅连续五个月收窄。2022 年以来，面对房地产市场的调整下行，一些前期盲目扩张的房企资金链比较紧张，部分地方出现房屋交付困难等问题。对此，各地区各部门坚持"房住不炒"，积极推进因城施策，支持刚性和改善性合理住房需求，加大保交楼力度，促进房地产市场稳定发展，促进商品房销售额逐步回升。

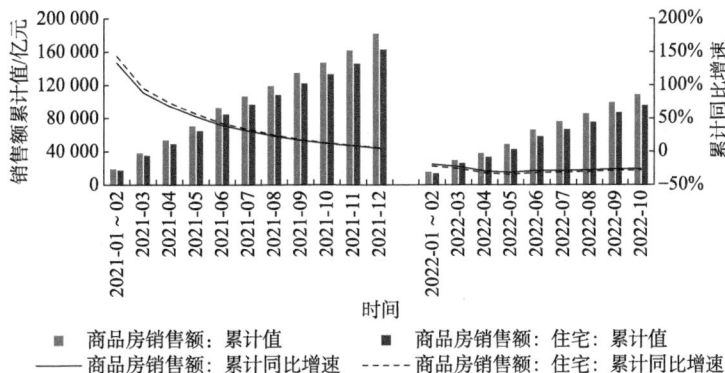

图 7　2021~2022 年商品房销售额及累计同比增速

资料来源：Wind 数据库

（四）房地产价格波动

1. 商品房销售价格同比降幅逐步收窄

如图 8 所示，2022 年 1~10 月，全国商品房销售均价为 9 789 元/平方米，较 2021 年同期下降 4.9%，同比降幅连续 7 个月收窄，相比 9 月收窄 0.39 个百分点。2022 年全国商品房销售均价总体呈现逐步回升趋势。

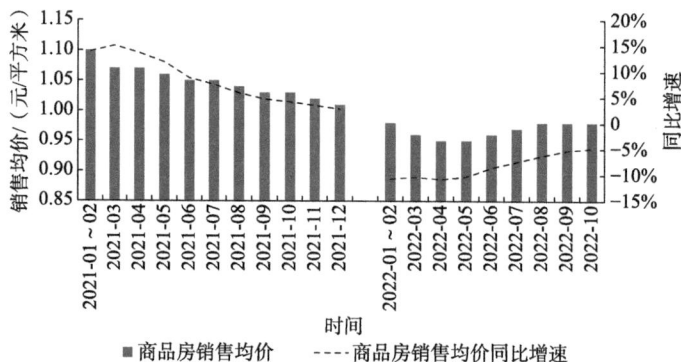

图 8　2021~2022 年全国商品房销售均价及同比增速

资料来源：国家统计局

2. 百城新建住宅价格指数整体呈下降趋势

从百城新建住宅价格指数①来看，2022 年 10 月，全国 100 个城市（样本）住宅平均价格为 16 199 元/平方米，同比下降 0.5%，环比下降 0.01%。如图 9 所示，2022 年 1~10 月，百城新建住宅价格同比指数整体呈缓慢下降趋势；2022 年 1~10 月，百城新建住宅价格环比指数处于波动状态，1~3 月逐渐下降，3~4 月迎来短暂的上升后，再次出现下降趋势，6 月后开始大幅下降，1~10 月中，1 月、7 月、9 月、10 月出现负增长的情况。

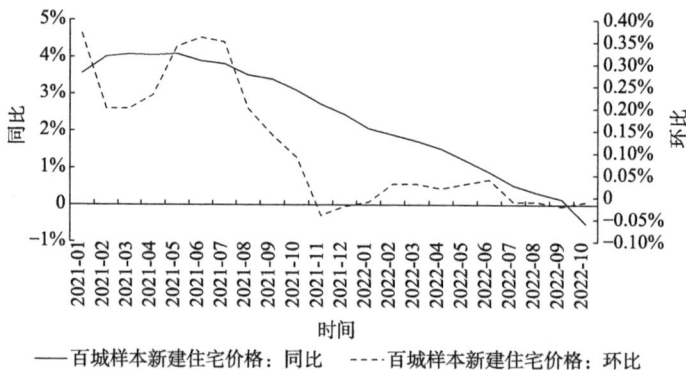

图 9　2021~2022 年百城新建住宅价格同比与环比指数

资料来源：Wind 数据库

---

① 反映全国 100 个重点城市在不同时点在售新房价格水平及其不同时点的变化情况，其中价格水平以 100 个城市在售新房样本楼盘报价均值表示。

从各级城市来看，如表 3 所示，2022 年 10 月一线城市住宅平均价格为 43 685.8 元/平方米、二线城市住宅平均价格为 15 006.0 元/平方米、三线城市住宅平均价格为 10 046.3 元/平方米，2022 年 1~10 月一线城市住宅平均价格整体上升平稳，10 月开始出现小幅度的下降；2022 年 1~10 月二线城市住宅平均价格呈现波动上升趋势；三线城市住宅平均价格整体下降，4~6 月存在小幅波动。

表 3　2022 年百城住宅平均价格（一线、二线、三线城市）单位：元/平方米

时间	一线城市	二线城市	三线城市
2022-01	43 585.8	14 950.8	10 086.5
2022-02	43 646.8	14 941.6	10 084.0
2022-03	43 667.8	14 945.7	10 080.4
2022-04	43 681.3	14 951.0	10 074.8
2022-05	43 742.0	14 959.1	10 108.3
2022-06	43 754.0	14 976.5	10 067.1
2022-07	43 720.5	14 992.9	10 065.7
2022-08	43 734.0	15 004.0	10 057.3
2022-09	43 717.0	15 003.7	10 053.1
2022-10	43 685.8	15 006.0	10 046.3

资料来源：Wind 数据库

如图 10 所示，2022 年 1~10 月一线、二线城市的百城新建住宅价格指数同比增速均为平稳下降态势，三线城市的同比增速波动较大。具体来看，2022 年 10 月，一线城市百城新建住宅价格指数较 2021 年同期上涨 0.2%，二线城市百城新建住宅价格指数较 2021 年同期上涨 0.5%，三线城市百城新建住宅价格指数较 2021 年同期下降 0.6%。

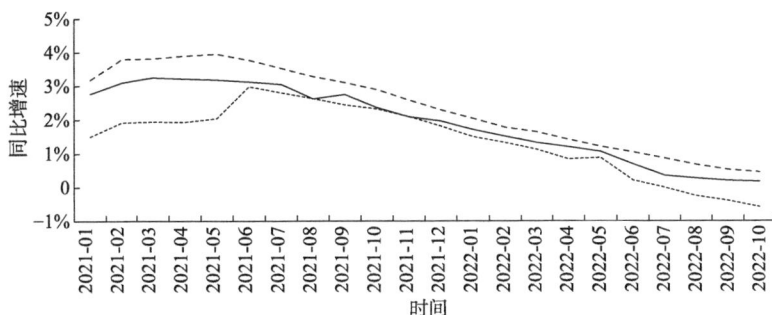

图 10　2021~2022 年百城新建住宅价格指数同比增速（一线、二线、三线城市）

资料来源：Wind 数据库

二、2023 年房地产市场预测

展望 2023 年，我国房地产调控政策重点将集中在保障合理住房需求，稳定房地产市

场，加快建立多主体供给、多渠道保障、租购并举的住房制度，因城施策力度有望继续加大，持续提升房地产调控成效。房地产行业融资环境将逐步改善，市场预期将略有好转，房地产市场有望触底企稳。

（一）房地产市场影响因素分析

1. 宏观经济稳中求进，但存在一定下行压力

现阶段我国的整体经济增长态势相对平稳，但国内外经济环境不确定性较大，国内疫情防控政策优化，但尚处在过渡期，国内经济增长速度有所放缓，仍存在一定的下行风险。初步核算，2022 年第 1~3 季度 GDP 为 87.0 万亿元，同比增长 3.0%，其中，最终消费支出对经济增长贡献率为 41.3%，同比下降 20.8 个百分点，资本形成总额对经济增长贡献率为 26.7%，同比上升 8.7 个百分点，货物和服务净出口对经济增长贡献率为 32.0%，相较 2021 年同期增加 12.0 个百分点。

2. 房地产调控政策持续优化

1）房地产金融政策持续优化，支持房地产行业合理融资需求

2022 年，我国政府持续关注房地产市场合理融资需求，多措并举保证房地产企业合理融资需求渠道畅通。2022 年初至 2022 年 4 月，央行、银保监会等多部门明确支持收并购融资，支持重点房地产企业风险处置项目并购的金融服务。2022 年 4 月，证监会鼓励市场机构、政策性机构通过创设信用保护工具为民营企业债券融资提供增信支持；7 月，多地成立房地产纾困基金；8 月，监管部门要求部分国企担保承销示范性房地产企业的债券，为重点房企提供流动性支持；9 月，监管部门要求多家大型商业银行年内至少增加 1 000 亿元房地产企业的融资，释放约 6 000 亿元的人民币贷款；10 月底，央行副行长明确要求中债增公司"加大对民营房企债券融资的支持力度"，目前多家房地产企业正在与中债增公司接触以便于进一步融资；11 月，央行通过再贷款的方式，委托专业机构通过多渠道支持民营企业发债融资，预期可为房地产企业提供约 2 500 亿元的资金支持。11 月 26 日，央行和银保监会发布《关于做好当前金融支持房地产市场平稳健康发展工作的通知》，提出要从融资、"保交楼"金融服务、风险处置、保障消费者合法权益、调整金融管理政策、加大住房租赁市场支持力度六个方面深化落实房地产长效机制、因城施策支持刚性和改善型住房需求。综合来看，2022 年以来房地产金融政策得到持续优化，助力房地产企业应对宏观不确定性冲击。

2）因城施策力度进一步加大，核心二线城市政策存在较大优化空间

2022 年，我国各地政府相继调整地方调控政策，保障房地产市场平稳运行。各地政策整体上具有以下特征：一是限购政策有所放松。例如，郑州市、南京市、苏州市、成都市等地的地方政府，相继调整已有的限购政策，允许更多合理的住房需求进入房地产市场，以保障房地产市场的平稳健康发展。二是住房贷款利率优惠政策相继出台。例如，西安市、河南省、合肥市等各级地方政府相继出台政策，下调商品房首付比例、

首套房贷款利率，从需求面加大信贷支持力度，保障合理需求的融资渠道。三是住房公积金支持力度加大。各级地方政府分别从外来人口公积金提取限制、可贷额度、首付比例、缴存限额、贷款利率等各方面优化地方住房公积金制度，有效增加合理住房需求的资金供给。四是出台购房补贴政策。例如，长沙市、郑州市、合肥市、济南市等地，相继修订人才引进政策，给予优秀人才购房补贴政策支持。五是加快推进保障性租赁住房建设。例如，安徽省、上海市、郑州市等各级地方政府调整完善保障性租赁住房制度、扩大政策目标人群范围。总体来说，地方政府因城施策相继放松房地产调控政策，支持合理住房需求。需要注意的是，房地产调控政策仍存在一定的落实不到位现象，政策落实仍需进一步优化。

3）"保交楼"政策逐步落实，政策成效逐步显现

2022年7月28日，中共中央政治局会议首次提出保交楼重要工作任务，要求地方各级政府因城施策，用足、用好政策工具箱，支持刚性和改善性住房需求，压实地方政府责任，保交楼、稳民生。各级政府出台政策和行动方案，确保"保交楼"政策落实到位，"保交楼"政策效果初步显现。以郑州市为例，2022年9月7日，郑州市政府印发《"大干30天，确保全市停工楼盘全面复工"保交楼专项行动实施方案》，设立房地产企业转向纾困基金，采用多种方式推动现有停工项目复工。截至10月6日，郑州市147个已售停工、半停工项目中已有145个项目全面、实质性复工。各地保交楼政策取得一定成效。

3. 房地产市场需求因素

1）城镇化、城市群和都市圈建设为房地产市场提供长期需求支撑

"十四五"时期，我国城镇化水平将进一步提高。常住人口城镇化率将由2019年末的60.6%提升至2025年末的65.0%，有望带动更多增量购房需求，为房地产市场提供需求支撑；将进一步优化生育政策，缩小出生人口降幅，提高我国整体国民素质及教育水平，释放更多高校毕业生的潜在置业需求；将推进新型城市化，重点发展城市群，大力推进城市更新升级。更大规模的城市群和都市圈将进一步发挥支撑全国经济增长、促进区域协调发展、参与国际竞争合作的重要作用，更好地解决区域发展不平衡、不充分问题；将进一步推动区域协调发展，推进京津冀协同发展、长江经济带发展、粤港澳大湾区建设、长三角一体化发展，提高中心城市、城市群的经济和人口承载力，发挥房地产市场的比较优势，吸纳更大范围的房地产市场需求。

2）城镇居民收入增速放缓，收入预期略有好转

城镇居民人均可支配收入增速放缓。受新冠疫情冲击和俄乌冲突等国际事件影响，我国国民经济的不确定性有所加大，居民收入增速放缓，一定程度影响居民购房支付能力。2022年前三季度，城镇居民人均可支配收入实际累计同比增长2.3%，增幅相对2021年同期下降了6.4个百分点。

收入感受指数和收入信心指数有所下降，但未来有望好转。中国人民银行全国储户调查数据显示，2022年第3季度，被调储户的收入感受指数为47.0，相较2021年同期下降2.7个百分点；收入信心指数为46.5，同比下降3.0个百分点，这可能意味着居民对

未来收入的预期有所下降。分季度看，第 3 季度的收入感受指数和收入信心指数相较第 2 季度均有所回升，可能预示着我国居民对未来经济的预期有望进一步回升。

3）房地产行业景气明显下滑，市场预期弱化趋势有一定好转

国房景气指数持续下降。如图 11 所示，2022 年 10 月，国房景气指数已降至 94.7，为 2016 年以来的最低水平。中国人民银行全国储户调查数据显示，2022 年以来，在全国 50 个城市 2 万户被调城镇储户中，预期房价"上升"的比例持续下降，由 2021 年第 4 季度的 16.8%下降到 2022 年第 3 季度的 14.8%，预期房价"下降"的比例由 2021 年第 4 季度的 15.2%上升到 16.3%（图 12）。随着保交楼各项政策的落实见效，市场预期有望好转。如图 13 所示，2022 年第 3 季度，预计增加购房支出的比例从 2021 年底的 17.9%下降至第 3 季度的 17.1%，但相较第 2 季度有所回升。

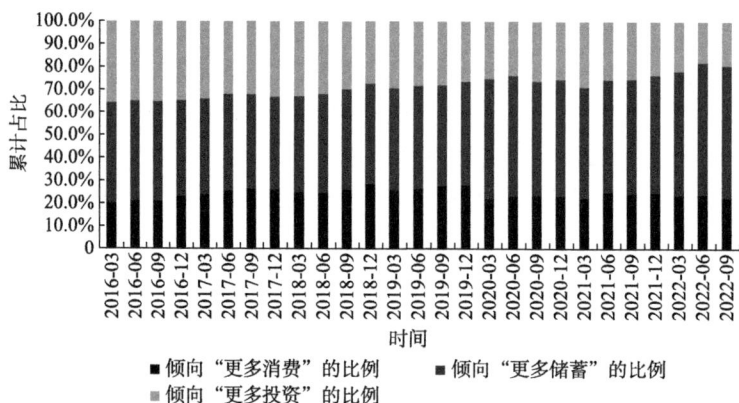

图 11 2016~2022 年城镇储户消费、储蓄、投资偏好图

资料来源：Wind 数据库

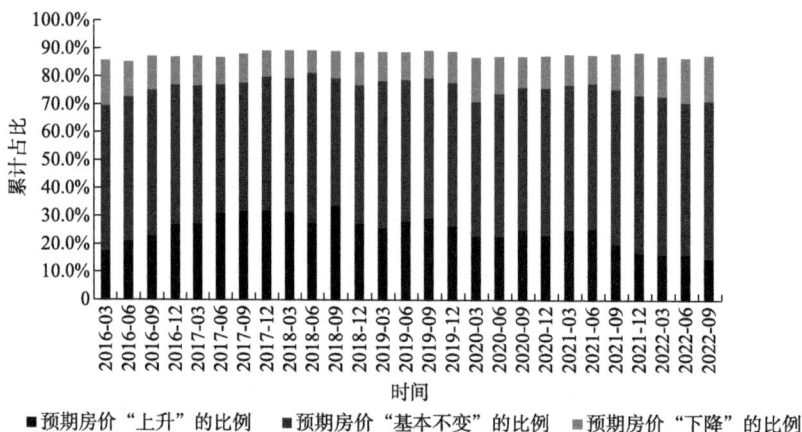

图 12 2016~2022 年城镇储户房价预期图

资料来源：Wind 数据库

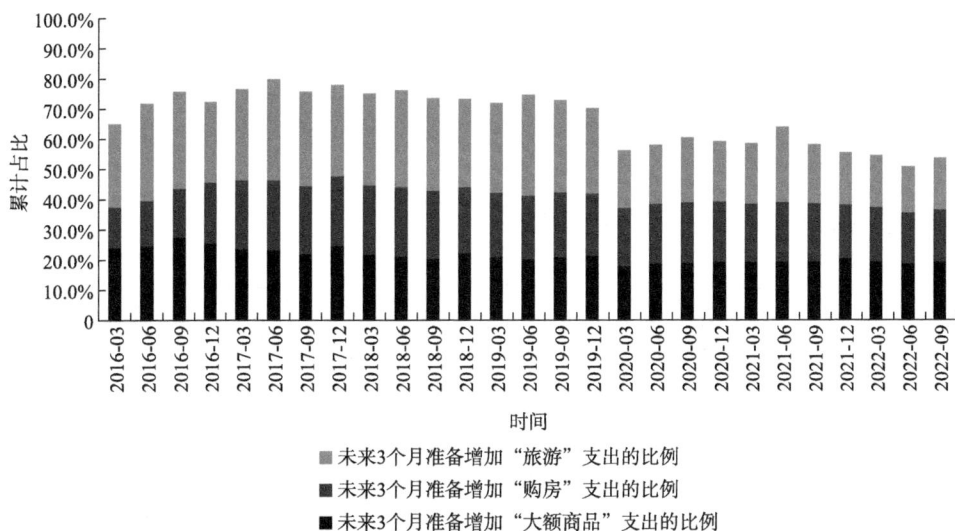

图 13　2016~2022 年城镇储户消费支出图

资料来源：Wind 数据库

4）房地产行业融资成本有所下降

2022 年，我国各级政府相继出台了一系列房地产市场调控政策，有效降低了房地产行业供求双方的融资成本。进入 2022 年以来，5 年期 LPR 三次下调，从年初的 4.65% 降低至 2022 年 10 月的 4.30%，降幅 0.35 个百分点（图 14），有效降低了供求双方的借款成本，提高了融资的可获性。与此同时，在需求侧，个人住房贷款加权平均利率已经由 2022 年初的 5.49% 下降至 2022 年 9 月 4.34%，降幅 1.15 个百分点（图 15），达到 2009 年以来的最低值。持续下降的行业融资成本将进一步激发房地产市场的潜在需求，有望推动房地产行业的复苏和发展。

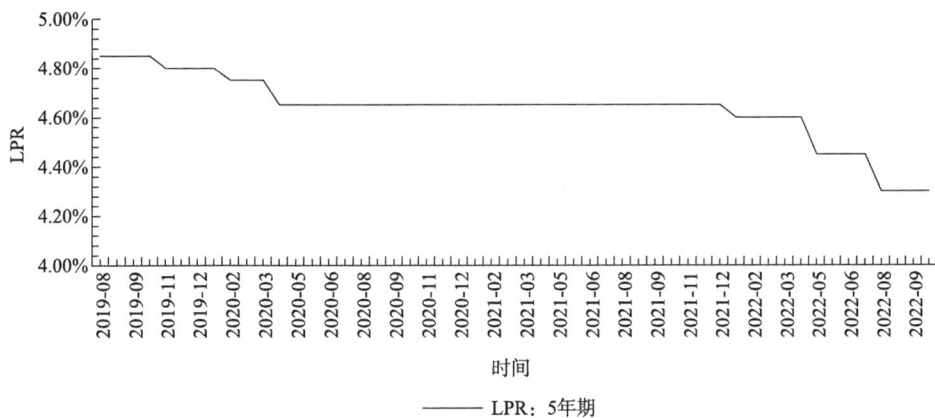

图 14　2019~2022 年 LPR 图

资料来源：Wind 数据库

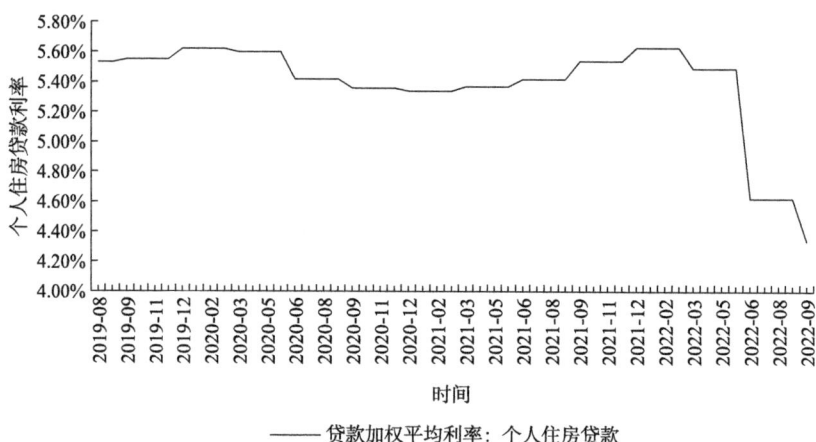

图 15 2019~2022 年个人住房贷款加权平均利率图

资料来源：Wind 数据库

4. 房地产市场供给影响因素

1）房地产开发资金来源规模下降趋势尚未扭转，企业资金压力仍然较大

2022 年 1~10 月，房地产开发资金来源同比下降 24.7%。其中，国内贷款同比下降 26.6%。受商品房销售大幅下降的影响，个人按揭贷款、定金及预付款同比下降 24.5% 和 33.8%。2022 年上半年，尽管在 4 月出台《关于做好疫情防控和经济社会发展金融服务的通知》，要求完善住房领域金融服务，不盲目抽贷、断贷、压贷，不搞"一刀切"，保持房地产开发贷款平稳有序投放，但商业银行针对房地产开发贷款的态度依旧较为审慎。与此同时，2022 年上半年，房地产境内、外信用债发行规模分别为 230.4 亿元和 88.5 亿美元，同比持续大幅下降。

2022 年下半年以来，中国人民银行、银保监会等部门迅速出台政策，要求地方政府和商业银行、国企央企保障房地产企业的合理融资需求，并将"保交房"首次纳入我国宏观经济目标中，由此房地产行业融资环境得到一定改善，房地产开发资金来源同比降幅略有收窄，但资金规模相对 2021 年同期有所下降，房地产企业仍面临较大资金压力。如表 4 和表 5 所示，从 2022 年 1~10 月房地产开发投资的各项资金来源看，总投资增速和各项资金增速整体上呈现上半年快速下降，下半年缓慢回升趋势，其中，利用外资累计同比增速波动相对较大。具体而言，房地产开发企业资金来源约为 125 480.1 亿元，同比下降 24.7%。其中，国内贷款为 14 786.3 亿元，占总资金的 11.8%，累计同比下降 26.6%；利用外资为 62.2 亿元，占总资金的 0.05%，累计同比下降 13.5%；自筹资金为 44 856.1 亿元，占总资金的 35.8%，累计同比下降 14.8%；包括单位自有资金、定金及预收款等在内的其他资金为 65 775.6 亿元，占总资金的 52.4%，累计同比下降 29.9%。房地产开发企业不同来源的资金占比具体情况如图 16 所示。与 2021 年同期资金来源相比较，各种资金来源的总量均有所收缩，但自筹资金比例的相对重要性有所上升，其他资金来源的相对重要性则有所下降。

表4 2022 年各月房地产开发企业资金主要来源情况　　　　单位：亿元

时间	总投资	国内贷款	利用外资	自筹资金	其他资金
2022-01~02	25 142.0	4 105.2	7.4	7 757.3	13 273.1
2022-03	38 158.5	5 525.4	10.4	12 395.1	20 227.6
2022-04	48 522.2	6 837.0	38.1	16 271.4	25 375.6
2022-05	60 404.4	8 045.3	50.6	21 060.8	31 247.7
2022-06	76 847.1	9 806.0	54.7	27 223.6	39 762.8
2022-07	88 770.4	11 030.3	53.5	31 495.3	46 191.3
2022-08	100 817.1	12 279.8	59.2	35 771.1	52 707.0
2022-09	114 298.1	13 660.7	60.7	40 568.3	60 008.3
2022-10	125 480.1	14 786.3	62.2	44 856.1	65 775.6

资料来源：Wind 数据库

表5 2022 年各月房地产开发企业资金主要来源累计同比增速

时间	总投资	国内贷款	利用外资	自筹资金	其他资金
2022-01~02	−17.7%	−21.1%	−27.4%	−6.2%	−22.3%
2022-03	−19.6%	−23.5%	−7.8%	−4.8%	−25.7%
2022-04	−23.6%	−24.4%	129.4%	−5.2%	−32.0%
2022-05	−25.8%	−26.0%	101.0%	−7.3%	−34.6%
2022-06	−25.3%	−27.2%	30.7%	−9.7%	−32.9%
2022-07	−25.4%	−28.4%	20.7%	−11.4%	−32.1%
2022-08	−25.0%	−27.4%	11.6%	−12.3%	−31.2%
2022-09	−24.5%	−27.2%	2.7%	−14.1%	−29.8%
2022-10	−24.7%	−26.6%	−13.5%	−14.8%	−29.9%

资料来源：Wind 数据库

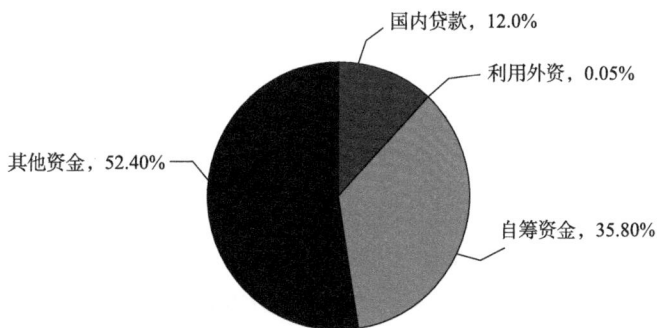

图 16　2022 年房地产开发企业资金来源

资料来源：Wind 数据库

2）房地产贷款增速持续放缓，个人住房贷款增速小幅回落

如图17、图18所示，2022年前三季度，房地产开发贷款余额为12.7万亿元，同比增长4.2%，增速较第2季度上升2.7个百分点。其中，住房开发贷款余额在第3季度末为9.5万亿元，同比下降1.1%，增速较上个季度回升0.3个百分点。2022年三季度末，个人住房贷款余额为38.9万亿元，同比增长4.1%，增速与第2季度相比，下降2.1个百分点。总体看房地产市场的供需融资情况均存在较大下行压力，供、需层面的贷款增速均出现较为明显的回落趋势，住房部门开发贷款在第2和第3季度出现了负增长的情况。

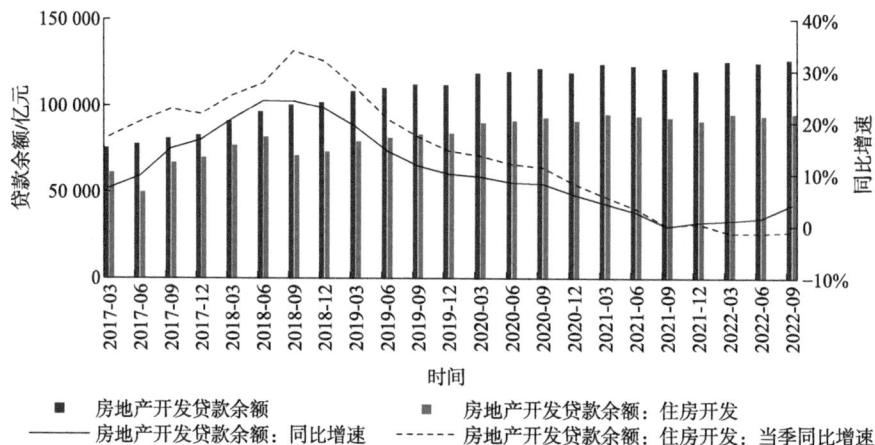

图17 2017~2022年房地产开发贷款余额及同比增速

资料来源：Wind 数据库

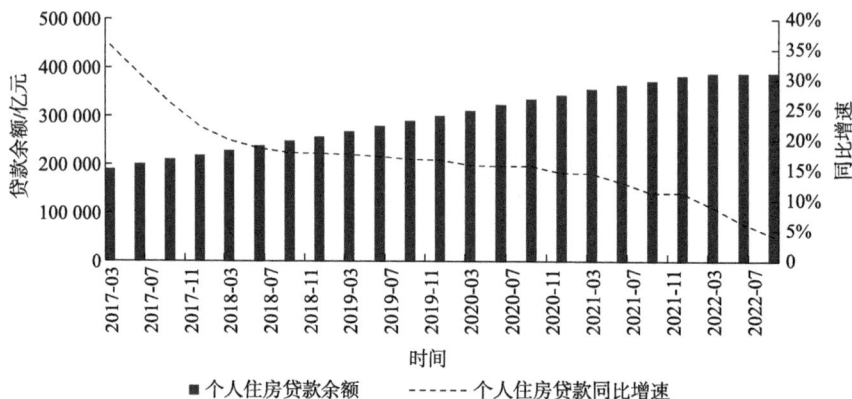

图18 2017~2022年个人住房贷款余额及同比增速

资料来源：Wind 数据库

3）金融支持房地产市场各项政策有望落实见效，推进房地产市场回升

2022年11月以来，为了全面落实房地产长效机制，因城施策支持刚性和改善性住房需求，保持房地产融资合理适度，维护住房消费者合法权益，银保监会、住建部、央行等先后出台《关于商业银行出具保函置换预售监管资金有关工作的通知》《关于做好当前金融支持房地产市场平稳健康发展工作的通知》等重要政策，推出多项金融支持房

地产市场的举措，从供需两端全面促进房地产市场平稳健康发展。若这些举措切实落地见效，将有助于进一步改善房地产行业融资环境，稳定市场信心和预期，促进房地产市场触底企稳。

（二）房地产市场预测

基于以上对房地产市场供需影响因素的分析，2023 年我国房地产市场仍面临一定的内外部压力与不确定性，因此假定三种可能情景并分别进行预测。

在乐观情景下，假定在 2023 年宏观经济稳步增长，新冠疫情得到有效控制，负面影响大幅缓解，并且金融支持房地产市场力度进一步加大；在基准情景下，假定宏观经济趋于稳定，疫情在得到基本控制，但仍对局部地区有一定影响，同时金融支持房地产市场各项政策落实见效；在悲观情景下，宏观经济下行压力加大，疫情对我国经济社会运行与消费者预期仍有较大影响，金融支持房地产市场各项政策未得到全面落实。

基于三种情景，运用综合集成预测模型分别对三种情景下的房地产开发投资、需求、供给和价格四个方面进行预测，以下对预测结果做详细介绍。

1. 房地产开发投资预测

在乐观情景下，预计 2023 年房地产累计开发投资完成额为 145 579.9 亿元，同比增长 1.5%。在基准情景下，房地产累计开发投资完成额为 139 928.9 亿元，同比基本持平。在悲观情景下，房地产累计开发投资完成额为 130 260.6 亿元，同比增长 -2.6%。三种情景下的增幅区间相比 2022 年或将调整 4.3~6.7 个百分点。

2. 房地产需求预测

在乐观情景下，预计 2023 年全国商品房累计销售面积为 153 526.2 万平方米，同比增长 8.5%。在基准情景下，全国商品房累计销售面积为 142 425.9 万平方米，同比增长 5.0%。在悲观情景下，全国商品房累计销售面积为 125 431.4 万平方米，同比增长 -4.1%。三种情景下的增幅区间较 2022 年或将调整 23.0~29.7 个百分点。

在乐观情景下，预计 2023 年全年商品房累计销售额为 150 326.8 亿元，同比增长 9.4%。在基准情景下，全年商品房累计销售额为 139 274.4 亿元，同比增长 6.4%。在悲观情景下，全年商品房累计销售额为 121 853.9 亿元，同比增长 -2.4%。三种情景下的增幅区间较 2022 年或将调整 29.0~34.8 个百分点。

3. 房地产供给预测

在乐观情景下，预计 2023 年全国房地产累计新开工面积为 145 622.7 万平方米，同比增长 1.5%。在基准情景下，全国房地产累计新开工面积为 139 701.7 万平方米，同比增长 -0.9%。在悲观情景下，全国房地产累计新开工面积为 129 426.6 万平方米，同比增长 -4.0%。三种情景下的增幅区间较 2022 年或将调整 28.3~29.4 个百分点。

4. 房地产价格预测

在乐观情景下，预计 2023 年全国商品房平均销售价格为 9 791.6 元/平方米，同比增长 0.8%。基准情景下，全国商品房平均销售价格为 9 778.7 元/平方米，同比增长 1.5%。在悲观情景下，全国商品房平均销售价格为 9 714.8 元/平方米，同比增长 1.8%。三种情景下的增幅区间较 2022 年或将调整 5.0~7.7 个百分点。

三、房地产调控政策建议

下一阶段房地产调控的关键在于全力推动各项政策落地见效，切实稳定市场信心和预期，加快促进市场恢复。建议在坚持"房住不炒"的前提下，全面落实金融支持房地产市场的各项政策，加大因城施策力度，强化预期引导，提振市场信心，进一步释放政策效能，推动商品房销售回升，畅通房地产市场循环。

（一）坚持以稳定房地产市场为首要目标，不断优化房地产调控政策，提升房地产调控成效，稳定房地产市场预期

一是中央层面持续释放房地产政策的积极信号，改善市场预期，促进住房合理消费，提升房地产政策的实施成效。

二是建立健全房地产政策评估体系与动态调整机制，及时追踪各地房地产市场运行情况，评估房地产调控效果，据此科学有序、灵活适度地优化调整调控政策。

三是科学协调房地产政策与人口、人才引进、产业支持等其他政策的组合作用，识别不同类型政策的综合作用及传导机制，据此优化政策组合，促进各类型政策的协同发力，全面提升综合调控效果。

（二）持续完善并着力落实好房地产金融政策，更好发挥金融支持房地产市场作用

一是加大对需求端的金融支持，降低居民购房成本，有效支持合理刚性需求和改善性需求，促进商品房销售止降回稳。对于部分疫情等原因导致贷款偿还能力不足的购房者，在确保不出现恶意逃债的基础上，予以延期、展期等更加灵活的政策支持。

二是丰富优化并用好用足政策工具箱，加快推进房地产企业债务风险化解和不良资产处置工作，对房地产企业、银行部门和地方政府财政稳健性等进行动态预警与及时处置，最大限度保障金融消费者合法权益。

三是适当引导商业银行加大对优质房地产企业的支持力度，做好"保项目"与"保主体"相关政策措施的平衡与配合。此外，进一步优化住房租赁信贷服务，拓宽住房租

赁市场多元化融资渠道，积极满足住房租赁企业中长期资金需求，为收购、改建房地产项目用于住房租赁提供资金支持。

四是坚持市场化和法治化原则，立足实际、依法合规地满足房地产市场合理的融资需求，避免出现过度金融化问题。加快推进社会信用体系建设，有序拓展信用在房地产金融服务与金融监管领域的应用，充分发挥信用的资源配置导向作用。

（三）加快推进"保交楼、稳民生"举措的落地落实，切实解决好交付问题，提振购房者信心

一是组建跨部门的保交楼中央督导组，督促各地保交楼工作进展，为其提供科学指导与政策支持，引导各地因地制宜制订处置方案，并落实好相应措施，加快推进已售、逾期、难交付的房地产开发项目交付。

二是针对部分已公布处置方案的地区，及时跟进评估实施成效，总结风险处置的成功经验，尽快形成试点典范，为其他地区提供经验借鉴。

三是加强保交楼工作的信息披露，要求各地及时在权威渠道披露工作进展，提升信息透明度，疏导社会舆情，合理引导市场预期。

2022 年中国物流业发展回顾与 2023 年展望[①]

刘伟华　冯耕中　邱靖程　兰　蕊　黄艳娇　汪寿阳

报告摘要：2022 年我国国民经济受超预期因素影响，经济短期冲击明显。物流行业受影响比较明显，2022 年 1~10 月，中国物流业景气指数（logistics prosperity index，LPI）大部分位于荣枯线（50%）之下，从数据占比可以看出，2022 年我国的物流活跃性较低。从社会物流总额来看，前三季度，全国社会物流总额为 247.0 万亿元，增速较 2021 年放缓。从累计数据来看，物流需求规模近 259 万亿，增速高于 GDP 增长 0.5 个百分点，表现为物流行业运行增速快于国民经济增长。同时，我国社会物流总费用增速回落，运行效率小幅改善。

2023 年，在对物流行业运行情况持中性态度的前提下，我国经济仍将表现出强势回归、转型升级的态势，物流行业需求和规模将保持平稳增长。从总体形势来看，预计 2023 年全年物流行业平均 LPI 为 51.13%，保持在景气运行区间；物流市场规模将加快扩张，2023 年全国社会物流总额将有望突破 340 万亿元大关；社会物流总费用占 GDP 比例预计为 14.6%，物流行业降本增效取得一定成效。

2023 年，我国物流行业发展从市场运行特征来看，物流业运行效率将持续提升，物流设施基础建设稳步推进，多式联运体系更加成熟，进而推动产业数字化智慧化转型，智慧物流与供应链进入快速发展轨道。同时，我国物流新技术应用的步伐加快，物流与供应链将呈现加速绿色低碳发展的态势。从驱动因素来看，我国的生产需求转型升级加快，推动制造业数字化供应链物流发展。此外，我国的对外开放新格局将加速外贸新业态发展，海外仓和中欧班列等国际物流基础设施掀起建设高潮。随着新冠疫情与国际形势动荡带来的影响持续减弱，在我国消费市场规模稳步扩张及工业生产稳步恢复的趋势下，物流市场内需将保持稳定增长态势，拉动物流行业固定资产投资增速，但我国物流行业发展仍会受外部环境压力，物流业受外部环境综合影响高质量发展持续承压。

针对 2023 年物流业发展提出以下建议：坚持高水平对外开放，促进全球产业链供应链深度融合；积极建设全国统一大市场，推动形成新一轮物流发展的新优势；加快数字化治理体系建设，有序推进智慧物流发展；加大物流标准化体系建设，促进我国物流标准走出去发展；加快供应链创新与应用步伐，着力提升产业链供应链韧性和安全水平。

---

① 刘伟华博士，天津大学管理与经济学部教授；冯耕中博士，西安交通大学管理学院教授；邱靖程、黄艳娇为天津大学管理与京津学部硕士；兰蕊为天津大学管理与经济学部博士；汪寿阳博士，中国科学院预测科学研究中心研究员。本报告受国家社会科学基金重大项目（No.22&ZD139）资助。

一、2022 年中国物流业发展回顾

（一）物流业总体形势分析

1. 国民经济受超预期因素影响，经济短期冲击明显

2022 年，我国经济展现为受到多重超预期因素影响，经济短期冲击明显。就目前物流行业形势变化来看，国内的物流行业受到俄乌冲突等国际形势以及国内经济热区疫情反复的影响，物流行业短期冲击多发，相关指数回升存在波动。从统计来看，截至 10 月，2022 年中国 LPI 十个月中存在六个月位于荣枯线下，物流活跃性较低。

超预期因素引致的经济短期冲击仍在继续，物流活跃性还需继续提升。从 2022 年 1~10 月 LPI 月度数据来看，1 月和 2 月处于新年开局，节日消费上升之际，我国的物流运行平稳，开局表现向好趋势，LPI 位于荣枯线之上，并保持相对稳定；3 月和 4 月处于俄乌冲突战争且上海疫情暴发之际，我国物流经济短期冲击明显，物流业运行出现回调，LPI 回落，均位于荣枯线之下，4 月 LPI 下滑至 43.80%，为 1~10 月最低值；5 月和 6 月处于物流保通保畅政策措施和纾困助企措施同步发力，国内疫情防控形势好转之际，物流业务开始回升，物流活跃性提升，物流总体保持韧性，LPI 呈现向好趋势，6 月 LPI 重回荣枯线之上；7 月和 8 月处于高温雨季等季节性因素和部分地区散发疫情之际，多重因素影响导致需求相对放缓，LPI 均回调于荣枯线之下，存在一定波动；9 月和 10 月处于疫情多地散发、存在波动因素影响之际，物流业务量回升，景气回调符合预期，LPI 较 7 月和 8 月回升，回调幅度相对较小，运行保持企稳态势（图 1）。

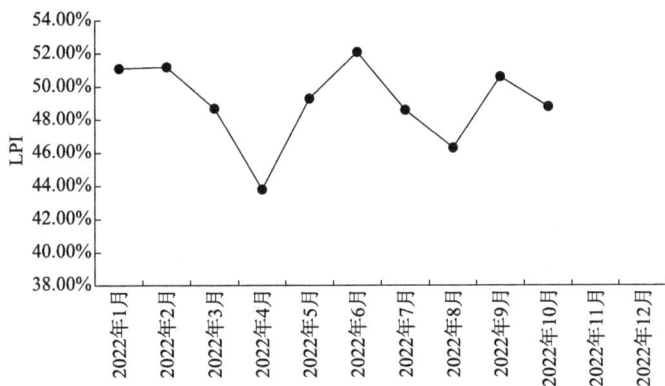

图 1　2022 年中国 LPI

资料来源：中国物流信息中心，整理获得

从整体来看，2022 年 LPI 总体较低，几乎都低于 2021 年同期。2022 年 LPI 数值位于荣枯线之下的月份明显多于 2021 年，说明我国 2022 年受超预期因素影响，物流

业运行不比 2021 年，仍需促需求稳预期；从增幅来看，2022 年 LPI 波动频繁，4 月同比增长率大大低于 2021 年，反映为国民经济短期冲击明显，阶段性回升回调幅度较大，需要改善需求，保证物流运行平稳态势；从极值来看，截至 10 月，2022 年最低 LPI 值为 43.8%，最高 LPI 值为 52.1%，对比 2021 年 LPI 最低值为 49.5%，最高值为 55.8%，可见 2022 年我国需求降低，前三季度经济形势呈现转下趋势，促通保障还得加力（图 2）；从区间来看，2022 年 3~5 月其 LPI 值与 LPI 同比增长率与 2021 年存在较大差距，尤其是 4 月指标对比明显，归咎于国际形势和国内疫情等多重因素影响带来的强烈短期冲击（图 3）。

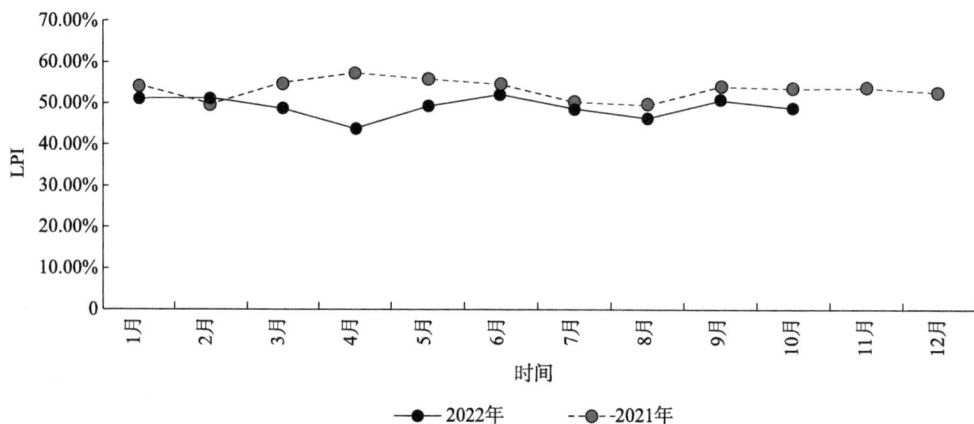

图 2 2021~2022 年中国 LPI 对比图

资料来源：中国物流信息中心，整理获得

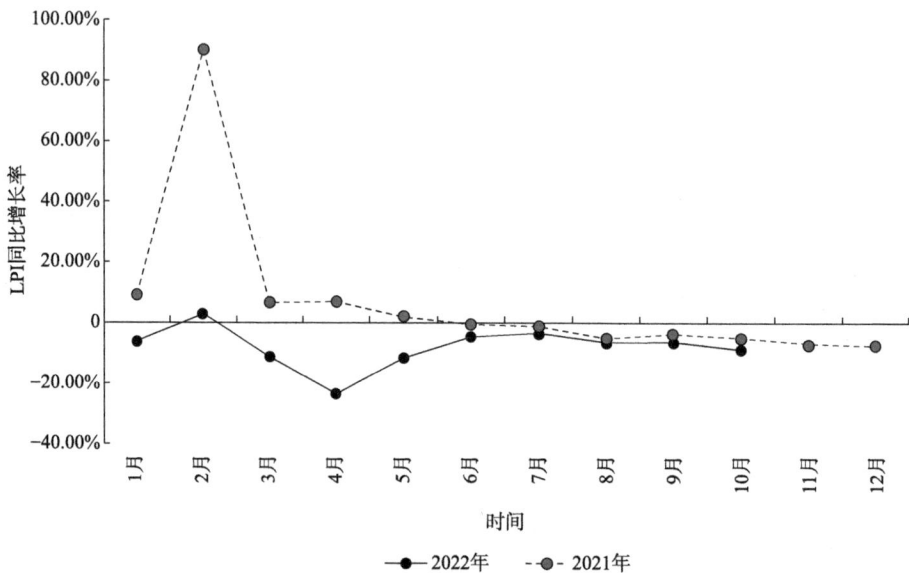

图 3 2021~2022 年中国 LPI 同比增长率对比图

资料来源：中国物流信息中心，整理获得

2. 物流行业运行增速快于国民经济增长，企业经营依然承压

2022 年，我国的物流需求增势趋缓，部分领域物流需求明显回落，物流市场规模恢复势头有所放缓，物流供求关系偏紧的形势下，物流行业企业盈利水平明显回落，物流运行成本压力有所加大，企业经营依然承压。

2022 年我国的物流行业增速有所放缓，但仍快于国民经济增长趋势。从社会物流总额来看，前三季度全国社会物流总额为 247.0 万亿元，物流需求规模近 259 万亿元，增速高于 GDP 增长 0.5 个百分点，表现为物流行业运行增速快于国民经济增长。从社会物流总费用来看，前三季度社会物流总费用比 2021 年增长 5.7%，社会物流总费用与 GDP 的比率为 14.7%，总体来看，前三季度经济运行积极变化明显，物流运行效率得到改善。从物流业总收入来看，物流业总收入稳步增长，前三季度物流业总收入为 9.3 万亿元，同比增长 5.9%，增速高于同期社会物流总额、社会物流总费用，说明物流行业恢复较快。

从企业经营情况来看，前三季度物流企业业务企稳回升，物流运行总体呈现恢复向好态势，但物流行业成本压力依然存在。大宗商品价格仍然高位运行，部分领域物流企业经营困难较大，企业经营依然承压。从 LPI 分项指数上来看，受多地疫情和地缘政治影响，供需两端变化，2022 年我国的主营业务成本指数位居高位，如 3 月业务量回落幅度明显，成本上升明显，高达 60.4%，物流企业经营压力加大。超预期因素引起短期冲击导致市场需求变化，指数频繁收缩与回调，如 7 月和 8 月指数有所回调，市场需求还未完全恢复，主营业务利润指数在短暂回升后再次下降，需求放缓和成本上升的双重压力增大，企业营利能力下降，企业成本压力犹存。由以上情况可以看出，尽管企业保持高效运营状态，但企业经营成本高，盈利水平继续承压。

（二）物流市场运行特征分析

1. 物流市场规模保持较快增长，供给能力增强

按可比价格计算，2022 年前三个季度的全国社会物流总额相比 2021 年同比增长 3.5%，增速比 1~8 月提高 0.3 个百分点，但比 2021 年同期回落 7.9 个百分点（图 4）。从累计增速来看，物流需求保持稳定增长，但在多发频发国内疫情的影响下，4 月以来同比增速小幅回落。总体而言，尽管受到疫情短期冲击，但依托我国完备的产业体系，物流行业呈现较强韧性，全国社会物流总额保持较快增长，呈现稳定恢复态势①。

尽管在新冠疫情多点频发、百年变局加速演进、供应链中断风险加剧的多重背景下，我国经济发展的外部环境更趋向复杂性和不确定性，但物流与供应链仍表现出了较高水平的稳定性和可靠性，并在一揽子稳经济政策和新出台接续政策等政策的利好影响下，物流运行保持平稳态势。2022 年物流业以降本增效作为关注重点，在增强供应链稳定

① 中华人民共和国国家发展和改革委员会. 全国数据. https://www.ndrc.gov.cn/xwdt/ztzl/shwltj/qgsj/?code=&state=123, 2022.

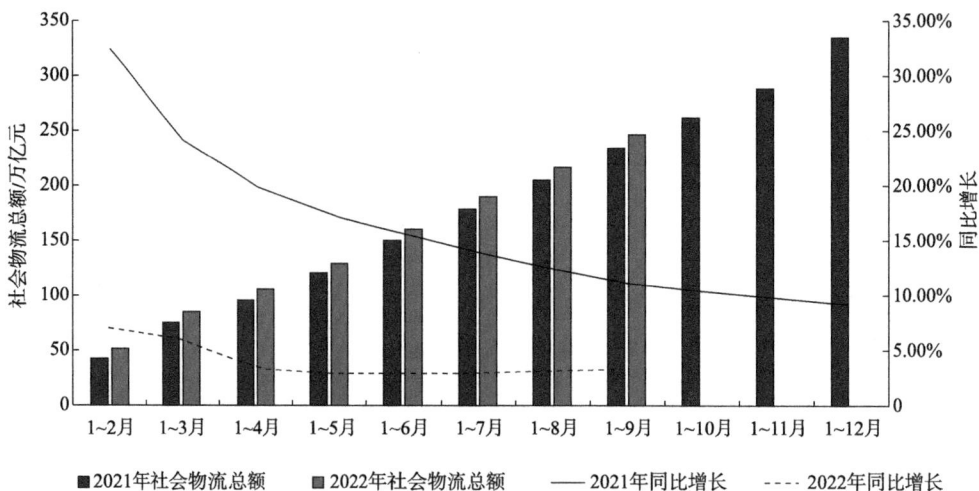

图 4 2021~2022 年 9 月全国社会物流总额及同比增长
资料来源：中国物流与采购联合会，整理获得

性的基础上，呈现出规模化、智慧化、绿色化的发展势头，以此增强供给能力。具体体现在以下几个方面①：一是各产业集群产能提高，增强供应链的稳定性。在重点城市群内部和重点城市群之间，物流网络和节点畅通能力有所加强，提高了机械设备、家电、交通运输、通信设备制造业等产业集群的供应链稳定性，使得产业产能稳定可靠。二是深入多式联运改革，提高物流行业的规模化。2022 年国家继续加强货运物流行业融合多式联运深入发展如"铁水"联运、"公铁"联运业务，提升了物流行业的全面化和协调化，保障了国内产业链、国际贸易循环畅通。三是提高物流智能设备的使用率，推动物流智慧化发展。通过智能化仓储可以节省空间和人力资源，提高仓储搬运作业效率，受到大型仓储企业重视。此外，物流企业也使用智能设备收集和交换物流过程的海量数据，帮助分析、预测和判断发展方向。四是可持续发展上升为国家行动，提高物流绿色化程度。有关部门提出加快绿色物流发展，注重建立完善绿色物流标准体系，提升物流行业绿色治理工作效率，以技术创新和模式创新驱动物流行业环境友好型新业态。

2. 社会物流总费用增速回落，运行效率小幅提升

2022 年前三季度，社会物流总费用与 GDP 的比率为 14.7%，与 2021 年相比（图 5），社会物流总费用增长 5.7%，增速回落 9.3%。由此可见 2022 年前三季度物流的整体效率进一步提高，反映出物流的内生韧性在进一步增强②。

---

① 北京市汽车物流商会. 2022 年物流行业发展趋势预测. https://new.qq.com/rain/a/20220610A094MA00.html，2022-06-10.
② 中国物流信息中心. 前三季度物流运行稳步恢复，行业发展整体向好. http://www.clic.org.cn/wltjwlyx/308938.jhtml，2022-11-05.

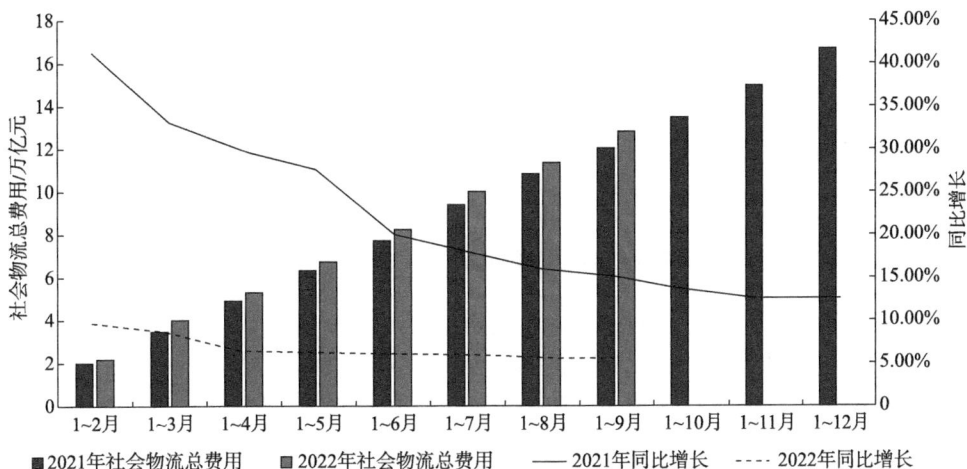

图 5   2021~2022 年 9 月全国社会物流总费用及同比增长

资料来源：中国物流信息中心，整理获得

从物流成本主要环节来看，前三季度以来，保通保畅稳步推进，宏观物流成本稳中有降，物流运行效率有所改善，尤其是在运输环节中，运输结构调整灵活性提升，支撑各领域保持通畅，一方面铁路运输发挥网络枢纽，保持干线运输正常运转，另一方面在网络货运平台等新业态支持下，探索推进"通道+枢纽+网络+平台"运输模式；在保管环节中，供应链产销衔接改善，仓储物流周转加快，从上游工业角度来看，产销衔接趋好，产成品积压减少，存货周转加快，从仓储物流角度来看，9 月中国 LPI 中的库存周转次数指数，回升至 2022 年以来最高水平 54.8%，显示业务活动更趋活跃。与此同时，2022 年前三季度，运输环节和保管环节的物流费用与 GDP 的比率均有所下降，显示三季度以来运输和保管物流成本有所回落，综合运输效率有所提升，社会物流仓储环节总体趋于改善。

（三）物流行业热点问题分析

1. 非常规突发性事件驱动供应链韧性能力建设

近年来，非常规突发性事件频发，2022 年 2 月 24 日，俄罗斯向乌克兰宣战，冲突当日起正式白热化为全面战争，并迅速发展为第二次世界大战以来欧洲最大规模的战争，直接对全球局势的稳定带来了极大的威胁。除此之外，2022 年局部地区的疫情危机极大地影响了物流业的正常运行，导致物流分拨受阻，给我国的物流业发展带来了较大的冲击。

在全球化高度发展的今日，供应链网络越发复杂，同时也面对着更多风险，供应链一旦中断将会导致上下游企业乃至整个市场蒙受巨大损失，供应链韧性建设成为业界热点。不论是疫情还是 2022 年出现的非常规事件，都足以说明供应链韧性建设的必要性。因此企业必须开始打造有韧性的供应链体系，围绕风险管理、保险配置、部门协同、上下游协同、供应链敏捷性提升等方面做出努力，同时提前做出应急情况预案，从而缓解意外情况带来的负面影响，确保企业的正常发展，提高供应链的抗风险能力。以比亚迪为例，比亚迪以电池业务为中心，向上向下垂直辐射并横向开拓，实现产业链完全覆盖。从产业链的中游向两侧延伸，最终形成了整体覆盖上-中-下的成熟配套体系，使比亚迪的风险承受能力增强，供应链更加稳定。2022 年前三季度，比亚迪实现营收 2 676.88 亿元，同比增长 84.37%，净利润为 93.11 亿元，同比增长 281.13%，售出 117 万辆汽车，超越特斯拉成为全球新能源汽车销量冠军。

2. 疫情驱动下我国物流行业加快保通保畅体系建设

受疫情的影响，国内的运输体系市场受到影响，2022 年上半年上海的疫情导致我国的跨国海运受到了极大的影响，同时国内频发的区域性疫情事件对我国的国内物流畅通带来了极大影响，也促使我国物流行业必须加快保通保畅体系的建设。

2022 年 4 月，国务院办公厅发布《国务院应对新型冠状病毒感染肺炎疫情联防联控机制关于切实做好货运物流保通保畅工作的通知》，明确指出全力保障货运物流特别是医疗防控物资、生活必需品、政府储备物资、邮政快递等民生物资和农业、能源、原材料等重要生产物资的运输畅通，切实维护人民群众正常生产生活秩序[①]。2022 年 12 月 26 日，国家卫生健康委员会发布公告，将新型冠状病毒肺炎更名为新型冠状病毒感染，并从 2023 年 1 月 8 日起，解除对新型冠状病毒感染采取的《中华人民共和国传染病防治法》规定的甲类传染病预防、控制措施；新型冠状病毒感染不再纳入《中华人民共和国国境卫生检疫法》规定的检疫传染病管理，这一举措将给我国物流行业保通保畅建设带来便利。

由此可以看出国家对物流运输畅通的重视，这也要求我国物流行业做好备用线路选择，依托政府帮助，结合自身的优势，打造全国稳定的运输网络。同时积极响应中欧班列通道、西部陆海新通道、陆海经济走廊等举措，维护跨国物流运输的畅通与安全。

3. 科技能力不断加强，加快推进物流服务创新与低碳转型

中国物流业正在由传统物流向科技物流发展，从人工操作到自动化，到数字化协同平台，最终走向供应链全流程全渠道的科技解决方案。我国目前的物流科技正在不断发展，以射频识别为代表的第三代识别技术迎来规模化商用；扩展技术增强现实让一线工人作业更高效；低功耗广域网技术广泛连接物流要素，大大地降低了能耗；物流全链路实现在线协同等一系列物流科技不断步入生产环节，大大地提升了我国物流业的科技水平和实力。

随着科学技术的不断提升，未来物流行业要加速创新和低碳转型。从政策方面，2022 年 3 月，国家发展和改革委员会、国家能源局印发《"十四五"现代能源体系规划》，为"十四五"时期加快构建现代能源体系、推动能源高质量发展提供总体蓝图和行动纲领，同时也提醒我国物流行业要向低碳化、绿色化发展。同年 10 月，党的二十大报告，多次强调我国的现代化是人与自然和谐相处的现代化，强调我国要迈进创新型国家前列，都要求我国物流业要向创新、绿色的方向发展。在企业的层面，我国众多的物流企业都在致力于向创新与绿色的角度发展，新能源汽车、智能小车、绿色包装、无人仓库等产

---

① 国务院办公厅. 国务院应对新型冠状病毒感染肺炎疫情联防联控机制关于切实做好货运物流保通保畅工作的通知. http://www.gov.cn/zhengce/content/2022-04/11/content_5684533.htm，2022-04-11.

物不断涌现。天猫超市利用智能算法，根据包裹大小"量体裁盒"，让包装箱使用量降低了 15%。京东仓库将燃油车全部替换为新能源汽车，大大减少了排放。京东物流通过入仓优惠政策，激励上游品牌商企业推行原发包装，目前宝洁、联合利华等品牌商上千种商品已实现出厂原包装可直发，累计已减少物流纸箱使用 2 亿个以上。最后，社会方面，消费者正在逐步确立绿色消费、鼓励创新的思想，主动实现纸箱的回收、积极尝试新兴科技产物，这一系列举措都在帮助我国物流行业向创新化、绿色化发展。

4. 以标准化体系建设为牵引，加快智慧物流建设步伐

2021 年 10 月，中共中央、国务院印发了《国家标准化发展纲要》，明确指出标准化体系是经济活动和社会发展的技术支撑，是国家基础性制度的重要方面。标准化在推进国家治理体系和治理能力现代化中发挥着基础性、引领性作用。新时代推动高质量发展、全面建设社会主义现代化国家，迫切需要进一步加强标准化工作。通过标准化建设提升各个行业的运作效率。

如今物流业建设智慧物流的进度不断加快，而智慧物流形成的基础便是智慧物流标准的建设，2022 年 10 月，为推进智慧物流建设，交通运输部会同国家标准化管理委员会联合印发《交通运输智慧物流标准体系建设指南》，旨在完善智慧物流相关的标准化，包括基础通用标准、设施设备标准、系统平台与数据单证标准、服务与管理标准。通过完善的标准化体系促进智慧物流的良好发展。2022 年 5 月，江西省印发《关于贯彻落实国家标准化发展纲要的实施意见》，提出大力推进智慧物流建设，实施标准国际化跃升工程，促进标准制度性开放，构建现代物流体系新标准，同时我国多个省市也在同步推进智慧物流标准化建设，加快智慧物流建设步伐。

5. 物流业与制造业深度融合创新发展

我国正在不断推进"两业融合"，2020 年，13 个部门和单位联合印发《推动物流业制造业深度融合创新发展实施方案》，为物流业与制造业深度融合指明了方向。2021 年 3 月 16 日国家发展和改革委员会等 13 个部门联合印发了《关于加快推动制造服务业高质量发展的意见》，再次加快"两业融合"的步伐。2022 年，浙江省依托重大物流基础设施及国家交通枢纽，构建稳定的物流体系，切实维护产业链供应链稳定，确保制造业复工复产的稳定。2022 年，安徽省深入推进流程体系完善的进程，新增国家示范物流园区 2 家，5 家企业入选国家物流业制造业深度融合创新发展融合案例。

随着物流业与制造业深度融合的不断深入，我国已经出现大批制造业与物流业深度融合的案例。天津港股份有限公司、中国重型汽车集团有限公司、北京主线科技有限公司联合创立中国重汽、天津港无人驾驶电动集卡规模化应用服务制造业降本增效的创新案例，天津港作为物流企业与中国重汽汽车集团合作，通过替换原先的燃油车，采用电动重卡大大减少了污染的排放，同时科技公司的参与大大提升了港口的运作效率，实现了降本增效。虽然我国的产业融合速度较快，降本增效的成效显著，同时也极大地提升了我国物流服务水平，但目前产业融合层次不够高、融合范围不够广、融合程度不够深等问题仍然比较显著。

6. 数字化供应链战略转型持续深入

2022 年 1 月，国务院印发《"十四五"数字经济发展规划》。该规划提出，建设高速泛在、天地一体、云网融合、智能敏捷、绿色低碳、安全可控的智能化综合性数字信息基础设施。我国正在加速推进数字化产业的转型，因此数字化供应链战略转型已是我国供应链未来发展方向，我国也在持续深入推进数字化供应链战略转型。

政策方面持续发布。2022 年 3 月 25 日，国家发展和改革委员会印发《发展数字化供应链，推动居民消费升级》，强调数字供应链对培育我国经济发展新动能、拓展经济发展新空间以及促进居民消费升级有重要意义，指出要构建数字供应链。首先，构建数字化供应链核心技术体系，加快研发引领全球的新一代供应链技术。其次，加快建立引领全球的数字化供应链管理标准。最后，加强数字化供应链技术安全保障体系建设。

行业协会积极推动。2022 年 8 月 24 日，由中国物流与采购联合会与哈尔滨市人民政府共同主办，中国物流信息中心、中国物流与采购联合会智慧物流分会、哈尔滨市发展和改革委员会联合承办的"第十五届全国现代物流科技创新大会"于哈尔滨市隆重召开。以"科技引领、数智赋能、融合创兴"为主题，强调了数字化转型对供应链发展的重要性。

企业方面积极落实。在 2022 年 1 月 7 日，我国成功举办"中国物流 50 强数字化转型发展论坛"，厦门象屿速传供应链发展股份有限公司总经理孙刚表示，象屿以重塑产业价值，构建数字化基础，升级企业商业模式的构建理念，实现物流地网和数字天网的数字融合，打造网络化、智能化、协同化的供应链新生态。京东物流智能供应链平台创新业务负责人者文明表示，通过新能源设备、无纸化交接、数字厂站调度、机器人云化、多方协同等多方面的数字化应用来实现智能物流园节能减排。

二、2023 年中国物流业发展预测

（一）物流业总体经济形势预测分析

1. 宏观经济有望进入平稳增长区间，经济复苏趋势明显

2023 年，我国宏观经济有望进入平稳增长区间，经济复苏的趋势明显。主要是体现在以下三个方面。一是产业链供应链更加稳定有助于保证宏观经济发展的平稳，2022 年 9 月 18 日至 20 日，我国成功举办产业链供应链韧性与稳定国际论坛，论坛就加强全球产业合作、畅通国际物流、助力世界经济复苏等议题开展对话交流。旨在加强产业链供应链韧性与安全建设，确保产业链供应链稳链保供。二是宏观经济增长平稳，主要经济指标向好。规模以上工业增加值、服务业生产指数和固定资产投资等核心指标表现较为抢眼，尤其是 41 个工业大类行业中，38 个行业增加值同比增长，占 92.7%。因此，按照目前的规律，2023 年我国宏观经济增长仍将处于稳定态势，主要经济指标也将体现出较好的趋向。三是人民生活稳中向好，保障有力。全国城镇调查失业率低于预期目标，居民消费价格涨幅较

少且大幅低于预期目标,而教育、卫生等民生投资实现大幅增长,随着市场经济的复苏,我国消费市场也将呈现复苏态势,进一步助推 2023 年的经济平稳增长。

2023 年,随着产业链供应链韧性建设取得成效,会进一步助推工业经济的复苏,供给侧结构性改革成效将会明显,同时"三去一降一补"取得了实质性效果,各类主要经济指标相较于 2022 年会出现进一步的增长。人民的消费欲望也会随着疫情缓解、经济形势好转而提升,市场内需增强会进一步推进我国经济复苏的趋势。

2. 物流市场规模呈现较快增长,LPI 回升明显

从 2022 年的物流市场数据来看,我国物流市场增速仍然十分显著。主要是受益于基建投资加快,上游原材料制造业物流有所改善,装备制造业特别是汽车制造物流快速修复,三季度汽车制造物流总额增长 25.4%,汽车物流量增长超过 30%。同时,伴随着高技术制造业平稳较快发展,新能源新材料产品继续保持高速增长。其中,新能源产品产量同比增长超过 30%,新材料增长超过 50%,新动能物流需求持续高速增长加强了对工业物流增长的支撑。由此可见,我国物流市场规模由于物流内需的驱动,呈现出较快增长的趋势。

根据 2014~2022 年的 LPI 数据,采用指数平滑法预测中性条件下 2023 年年度 LPI 平均值为 53.11%(图6),显示我国 LPI 将在 2023 年维持高位水平。国内物流行业景气程度具有强劲的上升空间,物流业务活动将更加活跃。一是随着新冠病毒降为乙类乙管,对社会的影响减轻,我国受疫情影响的程度将显著低于 2022 年,经济市场将呈现复苏的态势,贸易活动回暖,物流需求增大,会助推物流市场的发展,给物流行业的发展带来助力。二是内需扩大战略会推动我国物流行业的发展,国内物流市场需求扩大,农村运输体系更加完善,城乡协同运输战略成熟,我国的物流行业将在内需的驱动下,逐渐形成更高层次的运输供需动态平衡。三是国家政策支持,物流"保通保畅"战略的实施,进一步推进我国物流业的发展,依托政策利好进一步完善国内运输网络,实现降本增效,成本降低,物流运力进一步提升,激发物流市场活力。

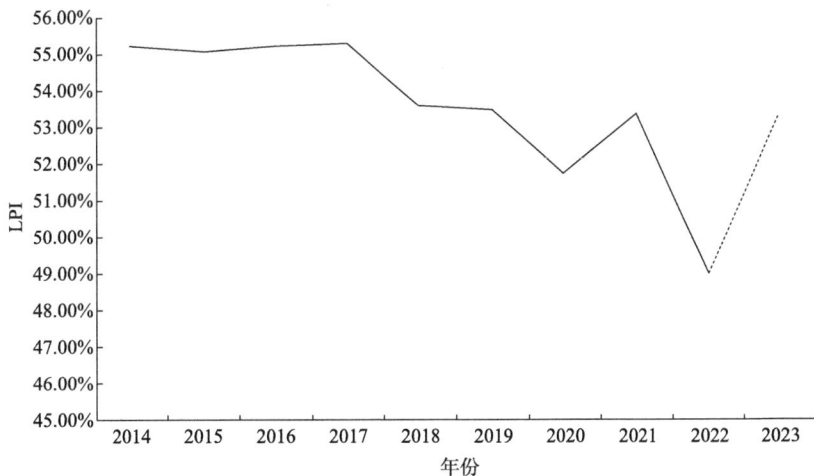

图 6   2014~2023 年 LPI(含预测)

资料来源:中国物流与采购联合会,整理获得

3. 内需驱动加速物流业固定资产投资加速增长

预计 2023 年，在我国消费市场规模稳步扩张及工业生产稳步恢复的趋势下，物流市场内需将保持稳定增长态势。一是消费需求对经济增长的主要拉动作用进一步显现，延续前期趋势，2023 年最终消费支出对经济增长的贡献率将保持较高水平，中国消费市场仍然保持着高强度的韧性。二是抛开基数影响，我国工业增加值将保持稳步恢复的势头。在我国制造业和物流业深度融合发展战略的推动下，工业制造产能的恢复及产品技术转型将拉动我国制造业物流需求的提升。总体而言，我国消费市场潜力巨大，升级势头明显，消费复苏基础仍然稳健。随着工业制造业产能迅速回归及疫情的影响逐渐减小，依靠增后劲、补短板、促活力的投资支撑，我国内需潜力将持续释放，物流市场内需也将稳步增长。

物流市场内需的不断增长将推进物流业固定资产的投资。第一，随着我国房地产市场的逐渐回温及政府的政策控制，房地产将逐渐回归平稳，不会出现大幅的涨幅，因此，有利于物流仓库及集散中心的构建。第二，我国物流业长久以来注重交通运输设施的投入，按照往年趋势，我国物流业的交通运输设施固定资产投入每年不断提升，随着 2023 年市场需求的扩大，我国物流业也会相应增加固定资产投入。第三，随着"降本增效"的理念不断深入，为了降低社会物流总费用，提高物流运输绩效，我国物流业必须加速构建现代化运输体系，就必然需要交通枢纽及中转集散地的建设，也会相应提升物流业固定资产投资的速度。第四，随着智能化仓库的逐渐成熟，我国物流业会加速建设更多的智能仓库，进而需要扩大固定资产投资，实现降本增效。

4. 物流业受外部环境综合影响高质量发展持续承压

2022 年，我国物流行业发展受到外部环境影响，新冠疫情冲击仍难以避免，加之百年变局加速演进等多重因素影响，外部环境更趋复杂严峻和不确定。IMF 预计能源价格上升和供应链中断风险将导致更高、更广泛的通胀，并将 2022 年全球经济增速预期下调至 4.4%。

2023 年我国物流高质量发展将在降本增效、产业融合度、营商环境建设、高质量物流基础设施网络体系建设四个方面受到外部环境的压力。

一是物流降本增效方面，由于国际形势动荡及疫情形势的波动，给我国物流行业的运输安全带来挑战，同时阻碍我国物流行业基础设施建设的进展，进一步影响我国物流行业的智能化转型，影响降本增效的效果。

二是物流设施与外部产业融合度方面，近年来我国物流业与工业、农业、商贸流通业等其他产业联动融合发展趋势不断增强，在推动降本增效提质、提高物流业服务水平等方面取得积极成效，但产业间融合层次不够高、范围不够广、程度不够深，与"双循环"新发展格局的总体要求还不相适应。

三是营商环境建设方面，物理行业竞争激烈，价格战短期内无法得到解决，服务同质化的问题比较严重，龙头企业的技术创新需要时间，通过技术创新而实施差异化战略是一个长期的过程，而小企业的生存空间始终被挤压，技术创新更为困难，影响智慧水平的提升。

四是高质量物流基础设施网络体系的建设方面，劳动力短缺、疫情的背景下工程难以推进，导致物流枢纽建设、信息平台建设等基础设施网络体系建设的进度不佳。

（二）物流业运行特征分析

1. 物流业运行效率持续提升，前 50 强物流企业收入较快增长

2023 年预计我国物流业的运行效率会持续提升。一是新型运输模式的推进，有效提高运行效率。2022 年，随着"通道+枢纽+网络+平台"运输模式的推进、联运比例的提高，不同运输方式之间的衔接水平得以提升。与此同时，前三季度运输环节物流费用与 GDP 的比率也有所下降，物流业综合运行效率有所提升。二是我国现代流通网络的不断完善，有效降低物流成本。我国正加快打造"支点城市+骨干走廊"现代流通网络，推动了设施之间的高效联通、产销环节之间的深度衔接，有效降低物流成本，提升物流运行效率。三是采用指数平滑法预测 2023 年社会物流总费用占 GDP14.48%，比 2022 年降低了 0.29 个百分点。因此从整个社会物流运行的情况来看，随着在稳中求进工作总基调下，预计 2023 年我国物流业有望延续稳中有升态势，运行效率将会持续提升。

与此同时，从企业角度来看，预计在 2023 年前 50 强的物流企业会随着整个物流业运行效率的提升实现收入的较快增长。一是前 50 强物流企业重视科技创新，为收入增长提供主要动力。2022 年 8 月我国举办了全国现代物流科技创新大会，大会发布了最新供应链物流行业科技创新案例及应用成果，并公布了 2022 年中国物流 50 强。例如，安得智联以"1+3"服务方案推出端到端数智化供应链服务模式，通过全链路数据采集及信息化，连接人货车场，实现订单、信息、物流三流合一，提升供应链效率及客户体验。二是前 50 强企业在 2022 年的业务收入可观，有持续发展的趋势。在 2022 年，这些 50 强物流企业物流业务收入合计 19 444 亿元，按可比口径计算，同比增长 47%。50 强物流企业门槛提高到 61.6 亿元，比 2021 年增加 21 亿元。其中物流费用率为 8.1%，比 2021 年下降了 0.16 个百分点。

2. 物流基础设施有序推进，多式联运体系加快发展

近年来为推进现代物流的发展，建设坚实的现代流通体系，国家发展和改革委员会发布了《"十四五"现代流通体系建设规划》，有序引导我国在物流基础设施的建设。重点在三个方面有序推进，一是在建设国家物流枢纽网络方面，加快国家物流枢纽布局建设，构建全国骨干物流设施网络，打造"通道+枢纽+网络"的物流运行体系。二是在区域物流服务网络方面，强化物流基础设施互联互通和信息共享，构建支撑现代流通的多层级物流服务体系，提升末端"最后一公里"网络服务能力。三是在健全冷链物流设施体系方面，推进国家骨干冷链物流基地布局建设，构建冷链物流骨干网络，补齐生鲜农产品流通"最先一公里"短板。在 2022 年，按照该建设规划的指引，我国的物流基础设施建设也取得了显著成果。例如，青岛建设了上合示范区多式联运中心为枢纽，充分挖掘山东半岛城市群、沿黄流域重要枢纽城市班列的运力资源，打造了区域性中欧班列集结中心，并在 2022 年

以来，共开行中欧班列（齐鲁号）430 列，同比增长 45%，累计开通国内外班列线路 26 条，可通达上海合作组织和"一带一路"沿线 22 个国家的 51 个城市。

与此同时，物流基础设施的建设与多式联运体系发展紧密相关，有效解决了多式联运中基础设施衔接不畅的硬件设施问题。2022 年初国务院印发的《推进多式联运发展优化调整运输结构工作方案（2021—2025 年）》，重点强调了要加快多式联运的骨干通道基础设施建设、枢纽布局和设施联通，同时也提出了要通过完善主要枢纽的集疏运体系来提升各枢纽站场间的互联水平。此后，各省市基于国务院的工作方案因地制宜，采取相应举措有序推进多式联运发展，如沿海地区，上半年海铁联运量同比增幅的平均值接近 20%，受疫情影响较大的港口如上海港、盐田港、大连港、广州港海铁联运量均呈现同比大幅增长，增幅分别为 39%、52%、18%、49%；内陆地区如河南省已开通联运线路 80 余条，带动社会投资 66 亿元；示范工程累计完成多式联运量 92 万标准箱，占全省公铁、铁海联运总量的 34%；黑龙江省建设哈尔滨航空货运枢纽，开通了北美、欧洲国际货运航线，前三季度，黑龙江省国际货运航线累计执飞 150 班，同比增长 50%；完成国际货邮量 4 600 吨，同比增长 27%。

由此可预计 2023 年，在国家政策的大力支持和引导下，各省市按照规划的总体目标积极响应，我国的物流基础设施建设会有序推进，并推动多式联运体系快速发展。

3. 产业数字化智慧化转型持续推进，智慧物流与供应链进入快速发展轨道

当前，随着人工智能、大数据、物联网、云计算、5G 等技术在各行各业的应用，新一轮科技革命和产业变革正在产生，数字经济成为全球经济增长的重要驱动力，产业的数字化智慧化转型发展是必然举措，这势必也会推动物流和供应链朝着数字化、智能化、网络化、透明化、柔性化的方向发展。

2022 年我国在发展智慧物流与供应链、推动产业数字化智慧化转型上取得了阶段性成果。例如，顺丰科技借助一系列数字化工具，打造智慧化供应链，以科技赋能全流程的智慧化经营管理，帮助企业优化人工经验不足，提升运营及资源利用效率。货运宝将数字技术融入运输链条的每个环节之中，运用大数据的算法和定位追踪系统实现所有数字可追溯，全方位了解货物运输过程的实时动态，降低运输成本的同时提高运输效率。

预计在 2023 年我国会延续 2022 年的发展势头，持续推进产业的数字化智慧化转型，智慧物流与供应链发展进入快轨道。原因主要有以下几个方面：一是政策的大力支持，为产业数字化智慧化转型提供了良好基础。在 2022 年 1 月国务院印发的《"十四五"数字经济发展规划》中提到要大力发展智慧物流，加快对传统物流设施的数字化改造，促进现代物流业与农业、制造业等产业的融合发展，持续推进产业数字化智慧化转型，且在 2022 年各地市也不断推出发展智慧物流与供应链、推动产业数字化智慧化转型的规划，如 2022 年 4 月陕西省发布《陕西省"十四五"数字经济发展规划》、5 月黑龙江省发布《黑龙江省"十四五"数字经济发展规划》。二是各行各业对数字化技术的积极运用与实践，为推动数字化智慧化转型提供了主要动力。例如，在农业领域，农产品智能仓储冷链设施建设将加速发展，用于提高仓储运输效率，补齐现代农业基础设施短板。在工业领域，随着工业制造步入 4.0 时代，越来越多的工业企业发力柔性制造，对智能仓

储的定制化解决方案需求更高，将推动智能仓储走向全面智能化、柔性化。这些与农业、工业的融合，将进一步助力智慧物流与供应链的发展。三是数字商务的大力发展，为产业数字化智慧化转型提供了服务保障。供应链金融、服务型制造等融通发展模式的推进，会进一步优化管理体系和服务模式，提高服务业的品质与效益，有效保障了产业数字化转型，加快智慧物流与供应链发展。总之，相信 2023 年随着政策的引导支持、各行各业的实践和金融服务的保障下，产业数字化智慧化转型将会持续推进，智慧物流与供应链行业也会有较快的发展。

4. 物流新技术应用步伐加快，推动物流与供应链加速绿色低碳发展

近几年来我国绿色物流呈现较快发展态势，物流新技术在各个物流环节应用广泛。例如，在包装方面，融合循环包装与运输流程，从包装材料制造商、物流企业、零部件供应商、终端制造商、消费者到回收企业，打通各个环节的流通信息节点，推动绿色包装在产业链上下游的循环利用，践行绿色包装全生命周期管理；在运输方面，推广使用新能源车，电子运单基本实现全覆盖，并借助车辆智能调度算法的应用减少了车辆的行驶里程，减少碳排放。此外，在仓储方面，各地正应用绿色建筑材料、节能技术与装备及能源合同管理等节能管理模式加快建设绿色物流仓储园区。

预计在 2023 年，我国将持续将新技术应用于物流行业，推动绿色低碳建设。一是国家政策的推行，大力支持物流新技术在物流与供应链的绿色低碳建设中的应用。2019 年国务院发布的《关于推动物流高质量发展促进形成强大国内市场的意见》中强调要通过鼓励企业使用符合标准的低碳环保配送车型加快绿色物流发展，并带动上下游企业发展绿色供应链。在 2022 年的"十四五"发展规划中，又次强调借助物流新技术推动物流与供应链的绿色低碳发展。二是物流新技术深入应用到流通全过程，全方位推动了绿色低碳供应链的建设。例如，在包装环节，通过使用商品和物流一体化包装，并采用原箱发货，大幅减少物流环节二次包装；在运输配送环节，正在大力扩大新能源车使用规模，加快探索发展无人仓、无人分拣、配送机器人、智能配送站等全流程无人配送业务。三是产研联合，进一步丰富了物流新技术在低碳供应链建设的应用场景。目前有的物流企业利用大数据与调度算法优势，避免车辆集中到达、减少车辆等待时间。接下来将进一步丰富物联网、云计算、大数据等技术应用场景，加强科研协同合作，加大新能源、新材料及节能技术的研发力度，推广绿色物流技术装备，打造绿色化、智能化、信息化的物流产业链。由此可见在 2023 年，物流新技术在物流行业的应用步伐加快，会进一步加速物流与供应链的绿色低碳发展。

（三）物流市场发展的主要驱动力分析

1. 生产需求转型升级加快，驱动制造业数字化供应链物流发展

近年来，我国坚持深化供给侧结构性改革，推进现代社会主义市场经济制度建设，加快生产需求的转型升级。党的二十大报告强调"坚持把发展经济的着力点放在实体经济上"。制造业利用云计算、大数据等数字信息技术，发展数字经济，加快两化融合与制造业数字化转型，提高资源配置效率，实现高质量高水平发展。截至 2021 年底，智能制造工程工作实现建成 700 多个数字化车间、智能工厂。

借助生产需求转型升级的动力，驱动制造业数字化供应链发展，实现制造业高质量发展。在全面数字化、智能化的转型驱动下，建立数字化物流与供应链，充分利用云计算、人工智能等创新技术，重构供应链物流的组织模式，着力推动基于产业互联网为载体的产业融合。通过数字化、智能化转型实现制造业供应链物流的降本增效、业务创新，不断提高物流与供应链的网络化、智慧化、服务化水平。

数字化转型是推进制造业高质量发展的现实需求，制造业供应链物流实现数字化是必然趋势。全面推广制造业数字化转型，延伸数字化价值，将数字化思维推广到物流领域、供应链领域，借助数字化、智能化进一步巩固提升产业链健全、产业体系完备优势，增强我国制造业发展韧性和对外冲击能力。

2. 新时期民生保障需求明显，推动城郊大仓基地建设步伐加快

新时期尤其是疫情严峻的形势下，民生保障需求愈发明显。就物流方面，疫情之下，道路管控与隔离政策对人民群众生产生活造成一定的影响。货运物流通道受阻，保供物资运输不畅通，导致农村产业产品无法售出，民生物资供给不足，配送不能保障市民需求。

在新时期民生需求日益凸显的背景下，为了满足人民需求，城郊大仓基地建设稳步推进。结合疫情防控形势和需要，国务院办公厅发布《关于进一步释放消费潜力促进消费持续恢复的意见》中提出，在各大中城市建设城郊大仓基地，及时就近调运生活物资。科学规划建设集仓储、分拣、加工、包装等功能于一体的城郊大仓基地，这一建设有利于保障疫情防控期间基本民生保障，居民有充实的"菜篮子"，农产品卖难问题得到缓解，同时避免了跨区调运大量物资，降低疫情防控风险，保证"及时配送"。城郊大仓基地建设如火如荼，7 月京东物流在重庆落地全国首个"城郊大仓"，在西安市与京东合作构建全国首个碳中和城郊大仓，同时上海和武汉等地也在建设平时服务灾时应急的城郊大仓基地。建立健全生活物资保障体系，畅通重要生活物资物流通道，确保在疫情严峻且反复的应急状况下即时就近调运生活物资，全力保障消费供给，满足民生保障需求。

完善消费供给保障体系，在发展中保障和改善民生。建设城郊大仓基地这一部署，将在应急状态下形成发挥联动作用的跨省保供枢纽节点，联动保供物资，助力稳定经济基本盘和保障改善民生，供应链互通，民生资源配置更加合理，更有利于构建韧性化的民生保障机制，提升城市对重大突发风险的能力。

3. 对外开放新格局加速外贸新业态发展，海外仓和中欧班列等国际物流基础设施掀起建设高潮

我国高水平对外开放新格局助推外贸新业态发展。当下，我国对外开放的形式更加多元，对外开放内容更加全面，参与国际经济治理程度更加深入，全方位开放的格局更加明显。对外开放新格局切实提升了我国参与国际大循环的质量和水平，加快发展外贸

新业态新模式。

近年来，我国外贸新业态新模式蓬勃发展，外贸创新能力持续增强，外贸新业态新模式活力充沛、形态多样。互联网发展催生跨境电商，传统业态转型升级，市场采购贸易形成。在构建新发展格局背景下，贸易分工进一步细化，外贸综合服务企业等新型主体深受市场欢迎，新业态新模式发展稳定对外贸易基本盘。对外开放促发各类业态之间融合发展，外贸功能进一步集成联动，跨境电商、市场采购、外贸综合服务企业、离岸贸易、海外仓等新业态新模式，成为传统外贸模式的重要补充。

为了顺应外贸新业态发展，海外仓和中欧班列等国际物流基础设施掀起建设高潮。传统贸易与跨境电商结合形成 B2B2C[①]的海外仓模式，海外仓建设呈现强劲增长势头，据海关统计，2022 年 1~10 月我国进出口总值为 34.62 万亿元人民币，海外仓数量超过2 000 个，总面积超过 1 600 万平方米，业务范围辐射全球。在"一带一路"背景下，作为桥梁作用的中欧班列发展势头迅猛，截至 2022 年 7 月底累计开行数量已近 5.7 万列。我国致力于加强中欧班列物流基础设施和技术建设，实现运输仓储一体化，优化推进"车轮上的海外仓"建设。

党的二十大报告提出，必须完整、准确、全面贯彻新发展理念，坚持社会主义市场经济改革方向，坚持高水平改革开放，加快构建以国内大循环为主体，国内国际双循环促进的新发展格局。跨境电商成为当前发展速度最快、潜力最大、带动能力最强的外贸新业态，需要完善覆盖全球海外仓网络，完备国际物流基础设施，实现更高水平对外开放，推动构建新发展格局。

（四）主要运行指标预测汇总—三种情况预测

鉴于未来可能存在的不确定性，本部分将对主要的运行指标进行更加全面的预测，并分为乐观、中性和悲观三种基本情景。

基于乐观假设，2023 年将有三个趋势，一是随着新冠取消甲类传染病预防、控制措施，我国不再受新冠疫情管控的影响。消费市场逐渐兴旺，国内市场复苏，同时全球贸易回暖，进出口贸易增长，实体经济带动货运量、货运周转量快速增长，各运输方式协调发展，产业链物流、资金链运转效率大幅提高。二是现代化运输体系的构建逐渐完善，以及供应链的保通保畅工作平稳进行，贸易更加繁荣昌盛。三是基础建设和新基础建设快速进行，物流基础建设取得重大成就，同时新能源物流建设稳步进行，物流行业数字化、自动化水平提高，降本增效效果明显。2023 年物流业保持平稳运行，市场需求持续增长，LPI 将处于高位扩张区间，并相较于 2022 出现较大涨幅。

基于中性假设，2023 年，随着我国防疫的开放，全国受新冠疫情的影响逐渐减少，随着国家"十四五"规划稳步推进，国内贸易稳定，物流业保持稳定发展，社会物流总额稳步增长，同时产业链供应链韧性和安全建设有效，物流业数智化转型逐步完善，实体经济带动货运量、货运周转量增长，产业链、资金链周转加快，供应链各个环节效率

---

① B2B2C：business to business to consumer，是现存 B2B 和 C2C 两种商业平台模式的综合。

改善，供应链安全更加稳定。

基于悲观假设，2023 年我国部分地区疫情反复，变异病毒得不到快速控制，世界范围内疫情持续加重，国际贸易及国内消费市场难以恢复活力，疫情导致的供需失衡仍将存在。中美贸易战摩擦、俄乌冲突继续，我国的进出口贸易受挫，相关产业疲软。同时，疫情导致物流业相关基础设施建设进度放缓，行业数智化改造受阻，供应链弹性、韧性得不到有效改善。在这种情景下，物流景气程度并未有明显攀升，社会物流总额无明显增长，降本增效仍需发力。

综上所述，在不同情景和假设条件下主要运行指标的预测结果如表 1 所示。

表 1　2023 年主要运行指标预测汇总

项目	悲观	中性	乐观
LPI	49.89%	51.13%	53.11%
社会物流总额/万亿元	335.11	343.11	350.55
社会物流总额同比增速	2.78%	5.24%	7.52%
社会物流总费用/万亿元	18.85	18.72	18.57
社会物流总费用与 GDP 比率	14.7%	14.6%	14.48%

三、物流发展政策建议

1. 坚持高水平对外开放，促进全球产业链供应链深度融合

我国必须坚持高水平对外开放，如今全球产业链供应链跨越国境、网络交错、环环相扣，资金、技术、人才、知识、信息等生产要素高速流动、高效配置。经过几十年的发展，世界已形成"你中有我、我中有你"的产业分工格局，各国通过产业链供应链紧密相连、共同进步，在实现自身发展的同时，也促进了世界经济的繁荣，维护全球产业链供应链韧性和稳定也是推动世界经济发展的重要保障。因此，我国应坚定不移推进改革开放，坚持高水平对外开放，促进全球产业链深度融合。

我国未来要促进产业链供应链融合，需从以下两个方面入手：一是从市场出发，从发展原则来看，要充分调动企业积极性，提升市场主体内外贸一体化经营能力，激发内生发展动力，巩固国内外贸易一体化的发展，而且进一步促进了高水平高质量的对外开放，实现规则衔接，优化内外贸融合发展环境。从发展能力来看，支持主体市场内外一体化，能够使得物流企业走出去，加强资源配置的合理性，为大型跨国供应链服务企业提供政策上的支持，增强企业的国际竞争力，进一步增强全球产业链供应链的韧性。二是从基础设施建设出发，促进产业链供应链深度融合。产业链供应链深度融合的基础是物流基础设施，因此需要构建统一的基础设施建设标准体系，结合物联网、大数据、云计算、区块链等信息技术手段，链接设施、设备、货物、人员、信息等要素，实现全球产业链供应链的深度

融合。

2. 积极建设全国统一大市场，推动形成新一轮物流发展的新优势

我国应积极推进全国统一大市场建设，2022 年 3 月 25 日，中共中央、国务院发布《关于加快建设全国统一大市场的意见》，从全局和战略高度为今后一个时期建设全国统一大市场提供了行动纲领。物流业作为国民经济支柱性产业，发挥着重要的作用。要加快建立全国统一的市场制度规则，打破地方保护和市场分割，打通制约经济循环的关键堵点，促进商品要素资源在更大范围内畅通流通。

我国应推进以下四个物流业的新优势建设，一是构建现代流通网络的新优势，如物流业的数字化建设，推动线上线下相互融合，形成新流通、新平台、新业务、新模式。二是构建物流服务新领域模式的新优势，如大力发展多式联运，发展第三方物流降低流通成本，推进物流与相关产业融合创新发展，加强物流基础设施与工业园区、商品交易市场等联动发展。三是数字基础设施建设的新优势，如涉及 5G、数据中心、云计算、人工智能、物联网、区块链等新一代信息通信技术，以及基于此类技术形成的各类数字平台运用的物流行业的发展。四是跨国物流节点建设的新优势，如国际航空物流建设，支持物流公司与航空公司积极合作，打造新型物流航空枢纽，建设畅通国际的物流网络提升内陆联运国际通道，增强中欧班列能力优化班列方案。提高口岸物流服务能力，强化港口海外物流网络，完善航运交易、国际贸易、金融保险等综合服务功能。

3. 加快数字化治理体系建设，有序推进智慧物流发展

近年来，数字技术创新和迭代速度明显加快，数字经济已经成为新时代的重要经济形态，是新发展阶段的一个重要特征。推动数字经济与流通体系的深度融合，建设数字化流通体系，既是建设现代流通体系的核心内容，也是建设全国统一大市场的内在要求。因此，营造良好的数字生态至关重要，政府部门应加快建设数字化治理体系。一是建立全方位多层次的监管治理体系，促进政府、企业、个体之间的良性互动，推动市场和政府之间的结合。二是加快制定标准体系，适时出台行业技术发展标准，对发布的数字技术进行统一标准，便于评估审查，有效避免可能出现的各种风险。三是建立应用审查机制，加强网络安全保障体系和保障能力建设，以网络安全技术保障新技术应用的安全性，打造安全和发展并重的技术治理体系。

在良好的数字生态的基础上，政府部门必须要有序地推动智慧物流的发展。一是要制定政策引导更多资本进入物流行业，引导有实力的企业主导数字化供应链构建，帮扶中小企业数字化接入成本和运营维护，推进大中小等各类经营企业的协同转型。二是推动基于 5G 应用场景的流通创新，加快与农业、制造业深度融合发展，通过智慧农业和智能制造，推动智慧物流的应用。三是加快建设数字化物流枢纽设施、数字化公共信息平台及国际自由贸易园区，建设以数字化流通体系为核心的基础设施，并完善数字化流通体系中的内外贸一体化。四是推动建立多部门共享的社会信用体系，政策引导完善包括数据要素在内的要素市场化配置体制机制，营造法治化、市场化、国际化的市场环境。

4. 加大物流标准化体系建设，促进我国物流标准走出去发展

物流标准作为物流工作首位，是推动中国物流业发展的关键问题，与此同时，"十四五"规划以来，国家要求推动物流业的高质量化、智慧化、绿色化、国际化发展。因此在物流标准化体系建设方面，政府部门需要根据"十四五"规划中对物流业的发展规划，有序组织相关标准体系建设，引导物流业在高质量发展、智慧化发展、绿色化发展及国际化发展中能够有据可依。一是建立相关工作小组。研究成立高质量发展、智慧化发展、绿色化发展等相关物流标准化工作组织，为加快推进物流标准体系建设提供组织保障。二是加大项目支持力度。在高质量发展、智慧化发展、绿色化发展及国际化发展等方面加快研究制定重点标准。三是充分吸纳高校、科研机构、企业等多方参与标准制订、修订工作。参考高校、科研院所和企业等多方的意见与想法，使得标准体系的应用更加普适有效。

在"十四五"规划中特意强调了要提升国际物流竞争力，因此政府部门要在大力建设我国物流标准化体系的同时，积极促进我国物流标准走出去。一是推动搭建标准化建设国际交流平台，开展多层次、多渠道、多形式的交流合作，促进物流产业链供应链各环节的联动与融合；二是积极参与国际标准的研究与制定，推动我国物流标准广泛应用，促进我国标准与国际标准的衔接；三是制定实施国际标准化人才培训规划，加大国际标准化人才培养和引进力度。总之，政府部门应大力推动中国物流标准走出去，逐步提高主导制定国际标准比例，实现中国标准国际化，提高我国国际物流的竞争软实力。

5. 加快供应链创新与应用步伐，着力提升产业链供应链韧性和安全水平

供应链创新与应用是推动供给侧结构性改革，实现高质量发展的重要抓手。党中央、国务院高度重视供应链创新发展与应用，2018年商务部会同工业和信息化部等7部门组织55个城市和266家企业开展供应链创新与应用试点。疫情以来，试点城市和企业在支持疫情防控、保障市场供应、推动复工复产等方面发挥了重要作用，但也显现了在供应链安全性、协同性等方面还存在着短板和弱项。加快供应链创新与应用步伐，响应党的二十大报告"着力提升产业链供应链韧性和安全水平"号召刻不容缓。

把握产业链供应链创新发展着力点，提升产业链供应链韧性和安全水平。实现经济高质量发展，应注重补短板和锻长板，着力提升产业链供应链韧性和安全水平。第一，增强技术攻关，数字网络推动产业发展。通过数字网络对技术、金融、人才等赋能，推动实体产业全链条转型升级，技术支撑打造新产业、新模式、新业态，推动创新链产业链资金链人才链深度融合。第二，发挥"链长""链主"聚合带动效应，加强产业链供应链相互支撑。充分发挥龙头引擎功能和辐射带动作用，深化技术创新等方面合作，激发行业企业自主创新动力，提升产业链供应链创新能力和竞争优势，实现产业链上下游协同发展。第三，推进供应链创新发展，支撑产业补链、延链、固链、强链。对传统产业链进行整合优化，以供应链发展带动产业链发展，推进传统行业转型升级。加快供应链创新与应用，有利于稳定产业链供应链，助力打造双循环新发展格局。在关系安全发展的领域加快补齐短板，提升产业链供应链韧性和安全水平，确保产业链供应链稳定畅通。

2023 年国际大宗商品价格走势分析与预测

孙玉莹　包皓文　陈　枫　汪寿阳

报告摘要：受到疫情下供需错配、地缘政治不确定性、全球通胀压力上行、欧美等主要经济体采取紧缩性货币政策、全球经济下行风险增加等多种因素影响，2022 年国际大宗商品价格整体呈现先大幅上涨后承压波动下行态势。2022 年 1~10 月国际大宗商品期货价格走势代表的路透/杰佛瑞商品研究局（Commodity Reseach Bureau，CRB）商品期货价格指数平均为 286 点，同比上涨 39.9%；同期，WTI 和布伦特原油期货均价同比分别暴涨 46.0%和 46.2%；LME（London Metal Exchange，伦敦金属交易所）铜均价同比下跌 3.5%；CBOT（Chicago Board Options Exchange，美国芝加哥期权交易所）大豆、玉米和小麦均价分别同比上涨 12.3%、20.4%和 35.0%。展望未来国际大宗商品市场，在全球经济增速放缓、市场流动性预期收紧、地缘政治风险依存、欧美对俄制裁维持现状等基准情形下，预计 2023 年国际大宗商品价格将呈现高位震荡并伴随小幅回落态势。其中，CRB 商品期货价格指数 2023 年均价将下跌至 267 点，同比下跌约 6.0%。WTI 和布伦特原油期货价格 2023 年均价将可能分别回落至 84 美元/桶和 88 美元/桶，同比跌幅分别约为 10.6%和 11.1%。

一、2022 年国际大宗商品市场回顾

受到疫情下供需错配、地缘政治风险增加、极端天气频发等多种因素影响，2022 年 1~6 月大宗商品价格整体上涨，但是，随着全球通胀加剧，欧美等主要经济体采取紧缩性货币政策，全球经济下行风险增加，2022 年 7~10 月大宗商品价格呈现高位震荡并伴随回落态势，图 1 为 CRB 商品期货价格指数走势图。其中，2022 年 1~10 月 CRB 商品期货价格指数平均为 286.0 点，同比上涨 39.9%。俄乌冲突是推动 2022 年上半年国际大宗商品价格暴涨的重要因素之一。在俄乌冲突正式上升至军事层面后，CRB 商品期货价格指数 3 月均价为 295.3 点，环比上涨 12.2%。叠加全球疫情缓解，供需形势趋紧等因素，6 月均价上涨至 313.4 点，较 1 月均价 244.6 点上涨 28.1%。随后，受欧美等经济体流动性收紧、美元走强、全球经济增速放缓等因素影响，CRB 商品期货价格指数呈现震荡下行态势，10 月均价为 276.9 点，较 6 月均价（年内高点）下跌 11.6%。

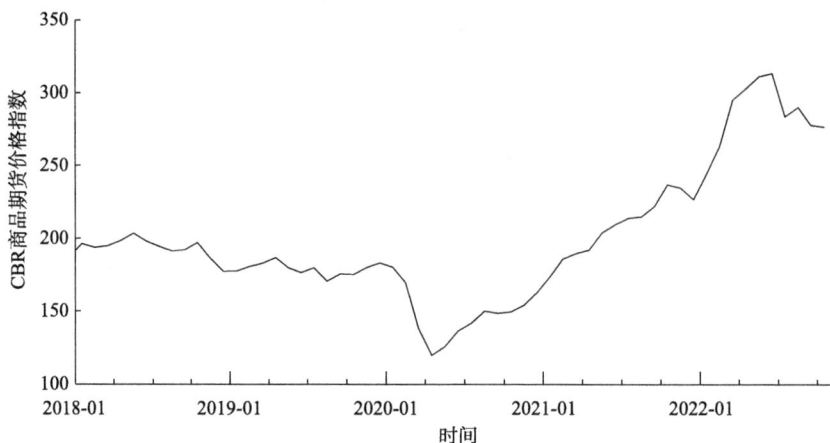

图 1　CRB 商品期货价格指数走势图

资料来源：Wind 数据库

原油方面，国际原油期货价格呈现先大幅上涨后震荡回落态势（图 2）。2022 年 1~10 月，WTI 原油期货均价为 97.0 美元/桶，同比上涨 46.0%；布伦特原油期货均价为 101.5 美元/桶，同比上涨 46.2%。随着俄乌冲突的升级，欧美多国对俄罗斯原油采取制裁措施，叠加 OPEC+产能受限增产缓慢、夏季原油需求旺盛等因素影响，原油供需趋紧，库存持续低位运行，推动国际原油价格震荡上涨。6 月 WTI 原油期货均价为 114.3 美元/桶，较 1 月均价 83.0 美元/桶上涨 37.7%。此后，在流动性收紧预期加强、全球经济下行压力加大、市场逐步消化俄乌冲突对原油价格的冲击、伊朗原油回归市场预期升温等因素影响下，国际油价承压下跌；9 月 WTI 原油期货均价跌至 84.0 美元/桶，较 6 月均价（年内高点）下跌 26.5%。10 月，OPEC+组织决定从 11 月开始将原油日产量大幅减产 200 万桶。受此消息影响，国际原油价格迅速回升，10 月 WTI 原油期货均价为 87.0 美元/桶，环比上涨 3.6%。

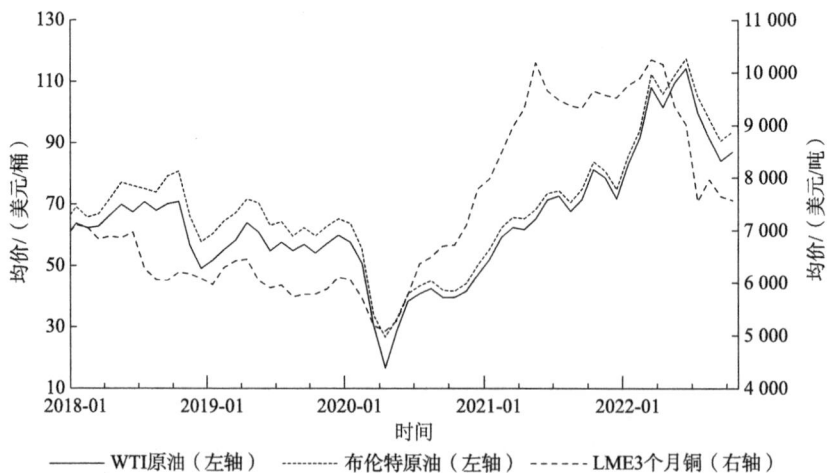

图 2　国际原油和铜期货价格指数走势图

资料来源：Wind 数据库

有色金属方面，LME 3 个月铜期货价格呈现先小幅上涨后震荡下行态势（图 2）。2022 年 1~10 月，LME 3 个月铜期货均价为 8 918 美元/吨，同比下跌 3.5%。在俄乌冲突持续升温等因素影响下，3 月均价涨至 10 247 美元/吨，较 1 月均价上涨 5.0%。受益于印度尼西亚的格拉斯堡铜矿产量持续提高以及刚果民主共和国新的卡莫阿铜矿投产，上半年全球铜矿产量增加 3.0%，而我国作为世界最大的铜消费国，受疫情反复影响，铜消费增长疲软，铜库存增加。叠加流动性收紧预期加强、全球经济下行预期加大等因素，铜期货价在 4 月开始回落，并于 7 月均价回落至年内低点 7 548 美元/吨，较 3 月均价（年内高点）下跌 26.3%；8~10 月均价在 7 500 美元/吨至 8 000 美元/吨之间震荡。

农产品方面，主要农产品期货价格呈现先上涨后高位震荡并伴随回落态势，但整体来看仍处于近年来高位（图 3）。

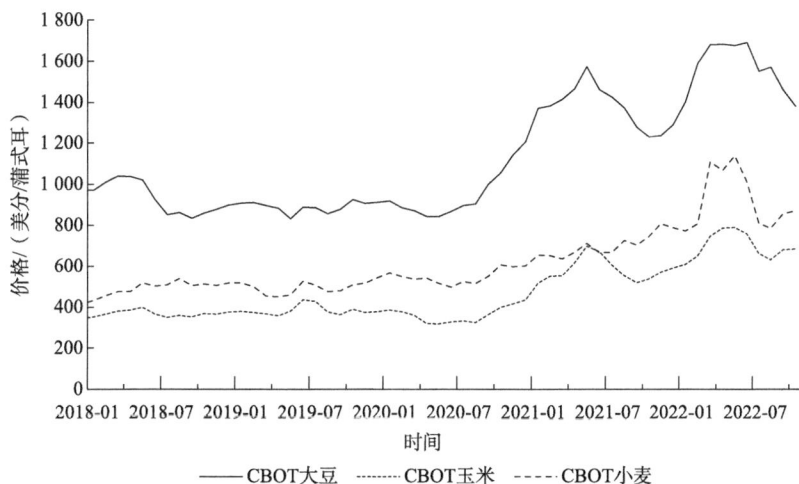

图 3　CBOT 小麦、玉米和大豆期货价格走势

资料来源：Wind 数据库

具体而言，2022 年 1~10 月，CBOT 大豆、玉米和小麦期货均价分别为 1 569 美分/蒲式耳、700 美分/蒲式耳和 922 美分/蒲式耳，同比分别上涨 12.3%、20.4%和 35.0%。乌克兰是全球玉米和小麦主要出口国之一，俄罗斯是全球小麦主要出口国之一，两国的军事冲突增大了全球粮食供应的不确定性，叠加乌克兰、塞尔维亚、埃及等多国禁止小麦等粮食作物出口，加剧了市场对粮食供给的担忧。2022 年 1~3 月，CBOT 大豆、玉米、小麦期货价格呈现震荡上涨趋势，CBOT 大豆、玉米和小麦期货 3 月均价分别为 1 681 美分/蒲式耳、747 美分/蒲式耳和 1 108 美分/蒲式耳，分别较 1 月均价上涨 19.8%、22.6%和 43.5%。受高温、干旱等极端天气影响，市场对南美洲的大豆、印度和美国的小麦、欧洲和美国的玉米等农产品产量预期降低，4~6 月 CBOT 大豆、玉米、小麦期货价格呈现高位震荡趋势。其中，CBOT 大豆期货均价在 6 月达到年内高点 1 691 美分/蒲式耳，较 1 月均价上涨 20.6%；CBOT 玉米和小麦期货均价在 5 月达到年内高点，分别为 789 美分/蒲式耳和 1 138 美分/蒲式耳，较 1 月均价分别上涨 29.5%和 47.4%。此后，俄乌就粮食出口达成协议，全球粮食危机得到缓解，市场对供应改善的预期升温。根据美国农

业部（United States Department of Agriculture，USDA）2022 年 11 月报告，预计 2022/2023 年度全球小麦产量和期末库存量将增加，大豆产量将降低但期末库存量将增加。叠加全球流动性收紧，经济下行预期加大等因素，7 月粮食价格出现回调。7~10 月 CBOT 大豆期货价格呈现震荡下跌态势，10 月均价跌至 1 381 美分/蒲式耳；CBOT 玉米和小麦期货价格先下跌后小幅反弹，10 月均价分别为 685 美分/蒲式耳和 870 美分/蒲式耳。

二、2023 年国际大宗商品价格影响因素分析和展望

1. 欧美高通胀缓解仍需时日，2023 年全球经济增速预期放缓

2022 年欧美通胀水平持续高企，各国央行被迫采取紧缩性货币政策以抑制持续上涨的通货膨胀率。11 月 2 日，美联储再次将联邦基金利率目标区间上调 75 个基点，这是美联储连续第四次加息 75 个基点。2022 年以来美联储六次加息，累计加息幅度高达 375 个基点，未来美联储或将调整加息步伐，收窄加息幅度。10 月 27 日，欧央行宣布将欧元区三大关键利率均上调 75 个基点，这是欧央行 2022 年第三次加息，也是欧央行历史上最大幅度的两次连续加息，欧央行 2022 年已累计加息 200 个基点。此外，英国、加拿大、澳大利亚等全球主要经济体也进行了多轮加息，本次加息潮或将持续到 2023 年初。目前，欧美国家通胀率仍然处于高位，美国劳工部 11 月 10 日公布数据显示，美国 10 月消费者价格指数同比上涨 7.7%；根据欧盟统计局数据，欧元区 10 月调和消费者价格指数同比上涨 10.7%，创历史新高。IMF 预计 2022 年全球通胀率将高达 8.8%，2023 年将降至 6.5%。预计短期内欧美国家的通胀率仍将维持较高水平，长期来看，在持续紧缩的货币政策背景下，2023 年全球多数国家的通胀水平或将有所回落。

高通胀使得各国面临生活成本上升的压力，紧缩的货币政策引发全球流动性收紧，叠加俄乌冲突、新冠疫情反复等因素，导致全球经济复苏进程严重受阻，经济活动普遍放缓。根据 IMF10 月发布的《世界经济展望》，2022 年全球经济增长率预计为 3.2%，2023 年预计降至 2.7%，较 7 月预测值下调 0.2 个百分点。其中，2023 年发达经济体经济预计将增长 1.1%，美国、欧元区和日本分别增长 1.0%、0.5% 和 1.6%；2023 年新兴市场和发展中经济体经济预计将增长 3.7%，中国和印度将分别增长 4.4% 和 6.1%。此外，IMF 还指出，全球经济体可能面临巨大风险，包括央行可能误判降低通胀所需的适当货币政策；主要经济体的政策路径分化可能加剧美元升值等。因此，能否采取合适的货币和财政政策、俄乌冲突的走势及中国的经济增长预期是决定经济前景的三个关键因素。

另据经济合作与发展组织 9 月发布的中期经济展望，2022 年全球经济增速预计为 3.0%，2023 年经济增速预计为 2.2%，较此前下调 0.6 个百分点。经济合作与发展组织预计 2023 年美国的经济增速将放缓至 0.5%，欧元区将放缓至 0.25%，欧洲多个经济体在 2022 年冬季可能出现更大幅度的下滑。

整体来看，全球流动性收紧叠加经济下行风险加大，大宗商品的需求端或将有所下降，预计大宗商品价格中长期上涨缺乏支撑，承压下行风险加大。

2. 地缘政治风险与全球供应链风险加大了大宗商品短期内价格不确定性

俄乌冲突升级叠加美欧等国对俄罗斯实施的一系列制裁措施是推动 2022 年上半年国际大宗商品价格暴涨的主要因素。时至今日，俄乌双方冲突仍在延宕，欧洲局势仍存在较大不确定性。值得注意的是，12 月 5 日，欧盟对俄罗斯的石油禁令生效，欧盟禁止进口大部分俄罗斯石油，2023 年 2 月 5 日，欧盟将会把禁运令扩大至柴油、汽油等石油产品。俄罗斯能源发展中心表示，俄油禁令或将导致 12 月俄罗斯石油日产量下降 150 万~170 万桶，较 6~10 月平均水平下降 14%。截至 10 月，欧盟国家已将俄罗斯原油进口量减少 110 万桶/天至 140 万桶/天，柴油进口量减少 5 万桶/天至 56 万桶/天。当原油和成品油禁运分别于 12 月和 2 月全面生效时，将需要额外进口 110 万桶/天的原油和 100 万桶/天的成品油。因此，欧洲需寻找额外的原油进口渠道以代替俄罗斯原油，否则欧洲原油进口或将面临较大缺口。

农产品方面，俄罗斯和乌克兰是小麦及玉米等农产品的重要出口国，俄乌冲突导致两国农产品出口受阻、国际运输成本上涨，加剧了全球供应链风险，也引发了 2022 年国际农产品价格的剧烈波动。2022 年 7 月，俄罗斯、乌克兰就恢复黑海港口农产品外运分别与联合国和土耳其签署协议，协议有效期为 120 天，于 11 月 19 日到期，该协议的签署对恢复俄乌农产品供给具有积极意义，相关大宗商品价格也有所回落。10 月 29 日，俄罗斯指责乌克兰袭击参与保障海上粮食走廊安全的俄船只，并宣布暂停参与执行黑海港口农产品外运协议。在联合国和土耳其的调节下，11 月 2 日，俄方宣布恢复执行该协议。目前，黑海港口农产品外运协议能否延长依旧存疑，这将导致俄乌农产品出口出现较大不确定性。

受凛冬将至、疫情反复、欧元贬值、物价飙升、西方军援等因素影响，俄乌未来局势走向仍有较大不确定性，需密切关注地缘政治风险对大宗商品市场带来的冲击。整体来看，供应链风险和地缘政治风险加大或将导致大宗商品供给端不确定性增加，在一定程度上支撑大宗商品短期价格；如果俄乌冲突持续时间增加，甚至进一步扩大化，且欧美加大对俄罗斯的制裁力度，不排除大宗商品价格继续上涨的可能。

3. 2023 年代表性大宗商品供给与需求分析

（1）预计 2023 年全球原油供给较为乏力并存在较强不确定性，需求增长预计将有所降低。

供给方面，地缘政治风险、OPEC+的减产计划、需求预期增长不足等因素导致原油供给乏力。具体而言，欧盟对俄罗斯的原油禁令或将导致俄罗斯对外的原油供给量大幅减少，未来还将导致俄罗斯的成品油出口受阻；欧盟对俄罗斯海运原油设置 60 美元/桶的价格上限，自 12 月 5 日开始实施，而七国集团和澳大利亚也表示将遵循这一限价标准，此前俄方曾表态不会向任何限制俄油价格的国家出售石油，全球原油供给可能出现更大缺口。另外，10 月 5 日，OPEC 与非 OPEC 产油国第 33 次部长级会议决定，从 11 月起，将原油总产量日均下调 200 万桶，并将 2020 年达成的减产协议延长一年至 2023 年底，此举或是为了应对加息潮和全球经济疲软引发的原油需求预期增长不足。11 月 14 日，

OPEC 发布的原油月报显示，OPEC 产油国 10 月的原油产量下降了 21 万桶/天至 2 949 万桶/天。据国际能源署（International Energy Agency，IEA）11 月的石油市场报告，随着 OPEC+减产和欧盟对俄罗斯原油的禁令生效，预计 2022 年剩余时间原油产量将减少 100 万桶/天。IEA 预计 2022 年全球原油产量为 9 990 万桶/天，2023 年全球原油供给量将仅增加 74 万桶/天，达到 1 007 亿桶/天。此外，伊核谈判目前仍未取得进展，若伊朗和美国在未来达成协议，美国取消对伊朗原油出口的制裁，全球原油供给紧张局面或将有所缓解。

需求方面，新冠疫情反复、地缘政治不确定性、全球流动性收紧及经济下行风险等因素导致原油需求预期下降。OPEC 在 11 月的原油月报中将 2022 年世界石油需求增长下调了 10 万桶/天，预计为 250 万桶/天，主要原因是中国的动态清零政策、持续的地缘政治不确定性及经济活动疲软导致 2022 年三四季度的石油需求被下调。2023 年全球石油需求增长较此前预测下调了 10 万桶/天，至 220 万桶/天。据 11 月 IEA 石油市场报告，2023 年的石油需求增长将从 2022 年的 210 万桶/天放缓至 160 万桶/天。

（2）铜方面，供给端不确定因素依存，新项目开工或将改善铜供给，需求增长预计有所放缓。

供给方面，新冠疫情、智利的供水紧张、秘鲁的社区冲突等是导致 2022 年铜矿产量不稳定的主要因素，刚果和印度尼西亚的新矿山与扩建矿山是铜产量增长的主要动力。据国际铜业研究小组统计，2022 年 1~8 月，世界铜矿产量增长 3.3%，预计 2022 年世界铜矿产量将增长 3.9%，2023 年将增长 5.3%左右。受新冠疫情、运营问题、干旱导致供水减少等因素影响，世界上最大的铜矿生产国智利的产量下降了 7%，精矿产量下降了 10%；世界第二大铜矿生产国秘鲁的产量增长了 1.6%，较 2019 年同期（新冠疫情前）下降 7%，主要是当地社区的行动导致两大铜矿（Cuajone 和 Las Bambas）长期停产。

需求方面，全球经济环境恶化、高通胀和能源价格的高涨导致铜需求增速不及预期。根据国际铜业研究小组 10 月的预测，2022 年世界精炼铜需求量将增加约 2.2%，2023 年将增加 1.4%。预计中国精炼铜表观使用量在 2022 年将增长 2.5%左右，2023 年增幅约为 1%，预计 2023 年全球铜市场将出现 15.5 万吨的过剩。尽管未来经济环境仍存在诸多不确定因素，但以铜为终端需求的制造业仍将维持铜需求的增长。另外，随着我国疫情防控政策的进一步优化和调整、稳增长政策加码，预计 2023 年我国经济有望整体回升，生产生活秩序会加快恢复，经济活力加速释放，或将进一步提振国内铜需求，在一定程度上对铜价形成支撑。此外，基础设施建设、清洁能源的发展及电动汽车的普及将继续支持铜的长期需求。

（3）农产品供需紧张局面有所缓解，需警惕俄乌冲突、极端天气导致供给端出现不确定性。

俄乌冲突导致小麦、玉米等农作物供给出现短缺，随着俄乌对农产品出口达成协议，全球粮食大宗商品供需关系有所改善，未来黑海港口农产品外运协议能否顺利延长对俄乌农产品出口至关重要。USDA 11 月发布报告称，预计 2022/2023 年度的全球小麦供给增加、库存增加，全球产量较上月预测值上升 100 万吨，达到 7.827 亿吨，主要得益于澳大利亚、哈萨克斯坦产量的增加；预计 2022/2023 年度的全球大豆库存增加，产量下降 50 万吨，至 3.905 亿吨，主要原因是收获面积减少导致阿根廷产量下降。值得注意的是，USDA 预计全球玉米前景是库存下降，供给下降，全球 2022/2023 年度玉米产量为 11.684 亿吨，较 10 月预测值减少 35 万吨，主要是由于欧盟、南非、菲律宾和尼日利亚玉米产量下降。

天气变化是造成全球粮食大宗商品价格波动的主要原因之一，极端天气将会对国际粮食的种植和收获产生负面影响。世界气象组织表示，拉尼娜现象很可能会延续到 2022 年底甚至更久，这将是 21 世纪首次出现"三重"拉尼娜事件；美国国家海洋和大气管理局也表明 2022 年冬季（12 月至 2023 年 2 月）拉尼娜事件仍有较高概率发生。农产品种植方面，据巴西国家供应公司 11 月预测报告，巴西新作大豆播种面积为 4 324 万公顷，高于之前预测的 4 289 万公顷，较 2021 年提高 4.2%，但仍不能排除极端天气可能造成的减产；美国冬小麦播种进展顺利，截至 11 月 13 日，美国冬小麦播种进度为 96%，上周为 92%，2021 年同期为 94%，五年均值为 93%；值得注意的是，降水量不足导致阿根廷玉米种植进度不及预期，截至 11 月 13 日当周，阿根廷 2022/2023 年度玉米种植进度达到 23.4%，仅比上周推进 0.5%，导致玉米供给前景下降。需密切关注拉尼娜事件可能对全球农产品市场带来的冲击。

三、2023 年国际大宗商品价格预测

在全球经济增速放缓、市场流动性有所收紧、地缘政治风险依存、欧美对俄制裁维持现状等基准情形下，基于计量经济模型和综合集成分析等系统科学方法，预计 2023 年大宗商品价格将呈现高位震荡并伴随小幅回落态势。若出现全球经济衰退风险进一步加大、市场流动性紧缩加剧、地缘政治风险缓解等情况，预计 2023 年大宗商品价格将出现更大幅度的高位回落。在基准情景下，预计 2023 年 CRB 商品期货价格指数均价将在 235~299 点波动，均价为 267 点左右，同比下跌 6.0%。

（1）能源方面，WTI 和布伦特原油期货预计 2023 年均价分别位于 68~108 美元/桶和 72~112 美元/桶，在基准情形下，均价将分别 84 美元/桶在和 88 美元/桶左右，同比分别下跌 10.6% 和 11.1%。值得注意的是，欧盟对俄罗斯海运原油设置了 60 美元/桶的价格上限，自 12 月 5 日开始实施，俄罗斯可能会减少原油产量来进行应对，全球原油供给或将会出现更大缺口，可能会刺激国际原油价格进一步上涨。

（2）有色金属方面，LME 3 个月铜期货预计 2023 年均价主要位于 6 712~9 712 美元/吨，在基准情形下，均价在 8 212 美元/吨左右，同比下跌 6.7%。我国作为世界最大的铜消费国，若 2023 年我国经济进一步加快恢复态势，或将提振国内铜需求，在一定程度上对铜期货价格形成支撑。

（3）农产品方面，CBOT 大豆、玉米和小麦期货预计 2023 年均价分别位于 1 276~1 576 美分/蒲式耳、550~690 美分/蒲式耳和 707~887 美分/蒲式耳，在基准情形下，

均价分别为 1 426 美分/蒲式耳、660 美分/蒲式耳和 797 美分/蒲式耳左右，同比分别下跌 8.0%、4.8%和 11.2%。如果黑海港口农产品外运协议未能顺利延期或执行受阻，拉尼娜现象的持续时间和强度超过预期导致农产品减产，可能会对农产品价格形成支撑，甚至刺激农产品价格进一步上涨。

2022 年中国农村居民收入分析与 2023 年预测

陈全润　杨翠红

报告摘要：收入分配是经济循环中连接生产与消费的重要一环。收入分配状况直接关系到后续的消费、储蓄、投资及国际收支状况。我国始终将改善收入分配制度，促进居民收入增长作为经济社会发展的重要任务。党的二十大报告进一步体现了国家对农村居民增收的重视，多个主题涉及"三农"问题。乡村振兴为全面建设社会主义现代化国家的主攻方向之一。完善分配制度，实施就业优先战略，推进共同富裕是增进民生福祉，提高人民生活品质的重要任务。在国家一系列政策支持下，我国农业、农村和农民的发展将迎来一段非常好的时期。同时，我国经济发展仍然面临疫情以及复杂国际环境的挑战。本报告对 2022 年我国农村居民收入情况进行了回顾，并对 2023 年我国农村居民人均可支配收入进行了分析预测，最后针对当前的形势给出了促进农村居民收入增长的相关政策建议。

2022 年，在复杂严峻的国内外形势和疫情等因素的影响下，我国农村居民人均可支配收入增速出现超预期放缓。2022 年前三季度农村居民人均可支配收入实际增速为 4.3%，低于 2021 年同期增速 6.9 个百分点，比 2020~2021 年的平均增速低 2 个百分点。从收入来源看，与 2021 年相比，2022 年前三季度农村居民所有收入来源的实际增速都出现了较大幅度的下滑。其中，工资性收入增速的下降幅度最大。从各收入来源对收入增长的贡献来看，2022 年前三季度农村居民人均可支配收入的增长主要来自工资性收入、经营净收入和转移净收入的增长，三者对农村居民人均可支配收入增长的贡献率分别为 42.8%、31.4%和 21.9%。

展望 2023 年，新冠疫情尚未结束，国际形势复杂多变，我国社会经济运行仍面临较大的内外压力，居民收入仍面临增长乏力的挑战。同时，农业、农村和农民的发展也迎来了乡村振兴、农业强国、就业优先、共同富裕等国家重大发展战略的有力支持。预测结果显示：在基准情景假定下，2023 年我国农村居民人均可支配收入为 22 168 元，实际增长速度为 7.4%左右，增速将比 2022 年上升。其中，人均工资性收入为 9 259 元，实际增长 6.8%；人均经营净收入为 7 750 元，实际增长 7.6%；人均财产净收入为 585 元，实际增长 10.3%；人均转移净收入为 4 574 元，实际增长 7.2%。预计 2023 年我国农村居民人均可支配收入增速仍将快于城镇居民人均可支配收入增速，城乡居民收入倍差将进一步缩小。

针对当前的形势，提出以下促进农村居民增收的政策建议。

（1）将稳增长与稳就业作为经济工作的首要任务。

（2）促进农村人才振兴。

（3）加快服务业生产恢复。

（4）完善推广"共享用工"模式，缓解结构性就业矛盾，增加居民工资性收入。

一、引　言

收入分配是经济循环中连接生产与消费的重要一环。收入分配状况直接关系到后续的消费、储蓄、投资及国际收支状况。我国始终将完善收入分配制度，促进居民收入增长作为经济社会发展的重要任务。"十三五"期间，我国在改善民生，扶贫、减贫，促进居民收入方面取得了举世瞩目的成绩。居民收入在"十三五"期间保持了增长模式的积极转变。主要表现为农村居民收入增速快于城镇居民收入增速，城乡收入倍差由 2016 年的 2.72 缩小到 2020 年的 2.56；居民收入增速总体快于人均 GDP 增速，居民收入在国民收入中的比重不断提升，收入分配状况好转。精准扶贫工作在促进贫困地区农村居民收入增长方面发挥了重要作用，贫困地区农村居民人均可支配收入实际增速明显快于全国农村居民人均可支配收入增速。"十四五"时期，我国经济社会发展将继续坚持共同富裕方向，预期在健全工资合理增长机制、完善再分配机制等措施的保障下，城乡居民收入和生活水平差距将持续缩小，低收入群体增收能力将明显提升。作为"十四五"开局之年，2021 年农村居民人均可支配收入实际增长 9.7%，快于城镇居民人均可支配收入 2.6个百分点，城乡收入倍差进一步缩小到 2.50。

在实现中华民族伟大复兴的战略全局和世界百年未有之大变局下，中共中央提出了加快构建以国内大循环为主体、国内国际双循环相互促进的新发展格局的重大发展战略。激活国内市场消费需求是构建双循环的重要方面，推动扩大就业和提高居民（尤其是农村居民）收入水平对于提升消费需求至关重要。从"两个大局"出发，党的二十大报告进一步体现了国家对农村居民增收的重视，多个主题涉及"三农"问题。乡村振兴为全面建设社会主义现代化国家的主攻方向之一。未来将通过坚持农业农村优先发展、城乡融合发展，畅通城乡要素流动，建设农业强国等举措全面推进乡村振兴。完善分配制度，实施就业优先战略，推进共同富裕是增进民生福祉，提高人民生活品质的重要任务。开拓乡村特色产业发展等增收渠道，使更多农民勤劳致富；完善农民工欠薪治理长效机制；从农村土地入手探索通过土地要素使用权增加农民财产收入；推进农村劳动力转移就业、稳定脱贫人口就业，都将是未来增加农村居民收入的重要举措。

在国家一系列政策支持下，我国农业、农村和农民的发展将迎来一段非常好的时期。同时，我国经济发展仍然面临疫情以及复杂国际环境的挑战。受此影响，2022 年前三季度，我国农村居民人均可支配收入增速比 2021 年同期下降 6.9 个百分点，比 2021~2022年平均增速下降 2 个百分点。作为扩大农村消费需求的重要推动力，2023 年我国农村居民收入增速能否回升，城乡居民收入差距是否有望进一步缩小等问题已成为社会各界关注的重要话题。本报告对 2022 年我国农村居民收入情况进行了回顾，并对 2023 年我国农村居民人均可支配收入进行了分析预测,最后针对当前的形势给出了促进农村居民收入增长的相关政策建议。

二、2022 年我国农村居民收入回顾与分析

2022 年,在复杂严峻的国内外形势和疫情等因素的影响下,我国居民人均可支配收入增速出现超预期放缓。其中,前三季度农村居民人均可支配收入实际增速为 4.3%,低于 2021 年同期增速 6.9 个百分点,比 2020~2021 年的平均增速低 2 个百分点。2022 年前三季度农村居民人均可支配收入增速快于上半年,呈现出稳步回升的积极变化。从 GDP、城镇居民人均可支配收入、农村居民人均可支配收入三者增长速度的对比来看(图 1),2022 年前三季度农村居民人均可支配收入增长速度快于 GDP 增速 1.3 个百分点,快于城镇居民人均可支配收入增速 2 个百分点,城乡居民收入倍差进一步下降,但绝对收入差距仍在扩大。

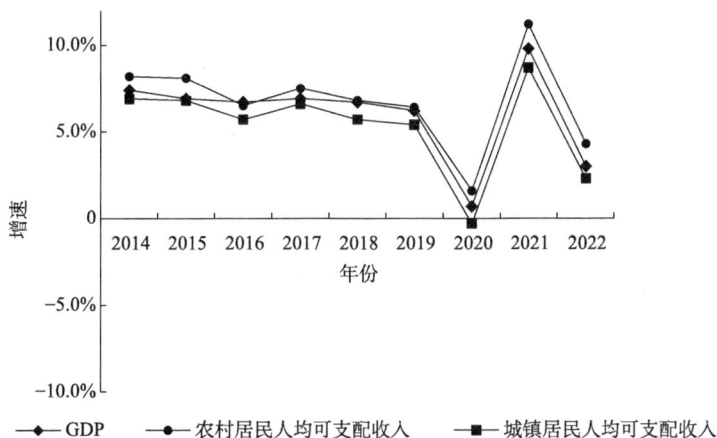

图 1 2014~2022 年前三季度 GDP 与居民人均可支配收入增长速度

资料来源:国家统计局国家数据库

从收入来源看(表 1),由于 2021 年农村居民人均可支配收入的增长以疫情后的恢复性增长为主,增速较快。与 2021 年相比,2022 年前三季度农村居民所有收入来源的实际增速都出现了较大幅度的下滑。其中,工资性收入增速的下降幅度最大。从各收入来源对收入增长的贡献来看,2022 年前三季度农村居民人均可支配收入的增长主要来自工资性收入、经营净收入和转移净收入的增长,三者对农村居民人均可支配收入增长的贡献率分别为 42.8%、31.4% 和 21.9%。

表 1 前三季度全国农村居民人均可支配收入

收入来源	2021 年		2022 年		增加额/元	贡献率
	收入额/元	增速	收入额/元	增速		
可支配收入	13 726	11.2%	14 600	4.3%	874	100%

续表

收入来源	2021 年		2022 年		增加额/元	贡献率
	收入额/元	增速	收入额/元	增速		
工资性收入	6 325	14.9%	6 699	3.8%	374	42.8%
经营净收入	4 042	6.3%	4 316	4.7%	274	31.4%
财产净收入	357	10.1%	391	7.4%	34	3.9%
转移净收入	3 002	10.6%	3 193	4.3%	191	21.9%

资料来源：国家统计局国家数据库

（1）2022 年前三季度农村居民人均工资性收入为 6 699 元，实际增长 3.8%，对前三季度农村居民人均可支配收入增长的贡献率为 42.8%，为农村居民人均可支配收入的第一大来源。2022 年，政府先后出台一系列力度空前的减税降费政策和让利实体经济的货币政策。同时，地方积极响应国家政策要求，结合各地实际情况出台了一系列富有针对性的减税降费政策。政府的财税与货币政策支持在很大程度上缓解了企业的资金困难，市场主体活力增强，就业形势总体稳定。另外，2022 年基础设施投资和一系列重大项目的开工也为农村劳动力提供了大量的就业机会。据全国农民工监测调查，三季度末外出务工农村劳动力规模为 18 270 万人，与 2021 年同期基本持平；外出务工劳动力月均收入为 4 586 元，比 2021 年同期增长 3.0%。同时，2022 年前三季度脱贫劳动力稳岗就业形势好，三季度末脱贫人口外出务工为 3 269 万人，比 2021 年同期增长 5.3%。稳定的就业形势为农村居民工资性收入增长创造了有利条件。

（2）2022 年前三季度农村居民人均经营净收入为 4 316 元，实际增长 4.7%，对前三季度农村居民人均可支配收入增长的贡献率为 31.4%。一段时间以来，由于增长速度相对缓慢，农村居民人均经营净收入占总收入的份额正逐年下降。2022 年前三季度，农村居民人均经营净收入则表现出相对较快的增速，是带动农村居民收入增长的第二大收入来源。这主要得益于农业生产再获丰收、农产品价格相对较高等因素。国家统计局公布的数据显示：2022 年前三季度，我国农业（种植业）增加值同比增 3.8%，比 2021 年同期加快 0.4 个百分点。农业产品价格同比上涨 5.8%，其中小麦价格同比上涨 13.3%，蔬菜价格同比上涨 6.1%，水果价格同比上涨 7.8%。较好的农业生产形势为农村居民经营净收入增长奠定了基础。

（3）2022 年前三季度农村居民人均转移净收入为 3 193 元，实际增长 4.3%，对前三季度农村居民人均可支配收入增长的贡献率为 21.9%，是农村居民可支配收入的重要来源。农村居民转移净收入的增长主要得益于城乡居民基础养老金标准提高和老龄人口比重提升带来的人均养老金、离退休金收入提高。2022 年前三季度全国居民人均养老金或离退休金同比增长 8.4%。另外，家庭外出从业人员寄回带回收入也保持了较快增长态势，同比增长 7.5%。

（4）2022 年前三季度农村居民人均财产净收入为 391 元，实际增长 7.4%，是农村居民人均可支配收入增长最快的收入来源，但目前占总收入的比重相对较低。2022 年前三季度，全国居民人均转让承包土地经营权租金净收入同比增长 9.4%，是农村居民人均财产净收入保持较快增速的重要原因。

总体来看,受疫情等多重超预期因素影响,2022 年我国农村居民人均可支配收入增速下滑,其中工资性收入受到的影响最大。考虑到经济逐步企稳向好的态势,农村居民人均可支配收入增速逐季回升,预计 2022 年全年农村居民人均可支配收入实际增长速度在4.9%左右。

三、2023 年我国农村居民增收形势分析及预测

(一)2023 年农村居民增收形势分析

(1)新冠疫情尚未结束,国际形势复杂多变,我国社会经济运行仍面临较大的内外压力,居民收入面临增长乏力的挑战。

GDP 是收入分配的起点,保持较快的经济增长速度是增加就业、提高居民收入的前提。近几年我国居民人均可支配收入的增长速度与 GDP 增速基本同步,二者呈现出很强的关联性。就业与居民收入增长形势在很大程度上取决于生产与经济增长前景。展望2023 年,新冠疫情尚未结束,我国供给端与需求端仍面临较大的不确定性,经济增长压力较大。居民收入来源中与生产直接相关的工资性收入和经营净收入仍将面临短期增长乏力的挑战。

(2)多项措施推进农业强国建设,助力农民农业经营净收入增长。

加快建设农业强国是中央立足全面建设社会主义现代化国家所做出的重要部署,同时也是满足人民生活需要、促进农民增收的重要举措。接下来几年,我国将继续推进高标准农田建设工程,将把永久基本农田全部建成高标准农田,实现人均一亩高标准农田、人均占有粮食 600 千克的目标。同时加快以种业为重点的农业科技创新,推进先进农机应用,大力发展现代设施农业,提升农业科技装备水平,以此提高土地产出率与劳动生产率。发展新型农业经营主体,建立农业产业化龙头企业引领、农村合作社与家庭农场以及小农户广泛参与的农业产业化联合体,提高小农户在现代农业发展中的参与度。另外,政府还将通过完善农业支持保护制度,健全种粮农民收益保障机制和主产区利益补偿机制,健全农村金融服务体系等财政金融措施助力农业发展。

(3)一二三产业融合发展,农业全产业链升级,农民增收致富渠道将拓宽。

推进农村一二三产业融合发展,促进农业全产业链升级,将成为未来农村居民收入增长的重要推动力。我国将利用乡村特有的物质和非物质文化资源,发展富有地方特色的乡村特色产品和产业,挖掘传统工艺,创建乡村特色品牌,使农业产业链向中高端迈进。同时,发展农产品初加工和精深加工,促进农村电子商务发展,使农业从传统的种养环节向农产品加工、流通等二三产业延伸。构建有效的联农带农机制,将农业全产业链升级带来的增值收益和就业岗位更多留在农村、留给农民。另外还将利用农村的自然风光和民俗风情等资源优势发展乡村休闲旅游业,带动农民增收。

2022 年,促进农业全产业链升级的举措已初现效果。农业农村部数据显示,2022 年

我国农产品加工业稳定发展。前三季度规模以上农副食品加工业增加值同比增长 1.9%。农业产业化国家重点龙头企业采购经理指数在 9 月达到 59.7%，为 2021 年以来最高水平。农产品网络零售额为 3 745.1 亿元，同比增长 8.8%。乡村游、近郊游、周边游不断升温，乡村休闲旅游持续恢复。2023 年，随着一二三产业融合发展系列举措的推进，农村居民的增收致富渠道将进一步拓宽。

（4）收入分配制度体系进一步完善，农村居民收入在 GNI 的比重将进一步提高。

党的二十大报告中有关增进民生福祉，提高人民生活品质的论述高度重视农村居民收入增长。将通过完善分配制度，构建初次分配、再分配、第三次分配协调配套的制度体系，扎实推进共同富裕。我国城乡居民之间存在一定的收入差距，健全城乡融合发展的机制体制，提高发展的平衡性、协调性是实现共同富裕的重要路径之一。

在收入初次分配方面，一方面，将通过完善劳动者工资决定制度、健全工资合理增长机制，健全最低工资标准调整机制，完善农民工欠薪治理长效机制等措施提高劳动报酬在初次分配中的比重。表 2 给出了 2002~2020 年我国劳动者报酬份额的变化情况。可以看出，我国劳动者报酬占 GDP 的比重长期处于较低水平，并且经历了一段下降的过程（2002~2007 年）。随着第三产业在国民经济中的比重上升及最低工资标准提高等收入分配制度改革措施的落实，劳动者报酬占 GDP 比重下降的趋势有所好转，2007~2012 年该比重上升到 50% 左右，此后缓慢上升，2020 年达到 52.1%。另外，随着税制改革的逐步深入及政府对企业税收优惠与减免力度的加大，生产税净额占 GDP 的比重逐年下降。在此影响下，2020 年劳动者报酬与营业盈余改变了过去此消彼长的变化模式，出现了份额共同上升的局面。随着收入初次分配改革的推进，劳动者报酬在初次分配中的比重将进一步提升，从而带来农村居民人均工资性收入的增长。

表 2　中国增加值构成

年份	劳动者报酬	生产税净额	固定资产折旧	营业盈余
2002	48.4%	14.3%	15.4%	21.9%
2007	41.4%	14.5%	14.0%	30.2%
2012	49.2%	13.7%	13.4%	23.7%
2017	51.4%	11.5%	13.4%	23.6%
2018	51.5%	10.4%	14.5%	23.5%
2020	52.1%	8.8%	14.8%	24.3%

资料来源：根据国家统计局投入产出调查年份编制的中国投入产出表计算得到

另一方面，政府还将完善按要素分配的政策制度，健全各类生产要素由市场决定报酬的机制，探索通过土地、资本等要素使用权、收益权增加中低收入群体要素收入，多渠道增加城乡居民财产性收入。将深化农村土地制度改革，赋予农民更加充分的财产权益，保障进城落户农民合法土地权益，鼓励依法自愿有偿转让。当前，财产净收入在农村居民收入中所占比重很低（2021 年约为 2.5%），随着要素分配政策制度的完善与推进，预计农村居民财产净收入将保持较快增长，占农村居民收入的比重将稳步提升。

（5）共同富裕及人口老龄化将带来农村居民转移净收入的长期增长。

党的二十大报告进一步强调将扎实推进共同富裕。促进全体人民共同富裕是一项长期而又现实的任务。我国城乡居民之间存在一定的收入差距，健全城乡融合发展的机制体制，提高发展的平衡性、协调性是实现共同富裕的重要路径之一。近几年来，农村居民人均转移净收入实现了快速增长，其在农村居民人均可支配收入中的份额由 2013 年的 17.5% 上升到 2021 年的 20.8%。农村居民转移性收入的增长主要得益于政府对民生改革的重视和惠民政策力度的加大。新型农村合作医疗补助标准、基础养老金、政策性惠农补贴、生活补贴及社会救济和补助近几年一直处于增长中。"十四五"规划中提出要完善再分配机制，加大税收、社保、转移支付等调节力度和精准性，发挥第三次分配作用，发展慈善事业，改善收入和财富分配格局。在政府高度重视民生改革的背景下，预计 2023 年政府的转移支付力度仍将加大，农村居民人均转移净收入将稳步增长。

另外，我国人口年龄结构的变化也将提升转移净收入在农村居民收入来源中的比重。随着 20 世纪 60 年代婴儿潮一代逐步进入退休年龄，从"十四五"时期开始，中国将迎来快速老龄化时期。老龄人口比重的上升将使政府财政在养老金与医疗费用方面的支出快速增长。在老龄化的背景下，可以预期我国农村居民的人均转移净收入在未来十年将保持较快增长。

（二）2023 年农村居民人均可支配收入预测

在对 2023 年我国农村居民增收形势分析的基础上，分基准、低增长和高增长三种情景对 2023 年我国农村居民人均可支配收入进行了初步预测（表 3）。基准情景、低增长情景和高增长情景对应的 GDP 增速分别为 6.0%、4.5% 和 7.2%。

表 3 2023 年我国农村居民人均可支配收入预测结果

收入来源	基准情景		低增长情景		高增长情景	
	人均收入/元	增速	人均收入/元	增速	人均收入/元	增速
可支配收入	22 168	7.4%	21 783	5.5%	22 289	8.0%
工资性收入	9 259	6.8%	9 098	4.9%	8 694	7.4%
经营净收入	7 750	7.6%	7 615	5.8%	6 909	8.2%
财产净收入	585	10.3%	575	8.3%	519	10.9%
转移净收入	4 574	7.2%	4 495	5.4%	4 436	7.8%

预测结果显示：在基准情景假定下，2023 年我国农村居民人均可支配收入为 22 168 元，实际增长速度为 7.4% 左右，增速将比 2022 年上升。其中，人均工资性收入为 9 259 元，实际增长 6.8%；人均经营净收入为 7 750 元，实际增长 7.6%；人均财产净收入为 585 元，实际增长 10.3%；人均转移净收入为 4 574 元，实际增长 7.2%。预计 2023 年我国农村居民人均可支配收入增速仍将快于城镇居民人均可支配收入增速，城乡居民收入倍差将进一步缩小。

四、政策建议

1. 稳增长、稳就业

历史经验表明，在经济增长速度下滑较快的年份，居民收入增速通常会大幅度回落。例如，2008 年受国际金融危机影响，我国经济增长速度出现较大幅度下滑，同年农村居民人均纯收入增速与城镇居民人均可支配收入增速分别下滑了 1.5 个百分点和 3.8 个百分点。2020 年受新冠疫情影响，我国 GDP 增速再次出现大幅下滑，农村居民人均可支配收入增速与城镇居民人均可支配收入增速分别下滑了 2.4 个百分点和 3.8 个百分点。2023 年我国仍将面临较大的经济增速下行压力，受疫情影响，农民工在制造业与服务业的就业压力较大。从提高居民收入的角度出发，建议政府仍要将稳定经济增长速度与就业作为当前宏观经济工作的首要任务。一方面，继续通过信贷支持、税收优惠等金融与财税措施帮助中小企业克服疫情对生产的影响，稳定人员队伍。另一方面，结合乡村振兴与农业现代化建设工作，适度增加政府财政支出支持农业基础设施升级。

2. 促进农村人才振兴

近几年我国城镇化率保持了较快增长。城镇化率已由 2010 年的 49.9% 上升到 2021 年的 64.7%，城镇化率年均提高 1.3 个百分点左右。城镇化实现了农村人口由农业部门向非农业部门的快速转移，农村人口数量平均每年下降 2.7% 左右。农村人口向城镇转移有利于实现农业适度规模经营，从而降低生产成本并提高农业劳动生产率。在城镇化进程中，我国第一产业劳动生产率（第一产业增加值与第一产业就业人员数之比）已由 2010 年的 13 759 元/人提高到 2021 年的 48 668 元/人（现价），但需要注意城镇化过程中的农村人才流失问题。加入人口迁移的农村劳动力往往是农村居民中技能水平相对较高的劳动力，城镇化在一定程度上造成了农村高素质劳动力的流失，从而为农业农村发展与农村居民人均收入的增长带来了负面影响。建议政府在全面推进乡村振兴工作的同时，同步推进乡村人才振兴工作。制定政策增强农村人力资本，吸引优秀人才回流农村地区支持农业农村发展，充分利用先进农业技术、数字技术构建农村经济新业态，搞活农村经济。

3. 加快服务业生产恢复

服务业是我国吸纳就业的重要行业，也是受疫情冲击最大的行业，服务业的生产恢复对于居民经营净收入和工资性收入恢复具有重要意义。第四次经济普查数据显示，2018 年我国共有 6 295.9 万个体经营户，个体经营户吸纳从业人员数为 14 931.2 万人，占 2018 年非农就业人数的 26%。约 87% 的个体经营户从事服务业生产，主要涉及"批发和零售业"（占 50.6%）、"住宿和餐饮业"（占 12.1%）、"交通运输、仓储和邮政业"（占 9.2%）、"居民服务、修理和其他服务业"（占 8.7%）等受疫情冲击较大的行业。

在新冠疫情影响下，服务行业遭受严重冲击，目前部分服务行业生产尚未完全恢复。2022 年前三季度第三产业增加值增速低于第二产业增加值增速 1.6 个百分点，服务业生产恢复进程落后于第二产业。服务业生产的恢复一方面有利于居民经营净收入和工资性收入恢复到正常增长轨道。另外，由于服务业具有生产与消费同步发生的特点，服务业生产的恢复有利于居民消费的恢复性增长。在当前人口出行限制放开的情况下，建议政府做好配套公共服务，引导人口有序流动，为加快服务业生产恢复、提振服务业消费创造条件。

4. 完善推广"共享用工"模式，缓解结构性就业矛盾，增加居民工资性收入

"共享用工"是新冠疫情期间出现的一种调剂劳动力资源的创新用工方式。疫情期间，国民经济各行业遭受的冲击和生产恢复的进度不尽相同，导致一些行业（如住宿餐饮业）出现劳动力的暂时过剩而另一些行业出现劳动力的暂时短缺（如电商零售与配送平台）。"共享用工"方式实现了供求双方快速、精准匹配，使劳动力资源更加有效流动，解决了疫情期间劳动力过剩企业稳岗困难、劳动力短缺企业招工困难、就业人员增收困难的三大难题。

全国各地众多成功的案例表明"共享用工"这种新的劳动力互助调剂模式是应对突发事件对生产和就业结构性冲击的有效手段。事实上，我国招工难、就业难的结构性矛盾一直存在。在后疫情时代，"共享用工"制度可继续在具有季节性特征且短期培训即可上岗的企业之间开展，通过制度安排提高劳动生产效率。然而，当前"共享用工"模式尚有较多问题需要解决。例如，如何使具有"共享用工"需求的企业快速精准匹配，如何解决企业双方在生产事故责任、生产保密等方面的担忧。建议政府部门研究完善相关制度，在企业间牵线推广。

2022 年我国粮食消费形势分析与 2023 年预测

王会娟　杨继钧　杨翠红　陈锡康

报告摘要：随着我国城镇化、工业化的发展，人口的增长和人民生活水平的不断提高，以及新时期我国人口结构、营养需求、产业供需等都将发生的较大变化，将使得粮食消费量和消费结构发生根本性转变。本报告将基于宏观统计数据来核算并预测由居民口粮、饲料用粮、工业用粮、种子用粮和其他等五部分构成的粮食消费量，为我国的粮食生产工作及相关产业发展提供必要的数据支撑。

2022 年我国粮食消费量较 2021 年有所上涨，但是涨幅有所下降。据估算，2022 年我国粮食消费量约为 14 245 亿斤，其中，居民口粮为 3 860 亿斤，占 27.10%，饲料用粮为 5 865 亿斤，占 41.17%，工业用粮为 2 518 亿斤，占 17.68%，种子用粮为 211 亿斤，占 1.48%，剩余为损耗等其他项，约为 1 791 亿斤。

如果 2023 年我国 GDP 增速在 6%左右，新冠疫情得到有效控制，预计 2023 年我国粮食消费将稳定略增，达到 14 646 亿斤，涨幅有所上升。居民口粮有所下降，饲料用粮大幅上涨，工业用粮小幅增长。乐观情景下预计 2023 年粮食消费量为 14 958 亿斤，悲观情景下预计 2023 年粮食消费量为 13 627 亿斤。

根据估算和预测结果，给出如下政策建议：第一，加强粮食安全保障措施，构建粮食安全保障体系；第二，构建多元化粮食进口新格局的同时，积极引导粮食生产结构积极向粮食消费结构转变；第三，工业用粮所在行业的政策应该具有连续性或者前瞻性。

一、引　言

我国是世界人口大国、农业大国，粮食是我国的命脉之一。2018 年习近平总书记在黑龙江考察时曾指出"中国人要把饭碗端在自己手里"。2020 年新冠疫情的大规模暴发使得我国粮食消费面临的国内外形势均发生了重大变化。党的二十大报告中，在总结过去十年成就时提到"谷物产量稳居世界首位"；在高质量经济发展目标中，强调建设农业强国，同时全方位夯实粮食安全根基；提到总体国家安全观，增强国家维护安全能力时，再一次强调"确保粮食、能源资源、重要产业链供应链安全"。农业农村部提出，要牢牢守住国家粮食安全的生命线。粮食安全和能源安全一样，是国家安全的重要基础。因此，对我国粮食消费量进行合理的核算及预测不但是确保我国粮食供需平衡的有效途径，而且对保障国家经济正常运行和稳定发展具有重要意义。

随着我国城镇化、工业化的发展，以及人口的增长和人民生活水平的不断提高，粮食消费或将会呈刚性增长模式，但是新时期我国人口结构、营养需求、产业供需等都将发生较大的变化，这也将使得粮食消费量和消费结构发生根本性转变。本报告将基于宏观统计数据来核算并预测由居民口粮、饲料用粮、工业用粮、种子用粮和其他等五部分构成的粮食消费量，为我国的粮食生产工作及相关产业发展提供必要的数据支撑。

二、2021 年粮食消费形势回顾分析

面对新冠疫情影响和复杂的国际粮食市场形势，2022 年我国粮食消费量涨幅有所放缓。通过科学合理的估算，项目组认为 2022 年我国粮食消费量约为 14 245 亿斤，其中，居民口粮为 3 860 亿斤，饲料用粮为 5 865 亿斤，工业用粮为 2 518 亿斤，种子用粮为 211 亿斤，损耗等其他项约为 1 791 亿斤。总体来看，粮食消费量稳定略涨，较 2021 年增长了 355 亿斤，结构中占比最高的是饲料用粮，超过了 40%。

1. 居民口粮小幅上升

居民口粮消费总量取决于两个方面：一是人均口粮的消费水平；二是人口数量及结构。

2013 年国家统计局开始进行城乡一体化住户收支与生活状况调查后，我国居民人均粮食消费量一直呈现缓慢下降的趋势。出现这一下降趋势的主要原因在于两个方面，一方面是我国人口数量的增加与人口结构的变化；另一方面是居民营养需求引起的膳食结构的调整。2019 年后我国人均粮食消费量开始回升，这主要得益于"十三五"期间脱贫攻坚战取得重要成果。例如，2019 年我国贫困人口净减少 1 000 万以上，约 340 个贫困县脱贫摘帽，年度脱贫攻坚任务如期完成。重点贫困地区收入水平的提高增加了人均粮食消费水平，尤其体现疫情后的 2020 年、2021 年，城乡人均消费量大涨，这与疫情防控后的在家就餐增多密切相关。具体来看，如图 1 所示，2021 年我国城镇人均粮食消费为 124.8 千克，较 2020 年增长了 4.6 千克，增幅为 3.83%，其中谷物增长 4.7 千克，是最主要的增长源泉。2021 年我国农村人均粮食消费为 170.8 千克，较 2020 年增长 2.4 千克，主要是谷物和豆类的增长带动作用，这两类粮食消费分别增长了 1.9 千克和 0.7 千克。城乡对比来看，农村人均谷物消费远大于城镇居民消费，豆类的消费基本持平。估算 2022 年城乡粮食消费仍然会呈现小幅上涨态势，但是涨幅会有所减弱。

人口基数、城镇化率及流动人口规模是影响我国口粮消费的重要因素。我国人口基数大，城乡居民口粮又呈现加大差异，人均粮食消费、城镇化率的些许变动均可以使得居民口粮消费发生较大变化。2021 年末我国人口为 141 260 万人，较 2020 年仅增加了 48 万人，远低于前些年的年度增幅。从城乡结构来看，2021 年我国城镇化率为 64.72%，其中城镇人口增长率为 1.34%，农村人口增长率为-2.27%，城镇人口增速放缓、农村人口降速也在放缓。党的二十大报告指出，"建立生育支持政策体系……实施积极应对人口老龄化国家战略"。区别于十九大报告的是，二十大报告更加强化了生育政策和相关经济

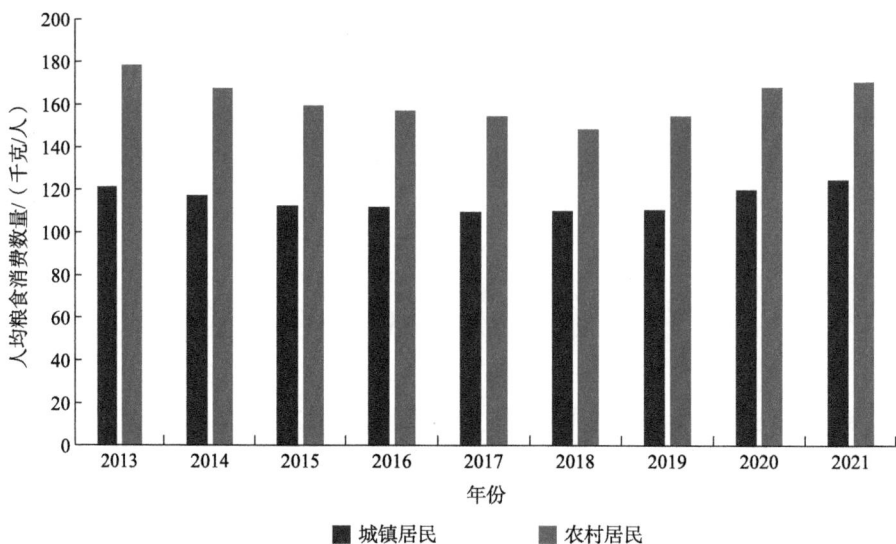

图 1　城镇、农村居民人均粮食消费数量变化情况

资料来源：Wind 数据库

社会政策的配套衔接，将会对接下来的基年生育率的回升从基本上起到推动提升作用。估算 2022 年我国总人口将于 2021 年基本持平，城镇化率将提升为 66%左右。

影响居民口粮的人口因素中，流动人口也起到了非常大的影响作用。如图 2 所示，我国流动人口规模巨大，且根据第七次人口普查数据，2020 年流动人口较 2019 年有一定猛增，可能是受到普查数据的影响。2021 年我国流动人口为 3.85 亿人，较 2020 年提高了 0.09 亿人，符合 2020 年项目组对此的预测。随着国务院联防联控机制出台了优化疫情防控工作的"新十条"措施在全国逐步推进落实，预计将会产生更大程度的人口流动。人口的流动带来了人均粮食消费的变化，项目组根据流动人口情况，调整了对应于人口粮食消费量的城镇居民和农村居民人口数量，并考虑到流动人口并非全年生活在城镇中，其饮食习惯与城镇居民有所差异等因素，对流动人口赋予合理权重。考虑流动人口这一影响因素前后，我国居民口粮将变化 180 亿斤左右。

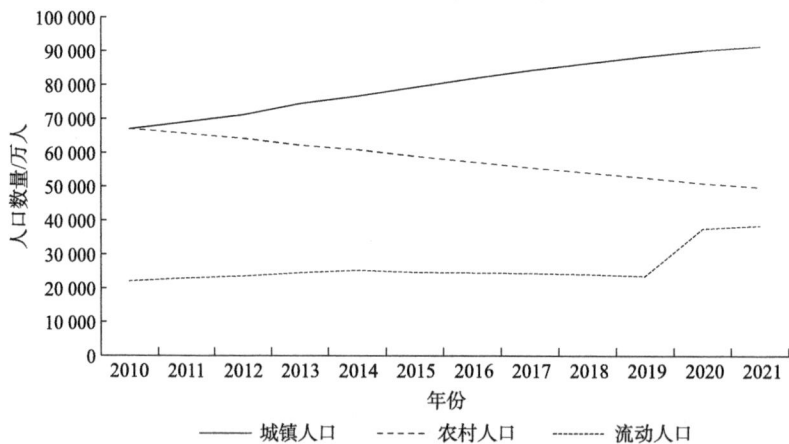

图 2　城镇、农村人口及流动人口的变化情况

资料来源：Wind 数据库

综上，在人均口粮消费水平、人口自然增长率、城镇化率和流动人口的共同影响下，预计 2022 年我国居民口粮消费为 3 860 亿斤，人均 273.3 千克，同比上升 1.39%。

2. 工业用粮增速放缓，恢复力明显弱于 2021 年

工业用粮是指工业生产中用作原料或辅助材料所消费的粮食，主要包含在食品制造业、酒、饮料和精制茶制造业，以及农副食品加工业中，它是促使粮食消费总量增加的第二大需求。在本部分的核算中，工业用粮主要从白酒、啤酒、发酵酒精、酱油、豆油、燃料乙醇和淀粉七个方面测算，如图 3 所示，进一步从工业品的产量和单位产量耗粮计算得到每种工业品当年的粮食消费量。

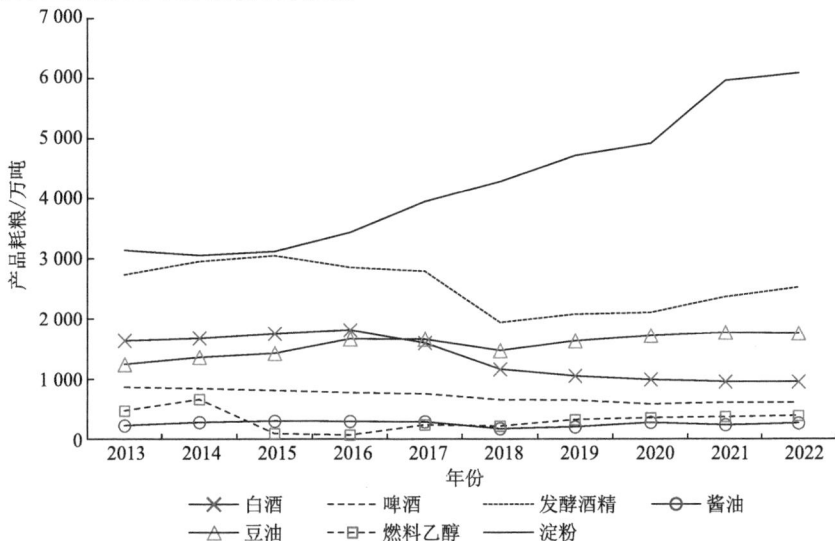

图 3　主要工业品的耗粮情况

资料来源：项目组测算

2016 年以来我国白酒、葡萄酒就进入了下行区间，截至 2021 年，白酒、啤酒的产量已经仅分别为 2016 年的 52.7%、79.1%，下降幅度较大。根据 2022 年前 10 个月的白酒、葡萄酒产量推算全年的产量，预计 2022 年白酒、葡萄酒与 2021 年基本持平略减，减速明显降低，对 2022 年工业用粮影响较小。白酒和啤酒产量不断下降主要是由于消费需求的减少，首先，随着我国居民收入水平的持续提升，"少喝酒，喝好酒"的生活理念深入人心，以及政府严加整治政治贪腐颁布多项禁酒令造成饮酒需求的大幅降低；其次，洋酒、葡萄酒等替代品的消费增加也导致了消费需求的降低；最后，受到新冠疫情的影响，国内经济发展放缓，居民消费水平相对降低，造成酒类消费市场不景气。酒业市场已经进入了"由量到质"的消费转变，产业结构、产品结构也在进行大规模调整，行业集中趋势明显，品质提升、高质量发展在一定程度上助力了酒业市场发展。

淀粉加工作为农产品加工的重要方面，在医药、发酵、纺织、造纸、冶金、石油等各产业进行紧密结合，为淀粉及其加工副产物开辟了新的应用途径。据淀粉工业协会的数据，2021 年玉米淀粉产量达到了 3 918 万吨，较 2020 年增加 685 万吨，是近些年来增幅最高的一年。预计 2022 年淀粉仍然会保持增长，但是增幅、增速会大幅放缓，预计产

量将达到 4 000 万吨，增速为 2%左右。

燃料乙醇市场目前主要是将燃料乙醇按一定比例作为添加剂加入各种机械动力汽油内形成混合动能燃料。2017 年 9 月，国家能源局发布《关于扩大生物燃料乙醇生产和推广使用车用乙醇汽油的实施方案》，明确了扩大生物燃料乙醇生产和推广使用车用乙醇汽油工作。新能源汽车工业的发展在一定程度上刺激了我国燃料乙醇的产品消耗量。2018 年以来，我国燃料乙醇消费量保持稳步上升的趋势。根据国家统计局 2016~2021 年中国汽油产量及理想燃料乙醇市场规模数据，2017~2019 年燃料乙醇市场规模逐年上升，2020 年受疫情影响有所回落。2021 年随着疫情形势有所好转，规模回升新高达到 15 457 万吨，同比增长 17.35%。按照汽车工业发展趋势，预计 2022 年国内燃料乙醇市场需求量将有进一步提高。

受全球经济下滑及各地疫情突发等各种因素影响，预计 2022 年的豆油、发酵酒精等其他工业产品大部分呈现持平略减的态势，综上分析，预计 2022 年工业用粮为 2 518 亿斤，较 2021 年增加 65 亿斤左右，增幅远小于 2021 年。

3. 饲料用粮恢复性高涨

饲料用粮以大豆、玉米为主，是畜禽所需植物蛋白和能量的主要来源。随着 2020 年脱贫攻坚目标的实现，我国城乡居民对粮食等产品的需求也发生了较大的变化。如图 4 所示，2013 年以来，城乡居民的肉类、水产品及禽类产品的需求量有不同幅度的变化。受猪肉价格上涨的影响，2019 年、2020 年连续两年人均肉类消费有所下降，但是 2021 年人均肉类消费有了较大的恢复性增长，尤其是农村居民人均肉类消费 2021 年猛增了 9.45 千克，其中猪肉涨幅为 8.29 千克，城镇居民人均肉类消费也有 7.03 千克的提升，也主要集中在猪肉的消费。同时，2021 年禽类消费在城乡都有小幅下降，说明前两年禽肉替代猪肉的消费已经消失，城乡居民对猪肉价格的变动还是非常敏感的。图 4 还可以看出城乡消费差距的存在，城镇人均消费的肉类、奶类均高于农村，随着农村居民收入提高，农村居民的高蛋白消费潜力将被激发释放，刺激畜牧业增长逐步带来我国饲料用粮的上涨。

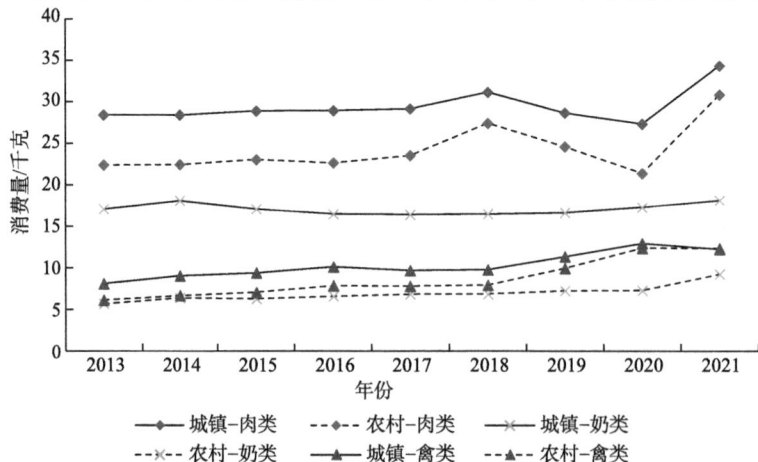

图 4　2013 年以来城镇、农村居民人均食物消费量

资料来源：Wind 数据库

2021 年 6 月以来猪肉价格总体呈现了下降趋势,这也导致了能繁母猪存栏量的下降,如图 5 所示。由于能繁母猪从投入存栏再到产出生猪存栏一般需要经历 9~10 个月甚至 1 年时间, 故 2022 年 3 月以来,受 2021 年能繁母猪存栏量减少带来的生猪产量减少的影响,特别是加上受部分养殖户过度压栏惜售和二次育肥、节假日市场消费增加等因素,导致国内生猪价格总体震荡上行,10 月上中旬一度上涨较多。

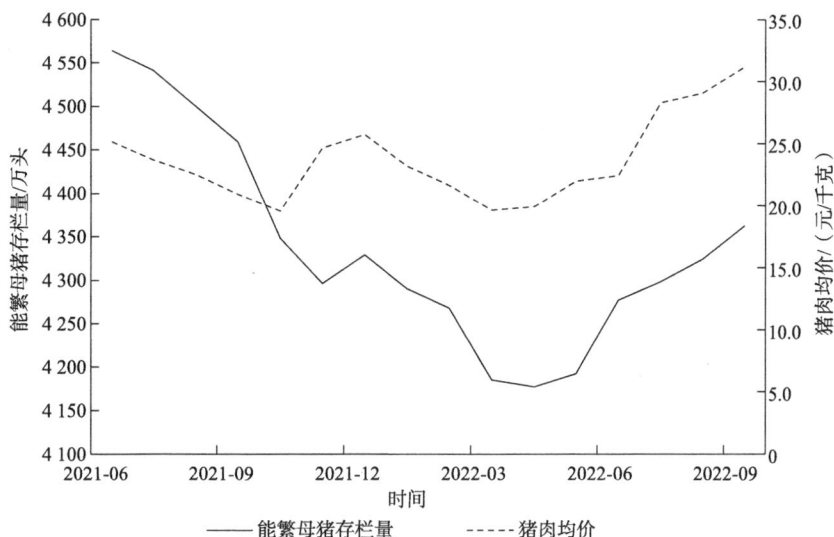

图 5　我国 2021 年 6 月以来的能繁母猪存栏量和猪肉均价的变化情况

资料来源:Wind 数据库

估算 2022 年饲料用粮将为 5 865 亿斤,其中猪肉耗粮占比为 37% 左右,总体较 2021 年增加 195 亿斤,同比增加 3.4%。

4. 种子用粮基本稳定

种子用粮的消费量主要取决于粮食播种面积和单位面积用种量。受粮食种植结构调整的影响,如图 6 所示,2016~2019 年以来我国粮食作物播种面积持续下降,但从 2020 年以来,各地加大对粮食生产的支持力度,层层压实粮食生产责任,积极落实各项补贴政策,提高农民种粮积极性,2020 年、2021 年我国粮食播种面积出现结构性回调增长。2021 年我国粮食种植面积为 176 446 万亩,较 2020 年增长 1 294 万亩,增幅也高于 2020 年。同时,可以看到,粮食作物间的种植结构变动也发生了较大变化。2021 年玉米播种面积增加了 3 084 万亩,豆类则有 2 209 万亩的减少,使得玉米播种面积占比达到 37% 左右,而豆类则降为 8.6%。2022 年粮食生产仍然得到了很高的重视,各地严格落实粮食安全党政同责,强化耕地用途管制,一些地区通过退林还田、老旧果园套种、农田连片整治等方式,挖掘粮食面积潜力,加大政策支持力度,保障农民种粮收益,预计全国粮食作物播种面积仍然有小幅上涨。据估算,2022 年我国种子用粮为 211 亿斤,与 2021 年基本持平。

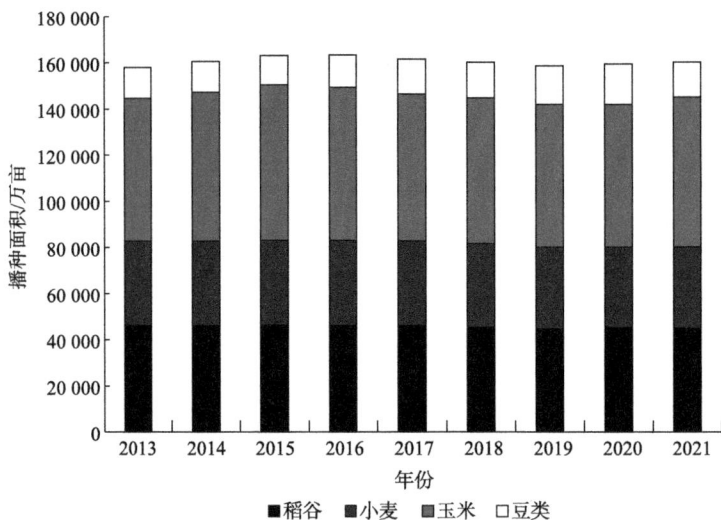

图 6　我国 2013 年以来粮食作物播种面积的变化情况

资料来源：中经网统计数据库

5. 其他用粮稳定略涨

由于在测度上述四类粮食消费中并没有考虑餐桌浪费粮食（仅为主食，不考虑肉类等其他转化粮）、畜禽病死耗粮、宠物用粮及库存运输损耗等，故本报告中增加其他项，作为对其他四项的补充，2022 年其他用粮合计为 1 830 亿斤（图 7），占粮食总消费量的 12.8%。

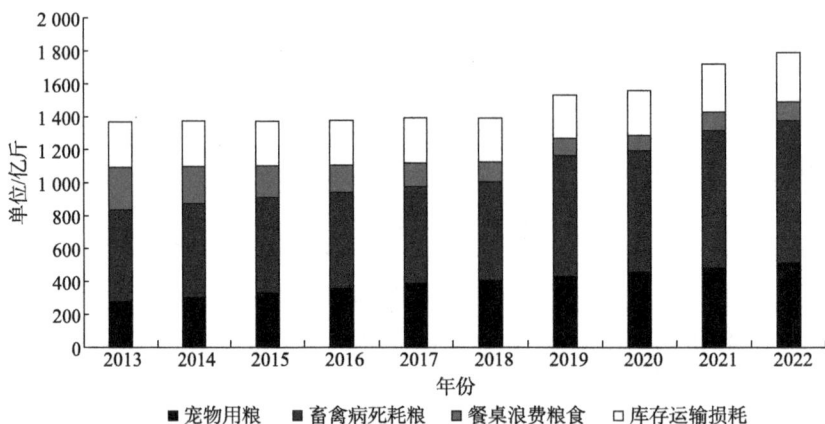

图 7　其他项粮食消费逐年变化情况

资料来源：项目组测算

6. 供需综合分析

据宏观经济统计数据测度，如表 1 所示我国年度粮食消费量在 12 000 亿斤以上，近几年均低于粮食产量，考虑上进出口后，我国粮食供给大于需求，供需差额（产量+进口-消费-出口）呈现逐年为正的态势。

表 1　我国粮食供需情况对比　　　　　　　　单位：亿斤

年份	粮食消费量	粮食产量	进口	出口	供需差额
2013	12 566	12 610	1 729	49	1 724
2014	12 654	12 793	2 008	42	2 105
2015	12 502	13 212	2 495	33	3 172
2016	12 559	13 209	2 294	38	2 906
2017	12 638	13 232	2 612	56	3 150
2018	12 385	13 158	2 311	73	3 011
2019	12 445	13 277	2 229	87	2 974
2020	12 816	13 390	2 852	71	3 355
2021	13 863	13 657	3 290	66	3 018
2022	14 245				

　　我国在不同粮食品种的供需上存在一定的供需差异。2021 年我国玉米和大豆的需求量大于生产量。国家粮食局（现为国家粮食和物资储备局）数据显示，自 2017 年以来，我国玉米进口需求持续上升，2021 年我国玉米进口量再度创下新高，进口玉米为 2 835 万吨，同比增长 152.2%。我国的大豆产需缺口巨大，高度依赖进口。面对国际政治经济形势和新冠疫情的巨大不确定性，作为全球最大的大豆进口国，中国大豆稳定供应面临严峻考验，2020 年国产大豆进口量再创历史新高，突破一亿关口。2021 年我国大豆进口量较 2020 年的 10 031.5 万吨，减少了 379.7 万吨，略微下降 3.8%，而小麦、稻谷等粮食我国则属于高度自给。

三、2023 年我国粮食消费形势分析及预测

　　随着世界经济下行风险的上升及国内外疫情局势变化存在的不确定因素，2023 年我国粮食消费形势也存在较大的不确定性。但是 2022 年 12 月国务院联防联控机制出台了优化疫情防控工作的"新十条"措施，以及各项稳经济举措的实施，预计 2023 年将会粮食消费量将会稳定略增，增幅大于 2022 年的增速。其中涨幅最大的是饲料用粮，其次是工业用粮，居民口粮有所减少。主要的分析点如下。

（一）居民人均粮食消费或将有恢复性回落

　　2020 年、2021 年的人均粮食消费都是近几年来的最高水平，随着 2023 年疫情防控政策的不断完善，经济恢复性增长，餐饮业等服务业有较大发展，城乡居民人均可支配收入同步增长的前提下，预计 2023 年城乡人均粮食消费将有小幅回落，无论是在家饮食

还是在外就餐，食物多样化、均衡化将成为未来的发展趋势，因此居民将增加对蛋肉及水产品的消费，而居民口粮的消费占比将有进一步下降的空间。

（二）猪肉供给或有回调

中国是全球第一大生猪生产国及猪肉消费国，生猪出栏量及猪肉消费量占全球的比重均在 50% 以上。继 2018 年、2019 年、2020 年猪肉产量持续下降后，2021 年猪肉产量出现了大幅增长，截至 2021 年第 3 季度末，生猪存栏、能繁殖母猪存栏同比都有 16% 以上的增幅，但是环比略有下降。鉴于 2022 年能繁母猪存栏量的逐步回涨，加之随着生猪养殖的规模化、标准化程度及生物安全防护水平的提高，猪肉产量、产能或将趋稳，预计 2023 年猪肉产量将有恢复性回调的趋势，猪肉价格亦有回落趋势，从而猪肉平均消费量的增加或将进一步挤占居民口粮的消费空间。

综上分析，对 2023 年发展情况设置三种情景：

基准情景为 GDP 发展速度为 6% 左右，2023 年我国粮食消费量为 14 646 亿斤，较 2022 年略涨 2.8%，其中居民口粮有所下降，工业用粮小幅增长，饲料用粮大幅上涨。

乐观情景为 GDP 发展速度为 7% 左右，2023 年我国粮食消费量将达到 14 958 亿斤，增速高达 5.0%。

悲观情景为 GDP 发展速度为 5% 左右，2023 年我国粮食消费量仅为 13 627 亿斤，较 2022 年有所回落。不同情景下的粮食消费量具体如表 2 所示。

表 2　2023 年我国粮食消费量的预测结果

粮食构成	基准情景		乐观情景		悲观情景	
	消费量/亿斤	同比增速	消费量/亿斤	同比增速	消费量/亿斤	同比增速
粮食消费量	14 646	2.8%	14 958	5.0%	13 627	−4.3%
居民口粮	3 745	−3.0%	3 860	0	3 664	−5.1%
工业用粮	2 596	3.1%	2 654	5.4%	2 468	−2.0%
饲料用粮	6 211	5.9%	6 333	8.0%	5 402	−7.9%
种子用粮	210	−0.6%	209	−1.0%	210	−0.3%
其他用粮	1 884	5.2%	1 903	6.3%	1 884	5.2%

四、政　策　建　议

本报告对我国粮食消费量及消费结构进行了估算和预测，根据测算结果，提出如下政策建议：

第一，进一步加强粮食安全保障措施，构建粮食安全保障体系。2020 年以来的新冠疫情，引起的全球粮食市场波动对粮食安全敲响了警钟。未来中长期内，中国粮食供求结构性矛盾将进一步凸显，大豆和玉米严重依赖进口，加大了国家和地方政府保证粮食安全的难度，因此建议进一步加强粮食安全保障措施，一方面提升粮食生产能力和抗灾能力，牢牢守住耕地红线，推动落实"藏粮于地、藏粮于技"，中国人要把饭碗端在自己手里；另一方面积极完善粮食贸易机制，降低粮食进口市场的集中度，保障进口粮源多元化和稳定性。

第二，构建多元化粮食进口新格局的同时，积极引导粮食生产结构向粮食消费结构转变。虽然近年来我国粮食消费量低于生产量，但结构性短缺仍然存在。受逆全球化趋势加剧及新冠疫情影响，粮食贸易不确定性将进一步增加，在构建多元化粮食进口新格局的同时，建议积极引导粮食生产结构的调整，积极向粮食消费结构靠拢。

第三，工业用粮所在行业的政策应该具有连续性或者前瞻性。通过近些年分析发现，工业用粮属于政策导向型粮食消费，工业用粮多是粮食的深加工部门，宏观经济形势的冷热、政策导向都会对工业用粮产生较大影响，建议相关部门在制定相关政策时应保持连续性或者具有一定的前瞻性，使得工业用粮部门可以做出及时的战略部署。

中国行业用水分析及 2023 年需水总量预测①

刘秀丽　承子杰　相　鑫　秦明慧

报告摘要：需水量预测对掌握我国未来需水量变化趋势、制定水源发展规划具有重要的参考价值，对缓解我国水资源供需矛盾，实现经济社会与水资源协调发展和水生态保护修复具有重要意义。

2000~2021 年，全国用水总量整体呈先上升后下降的趋势，2013 年达到峰值 6 183.4 亿立方米，而万元 GDP 用水量持续显著下降。2021 年由于新冠疫情逐步进入常态化管理，大部分工业企业恢复生产，工业用水量相较于 2020 年略增。2021 年我国人均综合用水量为 419 立方米，与 2020 年基本持平。2021 年全国用水总量为 5 920.2 亿立方米，比 2020 年增加了 46.3 亿立方米。全国地表水环境质量总体有所提高。

2000~2021 年，我国农业用水量整体先增后减，2013 年达到峰值 3 921.5 亿立方米，此后呈下降趋势，2021 年较 2020 年略增 31.9 亿立方米至 3 612.4 亿立方米，同时其占用水总量的比例也从 2000 年的 68.8% 波动下降至 2021 年的 61.5%。耕地实际灌溉亩均用水量总体持续减少，由 2000 年的 479 立方米降至 2021 年的 355 立方米，但农田灌溉水有效利用系数仅为 0.568，仍比发达国家平均水平低约 0.207。

2021 年，我国工业用水量为 1 049.6 亿立方米，较 2011 年下降 28.2%。2021 年工业用水量占全国用水总量的比例与 2020 年持平。2021 年新冠疫情进入常态化管理，企业基本恢复产能，使得工业用水略增。同时，我国钢铁行业、造纸行业、煤化工行业节水工作近年来取得显著效果。2021 年，我国万元工业增加值用水量为 28.2 立方米，比 2020 年减少了 4.7 立方米。

人口的增加、城镇化率的提高和居民生活水平的提高是我国生活用水量增加的主要原因。2000~2021 年，我国总人口由 126 743 万人增加至 141 260 万人，其中城镇人口由 45 906 万人增加至 91 425 万人，常住人口城镇化率由 36.2% 升至 64.7%。受《国家节水行动方案》影响，全民节水意识提升，2021 年人均生活用水量为 176 升/天，比 2020 年减少了 3.4 升/天。受新冠疫情影响，居民居家时间偏多，因疫情防控需要，会增加免疫和清洁卫生的用水量；餐饮业、公共建筑内的用水量会减少。2021 年，城乡居民人均生活用水量为 124 升/天。

"十四五"期间的水生态环境保护工作，将在水环境改善的基础上，更加注重水生态保护修复，注重"人水和谐"。预计在"十四五"期间生态环境补水量将会进一步提高。

---

① 本报告得到国家自然科学基金（项目编号：71874184）的资助。

本报告在综合考虑我国经济增长、城镇化进程，行业节水措施、新冠疫情、气候变化等因素的情况下，构建需水总量预测模型，对我国需水总量进行了预测，预计 2023 我国的需水总量为 5 777.5 亿~5 930.0 亿立方米，同比增速 1.8%~3.1%。

一、引　言

水资源是一切赖以生存的基础，是社会经济发展不可缺少和不可替代的重要自然资源与环境要素。2016 年 1 月 1 日，由世界各国领导人在联合国通过的《2030 年可持续发展议程》正式启动，其中将水资源发展目标放在核心位置，2020 年联合国在《世界水发展报告》中进一步提出水安全与气候变化将是未来数十年全球面临的持续而深刻的危机。根据《2018 年世界水资源开发报告》《2019 年世界水资源开发报告》，自 20 世纪 80 年代开始，由于人口增长、社会经济发展和消费模式变化等因素，全球用水量每年增长 1%。随着工业和生活用水的增加，到 2050 年全球需水量预计还将保持同样的增速，相比目前的用水量将增加 20%~30%。同时，《2018 年世界水资源开发报告》提到约有 36 亿人口，相当于将近一半的全球人口居住在缺水地区，一年中至少有一个月的缺水时间，而这一人口数量到 2050 年可能增长到 48 亿~57 亿人之多。许多国家早已把水资源管理纳入政府部门的职能，同时，规划管理部门也开始把需水量预测作为计划工作的手段，以期达到宏观调控水资源供需矛盾的目的。美国一些州，如加利福尼亚州从 1956 年就开始需水量预测的工作。日本从 20 世纪 60 年代开始，每十年进行一次国土规划，把需水量预测作为规划的一个依据。英国、法国、荷兰、加拿大等近年来也逐步开展需水量预测工作，将其作为水资源宏观管理和制定政策的手段。

我国水文和水资源规划部门从 1979 年开始着手组织全国水资源评价工作，于 1986 年完成并提出了《中国水资源利用》研究报告。此后，随着我国经济社会的快速发展、城镇化进程和工业化的推进，水资源短缺、水资源利用效率低下、水资源污染严重及不合理开发等问题导致水资源问题更加严峻，对我国经济的可持续发展、人与自然、人与社会的和谐及社会安全都构成了极大的威胁。"十二五"以来，我国多次以重要文件发布关于水资源管理的决定和办法，包括《国家节水行动方案》《关于推进污水资源化利用的指导意见》《"十四五"水安全保障规划》等（表 1）。基于相关水资源管理决定、办法，我国着力提升城乡供水能力，保障城乡用水安全，完善综合水资源管理体系，持续推进水生态恢复。加强水资源配置管理水平，实施农村饮水安全巩固提升工程。在进行城镇污水防治能力建设的同时，开展以保护农村饮用水水源地、生活垃圾污水治理为主要内容的环境综合治理。进一步地，完善节水体制机制建设，统筹农业水价形成机制、精准补贴和节水奖励机制、工程建设和管护机制、用水管理机制等，发展节水灌溉，加强节水设施改造与更新，开展农田水利设施产权制度改革，加大节水技术的推广应用，提升用水效率。同时执行最严格的水资源管理制度，全面推进水资源可持续利用。

表 1　2019~2022 年我国出台的主要水资源管理法规与政策

出台日期	政策名称	内容简介
2019 年 1 月 25 日	《华北地区地下水超采综合治理行动方案》	提出强化重点领域节水、严控开发规模和强度、多渠道增加水源供给、实施河湖地下水回补和严格地下水利用管控等重点治理行动
2019 年 4 月 15 日	《国家节水行动方案》	提出近远期有机衔接的总体控制目标，即到 2020 年，节水政策法规、市场机制、标准体系趋于完善，万元国内生产总值用水量、万元工业增加值用水量较 2015 年分别降低 23% 和 20%，节水效果初步显现；到 2022 年，用水总量控制在"十三五"末的 6 700 亿立方米以内，节水型生产和生活方式初步建立；到 2035 年，全国用水总量严格控制在 7 000 亿立方米以内，水资源节约和循环利用达到世界先进水平
2019 年 8 月 16 日	《公共机构节水管理规范》	从规划和设计，取水和定额，维护和保养，计量、统计和分析，水质和水处理，用水系统（采暖、空调、净化水、食堂、卫浴、景观绿化、特殊用水等），绩效评价等方面对公共机构节水管理提出了具体要求
2020 年 4 月 7 日	《关于完善长江经济带污水处理收费机制有关政策的指导意见》	就完善长江经济带污水处理收费机制等有关问题，提出严格开展污水处理成本监审调查、健全污水处理费调整机制、加大污水处理费征收力度、推行污水排放差别化收费、创新污水处理服务费形成机制、降低污水处理企业负担、探索促进污水收集效率提升新方式等意见
2020 年 4 月 17 日	《水利部关于做好河湖生态流量确定和保障工作的指导意见》	针对部分流域区域生活、生产和生态用水矛盾仍然突出，河湖生态流量难以保障，河流断流、湖泊萎缩、生物多样性受损、生态服务功能下降等问题，提出做好河湖生态流量确定和保障工作相关意见
2020 年 7 月 31 日	《关于持续推进农业水价综合改革工作的通知》	贯彻落实中发〔2020〕1 号文件要求，持续推进农业水价综合改革
2021 年 1 月 4 日	《关于推进污水资源化利用的指导意见》	总体目标：到 2025 年，全国污水收集效能显著提升，县城及城市污水处理能力基本满足当地经济社会发展需要，水环境敏感地区污水处理基本实现提标升级；全国地级及以上缺水城市再生水利用率达到 25% 以上，京津冀地区达到 35% 以上；工业用水重复利用、畜禽粪污和渔业养殖尾水资源化利用水平显著提升；污水资源化利用政策体系和市场机制基本建立。到 2035 年，形成系统、安全、环保、经济的污水资源化利用格局
2021 年 5 月 24 日	《海水淡化利用发展行动计划（2021—2025 年）》	到 2025 年，全国海水淡化总规模达到 290 万吨/日以上，新增海水淡化规模 125 万吨/日以上，其中沿海城市新增海水淡化规模 105 万吨/日以上，海岛地区新增海水淡化规模 20 万吨/日以上。海水淡化关键核心技术装备自主可控，产业链供应链现代化水平进一步提高。海水淡化利用发展的标准体系基本健全，政策机制更加完善
2021 年 6 月 6 日	《"十四五"城镇污水处理及资源化利用发展规划》	到 2025 年，基本消除城市建成区生活污水直排口和收集处理设施空白区，全国城市生活污水集中收集率力争达到 70% 以上；城市和县城污水处理能力基本满足经济社会发展需要，县城污水处理率达到 95% 以上；水环境敏感地区污水处理基本达到一级 A 排放标准；全国地级及以上缺水城市再生水利用率达到 25% 以上，京津冀地区达到 35% 以上，黄河流域中下游地级及以上缺水城市力争达到 30%；城市污泥无害化处置率达到 90% 以上
2021 年 8 月 3 日	《城镇供水价格管理办法》	建立健全以"准许成本加合理收益"为核心的定价机制，制定城镇供水价格，以成本监审为基础，通过核定准许成本、监管准许收益确定准许收入，根据核定供水量确定供水价格，并统筹考虑当地供水事业发展需要、促进节约用水、社会承受能力、服务质量等因素。要求制定居民生活用水价格水平或定价机制应当按照有关规定开展听证，并进行信息公开

续表

出台日期	政策名称	内容简介
2022 年 1 月 11 日	《"十四五"水安全保障规划》	到 2025 年,大江大河干流 3 级以上堤防基本实现达标,全国 5 级及以上堤防达标率由现状的 73%提高到 77%,新增防洪库容 40 亿立方米。全国用水总量控制在 6 400 亿立方米以内,万元 GDP 用水量、万元工业增加值用水量均较 2020 年下降 16%左右,农田灌溉水有效利用系数提高到 0.58。水资源配置工程体系更加完善,新增水利工程供水能力 290 亿立方米,农村自来水普及率达到 88%,万亩以上灌区灌溉面积达 5.14 亿亩。江河湖库水源涵养与保护能力提升,重点河湖基本生态流量达标率达到 90%以上,全国水土保持率提高到 73%以上 到 2035 年,建成与基本实现社会主义现代化国家相适应的水安全保障体系,江河湖泊流域防洪减灾体系基本完善,节水型社会全面建成,现代水治理体系基本建立,水利基本公共服务实现均等化,水法治体系基本健全, 水安全保障智慧化水平大幅提高
2022 年 7 月 30 日	《关于推动水利风景区高质量发展的指导意见》	到 2025 年,围绕实施国家重大战略与区域发展战略,推进生态文明建设,完善水利风景区总体布局,建立健全水利风景区管理制度体系,监管能力得到明显提升;推动水利风景区风光带和集群发展,新建 100 家以上国家水利风景区,推广 50 家高质量水利风景区典型案例,水利风景区发展质量整体提升,使水利风景区成为幸福河湖、水美中国建设的突出亮点。到 2035 年,水利风景区总体布局进一步优化,发展体制机制进一步完善,综合效益显著增强,更好地满足人民日益增长的美好生活需要,使水利风景区成为幸福河湖的重要标识、生态文明建设的水利名片
2022 年 8 月 26 日	《关于推进用水权改革的指导意见》	到 2025 年,用水权初始分配制度基本建立,区域水权、取用水户取水权基本明晰,用水权交易机制进一步完善,用水权市场化交易趋于活跃,交易监管全面加强,全国统一的用水权交易市场初步建立。到 2035 年,归属清晰、权责明确、流转顺畅、监管有效的用水权制度体系全面建立,用水权改革促进水资源优化配置和集约节约安全利用的作用全面发挥

2022 年是"十四五"规划的承上启下之年,也是全面推进乡村振兴、加快农业农村现代化的关键之年,政府部门提出了多项"十四五"期间或长期的水资源管理与保障相关指导意见。尤其是 2022 年 1 月 11 日,国家发展和改革委员会、水利部联合印发了《"十四五"水安全保障规划》,具体明确了 2025 年和 2035 年确保水安全的总体目标。到 2035 年,建成与基本实现社会主义现代化国家相适应的水安全保障体系,江河湖泊流域防洪减灾体系基本完善,节水型社会全面建成,现代水治理体系基本建立,水利基本公共服务实现均等化,水法治体系基本健全,水安全保障智慧化水平大幅提高。为使水利风景区成为幸福河湖的重要标识、生态文明建设的水利名片,2022 年 7 月 30 日,水利部印发了《关于推动水利风景区高质量发展的指导意见》。为用水权改革促进水资源优化配置和集约节约安全利用,2022 年 8 月 26 日,国家发展和改革委员会、水利部和财政部印发了《关于推进用水权改革的指导意见》。

需水量预测对掌握我国未来需水量变化趋势、制定水源发展规划具有重要的参考价值,对缓解我国水资源供需矛盾,实现经济社会与水资源协调发展和水生态保护修复具有重要意义。

二、中国供用水整体情况分析

（一）中国水资源现状

2021 年，全国水资源总量为 29 638.2 亿立方米，比多年平均值偏多 7.3%，比 2020 年下降 6.2%，其中，地表水源占 95.5%，地下水源占 27.7%，地表水与地下水不重复量占 4.5%。全国平均降水量为 691.6 毫米，比多年平均值偏多 7.4%，比 2020 年减少 2.1%。2021 年末全国 728 座大型水库和 3 797 座中型水库蓄水总量为 4 449.1 亿立方米，比 2021 年初蓄水总量增加 17.5 亿立方米。

尽管我国水资源总量丰富，但由于人口基数大，人均水资源占有量仅为世界平均水平的 1/4，2021 年我国人均水资源量仅为 2 090.1 立方米。按照国际公认的标准，人均水资源低于 3 000 立方米为轻度缺水，低于 2 000 立方米为中度缺水，低于 1 000 立方米为重度缺水，低于 500 立方米为极度缺水。2021 年我国共有 10 个省（区、市）的人均水资源量不足 1 000 立方米，天津、北京、河北、河南等 8 个省（区、市）的人均水资源量更低于极度缺水标准线。除了人口因素的影响外，水资源空间分布不均匀、与社会经济发展需求不一致等因素更加剧了我国水资源短缺问题的严峻性。

（二）中国水资源的开发利用

2021 年，全国供水总量为 5 920.2 亿立方米，其中，地表水源占 83.2%，地下水源占 14.5%，其他水源占 2.3%。2021 年全国用水总量为 5 920.2 亿立方米，比 2020 年增加了 46.3 亿立方米。其中，农业用水为 3 644.3 亿立方米，占用水总量的 61.5%；工业用水为 1 049.6 亿立方米，占用水总量的 17.7%；生活用水为 909.4 亿立方米，占用水总量的 15.4%；人工生态环境补水为 316.9 亿立方米，占用水总量的 5.4%。与 2020 年比较，农业用水增加 31.9 亿立方米，工业用水增加 19.2 亿立方米，生活用水增加 46.3 亿立方米，人工生态环境补水增加 9.9 亿立方米。

如图 1 所示，2000~2020 年，全国用水总量除 2003 年有波动外，整体呈先上升后下降的趋势，2013 年达到峰值 6 183.4 亿立方米，2021 年相较于 2020 年有小幅上升，而万元 GDP 用水量持续显著下降，由 2000 年的 610 立方米下降到 2021 年的 51.8 立方米。这说明我国用水效率显著提升。同时，各产业用水量占比也在不断变化。工业用水量占比整体较为平稳，2010 年起开始缓慢下降；由于 2012 年生活用水中的牲畜用水调至农业用水中，故农业用水量占比与生活用水量占比分别出现上升与下降的小波动。从整体趋势来看，农业用水量占比持续下降，生活用水量占比则不断增加（图 2）。

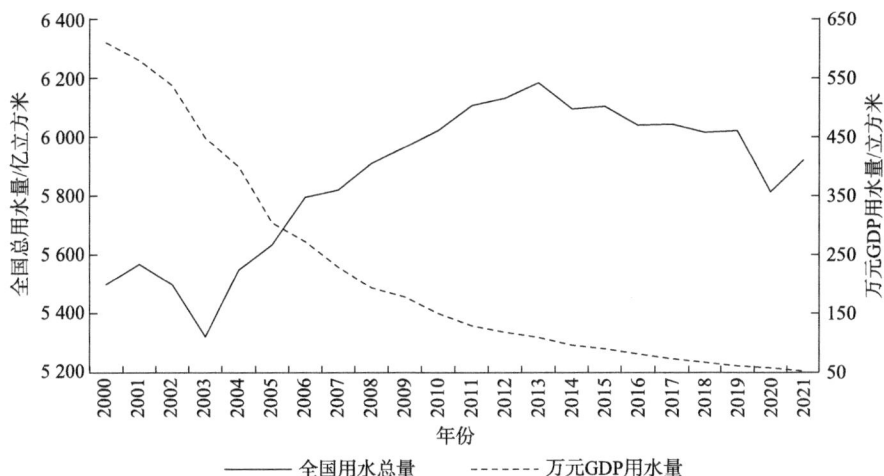

图1 2000~2021 年全国用水总量及万元 GDP 用水量趋势

资料来源:《中国水资源公报》(2000~2021 年)、《中国统计年鉴》(2011~2022 年)

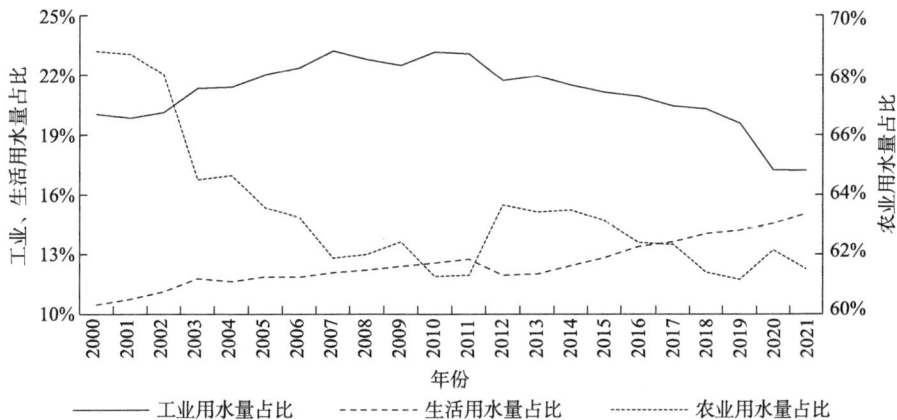

图2 2000~2021 年农业、工业、生活用水量占比

资料来源:《中国水资源公报》(2000~2021 年)、《中国统计年鉴》(2001~2022 年)

(三)中国人均用水量

自 2000 年以来,我国人均用水量整体有所提高,2003 年粮食减产农业用水降低,导致人均用水量减少至 412 立方米,此后至 2013 年基本呈稳定上升的趋势。2013 年我国人均用水量达到最高值 456 立方米,较 2000 年增加了 6.0%,2013 年后则出现小幅下降趋势。2021 年新冠疫情进入常态化管理,工业企业生产逐步恢复正常,工业用水量也趋于平稳,人均用水量由 2020 年的 412 立方米小幅上升至 419 立方米 (图 3)。同时,受人口密度、经济结构、作物组成、节水水平、气候因素和水资源条件等多种因素的影响,各省级行政区的人均用水量也呈现较大差异。新疆、宁夏、西藏、黑龙江、江苏、

内蒙古 6 个省（区）的人均用水量超过 600 立方米，而天津、北京、山西和山东等 11 个省（市）的人均用水量低于 300 立方米，其中北京最低，2021 年人均用水量仅为 186 立方米，不足全国人均用水量的一半。

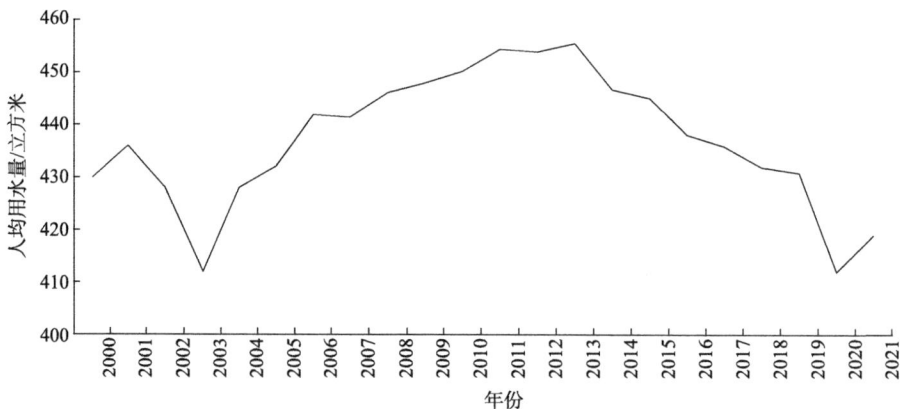

图 3　2000~2021 年全国人均用水量

资料来源：《中国统计年鉴》（2011~2022 年）

（四）中国淡水水质

2021 年，全国地表水环境质量总体有所提高，3 632 个全国地表水监测国考断面中，Ⅰ~Ⅲ类水质断面占比 84.9%，同比上升 1.5 个百分点，劣Ⅴ类水河长占比 1.2%，均达到 2021 年水质目标要求。2021 年，开展水质监测的 210 个重要湖泊（水库）中，Ⅰ~Ⅲ类湖泊（水库）占比 72.9%，劣Ⅴ类占比 5.2%，与 2020 年相比，Ⅰ~Ⅲ类湖泊（水库）占比下降了 0.9 个百分点，劣Ⅴ类占比与 2020 年基本持平；开展营养状态监测的 209 个重要湖泊（水库）中，贫营养状态湖泊（水库）占比 10.5%，中度营养状态湖泊（水库）占比 62.2%，轻度富营养状态湖泊（水库）占比 23.0%，中度营养状态湖泊（水库）占比 4.3%[①]。其中，与 2020 年相比，贫营养状态湖泊（水库）占比上升 5.2%，中度营养状态湖泊（水库）占比下降 5.1%，轻度富营养状态湖泊（水库）占比下降 0.1%，中度营养状态湖泊（水库）与 2020 年持平，湖泊（水库）水质得到了进一步的改善。十大流域中，西北诸河、浙闽片河流、长江流域、西南诸河和珠江流域水质为优，黄河、辽河和淮河流域水质良好，海河和松花江流域为轻度污染。此外，国土资源部门地下水水质监测评价结果显示：2021 年，全国 1 900 个国家地下水环境质量考核点位中，Ⅰ~Ⅳ类水质监测点占比 79.4%，Ⅴ类水质监测点占比 20.6%。与 2020 年同期相比，Ⅰ~Ⅳ类水质监测点占比下降 3%。地下水质评价总体较差，Ⅰ~Ⅳ类水质监测点占比多年下降，需引起关注。

[①] 资料来源：《2021 中国生态环境状况公报》。

三、中国分行业用水分析

（一）农业用水

农业用水包括农田灌溉用水、林果地灌溉用水、草地灌溉用水和鱼塘补水，其中以农田灌溉用水为主要用水部分。2000~2021 年，我国农业用水量整体先增后减，2013 年达到峰值 3 921.5 亿立方米，此后呈稳定下降趋势，2021 年略有回升，较 2020 年增加 31.9 亿立方米，为 3 644.3 亿立方米，占用水总量的比例为 61.5%，较 2020 年降低 0.6 个百分点，较 2000 年降低 7.3 个百分点。2021 年，我国农田有效灌溉面积达 69 625 千公顷，比 2020 年增加约 465 千公顷，降水量较 2020 年减少 2.1%，为 691.6 毫米。受灌溉面积增加和降水减少两方面影响，农业用水量出现波动。

近年来我国农业用水量下降与农业用水效率的提升密不可分，而农业用水效率不断提升，主要来源于农田灌溉用水效率的提高。2000 年以来，耕地实际灌溉亩均用水量虽略有波动，但总体呈持续下降的趋势，由 2000 年的 479 立方米降至 2021 年的 355 立方米（图 4），其中辽河区、海河区、黄河区和淮河区耕地实际灌溉亩均用水量在全国平均值以下。

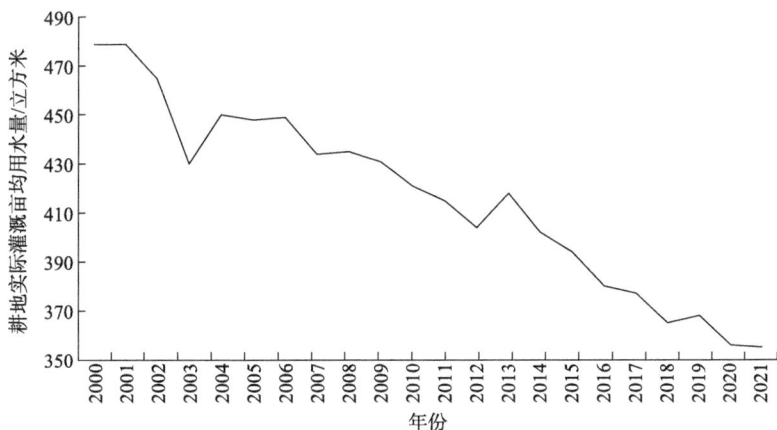

图 4　2000~2021 年我国耕地实际灌溉亩均用水量

资料来源：《中国水资源公报》（2000~2021 年）

按水资源分区统计，2021 年水资源一级区中，海河区耕地实际灌溉亩均用水量低于 200 亿立方米，辽河区、黄河区、淮河区等 3 个区在 200 亿~400 亿立方米，长江区、松花江区、东南诸河区、西南诸河区和西北诸河区在 400 亿~600 亿立方米，珠江区高于 600 亿立方米。按东部、中部、西部地区统计，受作物组成、节水水平、水资源条件等多种因素的影响，农业用水比重东部及中部低、西部高，农田灌溉水有效利用系数呈现东部较大，中部、西部较小的分布态势。

我国耕地面积居世界第三、灌溉面积位居世界第一。自 2012 年《高标准农田建设标准》颁布以来，农业节水增效持续推进。评估显示，高标准农田项目区比非项目区的机械化水平提高 15%~20%，可节水 20%~30%、节电 30% 以上，节药达到 19%，节肥达到 13%[1]，建成的高标准农田只要管护得当，基础设施可以有效运转 15 年以上[2]。2021 年，全年建成 1.055 1 亿亩高标准农田，完成了计划新建高标准农田 1 亿亩的总体要求。其中江苏、江西、山东、湖北、湖南五省高质量完成了年度工作任务，2021 年建成高标准农田 2 315 万亩，占全国建成总面积的 21.9%。

近年来，随着国家政策的支持、国内节水灌溉技术水平的提高，喷微灌使用面积增长迅速，我国节水灌溉的耕地面积呈逐年稳步增长的趋势。截至 2020 年底，我国节水灌溉面积达到 5.67 亿亩。其中，喷灌、微灌、管道输水灌溉等高效节水灌溉面积达到 3.5 亿亩。2021 年，新增高效节水灌溉面积 2 825 万亩，89 处大型灌区启动续建配套与现代化改造[3]。2021 年我国农田灌溉水有效利用系数为 0.568，比 2020 年提高 0.003，达到《国家节水行动方案》所提出到 2022 年农田灌溉水有效利用系数提高到 0.56 以上的目标，但与以色列、美国、欧洲国家 0.7~0.8 的利用系数差距很大。在全球范围内节水灌溉技术发展最好的以色列，目前其 80% 以上的灌溉面积使用滴灌技术；美国有效灌溉面积不足我国的一半，但应用喷灌和滴灌的耕种面积高达 87%。我国目前节水灌溉技术仍以渠道防渗（占比约 40%）和低压管灌（占比约 30%）为主，技术含量高、节水效果好的微灌和喷灌占比仍有待提高。高效节水灌溉技术中，管灌、微灌、喷灌面积占比分别约为 47%、27%、26%[4]。2022 年中央一号文件《中共中央国务院关于做好 2022 年全面推进乡村振兴重点工作的意见》提出：统筹规划、同步实施高效节水灌溉与高标准农田建设。2022 年建设高标准农田 1 亿亩，累计建成高效节水灌溉面积 4 亿亩。

（二）工业用水

我国工业用水量占全社会用水总量的 1/5 左右，其中火电（含直流冷却发电）、钢铁、纺织、造纸、石化和化工、食品和发酵等高用水行业用水量占工业用水量的 50% 左右。"十三五"期间，工业各部门深入贯彻落实《国务院关于实行最严格水资源管理制度的意见》《水污染防治行动计划》《中国制造 2025》等国务院文件精神，从强化高耗水行业节水管理和技术改造，推进水资源循环利用和废水处理回用，加快中水、再生水、海水等非常规水源的开发利用等三大重点方向深化工业节水工作，取得了明显成效。

[1] 农田高标准 丰收有底气. http://www.moa.gov.cn/ztzl/gdzlbhyjs/mtbd_28775/mtbd/202210/t20221014_6413287.htm，2022-10-14.

[2] 今年我国将新增 8 000 多万亩高标准农田. https://baijiahao.baidu.com/s?id=1625719832596866238&wfr=spider&for=pc，2019-02-17.

[3] 2021 年新增高效节水灌溉 2825 万亩. http://paper.people.com.cn/rmrb/html/2022-03-31/nw.D110000renmrb_20220331_3-14.htm，2022-03-31.

[4] 2022 年中国节水灌溉行业发展历程、上下游产业链、重点企业经营情况及发展趋势. https://business.sohu.com/a/595413023_120928700，2022-10-26.

1. 中国工业用水特点

1）工业用水量与占比逐渐下降

2021年我国工业用水量为1 049.6亿立方米，较2011年下降28.2%。2011~2020年工业用水量占全国用水总量的比例逐年稳定降低，2021年与2020年持平（表2）。2021年新冠疫情进入常态化管理，大部分企业恢复正常的生产，工业用水量趋于稳定。

表2 2011~2021年全国工业用水情况

年份	用水总量/亿立方米	工业用水量/亿立方米	占比
2011	6 107.2	1 461.8	23.9%
2012	6 131.2	1 380.7	22.5%
2013	6 183.4	1 406.4	22.7%
2014	6 094.9	1 356.1	22.2%
2015	6 103.2	1 334.8	21.9%
2016	6 040.2	1 308.0	21.7%
2017	6 043.4	1 277.0	21.1%
2018	6 015.5	1 261.6	21.0%
2019	6 021.2	1 217.6	20.2%
2020	5 812.9	1 030.4	17.7%
2021	5 920.2	1 049.6	17.7%

资料来源：《中国水资源公报》（2011~2021年）

2）工业用水效率显著提高

2021年我国万元工业增加值（当年价）用水量为28.2立方米，比2011年降低了49.8立方米（表3）。2011~2021年我国万元工业增加值用水量年均降低了4.5立方米。

表3 2011~2021年全国工业用水效率指标

年份	万元工业增加值（当年价）用水量/立方米
2011	78.0
2012	69.0
2013	60.0
2014	67.0
2015	58.3
2016	52.8
2017	45.6
2018	41.3
2019	38.4

年份	万元工业增加值（当年价）用水量/立方米
2020	32.9
2021	28.2

资料来源：《中国水资源公报》（2011~2021 年）

3）大力推动非常规水源，再生水利用率仍然偏低

非常规水源是相对于传统意义上的常规水源而言的，常规水源指地表水、地下水资源，而非常规水源主要指雨水、中水、再生水（经过再生处理达到使用标准的污水厂尾水）、海水、空中水、矿井水、苦咸水等，这些水源的特点是经过处理后可以再生利用。非常规水源是常规水源的重要补充，对于缓解水资源供需矛盾，提高区域水资源配置效率和利用效益等方面具有重要作用。2021 年，各有关部门积极推进海水利用工作，国家发展和改革委员会、自然资源部联合印发实施《海水淡化利用发展行动计划（2021-2025年）》，对"十四五"海水淡化利用发展的主要目标和重点任务做出安排。海水淡化作为重要内容被纳入《"十四五"节水型社会建设规划》《"十四五"工业绿色发展规划》等规划以及《国家鼓励的工业节水工艺、技术和装备目录（2021 年）》中。

截至 2021 年底，全国有海水淡化工程 144 个，工程规模为 1 856 433 吨/日，比 2020 年增加了 205 350 吨/日，现有万吨级及以上海水淡化工程 45 个，工程规模为 1 647 248 吨/日；千吨级及以上、万吨级以下海水淡化工程 52 个，工程规模为 198 466 吨/日；千吨级以下海水淡化工程 47 个，工程规模为 10 719 吨/日。

截至 2021 年底，全国海水淡化工程分布在沿海 9 个省市水资源严重短缺的城市和海岛。淡化海水主要用于工业用水和生活用水。其中，工业用水主要集中在沿海地区北部、东部和南部海洋经济圈的电力、石化、钢铁等高耗水行业；生活用水主要集中在海岛地区和北部海洋经济圈的天津、青岛 2 个沿海城市。2021 年，新增用于工业用水的海水淡化工程主要是为化工、电力等高耗水行业提供高品质用水；新增用于生活用水的海水淡化工程主要是为广东省、福建省缺水海岛和浙江省抗旱应急提供可靠的水资源供给。我国海水淡化规模日益扩大，为工业用水提供了大量水资源。

近几年，我国污水排放总量持续增长。住房和城乡建设部数据显示，2013 年我国城市污水年排放量为 427.45 亿平方米，2020 年增长至 625.08 亿平方米，增加了 46.2%。2021 年我国污水处理量达 611.9 亿立方米，污水处理率达到 97.9%。虽然我国各项水处理技术在不断进步，但我国污水资源化利用率却并不高。数据显示，截至 2018 年，我国城镇再生水利用量为 94.02 亿立方米，全国污水再生利用率为 16.0%，还有很多地区仍未启动再生水利用。国家高度重视再生水回用，2021 年 1 月，国家发展和改革委员会等十部门联合发布《关于推进污水资源化利用的指导意见》，指出我国再生水利用率仅约13%，预期 2035 年达到再生水利用率 40% 以上。2021 年 6 月 6 日，国家发展和改革委员会、住房和城乡建设部联合印发《"十四五"城镇污水处理及资源化利用发展规划》，明确 2025 年全国地级及以上缺水城市再生水利用率达到 25% 以上，京津冀地区达到 35%以上，黄河流域中下游地级及以上缺水城市力争达到 30%。

2. 重点工业行业用水趋势

1）火电行业

2011~2021 年我国火电行业用水总量先增后减，在 2013 年达到顶峰，约为 580 亿立方米，2015 年后在 480.5 亿立方米上下波动。2011~2021 年，火电用水占工业用水总量比例在 36%~48% 波动，2021 年占比最高，达到 48%（图 5）。由于煤炭资源和水资源呈逆向分布特点，45% 的火电厂装机建于"过度取水"区，火力发电的循环冷却水用量占比在 70% 以上。

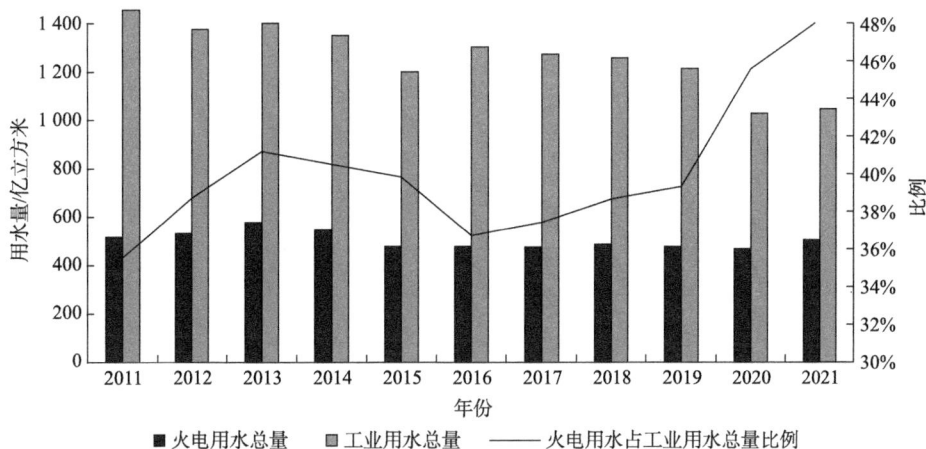

图 5　2011~2021 年工业及火电用水情况
资料来源：《中国水资源公报》（2011~2021 年）

根据中国电力企业联合会公布的《中国电力行业年度发展报告 2022》，2021 年，全国全口径发电量为 83 959 亿千瓦时，其中，火电 56 655 亿千瓦时，比 2020 年增长 9.4%。截至 2021 年底，全国全口径火电装机容量 13.0 亿千瓦，同比增长 3.8%[①]。尽管火电发电量仍有增长，但其占比与增幅低于其他类，预示着未来火电行业对工业用水量的需求不会大幅度提高。

我国对水环境保护日渐重视，火电行业作为高耗水行业的重要监管对象，实际取水与排放状况与国家政策要求仍有较大差距。很多火电企业实际取水量高于《GB/T 18916.1—2012 取水定额》，与《水污染防治计划》2020 年的取水指标相比差距更大。因此，火电行业做好节水增效，对进一步提高工业用水效率具有重要的现实意义。火电企业应尽快开展废水排放控制改造，使取水、用水及排水满足相关要求。

2）钢铁行业

近年来，我国钢铁行业依靠技术进步和科学管理，通过采用节水新工艺、新技术，完善循环水系统，串接利用水资源，回收利用外排水，扩大非常规水源利用等措施，不断降低产品新水消耗，减少污水排放，节水工作取得显著效果。2012~2021 年，吨钢耗

[①] 中电联统计与数据中心. 2021 年三季度全国电力供需形势分析预测报告. https://www.cec.org.cn/detail/index.html?3-302150, 2021-10-22.

新水量由 3.75 立方米持续下降到 2.44 立方米，降低了 34.93%左右；水重复利用率由 97.45%上升到 98.07%，提高了 0.62 个百分点；钢铁行业取新水量呈波动趋势，2016 年取新水量最少，相较 2012 年降低了 12.10%，2016 年后呈上升趋势，2020 年增长至 17.53 亿立方米，2021 年小幅下降至 17.28 亿立方米。2021 年，我国钢铁工业协会统计的会员生产企业用水总量为 892.89 亿立方米，同比增长 3.1%；取新水量为 17.28 亿立方米，同比下降 0.14%；水重复利用率为 98.07%，同比提高 0.05 个百分点；吨钢耗新水量为 2.44 立方米，同比下降 0.41%（表 4）。2022 年 1~9 月，全国累计粗钢产量为 8.70 亿吨，同比增长 17.60%；累计生铁产量为 7.39 亿吨，同比增长 13.0%；累计钢材产量为 11.62 亿吨，同比增长 12.5%[①]。

表 4　2012~2021 年我国钢铁行业用水情况

年份	取新水量/亿立方米	用水总量/亿立方米	吨钢耗新水量/立方米	水重复利用率
2012	16.86	689.83	3.75	97.45%
2013	16.92	719.01	3.42	97.54%
2014	16.41	744.45	3.27	97.61%
2015	15.60	758.97	3.18	97.75%
2016	14.82	727.39	3.05	97.77%
2017	15.24	769.22	2.89	97.79%
2018	16.40	827.52	2.75	97.88%
2019	17.41	860.04	2.56	97.98%
2020	17.53	866.31	2.45	98.02%
2021	17.28	892.89	2.44	98.07%

资料来源：取新水量与用水总量数据来自中国钢铁工业协会《中国钢铁工业节能减排统计月度简析》；吨钢耗新水量与水重复利用率数据来自《中国钢铁工业年鉴》（2012~2021 年）

3）造纸行业

近年来，我国绝大多数造纸企业都比较重视节水，提高技术装备水平，应用先进适用的节水技术和装备，使造纸过程中水重复利用率逐步提高，水耗大幅度降低，取得了显著的节水效果，万元产值取水量和单位产品取水量呈大幅下降趋势。2019 年在我国运行的部分先进新闻纸机和文化用纸机取新水量已不到 10 米^3/吨，有的甚至达到更低的水平。国内已有瓦楞原纸生产线的取新水量达到极限值 5 米^3/吨，指标明显优于欧盟制定的最佳技术标准（瓦楞原纸生产线案例取新水量 6.5 米^3/吨），水重复利用率可以达到 95%以上，处于国际领先水平[②]。

据 2020 年重点用水企业水效领跑者引领行动的遴选结果，在 30 家遴选出的企业中，5 家企业属造纸行业，这些企业的单位产品取水量在 7 立方米左右，水重复利用率都在

---

① 钢铁行业 2022 年 1-9 月运行情况. https://www.ndrc.gov.cn/fggz/cyfz/zcyfz/202210/t20221031_1340510.html?code=&state=123，2022-10-31.

② 中国造纸工业可持续发展白皮书. http://www.chinappi.org/reps/20190226104141217819.html，2019-02-26.

91%以上[1]。这说明近年来部分造纸企业的用水效率有进一步提高。

据中国造纸协会统计，制浆造纸及纸制品全行业 2021 年完成纸浆、纸及纸板和纸制品合计为 28 021 万吨，同比增长 9.89%[2]。2022 年 1~9 月，全国机制纸及纸板产量为 10 154.8 万吨，同比下降 1.2%。2022 年 1~8 月，全国造纸及纸制品行业营业收入为 11 082.5 亿元，同比增长 1.9%；利润总额为 374.4 亿元，同比下降 42.0%。

4）煤化工行业

我国现代煤化工产业经过十几年的快速发展，已经形成了相当的规模。"十三五"期间主要产品煤制油、煤制烯烃、煤制乙二醇、煤制气均已实现大规模工业化生产。现代煤化工行业的水重复利用率已提升至 93%以上，多数重点产品单位取水量（指新水）下降，2020 年煤制油、煤制烯烃、煤制甲醇、煤制乙二醇、煤制天然气单位产品取水量分别约为 9.4 米^3/吨、20 米^3/吨、10 米^3/吨、20.8 米^3/吨、8.6 米^3/千标方，较 2015 年下降 8%~10%[3]。2022 年 1~9 月我国原煤产量达 33.2 亿吨，同比增长 11.2%；天然气产量达 1 601.2 亿立方米，同比增长 5.4%；焦炭产量达 35 800.1 万吨，同比增长 5.4%。总体来看，2022 年我国煤化工行业的产品产量将增加，将带来该行业用水量的小幅增加。

（三）生活用水

生活用水包括城镇生活用水和农村生活用水，其中城镇生活用水由居民用水和公共用水（含服务业、餐饮业、货运邮电业及建筑业等用水）组成；自 2012 年起，原包括在农业用水中的牲畜用水被调至生活用水。2000~2021 年我国生活用水量由 575 亿立方米逐步增加至 909.4 亿立方米，占用水总量的比重由 10.5%增加至 15.4%。

人口的增加和城镇化率的提高是我国生活用水量增加的主要原因，2000~2021 年，我国总人口由 126 743 万人增加至 141 260 万人，其中城镇人口由 45 906 万人增加至 91 425 万人，常住人口城镇化率由 36.2%升至 64.7%。在表 5 中，随着城市化率的不断提升，我国居民人均生活用水量也不断增长，但增速不断减缓。2019 年国家发展和改革委员会与水利部联合印发《国家节水行动方案》，受此影响，全民节水意识提升，2019~2021 年人均生活用水量从 180.0 升/天减少至 176.0 升/天。表 5 显示，城镇居民人均生活用水量要明显高于农村居民人均生活用水量。因新冠疫情影响，餐饮收入在 2020 年 3 月下降最为明显，当月同比增速为-46.8%，此后逐步恢复，至 2020 年 12 月，同比增速首次转正为 0.4%。2020 年中国餐饮收入规模为 39 527 亿元，较 2019 年下降 15.4%。2021 年 1~12 月，全国餐饮收入为 46 895 亿元，同比上涨 18.6%。由此可知，餐饮行业的用水在 2020 年明显下降，在 2021 年将基本恢复至 2019 年水平。新冠疫情期间，多数居民居家办公，因防疫清洁和个人生活需要，居民家庭生活用水增加，相应地居民在公共建筑的

---

① 要闻｜五家造纸企业荣获"2020 年重点用水企业水效领跑者"称号. https://www.sohu.com/a/428698887_120065709, 2020-10-30.

② 中国造纸工业 2021 年度报告. http://www.chinappi.org/reps/20220505162443556190.html，2022-05-05.

③ 2020 年重点用水企业水效"领跑者"经验分享之三：现代煤化工行业水效"领跑者"实践经验. https://www.sohu.com/a/437663358_733693，2020-12-11.

用水减少，而居民家庭生活用水的效率通常会高于在公共建筑的用水，这一因素也会使得 2020 年城镇居民人均生活用水量下降。对农村居民而言，新冠疫情期间，会增加防疫清洁用水，这将使农村居民人均生活用水量增加。

表 5　2012~2021 年人均及城乡居民人均生活用水量　　　　单位：升/天

年份	人均生活用水量（含公共用水）	城镇居民人均生活用水量（含公共用水）	农村居民人均生活用水量
2012	171.8	216	79
2013	173.5	212	80
2014	173.7	213	81
2015	174.5	217	82
2016	176.9	220	86
2017	178.9	221	87
2018	179.7	225	89
2019	180.0	225	89
2020	179.4	207	100
2021	176.0	—	—

资料来源：《中国水资源公报》（2011~2021 年）、国家统计局

此外，我国居民收入水平不断提高，人均 GDP 由 2000 年的 7 942 元增加至 2021 年的 80 976 元。随着生活水平的提高，居民对水资源的需求在一定阶段内随之增大，成为我国生活用水量增加的另外一个重要原因。

（四）生态补水

生态补水是指通过采取工程或非工程措施，向不满足最小生态需水量的系统调水以维护生态平衡。2004~2008 年，我国生态补水量从 82 亿立方米逐步增至 120 亿立方米，2009~2014 年在 100 亿~120 亿立方米波动，2015 年后生态补水量逐年上升，2021 年增加至 316.9 亿立方米，占用水总量的 5.4%（图 6）。

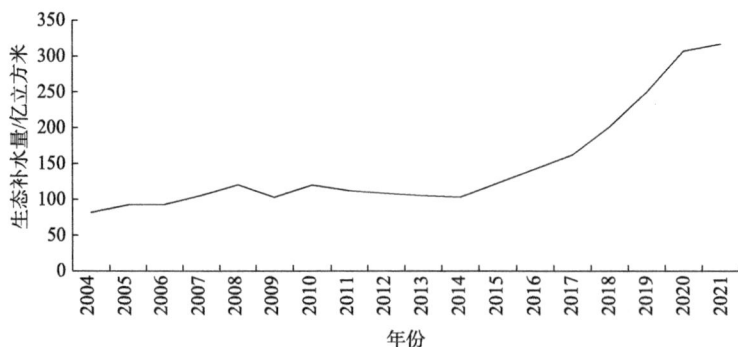

图 6　2004~2021 年我国生态补水量
资料来源：《中国水资源公报》（2004~2021 年）

党的十八大以来，党中央着眼于生态文明建设全局，明确了"节水优先、空间均衡、系统治理、两手发力"的治水思路。2022 年 9 月 13 日，随着万家寨引黄北干线 1#隧洞、册田水库开始补水，2022 年度秋季永定河生态补水工作正式启动[①]。2022 年永定河秋季生态水量调度将继续以 865 千米河道全线通水为目标，实现全线通水不少于 45 天、有水不少于 60 天。此次全线通水，还将进一步巩固今春补水成果，促进地下水回补、泉水复涌和流域生态环境复苏。为着力解决华北地区地下水超采问题，水利部于 2018 年 9 月至 2019 年 8 月选择滹沱河、滏阳河、南拒马河作为试点河段实施补水 13.2 亿立方米。在生态补水试点取得积极成效和宝贵经验的基础上，2019 年之后，水利部逐步将补水河湖扩展到京津冀三省（市）的 21 条（个）河湖。2022 年 7 月，华北地区河湖生态环境复苏2022 年夏季行动顺利结束。此次补水行动涉及 5 条补水线路，19 条补水支线，39 条（个）补水河湖，丹江口水库、密云水库、岳城水库、于桥水库等 12 个水库参与补水，南水北调中线 11 个退水闸、分水口参与调度。补水量累计达到 9.68 亿立方米，其中南水北调中线补水达 2.13 亿立方米，京津冀当地水库补水达 7.06 亿立方米，均超额完成补水计划。累计置换 12.68 万亩沿线地下水农灌区，唐河、沙河等常年干涸河流实现全线贯通，独流减河、子牙新河、漳卫新河实现贯通入海[②]。

疫情防控过程中消毒剂的使用对用水量和水环境的影响不可忽视。孙亚全等[③]、刘心爱等[④]的研究表明，疫情防控使用的消毒剂主要通过污水处理厂尾水和社区路面、城市街道消毒进入雨水管网影响地表水和地下水，如果长时间大量使用消毒剂将对水环境产生不利影响。为此，生态环境部水生态环境司 2021 年 8 月 13 日举办医疗污水处理技术交流会，采取"云帮扶""云培训"等多种方式，及时指导江苏、湖南等存在中高风险地区的省（区、市）加强医疗和城镇污水处理工作，守住新冠疫情防控水环境安全底线[⑤]。针对疫情发展态势，生态环境部建立工作机制，定期对中高风险等级地区开展集中调度，2022 年以来实行每日调度，指导督促重点地区严格落实"两个 100%"工作要求：一个是医疗机构及设施环境监管与服务 100%全覆盖，另一个是医疗废物、医疗污水及时有效收集和处理处置 100%全落实[⑥]。截至 2022 年 4 月，31 个省（自治区、直辖市）及新疆生产建设兵团共有定点医院 2 724 家，接收定点医院污水的城镇污水处理厂 2 114 座[⑦]。作为生态文明建设的重要部分，"十三五"期间生态补水一直受到高度重视，补水量稳定增长，预计在"十四五"期间生态补水还会进一步提高。

① 刁维杰. 2022 年度秋季永定河生态补水工作正式启动. https://m.thepaper.cn/baijiahao_19886008，2022-09-13.

② 陈锐，樊弋滋，陈帅. 累计补水 9.68 亿立方米!华北地区河湖生态环境复苏 2022 年夏季补水圆满完成. https://baijiahao.baidu.com/s?id=1738323686879985715&wfr=spider&for=pc，2022-07-14.

③ 孙亚全，黄兴，李国洪. 疫情期间消毒剂对污水处理厂及水环境的影响分析. 水处理技术，2020，46（9）：7-10.

④ 刘心爱，张淑玲，陈庆伟. 新冠肺炎疫情对饮用水水源保护工作的挑战及应对策略. 中国水利，2020，（7）：50-52.

⑤ 送政策送技术送方案到一线 生态环境部水生态环境司指导各地防控水环境安全. https://baijiahao.baidu.com/s?id=1708657366047994521&wfr=spider&for=pc，2021-08-21.

⑥ 新浪财经. 生态环境部：全国中高风险地区医疗废物废水处置平稳有序. http://finance.sina.com.cn/jjxw/2022-03-30/doc-imcwipii1416001.shtml，2022-03-30.

⑦ 中国水网. 后疫情时代医院污水处理建设管理要点与发展趋势. https://www.h2o-china.com/news/333911.html，2022-04-11.

四、2023 年中国需水总量预测

综合考虑我国经济增长、城镇化进程，行业节水措施、新冠疫情、气候变化等因素的影响，本报告构建了需水总量预测模型，设定了三种情景，对 2023 年我国需水总量进行预测。情景 1 指疫情对一些高用水工业行业生产的影响程度重于 2022 年；全年降水比常年平均偏多；累计建成高标准农田面积 10.5 亿亩。情景 2 指疫情对一些高用水工业行业生产的影响程度与 2022 年持平偏弱；全年降水为常年平均水平；累计建成高标准农田面积 10.2 亿亩。情景 3 指疫情对一些高用水工业行业生产的影响程度明显弱于 2022 年；全年降水比常年平均偏少；累计建成高标准农田面积 10 亿亩。由表 6 的预测结果知，2023年我国的需水总量为 5 777.5 亿~5 930.0 亿立方米，同比增速 1.8%~3.1%。

表 6　2023 年三种情景下我国需水总量预测结果

情景预测	需水总量/亿立方米	同比增速	年增量/亿立方米
2023 年情景 1—低	5 777.5	1.8%	103.9
2023 年情景 2—中	5 869.7	2.6%	146.8
2023 年情景 3—高	5 930.0	3.1%	178.4

热点问题分析

俄乌冲突对粮食、能源市场的冲击及其经济影响分析

田开兰　孙玉莹　鲍　勤

报告摘要：党的二十大报告指出，要"推进国家安全体系和能力现代化，坚决维护国家安全和社会稳定"，其中，"确保粮食、能源资源、重要产业链供应链安全"是增强维护国家安全能力的重要方面。2022 年 2 月 22 日，俄罗斯总统普京签署总统令，承认"顿涅茨克人民共和国"和"卢甘斯克人民共和国"，并签署友好合作互助条约。这一举动导致俄罗斯与乌克兰（以下简称俄乌）冲突进一步升级。随后，美国、欧盟和英国等国家相继推出一系列对俄罗斯的第一轮制裁方案。俄乌冲突的爆发给世界粮食、能源市场造成了重大冲击，对新冠疫情（以下简称疫情）下的全球经济恢复造成了重要挑战，给我国外部经济环境带来了重要不确定性。本报告首先分析了俄乌冲突对我国和世界粮食安全的影响，然后分析了能源市场所受冲击，以及经济所受影响，最后分别从保障粮食安全、能源安全以及我国抓住俄乌冲突带来的潜在发展机遇等视角提出了政策建议。

一、俄乌冲突对中国及世界粮食安全产生的影响分析

乌克兰、俄罗斯是世界上重要的粮食生产国和供给国。根据联合国粮食及农业组织数据，2020 年，乌克兰玉米产量为 3 029.0 万吨，全球排名第 5 位，出口量为 2 795.2 万吨，排名第 4 位；小麦产量为 2 491.0 万吨，排名第 8 位，出口量为 1 805.6 万吨，排名第 5 位。2020 年，俄罗斯小麦产量为 8 590 万吨，全球排名第 3 位，出口量为 3 726.7 万吨，排名首位；玉米出口量为 228.9 万吨，排名第 11 位。

乌克兰、俄罗斯是中国主要的粮食进口来源国。特别地，自 2015 年起，乌克兰取代美国成为中国的第一大玉米进口来源国。2019 年，中国自乌克兰进口玉米 413.8 万吨，占中国玉米进口总量的 86.4%，排名第一位。2020 年，中国自乌克兰玉米进口量升至 629.8 万吨，但进口量占比降至 55.8%，原因之一为中国积极履行中美经贸磋商第一阶段协议，增加了从美国的玉米进口，中国自美国进口玉米量占比由 2019 年的 6.6% 上升至 2020 年的 38.4%。除玉米外，中国从乌克兰和俄罗斯进口大量大豆和小麦。

乌克兰、俄罗斯粮食的主要出口目的地为发展中国家，包括中国和不少中东国家。根据联合国粮食及农业组织数据，乌克兰的小麦主要出口至印度尼西亚、埃及、菲律宾、

土耳其、突尼斯、孟加拉国、巴基斯坦等国，2020 年黎巴嫩进口的小麦中约有一半来自乌克兰，乌克兰供应了马来西亚 28%、印度尼西亚 28% 和孟加拉国 21% 的小麦消费量。此外，从乌克兰进口大量小麦的一些国家自身因战争动乱等因素存在较大粮食安全风险，如也门和利比亚的小麦消费分别有 22% 和 43% 从乌克兰进口。俄罗斯的小麦主要出口至埃及、土耳其、孟加拉国及中东国家，玉米主要出口至土耳其、越南、格鲁吉亚、利比亚、伊朗等国。

俄罗斯和乌克兰的冲突从粮食生产、消费和流通等多个方面对我国及世界粮食安全产生重要威胁。

1. 粮食生产方面，俄乌冲突的爆发破坏乌克兰农业的正常生产

乌克兰的小麦和玉米种植区域主要位于中部和南部，乌克兰很大一部分小麦由东部的哈尔科夫、第聂伯罗彼得罗夫斯克、扎波罗热和赫尔松州产出，这些地区位于顿涅茨克和卢甘斯克以西，是俄乌冲突发生的主要区域。俄乌冲突首先影响乌克兰当地粮食的播种、生产，造成乌克兰玉米和小麦的减产，乌克兰作为我国第一大玉米供给国和世界上主要的发展中国家的小麦供给国，该国粮食减产对我国的玉米供给安全和众多发展中国家的粮食安全带来威胁。若俄罗斯被进一步拖入战局，则俄罗斯的农业生产也会进一步受到严重影响而造成粮食减产，对全球小麦、玉米供给带来威胁。

2. 粮食消费方面，俄乌冲突推高粮价、提升粮食生产成本，增加国内经济滞胀风险

自疫情发生以来，对粮食生产、流通和国际贸易造成的冲击使得国际粮价处于上升通道，叠加 2021 年的干旱等极端（气候）因素和国际资本的炒作因素，2022 年初全球粮价已呈现明显的持续上涨态势，俄乌冲突进一步助推全球粮价跳涨。例如，芝加哥期货交易所小麦期货 3 月 8 日连续第六个交易日跳涨，至接近历史高位的水平，3 月 8 日盘中，芝加哥小麦期货创出了历史最高价 1 363.5 美分/蒲式耳，较 2 月 21 日收盘价涨幅超 40%，为有记录以来最高周涨幅。国际玉米价格也大幅上涨，芝加哥期货交易所玉米触发涨停，并创下九年来最高，外盘涨势提振了国内玉米市场行情，2022 年 3 月 8 日东北产区玉米价格较春节前累计上涨已达到 120~150 元/吨。一方面，俄乌冲突涉及 30% 的全球小麦贸易和 20% 的全球玉米贸易，战争带来的粮食减产预期、对乌克兰玉米和小麦进口依赖度较高的国家出于粮食短缺的恐惧而进行的粮食囤积行为等将共同推高粮价；另一方面，地缘政治危机通常为国际资本炒作大宗商品价格的重要题材，俄乌冲突的发生是国际资本炒作粮价获利的良好时机。此外，俄罗斯作为重要的化石能源供给国，西方国家对俄罗斯的经济制裁和封锁可能导致全球化石能源供给短缺，农药化肥等农资的主要原料为化石能源，能源供给的短缺可能会造成农药化肥减产、价格上升，推高粮食生产成本，进一步推高粮价。

玉米是我国工业用粮和饲料用粮的主要粮食品种，当前我国玉米存在结构性供给短缺，进口量逐年增长。2019 年我国玉米进口量为 479 万吨，2020 年增长至 1 130 万吨，同比增长 135.91%，2021 年升至 2 835 万吨，同比增长 150.88%，对进口的依赖度逐渐升高，国际粮价的上涨将对我国工业用粮和饲料用粮产生短期风险，引起肉类价格上涨；

同时，国际粮价上涨将增大我国输入型通货膨胀风险。当前我国经济发展面临诸多困难，物价上涨将为我国平衡"稳增长"和"控物价"带来极大挑战，加剧滞胀风险。此外，以我国大豆产业的发展历程为前车之鉴，国际粮价大幅波动时，国际资本往往会趁机炒作国内粮食产业，严重威胁我国粮食产业链安全，我国应高度警惕、防范玉米价格上涨对玉米产业链带来的风险。

3. 粮食流通方面，俄乌冲突可能限制粮食贸易，威胁粮食供应链安全

俄罗斯、乌克兰、哈萨克斯坦等国家的粮食出口主要从黑海港口运输，黑海地区的谷物运输量较大，俄乌冲突造成的港口封锁，将导致港口的正常运输工作受阻，严重影响粮食贸易，使全球粮食供应进一步吃紧，短期内拉升相关运输商品的价格。此外，西方国家对俄罗斯实施的经济制裁也将使俄罗斯粮食贸易受阻，可能会造成部分国家"有钱买不到粮食"的局面，并给主要依赖从俄罗斯和乌克兰进口粮食的中东国家如黎巴嫩、利比亚等带来粮食危机。

总体上，俄乌冲突会抬高玉米和小麦等粮食作物减产的预期，在未来进一步推高国际粮价和化肥价格，粮食贸易断裂风险飙升。对我国而言，俄乌冲突对我国玉米供给安全造成一定威胁。当前我国玉米自给率处于较高水平，常年处于95%以上，若我国提前做好预警防范措施，预计俄乌冲突对我国粮食供给的影响可控，但国际粮价升高为国内带来的通胀风险乃至经济滞胀风险应引起警惕。全球层面，部分对俄乌粮食进口依赖度较高的中东国家和东南亚国家可能面临玉米和小麦的供给危机。

4. 近两年多以来的疫情已经导致粮食供应链受限，叠加俄乌冲突造成的粮食安全问题，可能带来全球面临饥饿人口的进一步增加

全球层面，疫情的长期持续使全球陷入经济衰退，多数国家收入下降，疫情导致的粮食供应链受限已使部分发展中国家出现粮食危机。《2021年世界粮食安全和营养状况》的数据显示，在疫情影响下，2020年全球有7.20亿~8.11亿人口面临饥饿，与2019年相比增加了1.61亿人。对乌克兰粮食依赖度较高的国家多为发展中国家或战乱国家，俄乌冲突导致的粮食价格升高叠加经济衰退导致的收入下降，将使这些国家无力购买粮食，扩大粮食危机范围和严重程度。联合国世界粮食计划署3月7日发文称，俄乌地区粮食生产和出口的中断严重影响全球粮食供应链，甚至可能使食品价格上升至10年内高点，这将危及数百万人的粮食安全。

二、俄乌冲突对能源市场的影响分析

俄罗斯是世界上重要的能源生产国，在全球原油和天然气供给中占据重要地位。美国《油气杂志》数据显示，2021年全球石油产量为44.23亿吨，其中俄罗斯石油产量为5.34亿吨，占当年全球石油产量的12%，仅次于美国，位居世界第二。欧盟统计局数据显示，欧洲石油需求量大约在 6.5 亿吨，自产石油约为 2.4 亿吨，进口需求约为 4.1 亿吨，石油进口依赖度约 63%。根据 Kpler 监测数据，欧盟从俄罗斯的进口约 1.2 亿吨，占进口量的 29%，对俄罗斯石油依赖度约为 18%；其中，荷兰、意大利和土耳其对俄罗斯石油的需求分别占其进口总额的 35%、24% 和 42%。

天然气方面，俄罗斯是仅次于美国的天然气生产国，根据 2021 年 BP 世界能源统计年鉴，2020 年俄罗斯已探明天然气储量达 37.4 万亿立方米，占全球总储量的 19.9%；天然气产量为 6 385 亿立方米，占全球比重高达 16.6%。欧洲是全球最大的天然气进口地区，其中俄罗斯是欧盟最大的天然气来源国，约占欧盟进口量的 40%。

俄乌冲突从原油、天然气等多个方面对我国及世界能源安全产生重要威胁。

1. 原油低库存与供需紧平衡的格局下，俄乌局势升温加大了市场对于油气供给减少的预期

从历史来看，当前的乌克兰危机类似格鲁吉亚战争和克里米亚事件的综合体。俄罗斯首先承认了乌克兰东部地区的独立，随后地区的冲突升级，俄罗斯出兵并取得了快速的进展。如同在历次危机中的表现，美国欧盟等多国都没有直接出兵，而是推出一系列制裁手段。2008 年 8 月格鲁吉亚战争期间，全球石油供应未出现失衡，原油价格延续了此前因为美国金融危机蔓延所致的下跌状态；2014 年 3 月克里米亚事件期间，全球石油供应未受到冲击，原油价格维持在 106 美元/桶附近震荡。大多数地缘政治事件对原油价格的影响呈现反映时效快、持续时间短和后续影响小的特征。基于区间事件分析法与突变点识别分析方法，结果显示，2008 年和 2014 年俄罗斯涉及的地缘政治风险对国际原油月度价格水平和波动的影响并不显著，国际原油价格并未大幅上涨。

在本次俄乌冲突中，2022 年 3 月，美国西得克萨斯轻质原油与布伦特原油期货均价分别为 108.15 美元/桶和 112.46 美元/桶，同比暴涨 73.5% 和 71.2%（环比上涨 18.1% 和 19.5%），其中西得克萨斯轻质原油和布伦特原油期货价格在 3 月 8 日分别达到 123.70 美元/桶和 127.98 美元/桶，为近十年新高。在需求方面，根据 2022 年 10 月 OPEC 报告，预计 2022 年全球石油需求将增加 255 万桶/日，达到 9 957 万桶/日，同比增长 2.6%。在供给方面，OPEC 从 11 月起将原油总产量日均下调 200 万桶，并将 2020 年达成的减产协议延长一年至 2023 年底。但美国页岩油增产预期有所增强，2022 年 11 月电子工业协会短期能源展望报告显示，2022 年美国原油产量预计为 1 183 万桶/日，较 2021 年增长 5.2%。在库存方面，2022 年 11 月 IEA 报告显示，9 月全球石油库存下降 1 420 万桶，经济合作与发展组织石油总库存自 2004 年以来首次低于 40 亿桶。有别于 2014 年俄乌冲突，当前全球原油库存位于历史同期低位，疫情后原油供需紧张局面短期内难以改变。因此，驱动原油价格上涨的一个重要因素是在原油低库存与供需紧平衡的格局下，俄乌局势升温加大了市场对于油气供给减少的预期。俄乌冲突加剧预计将推动原油价格短期内波动上涨，但中长期存在一定回调。

2. 欧美对俄罗斯的制裁措施将导致短期内全球原油供给产生更大不确定性

俄乌冲突导致俄罗斯和欧美关系急剧恶化，欧洲一旦将俄罗斯的能源产品列入制裁范围，欧洲石油进口或将面临 29% 的缺口，而 OPEC 和美国的产能难以补足此缺口。虽然在俄乌冲突爆发之初，美国和欧盟等国家对俄罗斯的制裁避开了能源方面，俄罗斯的石油出口暂未受到影响，但受市场情绪波动影响，布伦特原油期货当日出现了快速的上涨，日内涨幅超过 7.2%。目前，欧盟对俄罗斯的石油禁令以及七国集团对俄石油的限价措施即将生效，届时，俄罗斯对外的原油出口将出现较大幅度的下滑，而 10 月 OPEC+ 的部长级会议也宣布了新的减产计划，未来全球原油供给可能出现更大缺口。因此，短期内原油价格或将得到一定的支撑。从中长期来看，原油需求增速预计将有所放缓，而原油供需紧张局面将略有缓解，地缘政治事件难以长期实质性地影响原油供需关系。

3. 天然气方面，在地缘政治风险增加和低库存背景下，天然气供给不足预期增强

俄乌冲突爆发当月，欧洲天然气基准价格（TTF[①]）自 2 月初 76.17 欧元/兆瓦时，最高上涨至 134.32 欧元/兆瓦时，月均价为 81.86 欧元/兆瓦时，同比上涨 371.28%。驱动天然气现货价格暴涨的主要动力来自于地缘政治风险增加和低库存背景下的天然气供给不足预期增强。受供给不足、需求复苏强劲与能源转型升级等影响，疫情后欧洲天然气市场价格在 2021 年大幅上涨；2022 年至今，俄乌局势恶化乃至局部战争爆发，加大了欧洲天然气供应中断风险预期，因此欧洲天然气价格在能源危机后受地缘政治影响再次上涨。其中，TTF 价格在俄乌军事冲突当日上涨至 134 欧元/兆瓦时，日内涨幅高达 27.69%。此外，欧美等国对俄罗斯施加的一系列制裁措施导致俄罗斯大幅削减了对欧洲的能源供给，引发欧洲能源供需不平衡，推高了欧洲天然气价格，TTF 价格在 8 月 26 日上涨至 339.20 欧元/兆瓦时。再者，"北溪"天然气管道遭受破坏导致俄罗斯向欧洲的管道气运输大幅下降，在俄乌冲突的背景下，此次事故再次加重欧洲的天然气危机。

三、欧洲能源供应冲击的经济影响分析

俄乌冲突通过不同的渠道对不同经济体的经济影响不同，影响程度也有较大差异。本报告主要分析俄乌冲突导致欧洲天然气供应短缺，进而对欧洲及我国带来的潜在经济影响。

俄乌冲突导致天然气价格暴涨，加大欧洲高通胀压力，欧洲经济衰退或将诱发债务危机等次生风险。短期来看，天然气价格暴涨对欧洲物价和经济都造成了重要冲击；中长期来看，俄乌冲突将持续推进欧洲能源供需格局的重塑。一方面，天然气价格暴涨和短期能源供应的强外部依赖性直接抬升了欧洲的能源成本，居民部门的用电、取暖等费用上升，生产部门的成本也显著抬升，预计欧洲高通胀仍将持续；另一方面，能源供应紧张下对居民部门的优先供给会加大对高能源依赖度工业行业的供应冲击，甚至通过产业链传导影响更多产业的生产与产品供应，这将加大欧洲经济步入衰退的风险。同时，当前许多欧洲国家存在债务率过高的问题，若高通胀持续，将导致欧央行进一步抬升

---

① TTF（title transfer facility）是荷兰天然气期货交易所推出的天然气期货产品。

利率，叠加经济衰退加大政府财政困难，或将重现欧洲债务危机，对欧洲经济带来严重冲击。

能源供应冲击对欧洲经济带来负向影响，凸显能源安全对经济安全的重要性。其中，俄罗斯的经济首当其冲。俄罗斯的天然气和石油出口在俄罗斯国内经济中占据重要地位，根据我们基于世界投入产出模型的测算，俄罗斯能源出口受阻使得俄罗斯 GDP 在 2018 年的 GDP 水平上下降 4.8%左右。同时，天然气供应不足对欧盟经济也造成重要的影响。天然气是重要的能源和某些行业的关键输入原料，天然气供应不足的影响还将传导至相关上下游行业。根据我们基于世界投入产出模型和计量经济模型的测算，因天然气供应不足，欧盟 GDP 短期内将下降 0.3%左右。如果欧洲能源危机持续较长时间，欧洲经济体的生产结构将发生重要变化，欧洲的内部需求和外部需求也将显著降低，经济影响将进一步扩大。

欧洲能源供应冲击对我国经济影响存在多面性。短期来看，进口方面，作为化肥等化工产品的重要能源及生产原料，欧洲能源危机直接导致其生产成本显著提升、价格高涨，我国面临显著抬升的进口成本。例如，2021 年我国化肥进口额为 178.72 亿元，其中钾肥进口额为 130.80 亿元，约占 73%。根据 Wind 数据，俄乌冲突发生后，2022 年 5 月，我国的钾肥进口价格同比上涨 48%。出口方面，欧洲化工行业等耗能产业产能缩减，短期利好我国部分相关产业的出口。例如，我国的电热毯、液化天然气船等商品的外贸订单显著上升。与此同时，需要警惕的是，欧洲经济衰退风险加大将降低外贸需求，能源价格及生活成本大幅抬升也会降低居民的其他消费，从而对我国商品的整体需求将会下降。根据我们基于世界投入产出模型的测算，欧盟最终需求下降 1%会使得我国 GDP 下降 0.03%。中长期来看，欧洲能源冲击加大欧洲经济衰退风险，为我国带来一定机遇：一方面，我国可加强能源基础设施建设，抓住时机以合适的价格扩大从俄罗斯的天然气、石油等能源进口，强化我国能源安全体系建设。同时，随着欧洲能源结构转型加速，我国在区域能源市场上的议价权将有所提升，有助于推进能源类大宗商品的人民币计价和交易，降低我国面临的输入性价格风险。另一方面，欧洲能源冲击将加速全球产业布局调整，欧洲部分高耗能产业或将加速转移至低成本地区，中国相关产业将获得发展机遇。

四、政 策 建 议

1. 粮食安全方面，建议多管齐下稳定国内粮食生产，防范价格波动风险；适当扩大进口来源地多样性，分散玉米进口风险；继续加强粮食储备应急管理，有效应对突发事件

我国提高粮食生产能力，维持较高粮食自给率是保障我国粮食安全的底线。我国应采取多种措施保障国内粮食生产稳定，包括继续保护耕地，出台政策引导推进粮食种植结构调整，进一步提升应对自然灾害的能力，全力保障主粮生产稳定；国内主要用粮企业特别是玉米加工企业应做好对粮食价格波动和农业生产资料价格波动的预警和应对措施。

当前我国部分粮食品种如玉米、大豆，其进口来源地仍然集中于少数几个国家，这种进口结构抵御重大事件和国际环境恶化冲击的能力相对较差，我国应继续拓展与世界粮食主产国的合作，如巴西、阿根廷等国，在保持进口依赖度充分合理的前提下，增加粮食进口来源地多样性，选择稳定性更强的进口来源地。

加强粮食储备管理，科学确定粮食储备的规模，健全粮食储备的运行机制，强化监督，建立更可靠高效的粮食安全保障体系；健全粮食应急保供体系，强化应急处置功能，提升应急供应保障水平；完善粮情预警监测体系，提供及时、准确、全面的市场信息，防范市场异常波动风险。

2. 建议国家相关部门加强对欧洲天然气等大宗商品市场的监测预警研究，建立大宗商品的预警机制

建议及时跟踪监测欧洲天然气价格走势和供需形势，做好市场监督、供需双向调节等工作；密切关注俄乌冲突等地缘政治风险、全球主要经济体货币政策变动，警惕极端冲击引发的市场短期异常波动与市场投机炒作，建立大宗商品市场的风险防范机制；加强对国内大宗商品监测预警分析，防止原材料价格暴涨，及时发现和妥善处置潜在风险。此外，国家相关部门可以组织科研院所和高校等第三方机构研究天然气等大宗商品价格监测预警方法、期现货市场联动及其对经济金融市场的影响，为政府决策提供科学支撑。

3. 建议抓住欧洲能源危机给我国部分商品带来的出口机遇；进一步扩大国内市场开放水平，积极布局承接潜在的欧洲部分产业向我国转移

天然气价格短期或难回落，在供给短缺、成本优势两大关键因素加持下，欧洲对我国电暖器具、化工产品等商品的需求坚挺。建议进出口企业联合会等外贸协会通过组织论坛和培训等，帮助相关企业积极抓住出口机遇；同时，对于外需下降的部分产业，应积极协助拓展市场，如借助 RCEP 用足用好相关政策。中长期来看，欧洲天然气供应冲击必将加速欧洲能源转型进程，我国部分新能源产业在全球已具备比较优势，建议以此为契机，持续优化国内营商环境，充分发挥中国超大规模市场优势及区域资源禀赋多样化优势，加强与欧洲的经贸往来和技术合作，特别地，中西部地区要关注相关机遇，积极承接欧洲的外移产业。

4. 建议抓住俄乌冲突持续对全球能源供需格局影响的契机，积极推进区域天然气外贸中的人民币跨境结算

我国天然气自给率不足 60%，且进口集中度较高；建议积极拓展与俄罗斯在能源方面的战略性合作，加强建设中俄天然气管道，扩大以人民币/卢布计价的俄罗斯天然气进口。同时，考虑到我国天然气储备水平与持续攀升的天然气消费量不尽匹配，建议加强天然气储备能力建设，以更好调节区域天然气供需与价格，进一步保障我国能源安全。

变局中的调整：2022 年度重要事件对全球产业布局演变的影响分析

高 翔　陈 彤　田开兰　杨翠红　汪寿阳

报告摘要：2022 年，世界仍处于百年未有大变局之中，机遇和挑战交织并存，俄乌冲突、新冠疫情、RCEP 正式生效和美联储持续加息 4 个年度重要事件成为影响全球产业格局演变的关键因素。把握产业布局演变趋势，占据产业发展先机既是我国构建新发展格局的重要抓手之一，也是保障产业链供应链安全的内在要求。基于此，本报告首先分析了 4 个年度重要事件对全球产业布局演变的影响：一方面，在俄乌冲突背景下，欧洲陷入能源危机，使制造业企业成本激增甚至生产停摆，导致欧洲境内产业加速外移。另一方面，新冠疫情持续大流行，不同国家的疫情防控政策出现分化，越南等国的疫情管控放松，短期内增加了其生产优势，将推动区域内贸易格局发生调整。与此同时，RCEP 正式生效，进一步推动亚洲生产网络协同发展，并将在全球产业链中发挥越来越重要的作用。此外，美联储多次大幅加息，给全球经济带来巨大负面溢出效应，推动海外融资成本增加，在一定程度上从投资端抑制了全球产业链运行的活力。

本报告基于分析结果提出了如下政策建议：在制度安排上，改善营商环境，注重发挥本土企业与外资企业在构建新发展格局中的双重关键性作用。在技术突破上，聚焦中国问题，构建中国式独立自主的创新体系，逐步降低对欧美等国关键核心技术的依赖程度，以产业升级与技术创新为主线加快提升我国制造业的核心竞争力。在产能稳定上，多措并举降低美中经贸摩擦、新冠疫情等重大突发事件造成的投资、生产和贸易不确定性，控制部分产业的跨境外迁规模和外迁速度，推动东部沿海地区的劳动密集型产业向中部和西部转移。在风险应对上，多措并举化解我国产业链对外转移过程中的失业风险和产业链完备性风险等。

一、俄乌冲突对全球产业布局演变的影响分析

2022 年 2 月，俄罗斯和乌克兰爆发武装冲突，并在之后数月间不断发酵升级。此后，美国、欧盟和日本等国家和地区相继对俄罗斯进行了制裁，制裁措施涉及金融、贸易等多个领域，给全球产业布局带来一系列影响，具体体现在以下三方面。

1. 俄乌冲突背景下，一系列经贸制裁导致欧洲能源品供应趋紧，并逐步演变为欧洲能源危机

欧盟 27 国与俄罗斯经贸往来频繁，对俄能源依赖度较高。2021 年，欧盟进口的能源中，44.5%的天然气、27%的石油和 46%的煤炭均来源于俄罗斯[1]。俄乌冲突爆发后，欧盟对俄罗斯先后实施了煤炭和石油禁运等制裁措施，涉及金融、贸易等多个领域，意在通过削减俄罗斯的贸易收入等方式来打击俄罗斯经济基础[2]。由于欧盟对俄天然气依赖度较高且短期内难以寻找替代供应商，制裁措施中暂未涉及天然气禁运。此外，欧盟委员会在 2022 年 3 月发布的《凡尔赛宣言》中指出，将在 10 年内逐步取消对俄罗斯化石燃料的依赖，并在 5 月公布了 REPowerEU 计划[3]，详细阐述了对俄罗斯化石能源的替代方案。俄罗斯则出台了"购买天然气必须使用卢布支付"等举措，作为应对欧美金融制裁的反制措施。一系列双边经贸制裁叠加之后续北溪-1 和北溪-2 天然气管道爆炸，导致欧洲能源供应紧张，逐步演变为能源危机，能源价格大幅上涨。欧洲统计局数据显示，2022 上半年，欧盟非家庭消费的天然气价格同比上涨 147%，电价同比上涨 86%；家庭消费天然气价格同比上涨 53%，电价同比上涨 44%。

2. 能源危机导致欧洲进口订单转移，短期内给我国外贸创造了有利条件，同时，美国对欧洲能源出口增加，在一定程度上发挥了对俄罗斯的替代作用

一方面，天然气价格飙升导致取暖用电成为欧洲居民最大支出，加之欧盟的 REPowerEU 计划明确提出将热泵的部署速度提高一倍，进一步拉动了我国热泵等家用取暖设备的出口，2022 年 1~8 月，中国空气源热泵出口额达 44.5 亿元，同比增长 65.7%[4]。另一方面，欧盟对俄罗斯进行多轮制裁后，美国在一定程度上发挥了对俄罗斯的替代作用，对欧洲液化天然气出口量增加。2022 年 6 月，美国液化天然气出口量同比增长 10.8%，价格达到 14.37 美元/千立方英尺，同比增长 118.7%，较 1 月上涨 67.9%[5]。此外，美国也开始布局天然气生产基础设施建设。例如，美国天然气出口商 Venture Global LNG 宣布投资建设造价 132 亿美元的液化天然气出口设施，以便为荷兰、法国等地的客户提供液化天然气[6]。

---

① European Commission. REPowerEU: Joint European Action for more affordable, secure and sustainable energy. https://eur-lex.europa.eu/legal-content/EN/TXT/?uri=COM:2022:108:FIN，2022-08-08.

② 李建民. 俄乌冲突西方制裁对俄罗斯的影响、应对及启示. http://ipd.cssn.cn/xscg/xslw/202206/t20220630_5414817.shtml，2022-12-27.

③ 国际能源署2022 年 3 季度天然气市场报告. https://iea.blob.core.windows.net/assets/c7e74868-30fd-440d-a616-488215894356/GasMarketReport%2CQ3-2022.pdf，2022-07.

④ 新京报. 欧洲寒潮来袭 国内取暖龙头企业加码热泵出口业务. https://www.bjnews.com.cn/detail/166702148314750.html，2022-10-29.

⑤ 资料来源：Choice 数据库.

⑥ Venture Global LNG. Venture Global Announces Final Investment Decision and Financial Close for Plaquemines LNG. https://venturegloballlng.com/press/venture-global-announces-final-investment-decision-and- financial-close-for-plaquemines-lng/，2022.

3. 能源危机引发欧洲制造业成本大幅上涨，进一步导致高技术产能外迁，美国和中国成为主要承接地

欧洲能源危机背景下，能源价格的大幅度上涨导致工业企业生产成本大幅增加。2022 年 10 月，欧盟 PPI 为 164.3，较 1 月增幅为 18.9%[①]。同时，欧洲制造业下行趋势明显，2022 年 10 月，欧盟制造业 PMI 为 46.1%，连续 4 个月低于荣枯线（50%）[②]。欧洲制造业"空心化"风险增加，多个企业开始在欧洲境外进行产业布局，美国和中国是承接欧洲产能外移的最主要目的地。例如，德国西门子集团公司、阿尔迪集团、费森尤斯集团、拜耳公司等欧洲大型跨国企业在美国拓展投资业务[③]，巴斯夫集团、蔡司集团、宝马集团和大众集团也增加了在中国进行产业布局的速度[④]。欧企进驻中国具有"双刃剑"效应，一方面，大量外资流入为我国的经济发展提供助力，能够起到带动就业、增加税收等积极作用；另一方面，能源危机下，离欧入中的企业大多属于能源密集型企业，可能会给我国实现"双碳"目标带来一定压力。同时，需警惕中国企业对外资企业可能产生的技术依赖；此外，也有必要防范欧美等国产业政策不确定性可能导致的外资企业在未来撤出我国，给我国未来经济发展带来潜在的负面冲击。

二、新冠疫情对全球产业布局演变的影响分析

2020 年，全球暴发新冠疫情，给世界生产网络正常运行带来巨大负面冲击。全球产业布局也随着各国疫情和防疫政策不同而动态调整，整体来看，新冠疫情对全球产业布局的影响主要体现为以下三个阶段。

1. 新冠疫情暴发初期，我国产业外移趋势显现，主要表现为跨国公司将部分低附加值生产环节迁出中国和出口订单的转移

早在 2020 年新冠疫情暴发之初，中国产业链外移风险就有所显现。当时，中国企业受困于疫情导致的停工停产，致使全球供应链都明显感受到中国产出的收缩，甚至有部分外国企业也由此被迫停产。例如，韩国现代汽车在 2020 年 1 月 31 日表示，为应对疫情造成的供应链中断，将暂停某些车型在韩国本土生产。此后，为应对疫情造成的供应链频繁中断，快速提升供应链韧性成为全球主要经济体倡导的国家安全目标之一，而降低对单一供应来源（主要是中国）的依赖性是实现这一目标的主要途径。2020 年 2 月 26 日《日经亚洲评论》报道，谷歌和微软正加速将其新型号电子设备的生产从中国转移到东南亚，谷歌可能最早于 2020 年 4 月开始在越南生产智能手机，微软可能最早于 2020 年第 2 季度开始在越南生产笔记本电脑和台式电脑。

---

① 资料来源：欧洲统计局. https://ec.europa.eu/eurostat/databrowser/view/teiis010/default/table?lang=en,2022-12-17.
② 资料来源：CEIC. https://insights.ceicdata.com/Untitled-insight/myseries.
③ 新华网. 综述：制造业流向美国加剧欧洲"去工业化"担忧. http://m.news.cn/2022-10/04/c_1129050665.htm，2022-10-04.
④ 人民网. "中德务实合作符合两国共同利益". http://world.people.com.cn/n1/2022/1105/c1002-32559306.html，2022-11-05.

2. 新冠疫情大流行期间，受益于国内有效的疫情防控举措，叠加印度等国疫情态势严峻等因素，部分出口订单从东南亚转移至我国

随着疫情的全球大流行，全球主要国家/地区都出现了不同程度的生产停摆。相反地，中国由于疫情防控措施得力保障了工业生产的稳定性，尤其是完备的工业生产体系则有效地保障了全球供应链的基本运转。这一阶段的疫情发展态势在一定程度上延缓了我国产业链外移速度。例如，2020 年第 4 季度起，随着印度疫情的大暴发（单日新增确诊人数达到数十万人），大量印度纺织厂瘫痪，部分港口被逼停。同时，大量欧美的纺织订单被转移至中国，这一现象一度持续至 2021 年第 3 季度。获益于此，2021 年第 1 季度中国纺织品服装出口 651 亿美元（约合 4 215 亿元人民币），同比增长 44%；其中，纺织品出口 318 亿美元（约合 2 060 亿元人民币），同比增长 40.3%；服装出口 333 亿美元（约合 2 155 亿元人民币），同比增长 47.7%。中国国内家纺头部企业罗莱生活 2021 年第 1 季度公司营业收入 13.19 亿元，同比增长 47.69%，归母净利润 1.83 亿元[①]，同比增长 156.15%。国内色纺纱龙头百隆东方 2021 年第 1 季度归母净利润增加 1.35 亿~1.64 亿元，同比增加 190%~230%。

3. 2022 年以来，受不同国家防疫政策分化影响，国内局部供应链停摆，我国以加工贸易为代表的部分低附加值产能将加速转移至越南和菲律宾等发展中经济体

新冠病毒的持续变异使其传染性大幅增强但重症率显著降低。面对这一变化，包括美国、法国、英国、丹麦、荷兰、韩国等在内的许多国家和地区在 2022 年纷纷取消了全面防疫措施，其他多数国家也不同程度地放松了疫情管制。与此同时，我国国内疫情在 2022 年持续出现多地散发态势，尤其是 2022 年 3~5 月上海的大规模疫情暴发严重干扰了长三角地区的正常生产生活。在国内外产能稳定性条件逆转的背景下，我国制造业海外订单遭遇连续砍单，主要集中在纺织服装、电子装配等劳动密集型行业或加工贸易类生产环节，而其中多数订单被转移到以越南为代表的东南亚经济体。

预计在后疫情时期，我国以加工贸易为代表的部分低附加值产能将加速转移至亚洲价值链中的其他发展中经济体，如越南和菲律宾等。这种转移将以"中国+1"甚至"中国+N"的模式为主，我国将凭借全产业链优势成为这些发展中经济的重要供货商。

三、RCEP 的正式生效对全球产业布局演变的影响分析

2022 年，RCEP 的正式生效是影响全球产业布局的一个重要因素，主要体现为以下两方面。

---

① 归母净利润，即归属于母公司所有者的净利润。

1. 随着 RCEP 的正式生效,全球供应链对中国的依赖将逐渐转变为对亚洲生产网络的整体依赖

随着 RCEP 自 2022 年起正式生效,亚洲生产网络内的产业联动将进入快车道。根据中国科学院预测科学研究中心全球价值链课题组的研究成果[①],RCEP 关税削减将为成员国释放巨大的贸易创造效应。当 RCEP 区域内关税全部降为 0 时,预计中国、日本、韩国之间的贸易体量将显著增加,中国从日本、韩国的进口将分别增加 29.14%和 21.70%,日本从中国、韩国的进口将分别增加 17.61%和 38.83%,韩国从中国、日本的进口则分别增加 33.85%和 58.62%。此外,东盟国家与中国、韩国之间以及部分东盟成员之间的贸易增加将尤其突出,预计中国将大幅增加对文莱和印度尼西亚的进口,增长率分别为 106.57%和 109.75%,从柬埔寨、马来西亚、菲律宾、泰国、越南的进口也将分别增长 54.89%、64.37%、46.06%、56.58%、50.74%;韩国也将大幅提升对文莱、印度尼西亚、柬埔寨、马来西亚、菲律宾和泰国的进口,增长率分别为 105.49%、118.79%、89.52%、94.37%、175.91%和 122.99%;印度尼西亚大幅增加了对柬埔寨、新加坡和越南的进口,增长率分别为 144.43%、90.51%和 111.46%;泰国从印度尼西亚、柬埔寨、越南的进口将分别增加 91.41%、104.60%和 166.13%;越南从文莱、印度尼西亚、柬埔寨、马来西亚、菲律宾和泰国的进口都将大幅增长,增长率分别为 166.88%、103.03%、115.42%、97.91%、82.07%和 99.25%。

2. RCEP 的正式生效产生显著福利效应,成员国工资和福利水平将出现不同程度的增加

RCEP 对成员国也将产生显著的福利效应,其中经济体量较小的经济体的工资和福利水平将显著上升,中国、日本等较大体量经济体福利水平将小幅增加。预计在 RCEP 生效实施的第 1 年、第 5 年、第 10 年、第 20 年以及关税全降为 0 之后,中国实际工资将因关税下降分别上升 0.03%、0.07%、0.13%、0.27%和 0.36%,福利水平将分别上升 0.08%、0.12%、0.15%、0.19%和 0.26%。日本的福利水平在这 5 种情形下降分别上升 0.03%、0.06%、0.15%、0.19%和 0.28%,韩国的福利水平则分别上升 0.08%、0.06%、0.13%、0.23%和 3.28%。相较于中、日、韩等大体量经济体,越南、柬埔寨、新加坡、马来西亚等小体量经济体的福利水平上升更为显著。在 RCEP 生效实施的第 1 年、第 5 年、第 10 年、第 20 年和关税全降为 0 之后,越南的福利水平将分别上升 9.55%、11.69%、13.79%、14.97%和 15.63%,柬埔寨的福利水平则将分别上升 4.79%、5.65%、6.78%、7.24%和 8.54%。

除了货物贸易关税壁垒的显著削减外,RCEP 通过实行负面清单管理模式、建立投资争端预防和外商投诉的协调解决机制、推出知识产权保护和竞争政策的可操作性规定等渠道对外商投资便利化、服务贸易自由化等也将带来显著助力。总体来看,随着 RCEP 经济红利的不断释放,成员国区域产业合作将进一步深化,推动亚洲生产网络的协同发展。从中长期看,全球供应链对中国的依赖将逐渐转变为对亚洲生产网络的整体依赖,

---

① Tian K L, Zhang Y, Li Y Z, et al. Regional trade agreement burdens global carbon emission mitigation. Nature Communications, 2022, 408:1-12.

这也将在一定程度上催化全球供应链调整的区域化特征。

四、美联储加息对全球产业布局演变的影响分析

2022 年 3 月以来，美联储进入 40 年来最强加息周期，给全球经济带来广泛深远影响，大量国家陷入被动加息困境，拖累经济基本面并大概率引发外需收缩，从消费端冲击全球产业链正常运行。具体来看，美联储加息将从以下两方面影响全球产业布局。

1. 美联储多次大幅加息给全球经济带来负面溢出效应，吸引 FDI 回流、《芯片法案》等产业政策也将推动产业链从全球化向区域化收缩

2022 年美联储先后进行了 6 次加息行动，将联邦基金目标利率区间从 0~0.25%提升至 3.75%~4%[1]。为了对冲资本大幅外流的压力，欧洲央行及英国、瑞士、挪威、泰国、菲律宾等国央行相继宣布加息。在大量国家通胀高企的背景下，大规模、大范围加息具有一系列负面影响，并会层层传导给实体经济。例如，加息引发信贷成本走高，融资环境恶化，进而导致企业投资意愿下降和产出下降，引发经济衰退风险。因此，美联储加息的溢出效应将在中长期导致外需收缩，从消费端给全球产业链正常运行带来阻力，也将对我国出口造成不利影响。

除大幅快速加息外，美国在 2022 年也制定了多项产业政策加速全球产业链重构。一方面，美国采取多种举措大力吸引制造业回流，倡导美企开展本土化经营，加大对入美 FDI[2]（尤其是来自中国的 FDI）审查力度，诸多举措或将导致全球产业链链长缩短，从全球化向区域化收缩。美国为吸引制造业回流采取了多样化举措。例如，为回岸美企提供补贴；将台湾问题、美中脱钩等因素作为供应链风险，倡导在外美企开展本土化经营，以规避多重供应链风险可能引发的经济损失；推崇美国制造，并呼吁美国消费者购买美国制造产品来彰显爱国主义、民族自豪感；等等。美国吸引 FDI 和制造业回流的政策取得了一定成效，美国"回流倡议"（Reshoring Initiative）团队公布的最新报告显示，因 FDI 流入和美国企业回岸产生的岗位需求数量已经从 2019 年的 11.03 万增加到 2022 年的 34.85 万，调查显示，政府激励、熟练的劳动力和供应链风险、自然灾害、政治不确定性是影响美国企业回岸经营的首要因素。另一方面，2022 年 9 月，美国总统拜登签署第 14083 号行政令，要求美国外国投资委员会(The Committee on Foreign Investment in the United States，CFIUS) 在审查 FDI 时应重点关注美国国家安全风险，审查中需考察的因素包括：对美国技术领导地位、供应链弹性的影响，导致外国所有权集中从而给关键行业带来风险，对敏感个人数据的风险以及由于"相关第三方关系"导致的危机美国国家安全的不利因素，还要求 CFIUS 在审查中需特别关注中国，可能给我国企业在美国开展经济业务带来一定困境。上述种种举措可能会导致全球产业链链长缩短，进而从全球化

---

[1] Federal Reserve Board. Open market operations. https://www.federalreserve.gov/monetarypolicy/openmarket.htm，2022.

[2] FDI：foreign direct investment，外商直接投资。

向区域化收缩。

2. 美国及其盟友意欲打造科技创新"小院高墙"，在高技术领域全面遏制中国发展，给我国向全球价值链高端攀升带来阻力

拜登政府调整了特朗普时期对华采取的单边主义政策，将全面竞争与选择性合作相结合，既意欲分享中国巨大消费市场规模产生的经济红利，又谋划打造科技创新"小院高墙"，在关键核心技术领域全面遏制中国发展，防止中国成为未来技术和产业的主导者。例如，美国创立"次世代行动通信联盟"（Next G Alliance），邀请英特尔、微软、诺基亚、三星等科技巨头加入，开展联合研发，以期实现在 6G 领域的弯道超车[①]；拜登签署《芯片法案》，其中部分条款明确限制相关企业在华开展正常经贸活动，以牺牲美国企业经济利益为代价，全力防止美企在中国经营可能产生的技术溢出效应。大量案例表明，拜登政府正在尽可能采取一切措施，从政策制定、制度安排、舆论引导等多个方面入手，既避免跟中国完全脱钩，又不断打擦边球试探中国底线，全力避免中国威胁到美国的技术主导地位。强大的技术创新能力是我国从全球价值链中低端向高端攀升的必要条件，美国对中国高度警戒的意识形态不利于我国科技发展，也会阻碍中美之间正常的经贸往来，从而给我国向全球价值链高端攀升带来阻力。

五、政 策 建 议

当今世界正经历百年未有之大变局，在全球产业链加速重构的历史进程中，坚决贯彻落实党的二十大报告提出的各项决策部署，在动荡和变局之中抓住发展机遇，有效发挥制度安排、技术突破、产能稳定和风险应对等多维举措的合力作用，是推动中国向全球价值链中高端攀升的内在要求。基于本报告分析，提出如下政策建议：

第一，在制度安排上，改善营商环境，注重发挥本土企业与外资企业在构建新发展格局中的双重关键性作用。一方面，着力提升本土企业在国内外市场中的生存发展能力，不断培育本土企业的竞争优势；另一方面，进一步扩大对外开放，以我国超大规模产业完备性为主要抓手稳定外资企业（尤其欧洲外移企业）的对华投资预期，并以此为契机推动中欧投资协定尽快签订生效；利用 RCEP 打造以我为主的产业链供应链体系，加强人民币跨境结算；利用国家大力推进粤港澳大湾区等重要经济区重点培育 5G、生物医药等战略性新兴行业建设的机会，吸引全球优质生产企业，打造优势行业的高端区域产业链集群，并进一步吸引全球外商投资。

第二，在技术突破上，聚焦中国问题，构建中国式独立自主的创新体系，逐步降低对欧美等国关键核心技术的依赖程度，以产业升级与技术创新为主线加快提升我国制造业的核心竞争力，帮助我国在未来全球产业链中占据话语权。在这一进程中，除致力于

---

① 新浪财经. 跳过 5G，美国开始搞 6G 了：苹果谷歌等加入「下一代 G 联盟」. https://cj.sina.com.cn/articles/view/5703921756/153faf05c01900qv1b?sudaref=www.baidu.com&display=0&retcode=0，2020-11-16.

实现全行业的产业智能化、数字化升级外，还需特别关注两类行业，进行分类施策。一是技术水平落后且存在严重卡脖子风险的行业，如光刻机、大飞机发动机、航空钢材等，对于这类行业，应注重发挥体制优势，加大科研攻关力度与产研投入力度。二是我国存在竞争优势的行业，如量子通信与 5G 等，或可能绕开现有技术壁垒实现弯道超车的技术，如新能源汽车与碳基芯片等。对于这类行业，我国应加大产业支持，鼓励本土企业在"技术无人区"勇于探索，加强对未来关键核心技术的预见和挖掘，建立政产学研金中用的协同创新机制，有针对性地开展技术攻关，同时，提前研判上下游生产网络的完整布局，力争推动全产业链的整体技术突破。

第三，在产能稳定上，多措并举降低美中经贸摩擦、新冠疫情等重大突发事件造成的投资、生产和贸易不确定性，控制部分产业的跨境外迁规模和外迁速度，推动东部沿海地区的劳动密集型产业向中部和西部转移。具体措施包括：以大型企业、商超、交通枢纽为典型场景，研究和制定针对典型场景的疫情防控应急响应指南，并在典型企业、地区进行试点，包括在疫情暴发期间的封闭式运营策略、涉疫风险人员管控及安置策略、物资储备和调配策略等，保障重点企业的生产稳定性和贸易体系的流通稳定性；打造从"中国+1"到"中国+N"的产业合作模式，以 RCEP 为主要抓手推动以中国为核心的亚洲生产网络的复苏和协同发展，强化其在全球供应链中的核心功能；加快构建"一带一路"沿线的陆上货运网络，提升中欧、亚洲生产网络的货物流通稳定性。

第四，在风险应对上，针对我国产业链对外转移过程中的失业风险，建议由中央和各级地方政府牵头加强职业培训，依托互联网电商平台发展带来的新型劳动力需求，积极引导低端劳动力进行职业转型；针对产业链完备性风险，建议积极推进"核心-外围"型企业结构优化，留住产业链中的关键重要企业，加快建设我国传统行业的品牌建设与产业数字化、智能化升级，以此降低相关行业对生产要素成本的敏感性，缓解产业外迁压力。